Droemer Knaur®

Marianne Mehling (Hg.)

KNAURS KULTURFÜHRER IN FARBE WIEN und Umgebung

Über 250 farbige Fotos und Grundrisse
sowie 6 Seiten Karten

Droemer Knaur

Autor: **Dr. Gabriele Rüttnauer**
Fotos: **Thorsten Fricke**

Die Deutsche Bibliothek - CIP Einheitsaufnahme

Knaurs Kulturführer in Farbe Wien und Umgebung
Marianne Mehling (Hg.).
[Autor: Gabriele Rüttnauer... Fotos: Thorsten Fricke; Franz N. Mehling]
München: Droemer Knaur, 1991
ISBN 3-426-26347-5
NE: Mehling, Marianne [Hrsg.]; Rüttnauer, Gabriele; Fricke, Thorsten

Für Hinweise auf Veränderungen und Ergänzungen ist die Redaktion dankbar
Zuschriften an Droemer Knaur Verlag, Postfach 80 04 80, 8000 München 80
Idee: Redaktionsbüro Harenberg (Schwerte)
Stadtplan: Kartographie Huber, München
Grundrisse: Karl Schneider, Solms
Reproduktion: Repro Ludwig, Zell am See
Einbandgestaltung: Franz Wöllzenmüller
Umschlagabbildung: Blick auf Wien mit Stephansdom und Peterskirche
(Foto: W. Rudolph/IFA-Bilderteam)
Texterfassung und Filmbelichtung: Appl, Wemding
Umbruch: Ventura Publisher im Verlag
Druck: Appl, Wemding
Aufbindung: Großbuchbinderei Sigloch, Künzelsau
Printed in Germany
ISBN 3-426-26347-5

5 4 3 2 1

VORWORT

»Wien hat mehr – nehmen Sie sich Zeit!« Dieser Slogan des Wiener Fremdenverkehrsverbandes stimmt in der Tat, und man kann ruhig behaupten, auf allen denkbaren Ebenen.
Wer kunsthistorische Gebäude sucht: Wo soll man die Liste der sehenswerten Gebäude enden lassen, zumal trotz der Zerstörungen durch die Weltkriege auch ungezählte Bürgerhäuser und Villen erhalten blieben und durchaus ihre Reize haben? Doch allein um die bekanntesten Bauwerke alle zu besichtigen, benötigt man reichlich Zeit – man denke an die zahllosen Palais und Schlösser, abgesehen von Schloß Schönbrunn, dem Belvedere und der Hofburg. Gleiches gilt sicherlich für die Kirchen: Zweifelsohne weisen die größeren – und bekannteren – Kirchen zahlenmäßig mehr Kunstwerke auf als ihre kleineren Pendants, doch sollte man, wenn einen der Weg an ihnen vorüberführt, sie deshalb nicht unbeachtet lassen.
Wer die Kunst sucht, der wird hier eine Fülle von Museen finden, die nahezu alle Sammlerbereiche abdeckt. Neben den großen Gemäldegalerien (Kunsthistorisches Museum, Oberes Belvedere) kann man im Pratermuseum Wissenswertes über diese typische Wiener Einrichtung erfahren, im Bestattungsmuseum einiges über die alten Zeremonienvorschriften der »standesgemäßen« Beerdigungen in vergangenen Tagen hören oder im Fiakermuseum die Geschichte dieses noch existierenden Transportmittels studieren. Wer die Musik sucht – mit ihr ist Wien auf das engste verbunden, sei es über die Philharmoniker, über die Staatsoper oder über die volkstümlichen, populären Heurigenlieder. Allem voran sollte hier das Wort »Walzer« stehen, damit wiederum verbunden sind Namen wie Strauß, Lanner, Lehár oder Robert Stolz. Von diesen wiederum kann man auf das Thema Operette in Wien kommen: Emmerich Kálmáns »Csárdásfürstin« und »Gräfin Mariza« traten von hier ihren Siegeszug an, Johann Strauß Sohns »Fledermaus« und viele andere. Bühnen gab's und gibt es in Wien genug – neben den sogenannten »großen« Häusern (Oper, Burgtheater, Volkstheater und Volksoper) werden in weiteren 44 Häusern Aufführungen angeboten.
Wer Literarisches sucht: Zahlreich sind die Stätten, wo Schriftsteller lebten und arbeiteten. Ein Arbeitsplatz war besonders beliebt: das Kaffeehaus – der Ort, wo man die neuesten Meinungen austauschte, die jüngsten Elaborate diskutierte und kritisierte, kurz, wo sich die Meinungen bildeten und neue Themen gefunden wurden.
Wer das »junge Wien« sucht: Auf allen Gebieten des künstlerischen Lebens können hier Vertreter bzw. deren Werke gefunden werden. Zu nennen wären hier beispielsweise das Hundertwasserhaus, die Werke der Künstler Arik Brauer, Ernst Fuchs und Helmut Leherb, die Schriftsteller Ernst Jandl, Christine Busta und H.C. Artmann, die Architekten des Haas-Hauses und der neuen U-Bahn-Stationen usw.
Wer »Wien bei Nacht« sucht: Was wählen aus der Fülle des Angebotes? Theater, Konzert, Heurigenbesuch, Bummel durch das sogenannte »Bermuda-Dreieck« im 1. Bezirk (hier reiht sich ein Lokal an das andere), ein Beiselbesuch (typisches Wiener Speiselokal), elegante Hotelbars oder eines der bekanntesten Nachtlokale – was darf's denn sein? Oder lieber Jazzmusik live? Oder doch in eine Diskothek? Oder aber in einen der Stadtheurigen (im 1. Bezirk gelegen) gehen? Oder den Hauch der östlichen Nachbarländer in einem der vielen Spezialitätenrestaurants spüren? »Haben Sie Wien bei Nacht schon geseh'n?« fragt Rainhard Fendrich, und Robert Stolz behauptet: »Wien wird schön erst bei Nacht ...«
»Wien, Wien, nur du allein, sollst stets die Stadt meiner Träume sein ...« schrieb Rudolf Sieczynski vor einigen Jahren. Vielleicht werden Sie bald ebenso denken.
Wie in den übrigen Bänden der Reihe stehen auch hier die Farbabbildungen gleichrangig neben dem Text. Von den beschriebenen Orten – Karte auf der Rückseite des Umschlages – werden Burgen, Kirchen, Schlösser, Theater, Museen und andere Baudenkmäler vorgestellt. Über 250 farbige Fotos und Skizzen sowie 6 Seiten Karten illustrieren den Text.

FRANCISCVS IOSEPHVS I
PERFECIT A D MDCCCXCIII

Knaurs Kulturführer
in Farbe
Schwarzwald

Knaurs Kulturführer
in Farbe
Thüringen

Knaurs Kulturführer
in Farbe
Ägypten

Knaurs Kulturführer
in Farbe
Belgien und Luxemburg

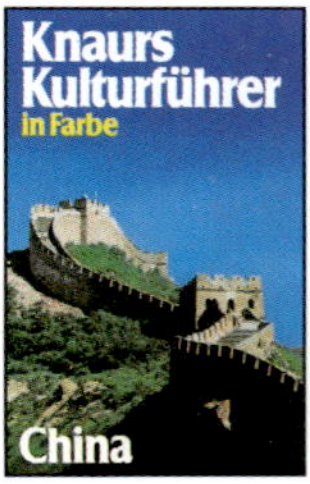
Knaurs Kulturführer
in Farbe
China

Knaurs Kulturführer
in Farbe
Dänemark

Knaurs Kulturführer
in Farbe
Finnland

Knaurs Kulturführer
in Farbe
Frankreich

Knaurs Kulturführer
in Farbe
Bretagne

Knaurs Kulturführer
in Farbe
Burgund

Knaurs Kulturführer
in Farbe
Elsaß

Knaurs Kulturführer
in Farbe
Paris
und Ile de France

Knaurs Kulturführer
in Farbe
Provence
und die Côte d'Azur

Knaurs Kulturführer
in Farbe
Tal der Loire

Knaurs Kulturführer
in Farbe
Griechenland

Knaurs Kulturführer
in Farbe
Athen und Attika

Wien

Einw.: 1,5 Mill.
Höhe: 151-542 m
Stadtplan S. 10, 11, und 14, 15
U-Bahnplan S. 16, 17
Umgebungskarte
auf der Umschlagrückseite

Register der Fachausdrücke S. 283
Register S. 288
Abkürzungen S. 292

Aufbau des Artikels Wien:

Einleitung S. 9
Sakralbauten S. 13
Friedhöfe S. 65
Profanbauten S. 76
Straßen, Plätze, Brücken S. 136
Denkmäler, Brunnen S. 142
Parks und Gärten S. 157
Theater S. 173
Museen S. 180
Wienerisches S. 198

Umgebung von Wien S. 204
Geschichte
und Kulturgeschichte S. 260

EINLEITUNG

Wien, die österreichische Bundeshauptstadt (seit 1924 auch Bundesland), ist eine der sehenswertesten und interessantesten Metropolen Europas. Ihre eminente Rolle in der Geschichte, die prachtvollen Sakral- und Profanbauten, die hervorragenden Kunstschätze, die liebliche Landschaft und vor allem die einmalige Bedeutung, die die Stadt für musikbegeisterte Menschen auf der ganzen Welt hat, üben eine Faszination aus, der sich nicht leicht jemand entziehen kann.

Einige Streiflichter zur Lage: Wien ist Schnittpunkt uralter *Verkehrsadern:* der »Bernsteinstraße« von der Ostsee zu den mediterranen Gebieten und der alten Völkerstraße der Donau. Schnittpunkt auch der Luftlinien Istanbul-Amsterdam und Rom-Leningrad. Die *Donau* war im römischen Imperium nördliche Grenze, jenseits des Flusses war das »Barbarenland«. In späteren Jahrhunderten folgten Heere ihrem Lauf, die Kreuzfahrer nach O, Hunnen, Awaren, Magyaren, Türken, Kuruzen, die Rote Armee nach W. Je nach Epoche und Standpunkt heißt man Wien *Brückenkopf des Westens* oder *Brücke zwischen Ost und West.* Der Rheinländer Metternich formulierte kurz und prägnant: »Auf der Landstraße (= die große Ausfallstraße nach O, 3. Gemeindebezirk) beginnt Asien.« Wien ist eine Stadt *am Gebirge* - die westlichen Bezirke liegen an den Hängen des Wienerwalds, des Ausläufers der mächtigen Gebirgskette der Alpen - und eine Stadt *in der Ebene* - die östlichen Gebiete gehören zur pannonischen Landschaft. Wien hat 2 Klimabereiche - kühl-feucht, ozeanisch im »Gebirge«, trocken-heiß, kontinental in der Ebene -, und es ist überhaupt eine Stadt der Vielfalt und der Gegensätze, eine Stadt der Grenze und doch auch eine Stadt der Mitte.

Abbildungen vorhergehende Seiten:

Seite 6: Michaelertor
Seite 7: St. Stephan
Seite 8: Karlskirche

Stadtentwicklung und Geschichte: Ausgangspunkt für die Entwicklung der heutigen Stadt war ein im 1. Jh. gegründetes Römerlager, dessen Grenzen sich noch heute verfolgen lassen und von dem Reste an 2 Ausgrabungsstätten zu besichtigen sind (Hoher Markt und Am Hof). Marc Aurel stirbt 180 in »Vindobona«. Mit dem Ende des römischen Imperiums folgen auch hier die »dunklen Jahrhunderte«. In den schriftlichen Quellen hören wir noch ein-

Wien
0
100
200 m
N
Votivkirche
Sigm.-Freud-Pk.
Universitätsstr.
Schottenring
Schotten-
Börse
Börsegasse
Wipplingerstr.
Helfertstorferstr.
gasse
Liebiggasse
str.
Universität
Ring
Mölker Bastei
gasse
Schottenstift
Wipplinger
Pasqualatihaus
A.-Stifter-Mus.
Pal. Batthyány-Schönborn
Ehem. Bürgerl. Zeughs.
Grillparzerstr.
Dreimäderlhaus
Wiener Feuerwehrmus.
Schottenkirche
Austriabrunnen
Renn-
Tiefer
Felderstr.
Rathaus-
Theater Die Tribüne
Pal. Kinsky
Freyung
Am Hof
Puppen Spielzeug
Neues Rathaus
Rathauspl.
Lueger-
Löwel-
Pal. Harrach
Pal. Batthyány
Pal. Ferstel
Mariensäule
Pal. Collalto
Röm. Ruinen
Kirche Am Hof
Pal. Montenuovo
Pal. Caprara-G.
Nagler-gasse
Bogner.
Burgtheater
Pal. Liechtenstein
Land-haus
Herren-
Pal. Esterházy
park
Kaiserin-Elisabeth-Dkm.
Minoritenkirche
Pal. Moll.-Clary
NÖ-Landesmuseum
Hochhs.
Juw. Schu
Stadiongasse
Dr.-Karl-
str.
Bundeskanzleramt
Looshs.
Kohlmarkt
Grabenh
Landesgerichts-
8. Josefstadt
Volks-
Theseustempel
Renner-
Pal. Modena
gasse
Generalih
Michaelerkirche
Auerspergstr.
Reichsrats-
Parlament
Ballhauspl.
Schauflerg.
Hoftafel- u. Silberkammer
garten
Michaelerpl.
Span. Hofreitschule
Athenebrunnen
Ev. ref. H.
Pal. Auersperg
Justizpalast
Dr.-K.
Alte
Ev. K. A. B.
Erzherzog-Karl-Dkm.
Schatzkammer
Pal. Pallavicini
Doro
Museumstr.
Volksgartenstr.
Bellariastr.
Heldenplatz
Josefspl.
Dorotheum
Pal. Trautson
Burg-
Burgkapelle
Pal. Palffy
Prinz-Eugen-Dkm.
Hofburg
Pal. Lobko
Neustiftgasse
Naturhistor. Museum
Burgtor
National-bibliothek
Augustinerstr.
Spiegel
Volkstheater
Neue Hofburg
Augustinerk.
Maria-Theresia-Dkm.
Ephesosmus.
Albertina Graph. Samm
Völkerkundemus.
Ulrichsk.
Maria-
Burg-
Burggasse
Theresia-
ring
Platz
Mozart-Dkm.
Österr. Theatermus.
Hotel Sacher
Messe-
Messepl.
Kunsthistor. Mus.
garten
Opern-
Goethe-Dkm.
Staa
gasse
Babenbergerstr.
Eschenbachgasse
Bezirksmuseum
palast
Schillerpl.
Schiller-Dkm.
Str.
Getreide-
7. Neubau
Österr. Tabakmus.
Akademie d. Bildenden Künste
Opern-
Str.
Stiftskirche
Friedrichstr.
Secession
markt
Mariahilfer
Ateliertheater
Theater an der Wien
Wienzeile
Mariahilfer Kirche
Wienzeile
Hauptstr.
6. Mariahilf
Naschmarkt
Operngasse
Wiedner
Gumpendorfer
Rechte
Haus des Meeres Esterházypark
Otto-Wagner-Haus Majolikahaus
Linke
Techn. Hochschu

Heinrichsgasse
Rudolfs-pl.
Franz-Josefs-Kai
Salztorbrücke
Obere Donaustr.
Karmeliterkirche
Kirche der Barmherzigen Brüder
Johann-Nepomuk-Kirche
Börse für landw. Produkte
Marienbrücke
Obere Donaustr.
Taborstr.
Praterstr.
2. Leopoldstadt
Donaustr.
Untere
Salz-gries
Maria am Gestade
Morzin-pl.
Aurel-Str.
Altes Rathaus
Ruprechtskirche
Salvatorkirche
Schwedenbrücke
Donaukanal
Aspernbrücke
Urania
Marc-
Fleisch-
Synagoge
str.
Böhm. Hofkanzlei
Hoher Markt
Georgskap.
Kammerspiele
Franz-Josefs-Kai
Julius-Raab-Pl.
hrenmus.
Vermählungsbr.
Neidhardt-Fresken
Röm. Ruinen
Ankerhaus u. Ankeruhr
markt
Griechenbeisel
Hauptpostamt
ring
lauben
1. Innere Stadt
Heiligenkreuzerhof
Kammeroper
Basiliskenhs.
Postsparkasse
Ehem. Kriegsministerium
Zacherlhs.
Sonnenfels-gasse
Alte Schmiede
bastei
Barbarakirche
Peterskirche
Rotenturm-
Erzbischöfl. Pal.
Dom- u. Diözesanmus.
Universitätskirche
Juwelier Schullin
Stephans-platz
Woll-zeile
Akad. d. Wissensch.
Zollamtsstr.
Pestsäule
Haashs.
Stephansdom
Dominikanerkirche
Marxergasse
Pal. Bartolotti-P.
Figarohs. Mozartmus.
Dominikaner-
Stuben-
Österr. Museum f. angewandte Kunst
Stock-im-Eisen-Pl.
Churhs.
Pal. Equitable
Singer-
Deutschordenskirche u. Deutschordenshs.
Dr.-Karl-Lueger-Pl.
Kärntner Str.
Kabarett Simpl
Bhf. Wien-Mitte
Weiskirchnerstr.
Pal. Neupauer-Breuner
Ehem. Pal. Rottal
Stubenbastei
Pal. Dumba
ring
Vordere
Neuer Markt
Donnerbr.
Weih-burg-
Samml. d. Ges. d. Musikfreunde i. Wien
Landstraßer Hauptstr.
Franziskanerkirche
str.
Pal. Erzherzog Wilhelm
Am
Kapuzinerk. (Kaisergruft)
Pal. Coburg
stätte
Schubert-Dkm.
Winterpalais des Pr. Eugen
Elisabethinen-Kirche
Himmel-pfort-gasse
Johannes-
Malteserkirche
Ronacher
Stadtpark
Grillparzer Ged.-zimmer
gasse
gasse
Stadt-park
Annagasse
Annakirche
Str.
Seiler-
Kruger-str.
Fichte-
Park-
Joh.-Strauß-Dkm.
Schelling-
gasse
Kleine Komödie
Kursalon
Walfischg.
Schwarzenbergstr.
Hegel-
gasse
Johannes-
Am Heumarkt
3. Landstraße
Mahler-
Wien
Reisner-
Schubertring
str.
Beethoven-Dkm.
gasse
Kärntner Ring
str.
gasse
Pal. Erzh. Ludwig Viktor
Beatrix-
Hotel Imperial
Schwarzenberg-Dkm.
Salesianer-
Künstlerhaus
Pal. Wertheim
Konzerthaus
Musikvereinsgebäude
Heumarkt
Schwarzenbergplatz
Akademietheater
Otto-Wagner-Pav.
Lothringer-
Karlsplatz
Am
Denkmal
str.
Histor. Museum d. Stadt Wien
Fußgängerzone
Resselpark
Schwarzenbergpl.
U-Bahn mit Station
Rennweg
gasse
4. Wieden
Karlskirche
Hochstrahlbrunnen
Pal. Schwarzenberg Belvedere

mal um 493 von »Vindomina«, dann klafft eine Lücke bis zum Jahr 881, in dem von einer Magyarenschlacht bei »Wenia« berichtet wird. Trotz dieser spärlichen Nachrichten kann angenommen werden, daß im Schutz der Mauern des Kastells Siedlungskontinuität bestand. Entscheidend für Wien war 976 die Belehnung der *Babenberger* mit der Ostmark. Unter diesem Geschlecht wurde Wien die Hauptstadt des Herzogtums und war um 1200 zu einer der bedeutendsten Städte im deutschen Sprachgebiet aufgestiegen. Die Stadt, die schon 1137 »civitas« genannt wurde, nahm unter den letzten Babenbergern das Gebiet des I. Bezirks ein. Die Mauern, die sie bis 1858 umgaben, gingen in ihrem Kern auf das frühe 13. Jh. zurück. Der Böhmenkönig *Przemysl Ottokar,* der den Babenbergern folgte, förderte die Stadt. Ob die ersten Anfänge der Hofburg und des erhaltenen Westwerks von St. Stephan in seine Zeit oder noch in die des letzten Babenbergers fallen, ist strittig. Der Sieg Rudolfs von Habsburg über Ottokar (1278) und die Belehnung seiner Söhne 1282 mit den österreichischen Landen entschieden das Schicksal der Stadt: Bis 1918 war Wien Residenz der *Habsburger,* die von 1438-1806, von einer kurzen Unterbrechung abgesehen, die deutsche Kaiserkrone trugen. Im 16. Jh. war es dank einer geschickten und glücklichen Heiratspolitik gelungen, die Länder der Wenzels- und der Stephanskrone mit Österreich zu vereinigen. Wien, die Stadt an der Donau, war nicht mehr Grenzstadt, es wurde der natürliche Mittelpunkt eines Reichs, das den Ostalpen-, Karpaten- und Sudetenraum umschloß. Das Verhalten vieler deutscher Fürsten, die sich mit Napoleon verbündeten, veranlaßte 1806 Kaiser Franz II., die deutsche Kaiserkrone niederzulegen; 2 Jahre vorher hatte er den Titel eines österreichischen Kaisers angenommen. Wien entwickelte sich zum Zentrum eines mächtigen Vielvölkerstaates im Herzen Europas. In der k. und k. Monarchie waren Nationalitäten aus dem S, O und SO vertreten, so z. B. Tschechen, Polen, Ungarn, Ruthenen, Slowaken, Rumänen, Serben, Kroaten, Slowenen, Italiener und Ladiner. Es ist nicht zu verwundern, daß die Reichshauptstadt zahlreiche Menschen anzog; im Wiener Telefonbuch findet man noch heute viele Namen, die ihre Herkunft aus den alten Kronländern verraten. 1910 überschritt die Einwohnerzahl die 2-Millionen-Grenze; der Zusammenbruch von 1918 hatte die unnatürliche Situation zur Folge, daß rund ein Drittel der Bevölkerung des auf die Alpengebiete zusammengeschmolzenen Landes in Wien wohnte. »Wasserkopf« war die abwertende Bezeichnung für die einst so glanzvolle Reichshauptstadt. 1924 zum Status eines Bundeslands erhoben, sank es 1938-45 zur »Gauhauptstadt« herab und war 1945-55 unter den Besatzungsmächten viergeteilt. Nach dem 15. Mai 1955, dem Tag des Staatsvertrags, blühte Wien wieder auf und nimmt heute einen überragenden Platz als Zentrum von Kunst und Kultur, aber auch in der Wirtschaft ein. Aufgrund seiner Geschichte wie seiner Lage ist es hervorragend prädestiniert, Kongreßstadt und Sitz internationaler Vereinigungen zu sein.

Wien und die Musik: Wer Musik liebt, denkt bei Wien an die »Wiener Klassik«. War es das Fluidum der Stadt, war es die Lebensfreude und angeborene Musikalität der Wiener, war es der Zauber des Wienerwalds, daß hier und nur hier die Loslösung von der italienischen Barockmusik geschehen konnte? Es ist ein durch nichts zu erklärendes Phänomen, daß hier in der 2. Hälfte des 18. Jh. bis in die 1. Hälfte des 19. Jh. 5 Männer - Gluck, Haydn, Mozart, Beethoven und Schubert - die Musik zu bis dahin ungeahnten Höhen führen sollten. Dabei war nur Schubert gebürtiger Wiener. Die anderen - aus den unterschiedlichsten Gegenden stammend - kamen jedoch nicht mehr von Wien los. Sie blieben, wirkten und starben hier. Ihre Werke, die zu den beglückendsten musikalischen Schöpfungen gehören, bleiben unauflöslich mit Wien verbunden. Aber auch später zeigte sich Wien als besonders fruchtbarer Boden für die Musik. Im späten 19. Jh. waren es wieder 3 »Auswärtige«: Bruckner, Brahms und Hugo Wolf, die die Tradition Wiens als Musikstadt weiterführten. Eine Musikgattung sui generis, die nur hier entstehen konnte, weil sie ihren Ursprung im Naturell des Wieners hat, einer eigenartigen Mischung von Lebensfreude und Sentimentalität, ist der »Wiener Walzer«. Die Strauß-Dynastie, auf das engste mit dem »Wiener Walzer« verbunden, die auch die

Altlerchenfelder Kirche, Kreuzwegstation

besten Werke der »Wiener Operette« schuf, schenkte den Österreichern ihre »heimliche Nationalhymne«, den »Donauwalzer«. Institutionen wie die Wiener Staatsoper, die Wiener Philharmoniker, die Wiener Sängerknaben sorgen dafür, daß Wien als Pflegestätte der Musik in der ganzen Welt bekannt ist.

Stadtgeographie: Größe 415 qkm, Einwohner 1 500 000). Höchste Erhebung: Hermannskogel 542 m. Seehöhe Stephansplatz: 171 m. Der Aufbau Wiens läßt sich leicht überblicken. Wien ist in 23 Gemeindebezirke aufgegliedert: I. Bezirk Zentrum, II.-IX. Bezirk die inneren Bezirke, X. bis XXIII. Bezirk die äußeren. Herz und Mittelpunkt der Stadt ist St. Stephan. Um den ehrwürdigen Dom herum erstreckt sich die »Innere Stadt«, im N begrenzt vom Donaukanal, im O, S, und W von der Ringstraße, die anstelle des freien Schußfeldes vor den Mauern angelegt wurde (I. Bezirk). Daran schließen sich die alten »Vorstädte« an, die Bezirke III-IX, die bis zum Gürtel reichen, jenem Verkehrsring, der die Stelle der ehem. mächtigen äußeren Befestigungslinie einnimmt. Außerhalb des Gürtels die Bezirke X-XIX, deren Kern die alten Vororte bilden. Aus diesem klaren Aufbau ausgenommen sind die Bezirke II und XX, die auf der Insel zwischen Donaukanal und Donau liegen. Am linken Ufer des Stroms, der für das mittelalterliche Stadtbild keine Bedeutung hatte, die Bezirke XXI und XXII. Eine 1938 vorgenommene Eingemeindung weiter Gebiete wurde 1961 rückgängig gemacht, nur im S blieb der XXIII. Bezirk, Rodaun, als Zuwachs erhalten.

SAKRALBAUTEN

Altlerchenfelder Kirche »Zu den sieben Zufluchten« (Lerchenfelder Str. 111, 7. Bezirk): Die Anfänge der Pfarrkirche reichen bis etwa 1715 zurück; damals stand hier eine kleine Kapelle, den hll. Sebastian, Ro-

Übersichtskarte Wien
0
1000
2000 m
N
Kahlenberger Friedhof
Grinzing
Grinzinger Friedhof
Salmannsdorf
Sievering
Döbling 19.
Neustift am Walde
Lacy-Grab
Neuwaldegger Park
Geymüller-Schlössel
Pötzleinsdorf
Neuwaldegg
Schloß Neuwaldegg (Schwarzenberg)
Dornbach
Währing 18.
Döblinger Friedhof
Gersthof
Türkenschanzpark
Währing Park
Hernals 17.
Dornbacher Friedhof
Hernalser Friedhof
Schubertpark
Allgem. Krankenh
Ottakring 16.
Kuffnersche Sternwarte
Kalvarienbergkirche
Fiakermuseum
Tschauner Bühne
Piaristenkirch
Kirche am Steinhof
Hütteldorfer Friedhof
Penzing 14.
Josefstadt
Altlerchenfelder K.
Hütteldf.
Rudolfsheim-Fünfhaus 15.
Auferstehungskirch
Lazaristenkirche
Hacking
Bezirksmus.
Techn. Museum
Eisenbahnmus.
Post- u. Tel. mus.
Fünfhauser K.
Ober-St. Veit
Raimundtheater
Gustav-Adolf-K.
Bürohs. Grothusen
Unter-St. Veit
Schloßtheater
Lainzer
Hietzing 13.
Kaiserstöckl
Schloß Schönbrunn
Palmenhs.
Ober-St.-Veiter Friedh.
Tiergarten
Botan. Garten
Schönbr. Schloßpk.
Tiergarten
Werkbundsiedl.
Hietzing
Röm. Ruine
Hietzinger Friedh.
Gloriette
Lainz
Meidling 12.
Hermesvilla
Hetzendf.
Altmannsdorfer K.
Altmannsdf.
Wotruba-K.
Mauer
Höhenstr.
Cobenzlgasse
Sieveringer
Hameaustr.
Krottenbach-str.
Neuwaldegger Str.
Dornb. Str.
Hernalser
Sandleiteng.
Gersthf.
Währinger
Hauptstr.
Amundsenstr.
Hüttelbergstr.
Thaliastr.
Gablenzgasse
Gürtel
Flötzersteig
Linzer Str.
Wientalstr.
Maroltingerg.
Wattgasse
Hütteldorfer Str.
Hadikgasse
Hietzinger Kai
Felberstr.
Linke Wienzeile
Schönbrunner
Lainzer Str.
Fasangarteng.
Eichenstr.
Edelsinnstr.
Wienerbergstr
Hetzendorfer Str.
Hermesstr.
Altmannsdorfer Str.
Breitenfurter
Speisinger
A23
Triester

15
1 Pal. Liechtenstein/ Mus. f. moderne Kunst
2 Strudlhofstiege
3 Clam-Gallas-Pal.
4 Josephinum Medizinhist. Mus.
5 Sigmund-Freud-Mus.
6 Roßauer Kaserne
7 Clown- u. Zirkusmus.
8 Ringturm
9 Leopoldsk.
10 Joh.-Nepomuk-K.
11 Karmeliterkirche
12 Joh.-Strauß-Wohnung
13 Botan. Garten
14 Alpengarten
15 Schweizer Garten
Donau
Neue Donau
Alte Donau
Donauinsel
Donaukanal
Jedlesee
Karl-Seitz-Hof
Floridsdorf
Leopoldau
Donaufeld
Kagran
Nußdorf
Beethoven-Gedenkstätte Heiligenstädter Testament
Heiligenstadt
Karl-Marx-Hof
Nordbrücke
Floridsdf. Brücke
Brigittenauer Br.
Reichsbrücke
Praterbrücke
Brigittenau 20.
Moschee
Wertheimsteinpark
Bezirksmus.
Weinbaumus.
Beethoven-Gedenkstätte Eroica-Hs.
Donauturm
Donaupark
U-Bahn-Station Alte Donau
Austria Center
UNO-City
Donaustadt 22.
Serapionstheater
Kaisermühlen
Aspern-1809-Museum
Kinderübernahmestelle
Lichtentaler Pfarrk.
Schubert-Mus.
Volksoper
Augarten
Schloß Augarten
Palais Augarten
Jubiläumskirche
Alsergrund 9.
Pal. Grassalkovich
Praterstern
Tegetthoff-Dkm.
Riesenrad
Planetarium
Pratermus.
Messegelände
Votivk.
Börse
Volkskundemus.
Liliputbahn
Stadion
Theater in der Josefstadt
Alte Backstube
Stephansdom
Hundertwasserhaus
Mechitaristenk.
Ulrichsk.
Innere Stadt 1.
Elisabethinenkirche
Prater
Krieau
Renaissancetheater
Mariahilfer Kirche
Landstr. 3.
Arenenbergpk.
Gardek.
Wiener Tramwaymuseum
Karlsk.
Unt. Belvedere
Pal. Schwarzenbg.
Belvederegarten
Leopoldstadt 2.
Wieden 4.
Theresianum
Ob. Belvedere
Österr. Galerie d. XIX. u. XX. Jh.
Waisenhauskirche
Lusthaus
Bestattungsmus.
Margareten 5.
Florianik.
Heeresgeschichtl. Mus./ Marinemus.
Museum des 20. Jahrh.
Arsenal
St. Marxer Friedh.
Gasometer
Friedhof der Namenlosen (Albern)
Rennbahn
Bankgebäude
Bezirksmus.
Simmering 11.
Amalienbad
Favoritner Wasserturm
Glockenmuseum
Altsimmeringer Pfarrk.
Schwechat
Erholungsgebiet Laaer Wald
Neugebäude
Favoriten 10.
Erholungs- u. Kurpark Laaer Berg
Zentralfriedhof
A 22
A 23
A 4

S 1 Schnellbahnlinie
Lokalbahn Wien-Baden
Busbahnhof
DDSG-Schiffsstation
Informationsstelle der Wiener Verkehrsbetriebe
U1 U-Bahnlinie
S 40
S 45
U6
Oberdöbling
Krottenbachstraße
Gersthof
Nußdorfer Straße
Währinger Straße-Volksoper
Michelbeuern Allg. Krankenhaus
Alser Straße
Josefstädter Straße
Hernals
Ottakring
Thaliastraße
Burggasse-Stadthalle
Lerchenfelder Straße
Breitensee
Penzing
Westbahnhof
S 3
S 50
U3
Purkersdorf-Sanatorium
Weidlingau-Wurzbachtal
Hadersdorf-Weidlingau
Gumpendorfer Straße
Unter St. Veit
Braunschweiggasse
Babenbergerstraße
U4
Hütteldorf
Ober St. Veit
Hietzing
Schönbrunn
Meidling Hauptstraße
Längenfeldgasse
Margaretengürtel
Pilgramgasse
Niederhofstraße
Matzleinsdorfer Platz
Speising
Philadelphiabrücke
Meidling
Hetzendorf
Wienerbergstraße
Schöpfwerk
Gutheil-Schoder-Gasse
Inzersdorf Personenbahnhof
Neu Erlaa
Atzgersdorf Mauer
Laxenburger Allee
Liesing
Vösendorf-Siebenhirten
S 1
S 2

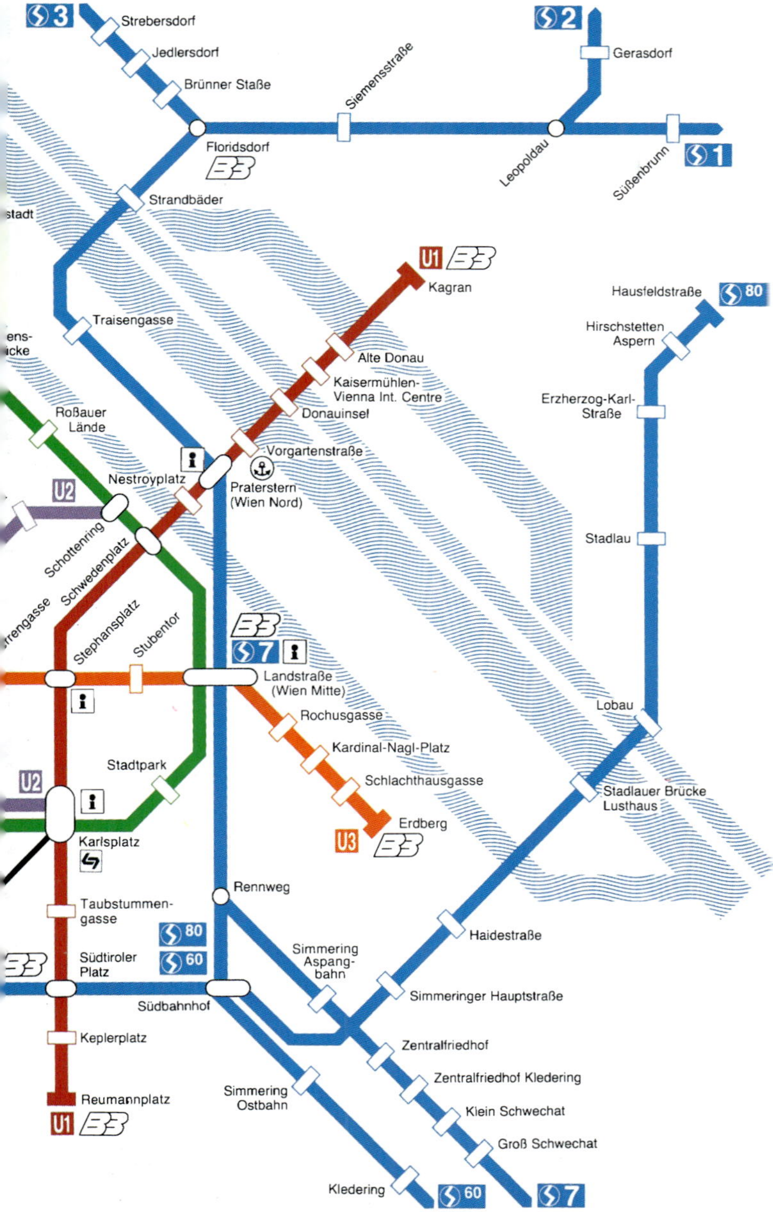
S3
Strebersdorf
Jedlersdorf
Brünner Staße
S2
Gerasdorf
Siemensstraße
Floridsdorf
Leopoldau
Süßenbrunn
S1
Strandbäder
stadt
U1
Kagran
Hausfeldstraße
S80
Hirschstetten
Aspern
Traisengasse
ens-
ücke
Alte Donau
Kaisermühlen-
Vienna Int. Centre
Erzherzog-Karl-
Straße
Roßauer
Lände
Donauinsel
Vorgartenstraße
Nestroyplatz
U2
Praterstern
(Wien Nord)
Stadlau
Schottenring
Schwedenplatz
rrengasse
Stephansplatz
Stubentor
S7
Landstraße
(Wien Mitte)
Lobau
Rochusgasse
Kardinal-Nagl-Platz
Stadtpark
U2
Schlachthausgasse
Stadlauer Brücke
Lusthaus
Karlsplatz
Erdberg
U3
Rennweg
Taubstummen-
gasse
S80
Haidestraße
Simmering
Aspang-
bahn
Südtiroler
Platz
S60
Simmeringer Hauptstraße
Südbahnhof
Keplerplatz
Zentralfriedhof
Zentralfriedhof Kledering
Simmering
Ostbahn
Reumannplatz
Klein Schwechat
U1
Groß Schwechat
Kledering
S60
S7

< *Altlerchenfelder Kirche, Hochaltar*

Kirche Am Hof (oben)

chus und Rosalia geweiht. Der darauffolgende Bau wurde 1783 zur Pfarrkirche erhoben, war jedoch bald zu klein geworden. 1848 begann der Hofbaurat Paul Sprenger mit dem Neubau – er gelangte jedoch nicht über den Sockel hinaus: Im Wiener Architektenverein hielt ein junger Schweizer Architekt einen mitreißenden Vortrag, in dem er den Renaissancestil für eine christliche Kirche als nicht geeignet bezeichnete. Fazit: Der Redner, Johann Müller, erreichte eine öffentliche Ausschreibung des Neubaus der Kirche – den er dann auch gleich gewann. (Sprenger soll sich übrigens den Ansichten Müllers angeschlossen haben.) Das so entstandene, nach dem frühen Tod v. Müller durch Eduard van der Nüll vollendete Bauwerk ist eines der bedeutendsten und einheitlichen Bauwerke der österr. Romantik. Das Gotteshaus besitzt übrigens seit 1856 ein Geläute, das aus sieben Glokken besteht; diese läuten im As-Dur-Akkord.

Der Beiname »Zu den sieben Zufluchten« ist heute sicherlich nicht jedermann mehr leicht erklärlich: Darunter versteht man die Hl. Dreifaltigkeit, den gekreuzigten Heiland, das hl. Altarsakrament, die Muttergottes, die Schutzengel, alle Heiligen und schließlich die armen Seelen im Fegefeuer. Die entsprechenden Darstellungen finden sich im Kircheninneren.

Von außen wirkt die Backsteinkirche wie eine Basilika, das Querhaus tritt nur wenig vor. Das Hauptportal wird v. 2 Spitztürmen flankiert, in den Mauernischen stehen die Statuen der Apostel Petrus und Paulus (v. Preleuthner). Das Kircheninnere ist berühmt für seinen *Freskenzyklus* »Vom ersten Schöpfungstag bis zum Jüngsten Gericht«. Das Programm dazu stammt v. Joseph v. Führich, zu den Ausführenden zählten u.a. Leopold Kupelwieser und Eduard Engerth. – Im rechten Querschiff sollte man die »Wiener Madonna« v. L. Kupelwieser beachten: Im Hintergrund ist der Kahlenberg zu erkennen. Der Hochaltar wurde nach Entwürfen v. van der Nüll gestaltet, das Gemälde (v. J. v. Führich) stellt den Namen der Kirche dar. Zuletzt

Annakirche

sei noch auf die prachtvollen Ornamente (Pietro Isella, nach Zeichnungen van der Nülls) hingewiesen.

Altmannsdorfer Kirche St. Oswald (Khleslplatz, 12. Bezirk): Das Außergewöhnlichste an dieser Kirche ist ihr Entstehungsgrund: ein Lottotreffer des Wieners J. Hoffmann, der Besitzer der Herrschaft Altmannsdorf war. 1838 ließ er das Gotteshaus v. Franz Lössl als einfachen roman. Bau errichten. Im Chor ein Gemälde v. Leopold Kupelwieser, am linken Seitenaltar ein Werk v. J. Führich (hl. Johannes Baptist).

Altsimmeringer Pfarrkirche St. Laurenz (Kobelgasse 16, 11. Bezirk): Die 1267 erstmals urkundlich genannte Kirche liegt an der alten Römerstraße nach Carnuntum (→Umgebung v. Wien). Der hl. Laurenz wurde als Schutzpatron gegen die kriegerischen Angriffe aus dem O angerufen und verehrt. Mitte des 17. Jh. war das Gotteshaus in einem derart desolaten Zustand, daß ein Neubau erforderlich schien. Baumeister Matthias Gerl fügte an den got. Chor das heutige Langhaus an. Insgesamt bietet sich das Bild einer Landkirche, eingebettet in die kleinen, umliegenden Bürgerhäuser; hier findet man »Alt-Wien«. Rund um die Kirche liegt der alte Simmeringer Friedhof mit zahlreichen schönen Grabsteinen. – Grabungen um die Laurenzkirche lassen in der Nähe eine röm. Siedlung vermuten.

Am Hof, Kirche, auch Kirche zu den Neun Chören der Engel genannt (Am Hof bei 13, 1. Bezirk): Von den Karmelitern war 1386 bis 1403 hier eine dreischiffige got. Hallenkirche errichtet worden, die während der Reformation verfiel. König Ferdinand übergab das desolate Bauwerk den Jesuiten, die nach einem Brand unter Einbeziehung der noch vorhandenen Reste 1607 die heutige Kirche erbauen ließen – die 1. Jesuitenkirche Wiens. Sie zählt zu den Höhepunkten der Architektur des 17. Jh. Die beeindruckende frühbarocke *W-Fassade,* die auch den Platz Am Hof (→Straßen, Brükken, Plätze) beherrscht, wurde 1662 nach Plänen v. Carlo Antonio Carlone vorgebaut. Vom Altan (Balkon im 1. Stock der W-Fassade) erteilte Papst Pius VI. am 31. 3. 1782 den Segen »Urbi et orbi«. Ein weiterer geschichtlich wichtiger Vorgang fand hier statt: Kaiser Franz II. verkündete 1806 v. hier aus die Niederlegung der röm.-dt. Kaiserwürde – was gleichzeitig auch das Ende des röm.-dt. Kaiserreiches bedeutete. 1983 sprach Papst Johannes Paul II. hier zu den Arbeitern.
Die Fassade der »Kirche ohne Turm« bezieht die beiden anliegenden Wohntrakte mit ein. Es wurde versucht, auch optisch den Sieg der Gegenreformation darzustellen – die eigtl. Kirchenfront ist zurückversetzt und lädt den Besucher förmlich zu einem Nähertreten ein. Auf dem Dachfirst sieht man die neun Engelschöre, jeder symbolisch durch einen Engel dargestellt. Eine nochmalige Wiederholung des Themas, das auch zur Namengebung der Kirche führte, findet sich am Hochaltarbild. Es stellt »Maria und die neun Chöre der Engel« dar (v. J. G. Däringer). Von der insgesamt sehr harmonischen Innenausstattung seien hervorgehoben: Vom Eingang ausgehend in der 2. Seitenkapelle l ein Deckenfresko v. F. A. Maulpertsch, in der 3. Gemälde v.

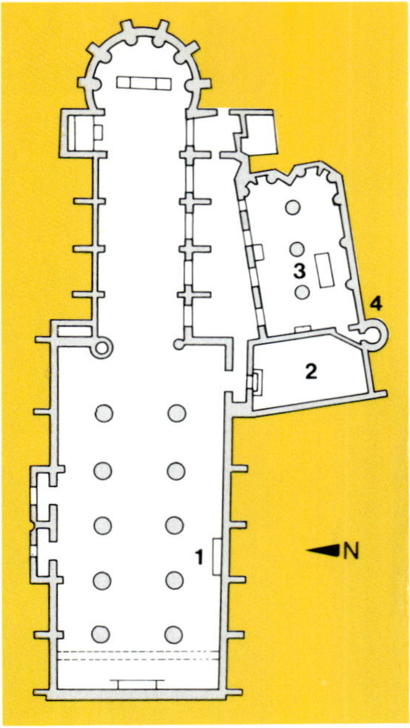

Augustinerkirche 1 Christinendenkmal **2** Loretokapelle **3** Georgskapelle **4** Herzgruft

Augustinerkirche

J. G. Schmidt, in der 4. Kapelle das Bild »Hl. Johann Nepomuk« v. M. J. Schmidt; in der 3. Seitenkapelle r Gemälde v. J. v. Sandrart. Von der Kanzel, die mit klassizistischen Reliefs geschmückt ist, predigte u. a. Clemens Maria Hofbauer.

Annakirche (Annagasse 3b, 1. Bezirk): Bereits um 1320 gab es hier eine Kapelle und ein Pilgerspital; beides wurde 1415 v. der Bürgerin Elisabeth Wartenauer erworben, die nun auch noch ein »Pilgrimhaus« (Unterkunft und Verpflegung für durchreisende Arme) errichten ließ. Zum Andenken an ihre Tochter Anna stiftete sie den heutigen Kirchenbau. Nach den Klarissinnen erhielten 1573 die Jesuiten das Anwesen und ließen es barock umgestalten. 200 Jahre später mußten die Jesuiten Wien verlassen; nach einer profan genutzten Zeit des Pilgrimhauses wurde dieses abgerissen. 1897 erhielten die Oblaten des hl. Franz v. Sales die Annakirche. – Die Kirche ist seit Anbeginn ein Ort der Annenverehrung gewesen, sie besitzt auch eine kostbare Annenreliquie (rechte Hand in wertvoller Barockfassung), die v. Maria Anna v. Portugal gestiftet worden war. Alljährlich wird am Annenfest (26. 7.) diese Reliquie am Hochaltar ausgestellt.

Von der Kirchenfassade ist, da sie in den Straßenzug der Annagasse eingebunden ist, nur die S-Seite sichtbar. Über dem Eingang die Skulptur »Hl. Anna selbdritt« (Mitte 17. Jh.) aus Holz. Die Inneneinrichtung ist barock und wirkt durch die reiche Verwendung v. Gold und Stuck vornehm. Die Deckenfresken stammen v. Daniel Gran (Darstellung der Unbefleckten Empfängnis), die Anna-selbdritt-Gruppe des Hochaltars wird dem Meister v. Mauer bei Melk zugeschrieben (v. manchen auch dem Nürnberger Meister Veit Stoß). Das Hochaltarbild »Hl. Familie« stammt ebenfalls v. Daniel Gran, die Bilder der Seitenaltäre v. Johann Georg Schmidt.

Augustinerkirche, Christinendenkmal

Auferstehungskirche (Lindengasse 44, 7. Bezirk): Diese größte ev. Kirche Österreichs wurde 1959–62 v. den Architekten Friedrich Rollwagen und Henry Lutz entworfen. Die ebenerdige Hallenkirche bietet 800 Gläubigen Raum, ihr Schmuck sind die 12 Glasfenster (Szenen aus dem Leben Christi). Über dem massiven Steinaltar die Bronzeplastik »Der Auferstandene« v. Heinz Glawischnig.

Augustinerkirche (Augustinerstr. 7, 1. Bezirk): Herzog Friedrich III., der Schöne, ließ 1330–39 aufgrund eines Gelübdes v. Dietrich Ladtner den schlichten got. Hallenbau errichten. Das später barockisierte Innere wurde auf Wunsch Kaiser Josephs II. (bis auf einige Altarblätter) entfernt und der ehem. got. Zustand durch Johann F. Hetzendorf v. Hohenberg wiederhergestellt. In der ehem. Hofpfarrkirche fanden zahlreiche wichtige Feierlichkeiten statt: So ließ 1683 der Polenkönig Johann III. Sobieski nach der gegen die Türken gewonnenen Schlacht hier ein Tedeum anstimmen, hier heirateten 1810 Marie Louise und Napoleon, 1854 Franz Joseph und Elisabeth v. Bayern (»Sissy«) und 1881 Kronprinz Rudolf und Prinzessin Stephanie v. Belgien.
Die ehem. Hauptfassade wurde 1767–69 durch einen Flügel der Nationalbibliothek verbaut. Zur Augustinerstr. hin, wo auch der Eingang liegt, bietet sich ein schlichter got. Anblick mit Strebepfeilern. Das Kircheninnere kann unterteilt werden in eine dreischiffige, ungewöhnlich lange und hohe Halle, einen einschiffigen Chor, die Loretokapelle, die Georgskapelle und die berühmte Herzgruft der Habsburger.
Gleich gegenüber dem Eingang befindet sich das *Christinendenkmal* (Marmorgrab der Lieblingstochter Kaiserin Maria Theresias), 1801–05 geschaffen v. Antonio Canova: eine Grabpyramide, geschmückt mit allegorischen Figuren (die trauernde Tugend trägt die Asche der Verstorbenen, die Wohltat folgt ihr, einen Blinden an der Hand führend). Ein Genius auf dem Löwen trägt das Wappenschild Herzog Al-

Barbarakirche

berts v. Sachsen-Teschen, des Gatten v. Marie Christine. Letztere ist in einem Medaillon über dem Grabeingang verewigt, das die Figur der Glückseligkeit emporträgt.

Die Orgel und die Kirchenbänke stammen aus der Schwarzspanierkirche (um 1730). Im linken Seitenschiff befindet sich das Gnadenbild »Maria Schnee« (Kopie eines Gemäldes aus Santa Maria Maggiore, Rom, aus dem 16. Jh.). Im rechten Seitenschiff hängt ein Werk Johann Michael Rottmayrs »Vision der hl. Magdalena« (um 1707). Verbindendes Element zwischen Langhaus und Chor ist die Kanzel v. J. F. Hetzendorf v. Hohenberg (auf deren Vorgängerin predigte der berühmte Abraham a Sancta Clara, in der Gruft der Kirche beigesetzt). Der Hochaltar war urspr. für die →Votivkirche hergestellt worden: Der Würzburger Andreas Halbig schuf den ganz aus Sandstein bestehenden Altar 1857–70 und stattete ihn reichlich mit Bildschmuck aus.

Durch die 1784 erbaute Loretokapelle (mit Statue der lauretanischen Muttergottes) gelangt man in die *Georgskapelle*. Sie wurde v. Herzog Otto dem Fröhlichen als Kapelle und Versammlungsraum für die St.-Georgs-Ritter gestiftet. Die schlichte zweischiffige Hallenbauweise findet man sonst nirgendwo mehr in Wien. Die Kapelle beherbergt u. a. 3 Grabmäler: für Leopold Graf Daun (v. Balthasar Moll), für Gerhard van Swieten, den berühmten Leibarzt Maria Theresias, und für Kaiser Leopold II. (v. Franz Anton Zauner 1799 entworfen). Das Hochgrab ist mit der Figur des Herrschers am Deckel geschmückt, bei seinem Haupt die dt. Kaiserkrone und der österr. Herzogshut, zu seinen Füßen die Kronen des Hauses Österreichs und des böhmischen Königs. In der berühmten *Herzgruft* werden in 54 Urnen die Herzen der Habsburger v. Ferdinand III. bis Erzherzog Franz Karl aufbewahrt. Der Familientradition entsprechend wurden die Leichname in der Kapuzinergruft (→Kapuzinerkirche), die Eingeweide im →Stephansdom und die Herzen hier beigesetzt.

Deutschordenskirche, Hochaltar

Barbarakirche, griech.-unierte Kirche (Postgasse 10, 1. Bezirk): Die Kirche mit der fast unauffällig in den Gebäudekomplex der Post eingegliederten Fassade gehörte bis 1775 den Jesuiten. Ihr Inneres ist schlicht ausgestattet, hervorragende Schmuckelemente sind die Kanzel und die Ikonostasis. Das Gemälde der hl. Barbara stammt aus der 2. Hälfte des 18. Jh. Seit 1916 werden hier die Reliquien des Erzbischofs v. Polock aufbewahrt.

Burgkapelle Mariä Himmelfahrt (Schweizerhof, Hofburg, 1. Bezirk): Eigtl., so sagt man, ist die Kapelle der Hl. Dreifaltigkeit, Maria und allen Heiligen geweiht, da ihr Bauherr, Kaiser Friedrich III., seine Hofkapelle dem himmlischen Hofe weihen wollte. Die 1296 erstmals erwähnte Kapelle wurde 1447–49 v. Nikolaus Gerhard van Leyden umgebaut, später barockisiert und daraufhin wieder regotisiert. Durch seitliche Anbauten wurde das Kircheninnere ziemlich verdunkelt. Aus der Werkstatt van Leydens stammen im Inneren noch 13 Holzfiguren. In dem aus der Zeit Maria Theresias stammenden Tabernakel wird das Kreuz Ferdinands II. aufbewahrt (die Legende behauptet, daß es 1619 zum Kaiser gesagt haben soll: »Ich werde dich nicht verlassen«). – Bis 1918 wurde hier täglich das Hochamt für die kaiserliche Familie gehalten; heute finden Konzerte der Wiener Sängerknaben statt.

Christuskirche →Matzleinsdorfer Friedhof.

Deutschordenshaus (Singerstr. 7, 1. Bezirk): Um 1200 entstand in Wien eine Ordensniederlassung (sog. Kommende). 1667 errichtete Carlo Canevale anstelle des alten Kommendehauses den um 2 Innenhöfe angelegten Barockbau, der durch Anton Erhard Martinelli schließlich 1720–25 die heutigen Formen erhielt. In dem auch »Deutsches Haus« genannten Anwesen wohnten zeitweise Mozart und Johannes Brahms (Gedenktafel). Im 2. Stock ist die reiche *Schatzkammer* des Ritterordens untergebracht: Man kann Insignien des Or-

Dominikanerkirche, Kuppelfresko

dens bewundern, ferner Tafel- und Meßgeräte, wertvolle Pokale und Gefäße (u. a. aus Kokosnüssen gefertigt), die zu beliebten Sammelstücken der Menschen des 16. Jh. zählten, sowie Schmuckstücke, Porträts v. Hochmeistern des Ordens sowie Kostüme und Rüstungen der Ordensmitglieder.

Deutschordenskirche hl. Elisabeth (Singerstr. 7, 1. Bezirk): Um 1200 siedelte sich der Dt. Ritterorden in Wien an. Nach Bränden wurde der heutige Bau 1326 errichtet, 1720–22 barock umgestaltet. Er zählt zu den wichtigsten Bauwerken barokker Nachgotik des 18. Jh. in Österreich. Damals wurden die 3 Fenster der S-Wand der Kirche (Straßenseite) zu einem giebelbekrönten Mittelrisalit zusammengefaßt. In den 4 Raumecken stehen die Statuen der Evangelisten, Werke v. Johann Hutter (1864). Berühmt ist die Sammlung der *Wappenschilde* der Ordensritter an den Wänden (die meisten stammen v. Johann Andreas Frank, um 1722). Der *Hochaltar*, ein Flügelaltar, wurde in den Niederlanden (um 1520) gefertigt. Er ist außen mit Gemälden der hll. Andreas, Petrus, Johannes d. Ev. und Jakob geschmückt, innen besitzt er 3 Nischen mit Holzreliefs, die Kreuzigung, Geißelung und Ecce-Homo darstellen. Die Deutschordenskirche ist Pfarrkirche der kleinsten Pfarre Wiens: Diese erstreckt sich nämlich nur auf das Kommendehaus, in das die Kirche eingebaut ist.

Dr.-Karl-Lueger-Gedächtniskirche →Zentralfriedhof.

Dominikanerkirche Maria Rotonda (Postgasse 4, 1. Bezirk): 1226 berief Herzog Leopold VI., der Glorreiche, die Dominikaner nach Wien. Nach einigen Anläufen wurde 1631–34 der heutige Bau v. Jakob Spaz, Cipriano Biasino und Antonio Canevale ausgeführt. Die turmlose Fassade, deren Breitenwirkung durch die später, aufgrund v. Abgrabungen erforderliche, hinzugefügte Freitreppe verlorengeht, entspricht dem italienischen Frühbarock. In den Nischen stehen Plastiken v. Ordensheiligen, über dem

Portal die Figuren der Rosenkranzkönigin, zu ihren Seiten die hll. Katharina und Agnes. Da die Chorseite den Vorstädten zugewandt liegt, wurde sie ebenfalls als Schauseite gestaltet.
Das Innere überrascht durch seine Höhe und die herrliche Stuckdecke: 364 Engel schweben durch das Langschiff. Die Dekkenfresken stammen v. M. Rauchmiller (1686), das Kuppelfresko v. F. Geyling symbolisiert den Rosenkranzgedanken. Der Hochaltar v. Carl Rösner (1840) trägt ein Gemälde Leopold Kupelwiesers: »Maria als Königin des Rosenkranzes«. Von den Seitenkapellen soll bes. die Vinzenzkapelle (2. v. r hinten) aus rotem Stuckmarmor hervorgehoben werden: Ein schmiedeeisernes Gitter (1769) schützt die Arbeit v. Fr. Roettiers. Die Kanzel stammt v. Matthias Steinl - auch hier wiederholt sich das Motiv des Rosenkranzes: Ein Engel umspannt mit ihm den Erdball. Die Orgel zählt zu den schönsten in Wien (süddt., 17. Jh.), unter ihr hängt das Bild »Der hl. Dominikus hält den Rosenkranz als rettendes Seil über dem Höllenschlund« (unbekannter Meister).

Elisabethinenkirche (Landstraßer Hauptstraße 4a, 3. Bezirk): 1711-15 erbaute Matthias Gerl d. Ä. für die neu nach Wien berufenen Elisabethinen diese Kirche. Sie wurde, zusammen mit dem anschließenden Kloster, ab 1743 v. Franz Anton Pilgram vergrößert. Bes. schön ist die zu einem Ganzen vereinigte Kirchen- und Klosterfassade. Das Hochaltarbild »Glorie der hl. Elisabeth« stammt v. J. Cimbal, über der Orgelempore werden im Schwesternchor Reliquien der hl. Elisabeth aufbewahrt. - Die zum Kloster gehörende *Apotheke* besitzt noch eine vollständige Einrichtung aus dem 18. Jh.

Erzbischöfliches Palais (Rotenturmstr. 2, 1. Bezirk): Bereits vor dem heutigen, 1632 bis 1641 errichteten Bau stand hier der Pfarrhof v. St. Stephan. Als Architekt vermutet man Giovanni Coccapani. An der Fassade zum Stephansdom hin sieht man

< Franziskanerkirche, Hochaltar

Dominikanerkirche, Kanzel >

Elisabethinenkirche

den Chor der Andreaskapelle (Stuckdecke aus dem 17. Jh., Steinaltäre aus der Augustiner- und Peterskirche), ihr Turm wurde Ende des 18. Jh. abgetragen. Der Innenhof des Palais besitzt einen schönen Laubengang und einen Wandbrunnen aus dem 17. Jh.

Ev. Kirche A. B. (Dorotheergasse 18, 1. Bezirk): Die ehem. Klosterkirche der Klarissinnen »Hl. Maria, Königin der Engel« sowie das »Königinkloster« wurden 1581 v. Königin Elisabeth v. Frankreich gestiftet. 1872 hob Joseph II. das Kloster auf, 1783 wurde die Kirche zu einem Bethaus der Augsburger Konfession umgestaltet. Durch Einbau v. Emporen ist die Innenraumwirkung beeinträchtigt. Der Altar stammt noch aus der alten Kirche (18. Jh.), ferner klassizistische Kanzel (um 1820). In einer Wandnische befindet sich eine eiserne Kanonenkugel aus dem Jahre 1809. Beachtenswert ist die Gedenktafel für Kaspar Tauber, den ersten Blutzeugen der Reformation (er wurde 1524 in Wien enthauptet). Es finden sich außerdem die urspr. Verschlußplatten der Gräber der Kaiser Matthias mit Gattin Anna Maria sowie Ferdinand II., die vor ihrer Überführung in die Kapuzinergruft (→Kapuzinerkirche) hier bestattet worden waren.

Ev.-reformierte Kirche H. B. (Dorotheergasse 16, 1. Bezirk): Nach dem Toleranzpatent Josephs II. wurde diese Kirche 1783–84 v. Gottlieb Nigelli erbaut, jedoch streng nach den herrschenden Vorschriften: Das Bethaus durfte nach außen hin nicht als solches erkennbar sein, es durfte v. der Straße aus kein Eingang vorhanden sein, die Kirchenfenster mußten wie gewöhnliche Wohnhausfenster aussehen. Erst auf Betreiben der ev. Erzherzogin Henriette (Gattin v. Erzherzog Karl, dem Sieger v. Aspern) wurde straßenseitig ein Kirchentor eingebaut. 1887 erfolgte ein größerer Umbau durch Ignaz Sowinski: neubarocke Fassade, Verlegung der Kanzel und Turmbau. Im Hof Teile des ehem. Königinklosters (→Ev. Kirche A. B.).

Florianikirche (Wiedner Hauptstr. 97–99, 4. Bezirk): 1956 mußte die alte Matzleinsdorfer Kirche abgetragen werden, da sie in der Mitte der Wiedner Hauptstr. stand – alle Proteste der Wiener fruchteten nichts. Um so größer war die Erregung über die neue Florianikirche: Architekt Rudolf Schwarz baute 1961–63 dieses Gotteshaus in Form eines längsliegenden Quaders, der durch seine Betongitter Struktur erhält. Da der Architekt knapp nach Baubeginn starb, wurden Änderungen durchgeführt, welche nach vieler Ansicht die Sache noch verschlechterten. Besonders die rot-weiße Fassade und die zusätzlich geschaffenen Fenster waren Steine des Anstoßes.

Franziskanerkirche hl. Hieronymus (Franziskanerplatz, 1. Bezirk): 1589 wurde das ehem. Büßerinnenkloster den Franziskanern übergeben, 1603–11 erfolgte der Neubau im Stil der süddt. Renaissance. Deutlich sichtbar wird dies an der Hauptfront mit dem kleinteiligen Volutengiebel, doch findet man auch noch got. Bauelemente (Fenster). Auf dem First befindet sich eine ungewöhnliche Darstellung der Hl. Dreifaltigkeit: Die Figur besitzt 3 Gesichter. Das urspr. Portal wurde 1742 durch einen Vorbau verdeckt. Das Kircheninnere läßt erste

Erfolge der Khleslschen Klosterreform sichtbar werden: Rückkehr zu spätmittelalterlichen Formen, in der Hoffnung, das damalige kraftvolle Predigertum wiedererstehen lassen zu können. Der einschiffige Langbau weist 6 Seitenaltäre auf. Der Hochaltar in Form eines Triumphbogens stammt v. Andrea Pozzi (1696; man beachte, daß der hintere Teil illusionistisch gemalt ist). Über dem Tabernakel die Gnadenstatue »Maria v. Grünberg«; ihren volkstümlicheren Namen »Maria mit dem Beil« erhielt die Statue, als während der Reformationszeit versucht wurde, das Standbild mit einem Beil zu zerstören (es steckt noch in der linken Schulter Marias). Der Bilderstürmer soll dabei den Tod gefunden haben. Links vom Hochaltar der Franziskusaltar mit Gemälde v. Johann Georg Schmidt, gegenüberliegend der Kaiseraltar, v. Leopold I. 1671 gestiftet. Das Altarbild zeigt den Stifter mit seiner Gemahlin sowie einen Blick auf Wien vor der 2. Türkenbelagerung. Die davor stehende Marienstatue wurde 1949 aus Fatima hierhergebracht. Hinter dem Hauptaltar befindet sich der Mönchschor mit prächtiger barocker Schnitzorgel v. Johann Wöckerl (1642). Ferner Lesepult für das große Buch, wonach alle Ordensbrüder gemeinsam beteten - die Leuchtergestaltung läßt dies gut nachvollziehen.
Die Seitenaltäre sind, l hinten beginnend, folgenden Heiligen geweiht: hl. Sebastian (Altar v. Matthias Steinl, 1696), hl. Capistran (1723, v. Matthias Steinl mit Gemälde »Der hl. Capistran heilt einen Besessenen« v. Franz Xaver Wagenschön), Immaculata-Altar; r vorn weitergehend Kreuz- oder Magdalenenaltar (v. M. Steinl mit Kreuzigungsdarstellung v. Carlo Carlone), Altar des Guten Hirten, hl. Antonius v. Padua.

Fünfhauser Kirche »Maria vom Siege« (Mariahilfer Gürtel, 15. Bezirk): Für die Gläubigen des damaligen Vorortes Fünfhaus errichtete Friedrich Schmidt (Erbauer des Rathauses) 1868-75 diesen neugot. Backsteinbau. Er wurde übrigens auch als »die ins Gotische übersetzte Karlskirche« apostrophiert. Ein imposanter Kuppelbau und 2 schräggestellte Fassadentürme dominieren die Außenansicht, im Inneren findet man die 8 Bündelpfeilerträger der Hauptkuppel wieder - um sie ist ein Kapellenumgang angelegt. Der Name der Kirche rührt v. der Kopie eines Marienbildes her: Bei der Schlacht am Weißen Berg (1620, gegen die Protestanten) wurde das Original mitgetragen, jedoch 1834 bei einem Brand der Kirche »Sta. Maria della Vittoria« vernichtet. Leopold Kastner malte die Kopie.

Gardekirche, auch **Kaiserspitalskirche,** Polnische Nationalkirche, Kirche zum Gekreuzigten Heiland genannt (Rennweg 5a, 3. Bezirk): 1755-63 wurde im Auftrag Maria Theresias die Kirche v. Nikolaus v. Pacassi, anschließend an das Gardehospital der polnischen Leibgarde der Kaiserin, errichtet. Das v. außen schlicht anmutende Gotteshaus überrascht im Inneren durch eine seltene, ganz in Weiß-Gold gehaltene Rokoko-Ausstattung. Das wertvollste Gemälde hängt neben dem rechten Seitenaltar, eine Mater dolorosa des Spaniers Jusepe de Ribera (2. Viertel 17. Jh.).

Georgskapelle, griech.-nichtunierte Kirche (Griechengasse 5, 1. Bezirk): Der grüne Empirebau wurde 1803 v. Franz Wipplinger errichtet. 1898 wurde der Giebel mit Georgsplastik hinzugefügt. Die Ikonostas s und der Innenraum sind reich mit Ikonen geschmückt.

Gumpendorfer Pfarrkirche Zum hl. Ägidius (Gumpendorfer Str. 109/Ecke Brückengasse, 6. Bezirk): Der 1. roman. Kirchenbau wurde an einen röm. Wachtturm angebaut (Inschrift aus der Zeit Kaiser Trajans im Fundament der w Außenwand), der hier an einem Übergang über den Wien-Fluß stand. Eine got. Erweiterung erfolgte zwischen 1293 und 1353. Nördlich davon wurde nach Entwürfen des Hofarchitekten Franz Sebastian Rosenstingl der heutige Bau errichtet, der auffällige Turm v. Josef Reymund. Der Hochaltar und seine Plastiken stammen v. Joseph Klieber. Die Kirche besitzt zahlreiche Gemälde v. Martin Johann Schmidt (»Kremser Schmidt«): Am linken mittleren Seitenaltar »Taufe Christi« und »Hl. Anna«; l vom Chor »Hl. Joseph«; r vom Chor »Unbefleckte Empfängnis«. Hier steht auch die Gnadenstatue »Unsere Liebe Frau v. Gumpendorf«, auch »Maria Feuer« genannt: Die Statue konnte bei einem Brand unversehrt gerettet werden, ein aus der gleichen Zeit stammendes

Jubiläumskirche

Kreuz hingegen weist Brandspuren auf. Links vom Eingang über den Beichtstühlen »Anbetung der Könige«, ein Altarbild v. Kapuzinerpater Cosmas da Castofranco, das urspr. Bestandteil der Kunstkammer Kaiser Rudolfs II. war. – An der Kirche Gedenktafel für Joseph Haydn, der hier 1809 (während der Besetzung Wiens durch die Franzosen) eingesegnet wurde.

Gustav-Adolf-Kirche (Gumpendorfer Str. 129, 6. Bezirk): Ludwig Förster und Theophil Hansen errichteten 1846–49 die 1. ev. Kirche A.B. der Wiener Vorstädte. Der turmlose Bau wurde im romantischen Historismus gestaltet. Das fünfjochige Langhaus wird v. einem Gurttonnengewölbe abgeschlossen. Auffällig sind die beiden Doppelemporen, die auf gußeisernen Säulen ruhen und in das Langhaus hineinragen. Die Orgel stammt v. Meister Carl Hesse (1848); sie besitzt ein romantisches Spielwerk.

Hofburgkapelle →Burgkapelle.

Johann-Nepomuk-Kirche (Praterstr./Nepomukgasse, 2. Bezirk): Anfang des 18. Jh. war (der böhmische Nationalheilige) Johannes v. Nepomuk in Österreich sehr beliebt – daher wurde ihm auch die nach Plänen v. Karl Rösner erbaute Kirche geweiht. Der achteckige Spitzturm der Kirche dominiert das Bild der Praterstr., der Kirchenbau ist im byzantinischen Stil aufgeführt. Die Freskomalereien im Inneren stammen v. Leopold Kupelwieser, an den Seitenschiffwänden befinden sich monumentale Kreuzwegfresken v. Joseph Führich (1844 bis 1846).

Jubiläumskirche, auch Franz-v.-Assisi-Kirche genannt (Mexikoplatz, 2. Bezirk): Die Kirche wurde zur Erinnerung an das 50jährige Regierungsjubiläum Kaiser Franz Josephs I. nach Entwürfen v. Viktor v. Luntz errichtet. Der wuchtige basilikale Werksteinbau im roman. Stil hat ein Fassungsvermögen v. 5000 Personen. Die Gnadenstatue des Marienaltars ist ein Geschenk Papst Benedikts XV. an die Kirche. Im linken Querhaus Eingang in die Kaiserin-Elisabeth-Gedächtniskapelle, eine Nachbildung der Aachener Pfalzkapelle. 1917 wurde die Kirche dem Trinitarierorden übergeben.

Kaisergruft →Kapuzinerkirche.

Kalvarienbergkirche St. Bartholomäus (St.-Bartholomäus-Platz, 17. Bezirk): Im 16. und 17. Jh. benutzten die Protestanten dieses Gotteshaus, erst unter Ferdinand II. kam es zunächst zu Streitigkeiten, schließlich wurde dem protestantischen Freiherrn Jörger (nach der Niederlage der Protestanten in der Schlacht am Weißen Berg 1620 bei Prag) die Besitzung Hernals weggenommen. Damit fiel die Kirche an das Domkapitel: Erstmals am Bartholomäustag (24.8.) betrat wieder ein kath. Geistlicher die Kanzel. Die Kirche wurde bald zu einem Pilgerziel, da vom Stephansdom nach hier ein Kreuzweg mit 7 Stationen angelegt wurde (die letzte Station in der Kirche). Da der Papst den Prozessionsteilnehmern einen vollkommenen Sündenablaß erteilte, wurden bisweilen mehrere Prozessionen pro

Georgskapelle >

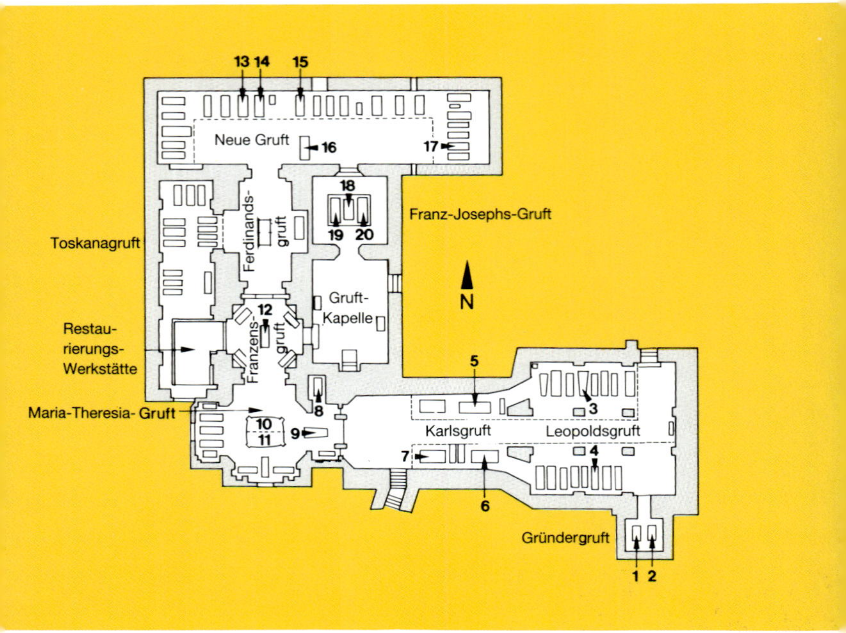

Kapuzinerkirche, Blick zum Chor

Kapuzinerkirche, Kaisergruft (Kapuzinergruft), Auswahl der herausragenden Grabstätten
Gründergruft 1 Anna (1585–1618), Kaiserin, Gemahlin Matthias', Gründerin v. Kloster und Gruft **2** Matthias (1557–1619), Kaiser, Mitbegründer v. Kloster und Gruft **Leopoldsgruft 3** Margareta Theresia (1651–73), Kaiserin, 1. Gemahlin Ferdinands III. **4** Ferdinand III. (1608–57)
Karlsgruft 5 Joseph I. (1678–1711), Kaiser, Sohn Leopolds I. **6** Leopold I. (1640–1705), Kaiser, Sohn Ferdinands III. **7** Karl VI. (1685–1740), Kaiser, Sohn Leopolds I., Vater v. Maria Theresia **Maria-Theresia-Gruft 8** Karoline Fuchs-Mollard (1675–1754), Gräfin, Erzieherin und Hofdame der Kaiserin Maria Theresia, einzige Nichthabsburgerin in der Kaisergruft **9** Joseph II. (1741 bis 1790), Kaiser, Sohn der Kaiserin Maria Theresia **10** Maria Theresia (1717–80), Kaiserin **11** Franz Stephan (1708–65), Kaiser, Sohn des Herzogs Leopold v. Lothringen, Großherzog v. Toskana, Gemahl Maria Theresias **Franzensgruft 12** Franz I. (1768–1835), Kaiser Leopolds II. **Neue Gruft 13 Karl, Erzherzog** (1771–1847), Sohn Kaiser Leopold II. **14** Henriette v. Nassau (1797–1829), Gemahlin Erzherzog Karls **15 Maximilian v. Mexiko** (1832–67), Kaiser, Bruder v. Kaiser Franz Joseph I., 1867 in Querétaro erschossen **16 Maria Louise** (1791–1847), Kaiserin, Tochter Franz' II., 1. Gemahlin Napoleons **17 Otto** (1865–1906), Vater des letzten Kaisers Karl I. **Franz-Josephs-Gruft 18** Franz Joseph I. (1830–1916), Kaiser **19** Elisabeth (1837–98), Kaiserin, Gemahlin Kaiser Franz Josephs, wurde in Genf ermordet **20** Rudolph (1858–89), Kronprinz, Sohn Kaiser Franz Josephs und Kaiserin Elisabeths, tragischer Tod in Mayerling

Jahr abgehalten. 1683 wurde die Kirche im Verlauf der Belagerung Wiens durch die Türken zerstört, jedoch bald wieder aufgebaut. Die heutige Kirche sowie der daran anschließende (künstliche) Kalvarienberg sind ein Werk v. Richard Jordan (1889–94). – Über dem Tabernakel des Hochaltars Bildnis der »Türken-Muttergottes«. Eine Inschrift verrät, wie es zu dem Namen kam: »Als der Türk die Kays. Residenzstadt Wien belagert, haben etlich der türkischen Soldaten dieses Bild statt einer Scheiben aufgesteckt und mit Kugeln und Pfeilen darnach geschossen.« – Kurioses am Kalvarienberg: Darstellung der 7 Hauptsünden durch Tiergestalten (ein

Kapuzinerkirche, Kaisergruft, Franz Joseph I., Elisabeth v. Bayern

Kapuzinerkirche, Kaisergruft, Maria Theresia

Kapuzinerkirche, Kaisergruft, Karl VI.

Hund für den Neid, ein Pfau für die Hoffart, ein Esel für Trägheit, ein Wolf für Völlerei, ein Bock für Unkeuschheit, ein Rabe für Geiz und ein Löwe für den Zorn).

Kapuzinerkirche »Zur Hl. Maria v. den Engeln« (Neuer Markt, 1. Bezirk): Kaiserin Anna, Gemahlin v. Kaiser Matthias, stiftete 1618 den Kirchenbau und ein Kloster, die dazugehörige Gruft wurde v. beiden zur künftigen Begräbnisstätte der Habsburger bestimmt. Der einfache Bau entspricht den Vorschriften des Bettelordens, das Fresko am Fassadengiebel stammt v. Rudolf Holzinger und Hans Fischer (1936) und bezieht sich auf Franz v. Assisi, dessen Ordensregel eng mit derjenigen der Kapuziner in Verbindung steht. Links vom Kircheneingang steht die Bronzefigur des Marco d'Aviano, der 1683 Prediger im Entsatzheer gegen die Türken war und im Kloster starb. – Der Kirchengrundriß weist die Form eines Kreuzes mit einem schlichten Langschiff und 2 auf beiden Seiten angefügten Kapellen auf. Der intarsierte Hochaltar stammt aus dem beginnenden 18. Jh., in der linken Kapelle, der Kaiserkapelle, sieht man Holzstatuen der Habsburger Matthias, Ferdinand II., III. und IV. Die rechte Kapelle besitzt einen Marmoraltar v. Johann Lukas v. Hildebrandt (1712) sowie die Bildwerke »Schmerzhafte Maria, weinende Frauen und Engel« v. Peter (?) Strudel und Matthias Steinl. Vor dem Altar findet man die Grabplatte v. Marco d'Aviano.

Kaisergruft (Kapuzinergruft): Von Kaiser Matthias und seiner Gattin Anna 1618 gestiftet, wurde die Gruft bis zum 20. Jh. mehrfach erweitert. Heute befinden sich in ihr 138 Metallsärge; bis 1790 wurden sie aus Zinn gefertigt (Problem der Zinnpest, eines langsamen Verfalls – die Erhaltung und Sanierung ist überaus kostspielig), danach aus Kupfer. Deutlich erkennbar sind die verschiedenen Stilepochen: So wurden die Särge zur Zeit Maria Theresias höchst prunkvoll gestaltet; das andere Extrem findet sich zur Zeit Josephs II. mit sehr schlichten Formen (Zeit der Aufklärung). Der einzige Nichthabsburger, der hier bestattet wurde, ist die Gräfin Karoline Fuchs-Mollardt, Erzieherin und Vertraute v. Maria Theresia.

Bekannt ist die Zeremonie der Aufnahme des Sarges mit dem Verstorbenen: Der Trauerzug erreichte die Kapuzinerkirche, der Zeremonienmeister des kaiserlichen Hofes klopfte dreimal mit seinem schwarz verhängten Stab an die Tür der Kaisergruft. Von innen fragte ein Mönch: »Wer begehrt Einlaß?« – »Seine Apostolische Majestät, der Kaiser Franz.« – »Den kenne ich nicht«. – »Es begehrt der allerhöchste Kaiser Franz eingelassen zu werden.« – »Den kenne ich nicht. Wer, bei Gott, begehrt Einlaß?« – »Dein Bruder Franz, ein armer Sünder.« Daraufhin wurde das Tor geöffnet, der Sarkophag in die Gruft getragen.

Die wichtigsten der hier bestatteten Habsburger sowie die herausragendsten Grabstätten in Schlagworten:

Ferdinand III. (1608–57): Führte nach dem Tod Wallensteins das Heer an, schloß den Westfälischen Frieden.

Franz II. (1768–1835): Ältester Sohn Leopolds II., letzter Kaiser des Heiligen Römischen Reiches Deutscher Nation, zugleich 1. Kaiser v. Österreich. Ihm widmete Joseph Haydn die berühmte Kaiserhymne »Gott erhalte Franz den Kaiser«. Zeit des Metternichschen Absolutismus; der Kaiser ist trotzdem beim Volk sehr beliebt. Während seiner Regentschaft Wiener Kongreß. Blüte des Biedermeier. – Kupfersarkophag v. Peter Nobile im Stil des Klassizismus. Um seinen Sarg gruppiert die Särge seiner 4 Gemahlinnen.

Franz Joseph I. (1830–1916): Verheiratet mit Elisabeth v. Bayern (»Sissy«). Zeit der Ringstraßenbauten (Gründerzeit). Zahlreiche innenpolitische Probleme im Vielvölkerstaat wegen der zentralistischen Verfassung. Aufgrund der langen Friedenszeit wird seine Regierungsperiode als die »gute alte Zeit« bezeichnet. Franz Joseph sah sich selbst als treuer Diener seines Reiches und Beamter, er war der »letzte europäische Monarch der alten Schule«. – Auch Kaiserin Elisabeth und ihr Sohn Rudolf (→Mayerling, unter: Umgebung v. Wien) sind hier beigesetzt.

Joseph I. (1678–1711): Sein Sarkophag ist angeblich aus Silber gefertigt; an der Vorderseite Relief »Spanischer Erbfolgekrieg« (Entwurf v. Johann Lukas v. Hildebrandt).

Joseph II. (1741–90): Sohn Maria Theresias, österr. Vertreter des aufgeklärten Absolutismus. Schaffte die Folter ab, führte eine neue Gerichtsordnung ein. Toleranzpatent für freie Religionsausübung, zahlreiche kir-

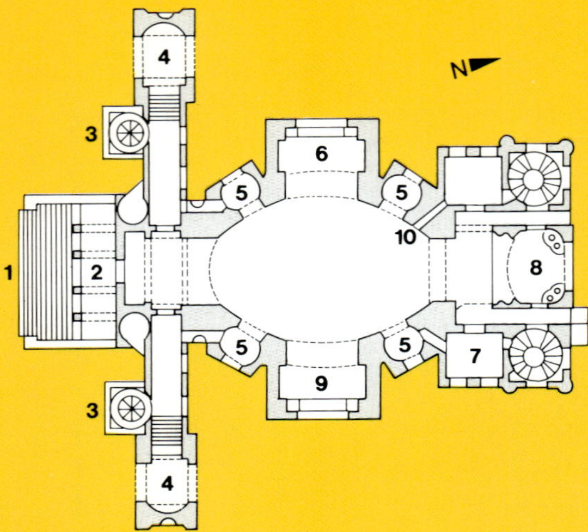

Karlskirche 1 Freitreppe mit Engelsfiguren **2** Tempelportikus **3** Triumphsäulen **4** Glockentürme **5** Diagonalkapellen mit Emporen **6** »Himmelfahrt Mariens«, S. Ricci **7** Wintersakristei **8** »Aufnahme des hl. Karl in den Himmel«, Hochaltar **9** hl. Elisabeth, Daniel Gran **10** Kanzel

chenpolitische Maßnahmen. Eröffnung des Wiener Allgemeinen Krankenhauses (damals das größte und modernste Spital der Welt). – Betont schlichter Sarg.

Karl, Erzherzog (1771–1847): Sieger der Schlacht v. Aspern über Napoleon I. Seine Gattin, Henriette v. Nassau-Weilburg (vgl. auch unter →Ev.-reformierte Kirche H. B.), ist als einzige Nichtkatholikin hier beigesetzt.

Karl VI. (1685–1740): Siegte 1710 in der Schlacht v. Zaragoza im Spanischen Erbfolgekrieg. Stifter der →Karlskirche. Letzter männlicher Regent des Hauses Habsburg, erließ die sog. Pragmatische Sanktion, derzufolge auch Töchter die Regentschaft übernehmen konnten. – Sarg v. Balthasar Moll gefertigt: auf dem hohen Deckel die trauernde Figur der Austria, die das Bild des Kaisers über der Weltkugel hält. Links davon auf einem Kissen liegen Kaiserkrone, Zepter, Schwert und Insignien des Ordens vom Goldenen Vlies, r Reichsapfel, Streitkolben und Manipulus (Kennzeichen der röm. Kaiserwürde).

Leopold I. (1640–1705): Begründete die politische und kulturelle Vormachtstellung Österreichs. – Grabmalentwurf v. Johann Lukas v. Hildebrandt.

Margareta Theresia (1651–73): 1. Gattin Leopolds I., berühmt durch die Bilder, die Velázquez v. der »spanischen Infantin« malte. – Sarg mit großem M verziert.

Maria Theresia (1717–80): Tochter Karls VI., erste weibliche Habsburgerregentin. Mit Franz Stephan v. Lothringen verheiratet; sie hatten 16 Kinder. Einführung der allgemeinen Schulordnung, Auf-

Karlskirche >

Karlskirche, Kuppel

hebung des Jesuitenordens, Unterordnung der Kirche unter den Staat. Schaffung einer zentralen Staatsgewalt. Gründung der Wiener Börse, erstmals Ausgabe v. Papiergeld. Erste Volkszählung. - Doppelsarkophag für das Ehepaar v. Balthasar Moll. Sargdeckel als Prunkbett gestaltet, an den Ekken Genien mit den Reichskronen. Die Reliefs stellen wichtige Stationen im Leben der beiden Herrscher dar.

Matthias (1557-1619): Unter ihm begann der Dreißigjährige Krieg; eine der Hauptfiguren in Grillparzers Drama »Ein Bruderzwist in Habsburg«.

Karlskirche St. Karl Borromäus (Karlsplatz, 4. Bezirk): Als 1713 die Pest zum siebtenmal in Wien ausbrach, gelobte Kaiser Karl VI. den Bau einer Kirche zu Ehren des Pestheiligen Karl Borromäus. Den Auftrag dazu erhielt Johann Bernhard Fischer v. Erlach (seine Konkurrenten waren Ferdinando Galli-Bibiena und Johann Lukas v. Hildebrandt). Baubeginn war 1716, ab 1723 leitete der Sohn Joseph Emanuel Fischer v. Erlach den Bau. Die Karlskirche zählt zu den bekanntesten Wahrzeichen Wiens und ist nach dem →Stephansdom der bedeutendste Sakralbau und zugleich der wichtigste Barockbau der Stadt. Übrigens wurden zu ihrer Finanzierung nebst Geldern aus allen Ländern der österr. Krone auch Bußgelder verwendet, die die Stadt Hamburg wegen Beschädigung der österr. Gesandtschaft zahlen mußte. Am 12.9. 1983 hielt Papst Johannes Paul II. vor der Karlskirche einen Wortgottesdienst.

Urspr. lag die Kirche am Ufer des Wienflusses; sie sollte ein Blickpunkt der Verbindung Herrengasse-Augustinerstr. sein. Zahlreiche bereits bekannte architektonische Elemente wurden bei ihr erstmals vermischt, man sollte v. jedem Standpunkt aus neuartige Gruppierungen entdecken können. Dem Zentralbau mit großer Kuppel ist eine breitgelagerte Fassade vorgestellt, 2 Triumphsäulen mit Spiralreliefs (Szenen aus dem Leben des hl. Karl Borromäus, v. Johann Christoph Mader 1724-30) flankieren diese. Bekrönt werden die Säulen, deren Vorbilder wohl die Trajans- und die Marc-Aurel-Säule v. Rom waren, v. Adlerfiguren und zuoberst v. Kronen. Neben den Säulen schließt jeweils ein niedriger Glockenturm über offenen Durchgängen die Fassade ab. Im Giebelfeld des Säulenportikus stellt ein Relief das Erlöschen der Pest dar, darunter die Stiftungsinschrift (übersetzt: »Mein Gelübde erfülle ich im Angesicht derer, die Gott fürchten«, 21. Psalm). Die auf hohem Tambour sitzende große Rippenkuppel besitzt eine Laterne, die beim Umschreiten der Kirche ständig ihre Umrißlinie verändert.

Im *Inneren* dominieren Gold sowie die Farben Weiß und helles Rotbraun. Die tektonischen Elemente sind mit Stuckmarmor verkleidet; es bietet sich eine einheitliche, klare Ansicht. Die Scheinarchitektur stammt v. Gaetano Fanti. Die *Kuppel* des längsovalen Hauptraumes ist mit Fresken v. Johann Michael Rottmayr geschmückt. Sie stellen die »Glorie des hl. Karl« dar. Seitlich davon sind die 3 göttlichen Tugenden Glaube, Hoffnung und Liebe zu sehen. Hier wurde auch Zeitgeschehen festgehalten: In der Gruppe des Glaubens kann man l unten Martin Luther erkennen (ein Engel entreißt ihm die Feder, ein anderer Engel zündet die zu Boden fallende Bibel mit einer Fackel an. Dies sollte eine Anspielung auf dessen Bibelübersetzung sein). Der Marmortisch des *Hochaltars* stammt v. L. Mattielli, an der Chorwand finden sich eine eindrucksvolle Stuckdarstellung »Aufnahme des hl. Karl in den Himmel« (nach Plänen v. Johann Bernhard Fischer v. Erlach) sowie die 4 lateinischen Kirchenväter. - In der *Wintersakristei* r neben dem Hochaltar werden der Kardinalshut aus Stroh sowie der Vespermantel des hl. Karl Borromäus aufbewahrt.

Die *Seitenaltäre* sind rund um das Oval angeordnet. Von l hinten beginnend, findet man zunächst das Altarblatt v. Daniel Gran, »Jesus verkündet dem röm. Hauptmann die Heilung seines Knechtes«, darauf folgend den Marienaltar mit Gemälde »Himmelfahrt Mariens« v. Sebastiano Ricci. Das nächste Altarblatt stammt wieder v. Daniel Gran (»Heilung eines Gichtbrüchigen«). Auf der rechten Seite, vorn beginnend, ein Bild v. Jakob van Schuppen, »Der hl. Lukas, die Madonna malend«, hierauf v. Daniel Gran »Hl. Elisabeth

Karlskirche, Hochaltar

v. Thüringen« und zuletzt die »Erweckung des Jünglings v. Naim« v. Martino Altomonte.

Das Fresko über der Orgelempore stellt die hl. Cäcilie, die Schutzpatronin der Musik, dar (Michael Rottmayr, um 1730).

Karmeliterkirche St. Joseph und Theresia (Taborstr./Ecke Karmelitergasse, 2 Bezirk): Während der 2. Türkenbelagerung wurden 1683 Kirche und Kloster der unbeschuhten Karmeliter weitgehend zerstört, jedoch später wiederhergestellt. Die dreigeschossige frühbarocke Fassade kann als Beispiel eines Kirchenbaus während der Gegenreformation genannt werden. Wertvollstes Stück der Innenausstattung ist das Hochaltarblatt »Aufnahme der hl. Theresa v. Avila in den Himmel«, 1771 v. Martin Johann Schmidt (»Kremser Schmidt«) gemalt.

Kirche der Barmherzigen Brüder hl. Johannes Baptist (Taborstr. 16, 2. Bezirk): 1614 berief Kaiser Matthias auf Anraten Karls

Malteserkirche, Fassade

Malteserkirche, Hochaltar

v. Liechtenstein die Barmherzigen Brüder nach Wien und stiftete ihnen Kirche und Kloster. Das Gotteshaus litt schwer während der Türkenbelagerungen, wurde jedoch 1683-94 wiederhergestellt. Der erst 1748 v. Franz Anton Pilgram erbaute Turm erlitt im 2. Weltkrieg schwere Beschädigungen. Die dreigeschossige Fassade der Kirche mit großer Pilasterordnung gliedert sich in die Straßenflucht gut ein, da die Klosterfront mit den gleichen Schmuckelementen ausgestaltet wurde. - Die Innenausstattung der Kirche stammt aus dem 18. Jh., der Hochaltar (1735) ist mit dem wertvollsten Stück geschmückt, der Darstellung Daniel Grans »Taufe Christi«. Das reiche Gehäuse der Orgel schuf Johann Henckers (1763). - Die neue *Apotheke* besitzt eine Empireeinrichtung.

Lazaristenkirche Zur Unbefleckten Empfängnis Mariä (Kaiserstr. 7, 7. Bezirk): 1625 gründete Vinzenz v. Paul den Orden der Lazaristen, deren vornehmliche Aufgaben die Mission und die Heranbildung des Klerus sein sollten. Kardinal Othmar v. Rauscher berief 1855 Ordensbrüder nach Wien. 1860-62 wurde die neugot. Backsteinkirche nach Plänen v. Friedrich Schmidt errichtet. An der Vorderfront 3 Reliefs (»Dreifaltigkeit«, »Verkündigung«, »Krönung Mariens«) sowie die Statue der Unbefleckten Empfängnis. Von den Altären ist bes. der Kreuzaltar (r vom Hochaltar) interessant: Hier sieht man das sog. »Bärenkreuz«, ein Werk des spanischen Bildhauers Calixo. Der Sage nach soll ein entlaufener Bär das unter dem Kreuz schlafende Kind unberührt gelassen haben. Die Augen des Heilands wirken übrigens v. einer Seite betrachtet geschlossen, v. der anderen Seite jedoch geöffnet.

Leopoldskirche (Alexander-Poch-Platz, 2. Bezirk): Am 18.8. 1670 legte Kaiser Leopold I. den Grundstein für eine Kirche, die an der Stelle der Synagoge errichtet wurde. Wie alle Kirchen der Vororte, so wurde auch St. Leopold während der Türkenbelagerung arg in Mitleidenschaft gezogen, da-

nach jedoch wieder restauriert. Auch der 2. Weltkrieg verursachte schwere Beschädigungen, u.a. wurde das Hochaltarblatt v. Martino Altomonte, »Hl. Leopold als Beschützer Wiens«, zerstört; es wurde eine Kopie angefertigt. Den Hochaltar mit den Figuren der hll. Sebastian und Rochus schuf Adam Ospel.
Am 4. 10. 1819 eröffnete der damalige Pfarrer Johann Baptist Weber im Pfarrhaus den Geschäftsbetrieb der v. ihm mitbegründeten »Ersten österr. Spar-Casse«. Der Zweck dieser Sparkassen wurde auch v. Kaiser Franz I. unterstützt: Es sollte den kleinen Arbeitern und Taglöhnern die Möglichkeit geboten werden, ». . . von ihrem mühsamen Erwerb von Zeit zu Zeit ein kleines Kapital zurückzulegen, um solches . . . zur Begründung einer besseren Versorgung . . . zu verwenden«.

Lichtentaler Pfarrkirche »Zu den 14 Nothelfern«, auch Schubert-Kirche genannt (Marktgasse 40, 9. Bezirk): Um eine größere Kirche für den sog. Lichtentaler Grund bauen zu können, formierte sich die Bruderschaft »Zu den 14 Nothelfern«. Dank finanzkräftiger Mitglieder konnte alsbald (1712) mit dem Bau des Gotteshauses begonnen werden. 1769 erfuhr die Kirche durch J. Ritter und Th. Karner eine grundlegende Umgestaltung. Bekannt geworden ist die Kirche durch Franz Schubert, der hier 1797 getauft wurde und längere Zeit Organist war. Er widmete der Kirche zu ihrem 100jährigen Jubiläum seine »Messe in F-Dur«.
Die Architektur des Hochaltars entwarf J. F. Hohenberg v. Hetzendorf, das Altargemälde schuf Franz Zoller (es stellt die 14 Nothelfer dar). 2 Gemälde stammen v. Leopold Kupelwieser (2. Altar l: »Kreuzigung«, 1. Altar r: »Hl. Familie«).

Malteserkirche St. Johann Baptist (Kärntner Str. 37, 1. Bezirk): Der Malteser Ritterorden (auch Johanniterorden genannt) besaß bereits um 1200 hier eine Komturei. Der heutige Bau stammt aus dem 14. Jh., 1806–08 wurde eine klassizistische Fassade vorgesetzt. Aus dieser Zeit stammt auch der Hochaltar mit Statuen der hll. Petrus und Paulus. Das Altarbild stellt den Kirchenheiligen dar (v. Johann Georg Schmidt). An der linken Wand ein beachtenswertes

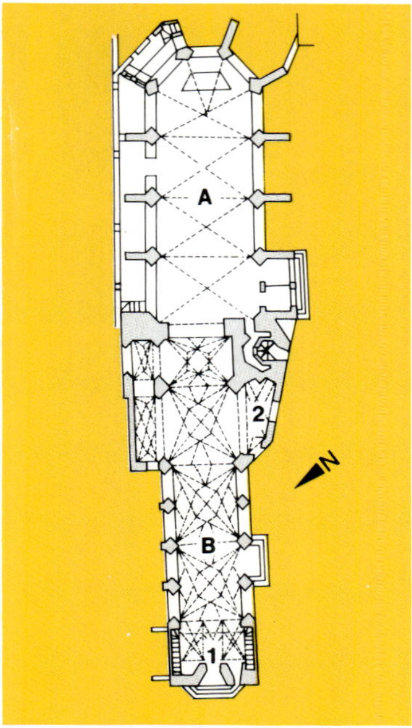

Maria am Gestade A Chor **B** Kirchenschiff **1** Haupteingang/Orgelempore **2** Grab Clemens Maria Hofbauer

Denkmal für Jean de La Valette, Hochmeister des Ordens und Verteidiger der Hauptstadt der Insel Malta (Sitz des Ordens) 1806 gegen die Türken.

Maria am Gestade, auch **Maria Stiegen** (Salvatorgasse 12, 1. Bezirk): Tschechische Nationalkirche. Aufgrund antiker Mauerreste im Fundament vermutet man, daß hier bereits ein röm. Heiligtum (Fruchtbarkeitstempel für die Göttin Ceres?) bestanden hat. Die heutige Kirche wurde im 14./15. Jh. am Steilabfall zu einem Donauarm (»Salzgries«) erbaut; das Langhaus und der wunderbar filigran durchbrochene Turmhelm wurden v. Michael Knab geschaffen. Kaum zu glauben, daß dieses Prunkstück got. Stils öfters vom Abbruch bedroht war und zeitweise sogar profanen Zwecken diente. Nach den Passauer Her-

Michaelerkirche, Hochaltar

ren (Wien unterstand bis 1469 den Bischöfen v. Passau) hatte die Kirche zum Schottenstift (→Schottenkirche) gehört, danach diente sie als Militärmagazin. Seit 1820 gehört sie den Redemptoristen.

Der Grundriß der Kirche folgte den damaligen Gegebenheiten: Das Terrain verlangte eine Krümmung - daher ist zwischen Chor und Kirchenschiff ein Knick. An der hohen schlanken W-Fassadenseite (9,7 m breit, 33 m hoch) befindet sich der Haupteingang in die Kirche, mit einem bemerkenswerten Baldachin überdacht. Die Reliefs über dem Türbogen stellen die hll. Johannes d. Ev. und Johannes d. T. (um 1400) dar. Auch das Seitentor ist mit einem ähnlichen Baldachin und Engelsstatuen geschmückt. Berühmt ist der siebeneckige, 56 m hohe Turm mit seinem durchbrochenen Helm. Der *Innenraum* wird durch die unterschiedlichen Lichtverhältnisse in Langhaus und Chor belebt: Das dunkle, einschiffige Langhaus mit Netzrippengewölbe und plastisch profilierten Pfeilern geht nach einer fensterlosen Zone in den hellen, weiträumigen Chor über. Die Orgelempore wirkt durch die zierliche Maßwerkausführung der Brüstungsmauer sehr leicht; sie ist reich gegliedert mit Engelkonsolen und 2 freihängenden Konsolen. Am Triumphbogen findet man die Bauinschrift »1414«. Große Teile der Innenausstattung stammen aus dem 19. Jh., älteren Datums sind die Statuen unter den Baldachinen, ein barockes Kruzifix am Hochaltar und die 4 Kirchenfenster im Chor (aus alten Fenstern zusammengesetzt). In der rechten Langhauskapelle ist der hl. Clemens Maria Hofbauer bestattet, der Marmorsarkophag stammt v. Hans Gasser. Hofbauer (1751 bis 1820) war Begründer des Redemptoristenordens in Österreich und zählte zu den ersten modernen Seelsorgern und zu den Erneuerern des religiösen Lebens. 1909 wurde er heiliggesprochen, seit 1914 ist er Stadtpatron v. Wien.

Mariahilfer Kirche, Wallfahrtskirche Mariä Himmelfahrt (Mariahilfer Str. 65/Barnabitengasse, 6. Bezirk): Urspr. hatte hier eine

Michaelerkirche, Grablegung

Holzkapelle gestanden, in der ein v. dem Barnabiten Don Coelestin Joanelli gestiftetes Gnadenbild (Kopie des Passauer Gnadenbildes vom Mariahilf-Berg) einen starken Wallfahrtszustrom bewirkte. Die aus diesem Grund 1668–69 errichtete steinerne Kirche wurde zwar bald v. den Türken niedergebrannt, doch konnte das Gnadenbild v. Mesner Erhard Lampel gerettet werden. Der Neubau erfolgte nach Plänen v. Sebastiano Carlone 1686–89, 1711–30 erhielt sie nach Vorstellungen v. Johann Lukas v. Hildebrandt und Franz Jänggl ihr heutiges Aussehen. Seit 1923 verwalten die Salvatorianer die Pfarre.

Die einachsige *Fassade* wird v. den 2 Fassadentürmen eingerahmt, ein reiches plastisches Programm wurde verwirklicht: In der Mitte »Mariä Himmelfahrt«, l und r davon Sonne und Mond, auf dem Giebel darüber der hl. Paulus. Über dem Eingangsportal befindet sich der Schriftzug »Maria Hülf«, v. Engeln getragen. Im *Kircheninneren* beachte man die Deckenfresken (1759–60), Werke der Paul-Troger-Schüler Johann Hauzinger und Franz Xaver Strattmann. Die Themen sind der Verherrlichung Mariens gewidmet und im üppigen Stil des Rokoko ausgeführt. Das Orgelgehäuse zählt zu den schönsten Wiens, es wurde v. Leitner geschnitzt. – Am Hochaltar (Triumphbogenform, v. Sebastian Haupt und J. Mösl 1757–58) wird das Marienbild verehrt. Besondere Verehrung erfährt in dieser Kirche auch der hl. Judas Thaddäus (Seitenaltar r hinten), Nothelfer in schwierigen Situationen.

Im linken Turm hängt die »Schustermichel-Glocke«; sie stammt aus dem Jahre 1720 und hat ein Gewicht v. 4445 kg. Um sie rankt sich folgende Sage: Um 1700 betrieb der Schuster Michel nächst der Kirche ein Gasthaus, wo ein Fremder ein Kästchen mit der Maßgabe deponierte, dieses nach Ablauf eines Jahres zu öffnen und, wie darin beschrieben, mit dem Inhalt zu verfahren. Demnach sollte Michel das deponierte Gold der Kirche übergeben, steckte es jedoch lieber in seine eigene Tasche. Er konnte sich aber nicht lange daran

Minoritenkirche

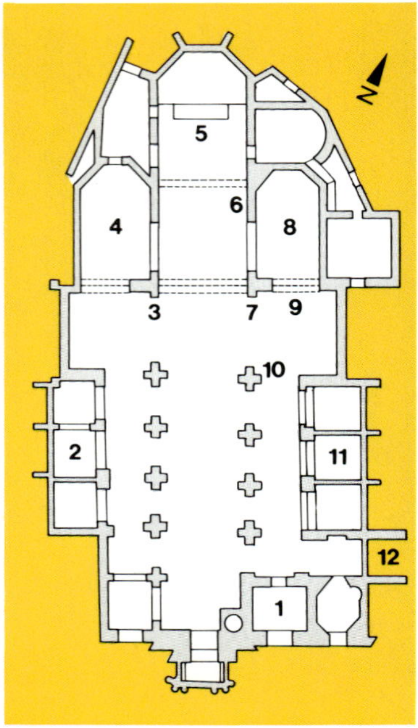

Michaelerkirche 1 Turmkapelle **2** Theresiakapelle **3** Pfingstwunder **4** Krippenkapelle **5** Hochaltar **6** Wandgrab Fürst Trautson **7** 14 Nothelfer **8** Nikolauskapelle **9** »Engelssturz« v. Michelangelo Unterberger (1751) **10** Renaissance-Grabplatte Georg v. Liechtenstein **11** Vesperkapelle **12** Christus am Ölberg

erfreuen, da er zu kränkeln begann. Kurz vor seinem Tode beichtete er sein Vergehen und stiftete das Geld der Kirche zur Herstellung einer großen Glocke.

Maria-Treu →Piaristenkirche.

Mechitaristenkirche Maria Schutz (Neustiftgasse/Mechitaristengasse, 7. Bezirk): 1701 gründete der Armenier Petro Mechitar in Konstantinopel diese Bruderschaft armenischer Christen (eigene Liturgie). In Wien residierte der Orden zunächst im aufgelassenen Kloster St. Ulrich, um, nachdem ein Brand die Gebäude zerstört hatte, 1837 in den Neubau v. Josef Kornhäusel einziehen zu können. 1873–74 schließlich wurde die heutige Kirche v. Camillo Sitte, einem Ferstel-Schüler, im Stil der Frührenaissance erbaut. Die dreijochige Saalkirche wird v. einem Tonnengewölbe abgeschlossen. Den Hochaltar entwarf Heinrich Ferstel, das Fresko »Mariä Schutz« darüber stammt v. J. Kleinert. In der Seitenkapelle befindet sich das Gnadenbild »Mystische Rose«, darunter die Gruft, in der die Generaläbte bestattet sind. – Im Kloster befindet sich eine der größten Bibliotheken Wiens, sie besitzt zahlreiche armenische Handschriften, Armenica und eine große Münzsammlung. Die Hausdruckerei war übrigens die 1. kath. Druckerei Wiens. Hier wurden Druckwerke in 50 (!) verschiedenen Sprachen hergestellt. – Im Refektorium des Klosters hängt das Gemälde »Speisung der Fünftausend« (1899) v. Ludwig Schnorr v. Carolsfeld.

Michaelerkirche (Michaelerplatz, 1. Bezirk): Die einzelnen Bauteile der Kirche ha-

Moschee

Peterskirche

ben verschiedene Stifter: so z. B. die Nikolauskapelle, die vom herzoglichen Küchenchef S. Chrezzel gestiftet worden war (man sprach ihn vom Verdacht der Giftmischerei frei); die Dreifaltigkeitskapelle bezahlte der Bucharzt Hanns Seitz, den Anbau der Lukaskapelle der Arzt Christian Polter. Immer wieder wurde an dem 1100 (?) erstmals errichteten Gotteshaus an- und umgebaut, die Bauherren sind größtenteils unbekannt. Die 1792 klassizistische vorgesetzte Fassade stammt v. A. Beduzzi, die Sandsteingruppe »Engelssturz« v. Lorenzo Mattielli. Im Michaelerdurchhaus (hier befindet sich auch der s Eingang) ein Kalksteinrelief »Christus am Ölberg«, 1494 gestiftet vom Urteilschreiber Hanns Hueber.

Im Inneren fällt der Kontrast zwischen den spätroman. Arkaden des Mittelschiffs und dem barocken Hochaltar bes. auf. Die Kapitelle weisen bemerkenswerte Laub- und Drachenformen auf. Der *Hochaltar* wurde 1781 nach Entwürfen v. Jean Baptiste d'Avrange hergestellt; er zählt zu den schönsten Barockaltären Wiens. Die Figuren stammen v. Johann Martin Fischer (Evangelisten) und Jakob Philipp Prokop (hll. Sebastian und Rochus). Beachtenswert sind die beiden Stuckaltäre mit Gemälden v. Tobias Pock (l »Pfingstwunder«, r »14 Nothelfer«), das Wandgrab des Fürsten Leopold Donat Trautson (v. Josef Emanuel Fischer v. Erlach) und im linken Nebenchor die »Anbetung des Kindes«, ein Werk Franz Anton Maulpertsch' (Mitte 18. Jh.).

Minoritenkirche Maria Schnee (Minoritenplatz, 1. Bezirk): Italienische Nationalkirche. Eine wechselvolle Geschichte hat dieses Gotteshaus hinter sich: 1224 wurden die Fratres Minores (Minoriten) v. Herzog Leopold VI. nach Wien berufen, eine erste Kapelle erbaut. Dreimal brannte die jeweils wiedererrichtete Kirche ab, vom vierten Bau fiel die Turmspitze einer Türkenkugel zum Opfer (man beachte das eigenartige Zeltdach des Turmes). Unter Joseph II. wurde der Baukomplex v. Johann Ferdinand Hetzendorf v. Hohenberg

Peterskirche

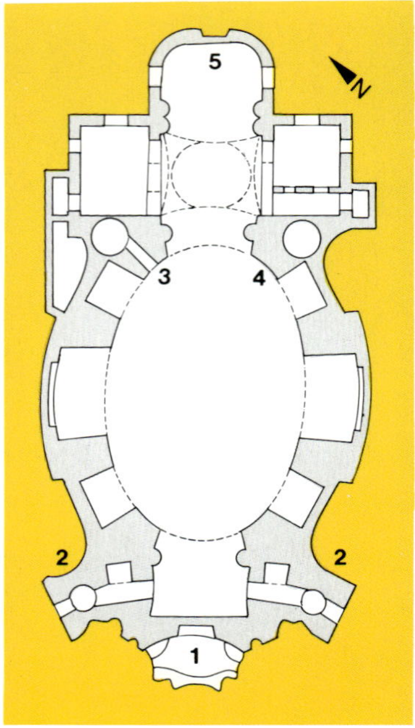

Peterskirche 1 Portalvorbau **2** Türme **3** Kanzel **4** Johann-Nepomuk-Altar **5** Hochaltar

(vgl. auch Augustinerkirche) umgestaltet und profaniert: Kaiserliche Kanzleien zogen ein, die Kirche wurde der »italienischen Kongregation« übergeben, seit 1957 ist sie jedoch wieder im Besitz der Minoriten.

Die Bettelordenskirche mit ihrem hohen Satteldach, dem prismatisch wirkenden Kirchenbau und dem achteckigen Turm als Schluß des Hauptschiffes erweckt einen düsteren Eindruck. Ihr Äußeres ist schlicht, es wird lediglich durch die hohen Maßwerkfenster aufgelockert. Über dem Mittelportal der W-Fassade ein Relief v. Pater Jacobus v. Paris, »Kreuzigung Christi«. Es gilt als eines der schönsten got. Portale Wiens. - Auch das Kircheninnere wurde v. F.v.Hohenberg grundlegend umgestaltet, es wirkt eher etwas leer. Der roman.-gotisierende Hochaltar wurde ebenfalls v. ihm entworfen. Hier findet man auch die Kopie des Bildes »Madonna della Neve« (Maria Schnee, in S.Maria Maggiore in Rom) v. Christoph Unterberag. Die Bilder der beiden ersten rechten Altäre malte Daniel Gran (»Hl.Benedikt nimmt Maurus und Placidus in den Orden auf«, »Wunder des hl. Nikolaus«).

Moschee (Hubertusdamm, 21.Bezirk): Am 20.11. 1979 wurde das Islamische Zentrum feierlich eröffnet. Hier findet man die Moschee mit ihrem 32 m hohen Minarett, eine Koranschule, eine Bibliothek und einen Festsaal. Das Zentrum wurde mit finanzieller Unterstützung v. Saudi-Arabien errichtet.

Peterskirche (Petersplatz, 1.Bezirk): Der Legende nach hat Karl d.Gr. 792 diesen Kirchenbau gestiftet. Ein Marmorrelief an der Außenfassade der Kirche (sö, gegenüber der Goldschmiedgasse) soll diese Theorie untermauern. Der heutige, hochbarocke Bau wurde nach Plänen v. Gabriele

Peterskirche

Montani 1702 begonnen, jedoch modifiziert v. Johann Lukas v. Hildebrandt ab 1703 fertiggestellt. Der Rohbau stand 1708, bis 1733 waren die Türme vollendet, und 1751 setzte Andrea Altomonte den Portalvorbau hinzu. Mit dem Kirchenbau sollte auch die weise und fromme Regierung Kaiser Leopolds I. unterstrichen werden, der gleichzeitig die Pestsäule (→Denkmäler, Brunnen) am Graben errichten ließ.

Die zweigeschossige, geschwungene *Fassade* hat eine stark plastische, gedrungene Wirkung und ist ausgeschmückt mit Plastiken der Apostel Petrus, Paulus, Simon und Judas Thaddäus. Altomontes Vorbau ist mit Bleiplastiken, die Glaube, Hoffnung und Liebe darstellen, ausgestattet. Der zentrale Raum des *Inneren* ist prunkvoll ausgestattet: Bes. beeindruckend sind die dunklen Gold-Ocker-Stukkaturen (v. Albert Camesina und Santino Bussi). Der Raum weist einen längsovalen Grundriß auf und wird v. einer großen Kuppel bekrönt. Diese ist mit dem Fresko »Himmelfahrt Mariens« v. Johann Michael Rottmayr (1713 bis 1714) versehen. Die Darstellungen der 4 Kirchenväter und der 4 Evangelisten in den Zwickeln zwischen den Fenstern stammen v. Johann Georg Schmidt (»Wiener Schmidt«). Über dem Chorbogen sind der kaiserliche Adler und der Wahlspruch Leopolds I. (»Consilio et industria«, »durch Plan und Fleiß«) zu sehen. Das Altarblatt des *Hochaltars*, »Heilung des Lahmen durch den Apostel Petrus«, malte Martino Altomonte. Beide Seiten des Altartisches besitzen Reliefs, die die Enthauptung des Apostels Paulus und die Befreiung des Apostels Petrus darstellen. Über dem Tabernakel Bild der »Maria Immaculata« v. Leopold Kupelwieser (1836). Die Scheinarchitektur der Chorkuppel stammt v. Antonio Galli-Bibiena. Im Chor liegt auch der Eingang zur *Krypta*, wo alljährlich zur Adventszeit eine große Krippenausstellung stattfindet. Die reich geschnitzte Barockkanzel (1716) fertigte Matthias Steinl.

Die herausragendsten Stücke der Seitenkapellen findet man in der *Familienkapelle* (Altarblatt »Hl. Familie« v. Martino Alto-

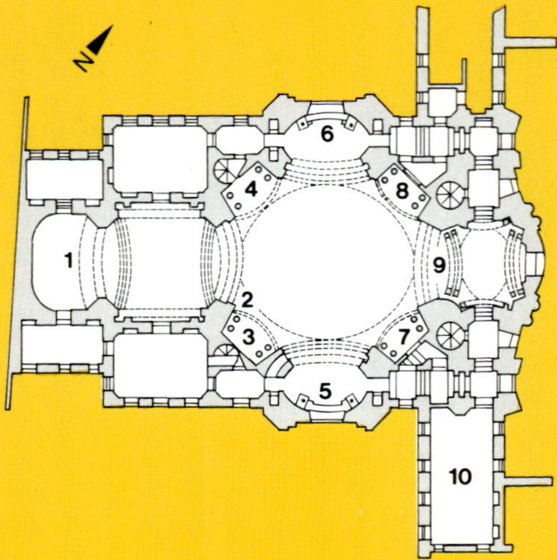

Piaristenkirche 1 Hochaltar mit Bild »Vermählung Mariens« v. Carl Rahl (1841); 4 Heiligenfiguren, Engelfiguren in der Art Georg Raphael Donners und Tabernakelaufsatz mit Andachtsbild »Maria Treu« **2** Kanzel v. Johann Josef Rössler (1772) **3** Altar mit Bild »Christus am Kreuz« v. Franz Anton Maulpertsch (1772) **4** Altar mit Bild »Hl. Johannes v. Nepomuk« v. Karl Hemerlein (Mitte 19. Jh.) **5** Altar mit Bild »Hl. Joseph v. Calasanza« v. Carl Rahl (1840) und Statuen v. Johann Josef Rössler (1758–59) **6** Altar mit Bild »Hl. Familie« v. Felix Ivo Leicher und Statuen Abrahams und Davids v. Johann Josef Rössler (1762–63) **7** Altar mit Bild »Martyrium des hl. Sebastian« v. Heinrich Karl Brand (?), 2. Hälfte 18. Jh. **8** Altar mit Bild »Enthauptung der hl. Barbara« v. Heinrich Karl Brand (?) **9** Orgel v. Carl Bukkow **10** Schmerzenskapelle: Altar (um 1760) mit Vesperbild »St. Maria de Malta« (1. Hälfte 15. Jh.)

monte); hier liegt in einem Glassarg der Katakombenheilige Donatus. Dieser und der 2., in der gegenüberliegenden *Michaelskapelle* aufbewahrte Katakombenheilige (hl. Benedikt) wurden 1733 vom damaligen Wiener Erzbischof, Kardinal Graf Kollonitsch v. Rom hierher gebracht. Das Bild »Mutter vom guten Rat« ist ein Geschenk Papst Leos XIII. Beachtlich auch die Plastik des *Nepomuk-Altars,* »Hl. Nepomuk wird in die Moldau gestürzt« (um 1729, v. Lorenzo Mattielli).

Piaristenkirche Vermählung Mariens, auch Maria Treu genannt (Jodok-Fink-Platz, 8. Bezirk): Eine der beliebtesten Trauungskirchen Wiens, vielleicht auch wegen des wirkungsvollen Innenraumes. Der Baubeginn der heutigen Anlage erfolgte 1716 nach Plänen v. Johann Lukas v. Hildebrandt, 1721 war der Rohbau fertiggestellt. Etwas verändert beendete Matthias Gerl um 1751 die Bauarbeiten, 1771 wurde die Kirche geweiht. 1858–60 gab Franz Sitte den beiden 76 m hohen Türmen und dem

Giebel sein heutiges Aussehen. Man beachte den ungewöhnlichen, äußerst komplizierten Grundriß des Gotteshauses. Die Fassade weist eine bemerkenswerte zweitürmige Ausgestaltung auf, bes. wirkungsvoll, da sie im Hintergrund eines großen Vorplatzes gelegen ist. Die große Säulen- und Pilastergliederung sowie die Steinplastiken kommen dadurch voll zur Geltung. Die bes. schönen Kuppelfresken im Kircheninneren stammen v. Franz Anton Maulpertsch (1752–53). Sie stellen in der Mittelkuppel die Krönung Mariens, über der Orgel den Engelssturz und im Obergewölbe die Himmelfahrt Mariens dar. Der Hochaltar besitzt einen prachtvollen Tabernakel, darüber das Gnadenbild »Maria Treu« (Kopie eines röm. Vorbildes, um 1713 v. Josef Herz). Das Hochaltarblatt »Vermählung Mariens« ist ein Werk Carl Rahls (1841). Übrigens legte an der klanglich sehr wertvollen Orgel der Kirche im November 1861 Anton Bruckner seine Reifeprüfung ab. Kommentar eines Mitgliedes der Prüfungskommission: »Er hätte uns prüfen sollen.« Eine Gedenktafel an der Kirche erinnert an ihn.

Ruprechtskirche (Ruprechtsplatz, 1. Bezirk): Die älteste Kirche Wiens wurde angeblich 740 v. 2 Schülern des Salzburger Bischofs Ruprecht gegr. Sie sollte Ausgangspunkt der Awarenbekehrung sein. Erstmals urkundlich erwähnt wurde sie 1161; damals waren die Verhältnisse »umgekehrt«: St. Ruprecht war Pfarre und St. Stephan Filialkapelle. Die einfache roman. Kirche besitzt einen W-Turm, der zweimal erhöht wurde, und an der S-Seite ein schlichtes got. Portal. Der Innenraum wurde 1934–36 umgestaltet, eine Holzdecke verkleidet das Tonnengewölbe des Langhauses. Die Orgelempore weist eine interessante Maßwerkbrüstung auf, ferner den Wahlspruch Friedrichs III. »AEIOU« (→Stephansdom, Hochgrab Friedrichs III.), v. 1439. Im Mittelfenster des Chores findet man die ältesten *Glasmalereien* Wiens (»Thronende Maria«, »Kreuzigung«). Der Hochaltar steht über dem erhaltenen roman. Steintisch. Weitere alte Ausstattungsstücke sind an der rechten Chorwand das Bild »Hl. Ruprecht« (von Johann Georg Schmidt), das vor dem Triumphbogen freischwebende Kruzifix (18. Jh), 3 Holzfiguren und das got. Weihwasserbecken (linkes Seitenschiff, 1500).

Schottenkirche, Blick zum Chor

Salvatorkirche (Salvatorgasse 5, 1. Bezirk): Man nimmt an, daß die Kirche Ende des 13. Jh. v. Otto und Haymo v. Neuburg als deren Hauskapelle gestiftet worden ist. 1360 wurde die bis dahin im 1. Obergeschoß liegende Kapelle auf Straßenniveau abgesenkt. Auf Anordnung Papst Leos X. erhielt sie 1515 den Namen St. Salvator. Die Salvatorkirche ist in das Alte Rathaus integriert, optisch tritt sie nicht bes. hervor. Bes. wertvoll ist das Eingangsportal mit reich verzierter Umrahmung, da es in Wien nur wenige oberitalienische Renaissancedenkmäler gibt. (Das Original befindet sich übrigens im Historischen Museum.) Ungewöhnlich ist der got. Innenraum; durch die Umbauten bedingt, liegen 2 parallel laufende Kirchenschiffe nebeneinander. – Seit 1871 gehört die Kirche den Altkatholiken.

Schottenkirche Unserer Lieben Frau bei den Schotten (Freyung 6, 1. Bezirk): Hein-

Schottenkirche

rich II. Jasomirgott berief um 1150 irische Mönche nach Wien (im MA wurde Irland als »Neuschottland« bezeichnet). Obwohl seit 1418 das Stift den dt. Benediktinern der Melker Reform übergeben wurde, werden Kirche und Kloster nach wie vor als »Schottenstift/-kirche« bezeichnet. Mehrere Umbauten erfolgten, bis schließlich aufgrund eines Turmeinsturzes 1638–41 nahezu alle Kirchenteile neu errichtet wurden (Baumeister waren Carlo Antonio Carlone, Andrea Allio und Marco Spazzio). 1883 wurde die Ausstattung nach Plänen v. Heinrich Ferstel erneuert.

Die zweigeschossige W-Fassade wird v. den Türmen fast nicht überragt, ihren Abschluß bildet ein kreuztragender Engel. Am s Querschiff außen Denkmal für Heinrich II. Jasomirgott (v. Josef Breitner, 1893). Die Innenwände der Kirche (Längskapellensystem) wurden teilweise mit Stuccolustro verkleidet, das Deckengemälde des Langhauses stammt v. Julius Schmid (1887–89). Die Bilder stellen, v. hinten nach vorn gehend, dar: Gründung des Klosters, Anbetung durch die Hirten, Beweinung Christi, Auferstehung Christi, hl. Benedikt vor Maria. Der Hochaltar wurde nach Plänen Ferstels ausgeführt, die Gemälde am Triumphbogen stammen v. Joachim v. Sandrart (l »Kreuzigung«, r »Abschied der Apostel Petrus und Paulus«), um 1653 gemalt. Die wertvollsten Stücke der *Seitenaltäre* sind: l hinten beginnend »Martyrium der hl. Barbara« (v. Johann Schmidt d. Ä., 1659), Fresko »Hl. Wolfgang« (Tobias Pock, um 1655), stammt noch aus der urspr. Ausstattung des Gotteshauses, »Hl. Gregor« und zuletzt »Himmelfahrt Mariens« (Tobias Pock, um 1655). Oberhalb des Tabernakels befindet sich das älteste Gnadenbild Wiens, »Unsere Liebe Frau von den Schotten« (um 1250). Von r vorn zurückgehend, steht man zunächst vor dem »Martyrium des hl. Sebastian« (Tobias Pock), hierauf »Tod des hl. Benedikt« (Tobias Pock) und ganz hinten »Hl. Anna« (Jeronimus Joachims, 1659). – Eine historisch für Wien sehr wichtige Persönlichkeit ist hier bestattet: Ernst Rüdiger Graf Starhem-

Schottenstift, Innenhof

berg, der Verteidiger der Stadt während der 2. Türkenbelagerung (Grabmalentwurf v. Joseph Emanuel Fischer v. Erlach, 1725).

Schottenstift (Freyung, 1. Bezirk): Schon immer hatte das Schottenkloster gewaltige Ausmaße: Es erstreckte sich zu der Zeit, als noch die »Schotten« (vgl. oben →Schottenkirche) darin wohnten, mit all seinen Gebäuden, Spital, Wirtschafts- und Meierhöfen über das gesamte freie Gelände vor der Burg und war 260 Jahre lang ein v. der Stadt abgekapselt lebender Mönchsbezirk. Nach dem Auszug der Iren übernahmen die Melker Benediktiner das Anwesen. 1826–32 wurde v. Joseph Kornhäusel der heutige große, klassizistische und recht nüchtern wirkende Baukomplex errichtet. Er erstreckt sich über mehrere Höfe hinweg (zu begehen über die sog. Durchhäuser). Im 1. Stock des Konventhofes ist die *Gemäldegalerie* eingerichtet, die wertvolle Bilder österr., niederländischer und italienischer Herkunft besitzt. Wichtigstes Stück sind 19 Altartafeln vom ehem. got. Hochaltar der Kirche, wobei die Besonderheit in den Hintergrunddarstellungen (älteste Ansichten Wiens) zu finden ist: Bei der »Geburt Mariens« eine got. Wiener Bürgerstube, bei der »Verkündigung Mariens« eine wohlhabende Bürgerwohnung des 15. Jh., bei der »Heimsuchung Mariens« die Innenstadt Wiens. Seit 1807 gibt es das dem Stift angeschlossene Gymnasium, in dem viele bekannte Persönlichkeiten unterrichtet wurden, u. a. Robert Hamerling, Ferdinand v. Saar, Johann Nestroy, Moriz v. Schwindt, Johann Strauß Sohn, Kaiser Karl I. und Dr. Viktor Adler (Begründer der österr. Sozialdemokratie).

Steinhof, Kirche am, hl. Leopold (Baumgartner Höhe 1, 14. Bezirk): Die Kirche der Heil- und Pflegeanstalt wurde v. Otto Wagner entworfen. Sie zählt zu seinen wichtigsten Werken. Außerdem ist sie die einzige

Folgende Seiten: >

Links und rechts, Stephansdom

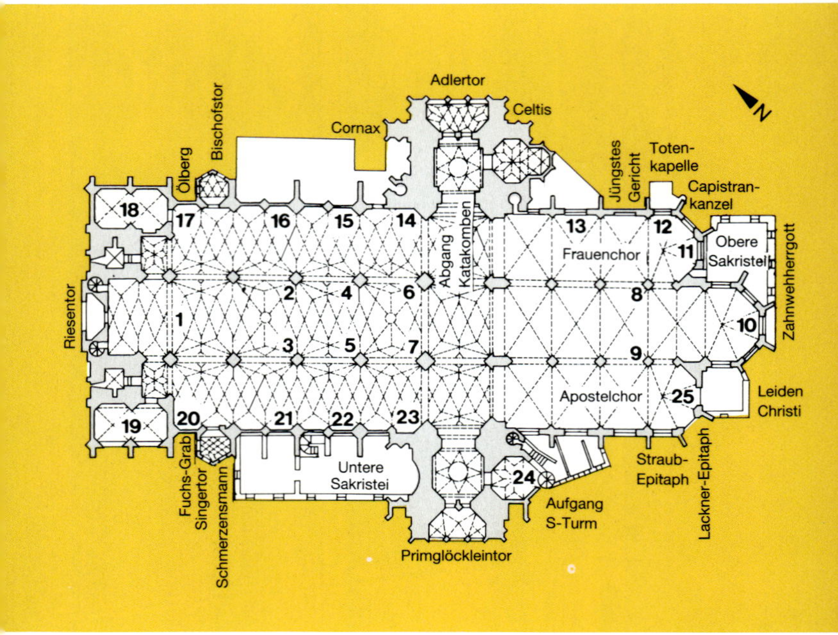

Stephansdom, Kanzel >

Stephansdom 1 Orgel **2** Kanzel **3** Johannesaltar **4** Katharinenaltar (1701) **5** Januariusaltar (1711) **6** Marienaltar (1699) **7** Josefsaltar (1700) **8** Johannes-Nepomuk-Altar (1723) **9** Karl-Borromäus-Altar (1728) **10** Hochaltar (1640–47) **11** Wiener Neustädter Altar (1447) **12** Hochgrab Herzog Rudolfs IV., des Stifters **13** Barocksarkophag Graf Trautson, Grabmal für Bischof Melchior Khlesl (Gegenreformator) **14** Peter-und-Paul-Altar, daneben Orgelfuß **15** Franz-Xaver-Altar **16** Franz-v.-Assisi-Altar (1715) **17** Herz-Jesu-Altar **18** Kreuzkapelle **19** Herzogkapelle **20** Marienaltar **21** Sebastianaltar **22** Dreifaltigkeitsaltar **23** Leopoldsaltar **24** Katharinenkapelle **25** Hochgrab Friedrichs III.

Kirche Wiens, die völlig im Jugendstil erbaut und ausgestattet worden ist. 1904–07 wurde sie auf dem höchsten Punkt des Anstaltsgeländes erbaut. Weithin sichtbar, wirkt der Bau aufgrund seiner schlichten kubischen Formen, die sich über dem Grundriß eines griech. Kreuzes erheben. Bereits ihre Außenfassade fällt durch Ungewöhnlichkeit auf: Sie ist mit weißen, mit Kupfernägeln befestigten Marmorplatten versehen. Gleiches gilt für die große Kuppel, die mit vergoldeten Kupferplatten belegt ist. Die beiden Figuren auf den niedrigen Glockentürmen stellen die hll. Severin und Leopold dar (v. Richard Luksch). Das Innere wurde unter Berücksichtigung der Tatsache, daß es eine Anstaltskirche ist, geplant: Von allen Seiten sollte der Gottesdienst v. den »ruhigen« Kranken und dem Pflegepersonal problemlos verfolgt werden können – es gibt keine Säulen.

Im Untergeschoß wurden für alle Fälle Rettungszimmer eingerichtet. Für die Innenausstattung konnten Koloman Moser gewonnen werden (v. ihm stammen die Glasfenster), ferner Carl Ederer (Hochaltarbild), Othmar Schimkowitz (plastischer Schmuck) und Remigius Geyling (Mosaikschmuck).

Stephansdom (Stephansplatz, 1. Bezirk):

Stephansdom, Selbstporträt, Meister Anton Pilgram, der sog. »Fenstergucker«

Stephansdom, Wiener Neustädter Altar, Detail

Der Stephansdom ist das wichtigste hoch- und spätgot. Bauwerk Österreichs, sein Turm (liebevoll »Steffl« genannt) das bekannteste Wahrzeichen Wiens.

Geschichte und Baugeschichte: Der 1. Bau stand noch außerhalb der Stadtmauern Wiens, er wurde um 1137 errichtet. Um 1160 wurde die Kirche als dreischiffige Basilika mit 2 Wehrtürmen vollendet. Vom 2. Bau – aufgeführt auf dem Grundriß des 1. Baus – fiel 1258 ein Großteil einem Großbrand zum Opfer. Erhalten blieben das Riesentor und die beiden Heidentürme sowie die W-Fassade im Kircheninneren. – Der 3. Bau (1304–1523) schließlich mußte unter erschwerten Bedingungen ausgeführt werden: Der Gottesdienst sollte durch die Bauarbeiten nicht beeinträchtigt werden! So wurden immer wieder Zwischenmauern aufgestellt, um dieser Forderung gerecht zu werden, es erklärt auch einiges hinsichtlich der Bauführung. Die Baumeister waren u. a. Meister Chunradus, Peter v. Prachatitz, Hans v. Prachatitz, Hans Puchsbaum, Anton Pilgram, Simon Achleitner und Gregor Hauser.

Bis 1365 gehörte St. Stephan zum Bistum Passau (daher auch der hl. Stephanus, der ja Patron des Passauer Bistums ist), Rudolf IV. erhielt erst durch Tausch gegen andere seiner Ländereien das Verfügungsrecht über St. Stephan. 1469 erfolgte auf Betreiben Kaiser Friedrichs III. die Erhebung zur Domkirche, 1723 wurde Wien Erzbistum und St. Stephan Metropolitankirche. – Die schweren Zerstörungen des 2. Weltkrieges konnten unter finanzieller Mithilfe der gesamten österr. Bevölkerung bis 1965 behoben werden: Die Burgenländer stifteten die Kommunionbank, die Kärntner die Kronleuchter, die Niederösterreicher den Steinboden, Oberösterreich die »Pummerin«, Salzburg den Tabernakel, Tirol die Fenster, die Steirer das Portal im Riesentor, Vorarlberg das Gestühl und die Wiener schließlich die 230000 glasierten Ziegel für das Kirchendach.

Stephansdom, Hochaltar, Blick zum Chor

Stephansdom, Innen

Besonderheiten und Maße: Die selbständige seitliche Stellung der Türme, das mächtige, hohe Dach mit den glasierten Ziegeln, die Einbeziehung der roman. W-Fassade, der sich unmittelbar vom Boden weg verjüngende S-Turm (der »Steffl«). Der Dom bedeckt eine Fläche v. 3500 qm, er mißt in der Länge 107,2 m (außen), die Langhausbreite innen beträgt 39,8 m. Höhe des Mittelchores 22,4 m, Firsthöhe des Langhausdaches 59,9 m. Heidentürme 65,6 m hoch, S-Turm 136,7 m, N-Turm 60,6 m.
Außenbesichtigung: Die Beschreibung erfolgt, ausgehend v. Hauptportal, im entgegengesetzten Uhrzeigersinn.
Hauptportal (»Riesentor«): Erbaut um 1230. Es ist das bedeutendste Werk spätroman. Baukunst in Österreich. Der Name rührt v. einem ehemals hier angebrachten Fallgitter (Riestür) her.
Das rundbogige Trichtertor besitzt reichen Bildschmuck. Über den Säulenkapitellen menschliche und tierische Symbole, darüber Büsten der 12 Apostel und zweier Evangelisten. Im Bogenfeld Relief »Christus in der Mandorla«. Um 1500 wurde das Tor durch einen vorgelegten Spitzbogen verengt. Links vom Tor sieht man die alten Eichmaße Elle und Speiche sowie ein Brotlaibmaß.
Heidentürme: Sie gehören zu den verwendeten romananischen Bauteilen und gehen nach dem 3. Geschoß v. quadratischer in achteckige Form über, gegliedert werden sie durch Lisenen und Rundbogenfriese. Kleine Maßwerkgiebel (sogenannter »Wimperge«) schmücken den Beginn des Turmhelmes. Die Kanten und Seitenmitten der Helme (bereits got.) sind mit Krabben bestückt und werden v. Kreuzblumen bekrönt.
Zweigeschossige Anbauten an die Heidentürme: Seitlich v. diesen verbreitern sie die W-Fassade und leiten v. der roman. zur got. Kirche über: Dies zeigt sich an den roman.-got. Fensterrosen und den 2 Reihen Spitzbogenfenster, die im Verhältnis zu den Fenstern des Langhauses noch recht klein

Stephansdom, Hochgrab Friedrichs III.

sind und das Mauerwerk nicht so stark auflösen.

Langhaus: Die Fassade wird durch große Spitzbogenfenster und Strebepfeiler untergliedert. Jeweils 3 kleine Wimperge, die den oberen Abschluß bilden, werden durch einen großen Wimperg zusammengefaßt. Die Baldachinfiguren stellen 4 habsburgische Herzöge dar.

Fuchs-Grab: Unter einem Baldachin liegt das Grab v. Neidhardt Fuchs, Dichter und lustiger Rat am Hofe Herzog Ottos des Fröhlichen.

Singertor: Vermutlich v. Hans Puchsbaum um 1440–50 geschaffen. Es ist reich verziert mit Wasserspeiern, Maßwerk und Baldachinplastiken (Mitte: »Steinigung des hl. Stephanus«, l »Hl. Paulus«). – Neben dem Tor Schmerzensmann (1435). Vorbei an der Unteren Sakristei, die dem s Langhaus vorgesetzt ist, erreicht man das

Primglöckleintor: Zweiteiliges Portal, Vorhalle in Form eines halben Achtecks, mit Stifterfiguren und sitzenden Aposteln geschmückt (Ende 14. Jh.). Am Mittelpfosten Madonna mit Kind (um 1400). In der Halle unter dem S-Turm sieht man die Reste des Türkenbefreiungsdenkmals v. Edmund Hellmer (1883–94 geschaffen, 1945 schwer in Mitleidenschaft gezogen durch die herabfallende Glocke »Pummerin«).

Im *Mesnerhaus* beginnt die *Turmtreppe,* eine Wendeltreppe in 2 Absätzen (418 Stufen). Am 1. Absatz steht die sog. »Starhembergbank«: Ernst Rüdiger Graf Starhemberg, der Verteidiger Wiens während der 2. Türkenbelagerung, soll hier gesessen und die feindlichen Bewegungen verfolgt haben. Nach Erreichen des Turmzimmers führen Holzleitern weiter auf den Turm hinauf.

Albertinischer Chor: Da die Fertigstellung dieses ältesten got. Bauteils v. St. Stephan in die Regierungszeit Albrechts II. fiel, erhielt dieser Bauteil seinen Namen. Der Chor gliedert sich in 3 Schiffe, die achteckig auslaufen und wesentlich niedriger als das Langhaus sind. Das Dachziegelmuster bildet den habsburgischen Doppeladler, nach der N-Seite hin das Bundeswappen

Stephansdom, Katakomben, Herzogsgruft

der Republik Österreich und der einköpfige Adler mit dem Wiener Stadtwappen.

Lackner-Epitaph: Das Sandsteinrelief »Christus am Ölberg« zählt zu den Hauptwerken spätgot. Plastik in Wien (um 1502).

Passionsfresken: 6 spätgot. Fresken (um 1500), die die Leiden Christi darstellen.

Zahnwehherrgott: Kopie der heute im N-Turm befindlichen Originalstatue, die den leidenden Heiland darstellt. Der Sage nach ritten einst betrunkene Zechkumpane an der Statue vorbei. Diese war mit einem Rosenkranz geschmückt worden, der über die Dornenkrone gelegt worden war. Damit der Wind diese nicht wegwehen könnte, waren die Blumen mit einem Tuch befestigt worden, die einen der Übermütigen zu dem Spruch verleitete: »Jetzt hat sogar unser Herrgott Zahnweh!« Nach weiteren Scherzen über diesen Anblick trennten sich die Burschen. In der Nacht bekamen sie alle heftige Zahnschmerzen. Ein herbeigeholter Arzt konnte jedoch bei keinem einen kranken Zahn finden. Erst als sie bei der Statue um Vergebung für ihre lasterhaften Worte baten, schwanden ihre Zahnschmerzen. Seitdem hat die Statue diesen Namen. Es kommen auch heute noch Menschen zu ihr, die von Zahnschmerzen geplagt werden.

Capistrankanzel: Nach dem Tod des Franziskanerpaters Capistran, der 1451 v. dieser Kanzel aus die Kreuzzugspredigten (Kampf gegen die Türken) gehalten hatte, sollte sie niemand mehr betreten. Daher wurde sie zugemauert und im 18. Jh. hier aufgestellt.

Gruftkapelle: Eingang zu den Katakomben (ein weiterer Zugang im Kircheninneren). Hier wurde 1791 Wolfgang Amadeus Mozarts Leichnam eingesegnet, bevor er zu einem Armengrab überführt wurde.

Jüngstes Gericht: Sandsteinepitaph (um 1520).

Celtis-Epitaph: Für Conrad Celtis, den Begründer des dt. und österr. Humanismus.

Adlertor: Pendant zum gegenüberliegender Primglöckleintor. Die Statuen schuf Franz Erler um 1878, sie stellen u. a. Kaiser Franz Joseph I. mit Gattin Elisabeth, Kaiser Frie-

Universitätskirche, Blick zum Chor

drich III. und Kaiser Maximilian I. dar. In der Halle unter dem N-Turm Original des Zahnwehherrgotts.

N-Turm: Hans Puchsbaum begann um 1450 mit dem Bau, vollendete ihn – so die Sage – jedoch nicht, da er seine Seele dem Teufel verschrieben hatte, der für ihn den Turm binnen Jahresfrist fertigbauen sollte. Bedingung: Er durfte keinen Heiligennamen aussprechen.

Da jedoch seine Verlobte Maria hieß, geschah es in einem unachtsamen Moment, und der Teufel stürzte den unglücklichen Baumeister vom Gerüst.

Um 1556–79 wurde der achteckige Glokkenturm aufgesetzt.

Cornax-Epitaph: Für den Arzt Matthias Cornax, der die erste Leichenöffnung durchführte.

Bischofstor: Sechseckige spätgot. Vorhalle mit reichem Fischblasenmaßwerk, geschmückt mit den Figuren der hll. Paulus und Stephanus. Man beachte hier die seltsamen Wasserspeier. In der Vorhalle wird der Kolomanstein aufbewahrt: Auf ihm soll der in Melk verehrte hl. Koloman den Märtyrertod erlitten haben.

Innenbesichtigung

Orgel: Sie wurde 1956–60 v. Johann Kauffmann erbaut und besitzt 4 Manuale, 125 Register und 9092 Pfeifen.

Kanzel: Berühmtestes Kunstwerk des Langhauses, um 1500 v. Meister Anton Pilgram aus 7 Sandsteinblöcken geschaffen. Am Kanzelfuß ein Selbstporträt des Meisters, der sog. »Fenstergucker«. Der sechseckige Unterbau ist mit Darstellungen der 4 Kirchenväter (v. r nach l) Ambrosius, Hieronymus, Gregor d. Gr. und Augustinus geschmückt. Am Treppengeländer kriechen Eidechsen und Kröten hinauf (Symbole des Bösen); sie werden v. einem Hund (Symbol für das Gute) aufgehalten. Neben der Kanzel steht die Dienstbotenmuttergottes, eine frühgot. Marienstatue v. 1320. Sie half einer unter Diebstahlsverdacht stehenden Magd, die sich im Gebet an sie wandte: Der eigtl. Dieb wurde gefaßt.

Johannesaltar: Altarbild »Hl. Sippe« v. Johann Michael Rottmayr (1708).

Universitätskirche, Deckenfresken

Januariusaltar: Altarbild »Hl. Januarius« wird Martino Altomonte zugeschrieben.
Johannes-Nepomuk-Altar: Altarbild v. Martin Johann Schmidt (»Kremser Schmidt«, 1772).
Hochaltar: Altarbild »Steinigung des hl. Stephanus« v. Tobias Pock (1640), Altaraufsatzbild »Himmelfahrt Mariens« ebenfalls v. ihm. Altar aus schwarzem Marmor, 1640–47 v. Johann Jakob Pock gefertigt. 4 überlebensgroße Marmorstatuen stellen v. l nach r die hll. Rochus, Leopold, Florian und Sebastian dar.
Wiener Neustädter Altar: Gotischer Flügelaltar, 1447 v. Kaiser Friedrich III. gestiftet. Dargestellt sind auf Goldgrund 72 Heiligenfiguren. Die Schnitzarbeiten stellen innen Marienszenen, außen Passionsszenen dar.
Peter-und-Paul-Altar: Er wurde v. der Steinmetzzunft gestiftet, einziger Holzaltar in St. Stephan, zugleich der älteste Barockaltar der Kirche. Das Altarbild stammt v. Tobias Pock (1677).
Orgelfuß: Von Anton Pilgram geschaffen, zählt er zu den bedeutendsten got. Kunstwerken in St. Stephan. Auch hier hat sich der Künstler verewigt (im Rundrelief).
Franz-v.-Assisi-Altar: Altarbild v. Johann Michael Rottmayr.
Kreuzkapelle: Links Grab des Feldherrn Prinz Eugen v. Savoyen. Wandfresko v. Johann Ender (1853), davor ein Kruzifix mit einem langen Bart aus echtem Haar (es wächst, so sagt man, immer noch weiter).
Herzogkapelle: Spätgot. geschnitzter Flügelaltar (1507), r eine Steinstatue, die sog. Hausmuttergottes (aus dem Himmelpfortkloster).
Marienaltar: Unter einem steinernen Altarbaldachin (um 1510) wird das Gnadenbild »Maria Pötsch«, eine karpato-ukrainische Arbeit, verehrt.
Katharinenkapelle: Architektonisch sehr sehenswerter Raum, achteckiger Grundriß, der Schlußstein stellt die hl. Katharina mit Schwert und Rad dar. Neugot. Schnitzaltar (1875), Marmortaufstein v. 1481 mit Reliefs am Becken und einem reich verzierten, holzgeschnitzten Deckel.

Universitätskirche, Deckenfresken

Hochgrab Friedrichs III.: Nach einem Entwurf v. Niclas Gerhaert van Leyden 1467 bis 1513 geschaffen. Roter Marmorsarkophag mit Liegefigur des Kaisers, u.a. mit Spruchband »AEIOU« (»Austria erit in orbe ultima«, d.h. »Österreich wird sein bis ans Ende der Welt«). An den Seitenwänden auf 8 Reliefplatten Darstellung der Orden, die v. Friedrich III. gestiftet worden waren.

Katakomben

Die Katakomben führen 3 Stockwerke tief unter die Kirche. Sie dienten v. 1720 (nach Auflassung des Stephansfriedhofes rund um den Dom) bis 1872 als Begräbnisstätte. Danach wurden sie zum Teil vermauert, zum Teil ausgeräumt.

Seit 1953 werden hier die Wiener Erzbischöfe bestattet. - In der *Herzogsgruft,* die v. Rudolf IV., dem Stifter, angelegt wurde, bewahrte man in kupfernen Urnen die Eingeweide der Habsburger auf (die Herzen wurden in der →Augustinerkirche, die Körper in der Kaisergruft der →Kapuzinerkirche bestattet).

Synagoge (Seitenstettengasse 2-4, 1. Bezirk): Diese Synagoge überlebte als eine der wenigen (v. insgesamt 94 Synagogen) die Reichskristallnacht v. 1938 - sie liegt mitten zwischen Wohnhäusern versteckt im Hof des Hauses der Israelitischen Kultusgemeinde. Das älteste jüdische Gotteshaus der Innenstadt durfte - wie bei allen anderen nichtchristlichen Konfessionen - gemäß Erlaß des Kaiers Joseph nicht direkt an einer Straße gebaut werden. Josef Kornhäusel entwarf 1825-26 den elliptischen Zentralbau. Er zeichnete auch verantwortlich für die Inneneinrichtung und diverse Kultgeräte.

Ulrichskirche, auch **Maria Trost** genannt (St.-Ulrichs-Platz, 7. Bezirk): Bereits Anfang des 13. Jh. stand hier die erste Ulrichskirche. Sie ist somit eine der ältesten Wiener Kirchengründungen (Filialkirche des Schottenstiftes). Das alte Gotteshaus wurde vor Beginn der 2. Türkenbelagerung v. den Wienern selbst in Brand gesteckt, 1721 begann Franz Reymund mit dem Bau der heutigen Kirche. Am Ende der zum Hauptportal führenden Freitreppe 4 Statuen (hll. Benedikt, Ulrich, Aloysius und Johannes v. Nepomuk). – Das Hochaltarblatt malte Paul Troger 1750 (»Hl. Ulrich in der Schlacht auf dem Lechfeld«), r nach dem »Hl. Grab« eine Holzstatue (Kopie des Grazer Gnadenbildes »Maria Trost«). – In dieser Kirche wurde Johann Strauß (Sohn) getauft.

Universitätskirche hl. Ignatius, hl. Franz Xaver und Mariä Himmelfahrt, auch Jesuitenkirche genannt (Dr.-Ignaz-Seipel-Platz, 1. Bezirk): 1623 wurde anläßlich des Neubaus der Universität diese Kirche v. Ferdinand II. gestiftet und v. einem unbekannten Architekten erbaut. 1703–07 wurde sie v. Andrea Pozzo zu ihrer heutigen Form umgestaltet. Die frühbarocke zweigeschossige Fassade steht im Gegensatz zu den durch Pozzo angefügten hochbarocken Türmen. Sie besitzt als Schmuck einige Plastiken: v. l nach r hl. Katharina (Patronin der Wissenschaften), hl. Josef, hl. Leopold (Landespatron), hl. Barbara; unten die beiden Jesuitenheiligen Ignatius v. Loyola (l) und Franz Xaver (r). Im Inneren sieht man den Versuch Pozzos, mit Mitteln der Ausstattung den Langraum in einen Zentralraum umzugestalten. Sowohl die Deckenfresken (bes. beachtlich die hervorragende Scheinmalerei einer Kuppel) als auch der Hochaltar stammen v. ihm. Die Themen der Seitenkapellen sind jeweils gegenüberliegend aufeinander abgestimmt: Links hinten beginnend, hl. Katharina (Philosophie), gegenüber Kreuzaltar (Theologie), davor l Hl. Ordensfamilie, gegenüber Hl. Familie; schließlich l Schutz der Erzengel, gegenüber hl. Leopold und ganz vorn l Lebensweihe mit Herz-Jesu-Bild v. Leopold Kupelwieser, gegenüber Todesweihe. – Eine der schönsten Kanzeln Wiens sollte nicht unbeachtet bleiben. Sie ist aus Nußholz geschnitzt und mit Perlmutteinlagen und Goldauflagen geschmückt. An der Kanzelrückwand Darstellung der Taufe Christi, die 4 Evangelisten sitzen an der Brüstung, am Schalldeckel die 3 göttlichen Tugenden Glaube, Hoffnung, Liebe und zuoberst die Figur des hl. Franz Xaver, der einen Heiden tauft.

Votivkirche >

Virgilkapelle (U-Bahn-Station Stephansplatz, 1. Bezirk): Bei den Bauarbeiten für die U-Bahn stieß man unter dem Stephansplatz auf die Reste der Virgilkapelle. Dieses frühgot. Bauwerk, das 1307 erstmals urkundlich genannt wird, gehörte zur Friedhofskapelle des um den Dom angelegten Stephansfriedhofes. Als man ihn aufließ, wurde die Kapelle verschüttet – und wohl auch vergessen. Von einem Fenster in der U-Bahn-Passage kann man in den Kapellenraum blicken. Es führt v. hier auch eine Treppe in die Kapelle (wechselnde Ausstellungen). Teilweise sind die alten Freskomalereien noch erhalten.

Votivkirche Zum göttlichen Heiland (Rooseveltplatz, 9. Bezirk): Zum Dank, daß er bei einem Attentat, das am 18.2. 1853 auf ihn an dieser Stelle verübt worden war, nahezu unverletzt blieb, stiftete Kaiser Franz Joseph I. diesen Kirchenbau. Finanziert werden sollte er ausschließlich aus Spenden der Bevölkerung. Es zeigte sich jedoch bald, daß diese keineswegs ausreichten. So steuerte u.a. auch die Stadt Wien kräftig zum Bau zu. Architekt war Heinrich Ferstel. Er plante – entsprechend dem Wunsch v. Erzherzog Maximilian, der auch die Idee zu diesem Bau hatte, eine neugot. Kirche inklusive aller Inneneinrichtungsdetails. 1879, anläßlich der Silberhochzeit des Kaisers, konnte die Einweihung vorgenommen werden.
Die großzügig angelegte Hauptportalfassade beeindruckt durch ihren reichen Plastikschmuck. Am Mittelpfeiler des Hauptportales Christus-König-Figur, umgeben v. Figuren der Propheten, darüber Apostelstatuen. Im dreiteiligen Bogenfeld Darstellungen v. Geburt Christi, Christus als Lehrer und Kreuzigung (alle v. Josef Gasser). Die Bogenfelder der Seitenportale zeigen l die »Verkündigung Mariens«, r die »Auferstehung Christi« (beide ebenfalls v. Josef Gasser). Die beiden 99 m hohen Türme mit kunstvoll durchbrochenen Turmhelmen wurden in einer Bauzeit v. nur 8 Jahren geschaffen. – Das Innere des Gotteshauses wirkt durch seine harmonische Farbgebung als Gesamtes, es gibt jedoch nur wenige wertvolle Einzelstücke. In der 5. Kapelle l liegt das Hochgrab v. Graf Niclas Salm, der die Stadt Wien bei der 1. Türkenbelagerung verteidigte (Grab gestaltet v. Loy Hering, um 1530). In der 2. Kapelle r findet man eine Kerze v. beachtlichen Ausmaßen: 30 cm dick, 4 m hoch und 264 kg schwer – sie soll 100 Jahre lang brennen können (aus dem Jahre 1930).

< Votivkirche

Waisenhauskirche Mariä Geburt (Rennweg 91, 3. Bezirk): Nach nur neunmonatiger Bauzeit wurde am 7.12. 1768 im Beisein v. Maria Theresia die zum Waisenhaus gehörige Kirche feierlich eingeweiht. Der 12jährige Wolfgang Amadeus Mozart dirigierte seine Messe in c-Moll (sog. »Waisenhausmesse«, KV 139). Baumeister des Gotteshauses war Thaddäus Karner, der sich für die Form der sog. »Vorarlberger« Prozessionskirche entschied. Die im Inneren in Weiß und Gold gehaltene Kirche besitzt ein Werk v. Franz Maulpertsch (Hochaltarblatt, »Geburt Mariens«); ferner auf der linken Seite einen Passionsaltar, auf der gegenüberliegenden Seite den sog. Weihnachtsaltar.

Wotruba-Kirche/Kirche zur Heiligsten Dreifaltigkeit (Georgsgasse/Rysergasse, 23. Bezirk): Der Bildhauer Fritz Wotruba entwarf dieses ungewöhnliche Bauwerk: 152 unregelmäßig aufgetürmte, kubische Betonblöcke wurden zwischen 1974 und 1976 zu einem Gebäude komponiert, das die Grenzen zwischen Skulptur und Architektur verschwimmen läßt. Kein sakrales Zeichen kennzeichnet es als Gotteshaus, es gibt kein »vorn« oder »hinten«. Wotruba, der die Fertigstellung seiner Idee nicht mehr erlebte, wollte mit diesem Werk zeigen, daß »Harmonie durch Überwindung von Gegensätzlichkeiten zustande kommt«. – Im Inneren ein großes Kruzifix, ebenfalls v. Wotruba.

FRIEDHÖFE

Döblinger Friedhof (Hartäckerstr. 65, 19. Bezirk): Er fällt unter allen anderen Wiener Friedhöfen durch seine mohammedanische Abteilung auf, die für die in Wien stationierten bosnischen Regimenter eingerichtet worden war.

Hier wurden unter anderen bestattet: die Schauspieler *Josef Kainz, Karl Skoda* und *Reinhold Häussermann,* der Dichter *Ferdinand von Saar* und die Sängerin *Maria Cebotari.*

Dornbacher Friedhof (Alszeile 28, 17. Bezirk): Das rasche Anwachsen der Bewohner der Vororte Dornbach und Hernals machte gegen Ende des 19. Jh. einen neuen Friedhof notwendig. 1883 wurde der Dornbacher Friedhof eingeweiht. Hier wurden u. a. bestattet:
Dominik Artaria (Kunst- und Musikverleger), *Christoph Demel* (Hofzuckerbäcker), *Josef Manner* (Süßwarenfabrikant), *Julius Meinl* (Feinkostläden).

Friedhof der Namenlosen (Alberner Hafenzufahrtstr., 10. Bezirk): Ganz am Stadtrand v. Wien an der Mündung der Schwechat in die Donau gelegen ist der kleine Ort Albern. Immer wieder kam es hier zu schweren Überschwemmungen, schließlich wurde die Siedlung in Richtung Schwechat verlegt. 1854 wurde der kleine, stille Friedhof angelegt, der sich damals noch außerhalb der Dämme befand und ungesichert gegen Hochwasser war. Erst 1899 verlegte man ihn samt der kleinen Kapelle hinter die schützenden Wälle. Hier wurden die namenlosen Opfer, die der Fluß gefordert und hier angeschwemmt hatte, beigesetzt. Seit 1940 wird der Friedhof nicht mehr belegt, die Gräber erhalten jedoch immer wieder v. Besuchern Blumenschmuck.

Grinzinger Friedhof (Mannagettagasse, 19. Bezirk): Hier wurden u. a. bestattet:
Heimito v. Doderer (Schriftsteller: »Die Strudlhofstiege«), *Heinrich Freiherr v. Ferstel* (einer der Architekten der Ringstr.: Votivkirche, Neue Universität, Ringstraßenpalais), *Leopold Kupelwieser* (Maler: Hochaltarbild der Klosterneuburger Stiftskirche, Wandmalereien der Altlerchenfelder Kirche), *Gustav Mahler* (Komponist und Dirigent: 10 Symphonien, Kindertotenlieder), *Alma Mahler-Werfel* (Gattin G. Mahlers, nach dessen Tod in 3. Ehe mit dem Dichter Franz Werfel verheiratet; Persönlichkeit des Wiener Kulturlebens).

Hernalser Friedhof (Leopold-Kunschak-Platz 7, 17. Bezirk): Der Friedhof wurde etwa um 1870 errichtet, die Friefhofskapelle neugot. gestaltet. Hier wurden u. a. bestattet:
Josef Bratfisch (Leibfiaker des Kronprinzen Rudolf), *Ferdinand Hebra* (1816–80, Begründer der Dermatologie, gab den »Atlas der Hautkrankheiten« heraus), *Karl Frei-*

Zentralfriedhof

Zentralfriedhof >

Zentralfriedhof, Ehrengrab von Johannes Brahms

Zentralfriedhof, Ehrengrab von Johann Strauß Sohn

herr v. Rokitansky (1804–78, Pathologe; er klassifizierte Krankheitstypen und erkannte die Bedeutung des Blutes für verschiedene Krankheiten), *Johann und Josef Schrammel* (Geiger und Komponisten, Begründer des »Schrammel-Quartetts«, →Wienerisches), *Joseph Skoda* (1805–81, Internist; ihm gelang erstmals die Punktion des Herzbeutels. Er setzte die dt. Sprache bei medizinischen Vorlesungen durch).

Hietzinger Friedhof (Maxingstr., 12. Bezirk): Da dieser Friedhof schon v. Anbeginn an als »Nobelfriedhof« galt, ließen zahlreiche Prominente hier ihre letzte Ruhestätte errichten. Daher findet man hier viele sehenswerte Biedermeier- und Empiregrabsteine sowie prächtige Mausoleen. Hier wurden u. a. bestattet:
Engelbert Dollfuß (Bundeskanzler 1932–34, wurde im Bundeskanzleramt v. NSDAP-Putschisten erschossen), *Fanny Elßler* (berühmte Tänzerin, gastierte in ganz Europa und Nordamerika), *Franz Grillparzer* (Dramatiker, →Volksgarten), *Gustav Klimt* (Maler und Zeichner des Wiener Jugendstils), *Katharina Schratt* (Schauspielerin, Geliebte Kaiser Franz Josephs), *Otto Wagner* (Architekt des Wiener Jugendstils), *Industriellenfamilien:* Auer-Welsbach, Böhler, Mautner-Markhof, Palmers, Reithoffer, Stölzle u. v. a.

Hütteldorfer Friedhof (Samptwandnergasse 6, 14. Bezirk): Die letzte Ruhestätte auf diesem 1811 errichteten Friedhof fanden u. a.: der Hofzuckerbäcker *August Dehne* (1795–1875), der Maler *Peter Johann Nepomuk Geiger* (1805–80), *Josephine Wessely* (Burgtheater-Schauspielerin) und *Karl Wollek* (Bildhauer).

Kahlenberger Friedhof (am S-Hang des Kahlenberges): Im Volksmund wird der versteckt liegende Friedhof auch »Ritterfriedhof« genannt. Heute werden jedoch nur noch die Patres der St.-Josefs-Kirche des Kahlenberges hier bestattet. Von den

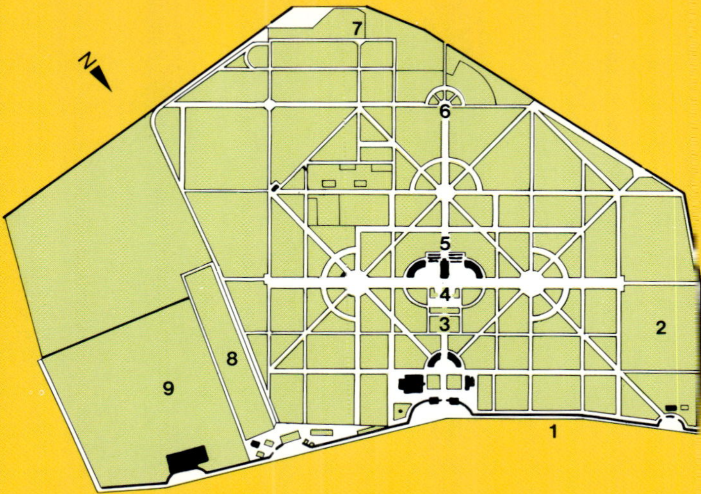

zahlreichen Grabmälern aus der 1. Hälfte des 19. Jh. ist das der *Karoline Traunwieser* bes. tragikumwittert: Sie erfror bei der Suche nach ihrem im Krieg vermißten Verlobten auf dem Kahlenberg (daher auch »Braut v. Kahlenberg« genannt). - Ferner befindet sich hier das Grab des *Fürsten de Ligne,* Feldmarschall zur Zeit des Wiener Kongresses.

Matzleinsdorfer Friedhof (Triester Str. 1, 10. Bezirk): Auf diesem einzigen ev. Friedhof Wiens (neben der ev. Abteilung auf dem Zentralfriedhof), der sich hartnäckig gegen eine Schließung wehrt, ruhen u. a.: *Wolf Albach-Retty* (Schauspieler, war mit Magda Schneider verheiratet, Vater v. Romy Schneider), *Friedrich Ferdinand Graf Beust* (österr. Ministerpräsident, führte 1867 den Ausgleich mit Ungarn durch), *Friedrich Hebbel* (Dramatiker, »Judith«, »Agnes Bernauer«), *Adele Sandrock* (Schauspielerin, klassische Rollen, aber auch komisches Fach).

Zentralfriedhof 1 Ehrengräber **2** Israelitische Abteilung **3** Ehrengräber **4** Bundespräsidentengruft **5** Dr.-Karl-Lueger-Kirche **6** Kriegsgräber 1914–18 **7** Kriegsgräber 1939–45 **8** Ev. Friedhof **9** Neuer israelitischer Friedhof

Die Friedhofskirche *Christuskirche* wurde 1858–60 nach Plänen v. Theophil Hansen (baute u. a. das Parlament, die Börse und das Musikvereinsgebäude) errichtet.
Der graziöse Sichtziegelbau wird durch Profile und Gesimse aufgestaffelt zur Kuppel. Seit Ende des letzten Jahrhunderts in Favoriten eine neue evangelische Gemeinde entstand, mußte die Friedhofskirche für die Gemeindegottesdienste herangezogen werden.
Um mehr Fassungsraum zu schaffen, wurden Emporen eingezogen. Zusammen mit den daneben liegenden Friedhofsverwaltungsgebäuden gelang Hansen eine sehenswert einheitliche Gestaltung.

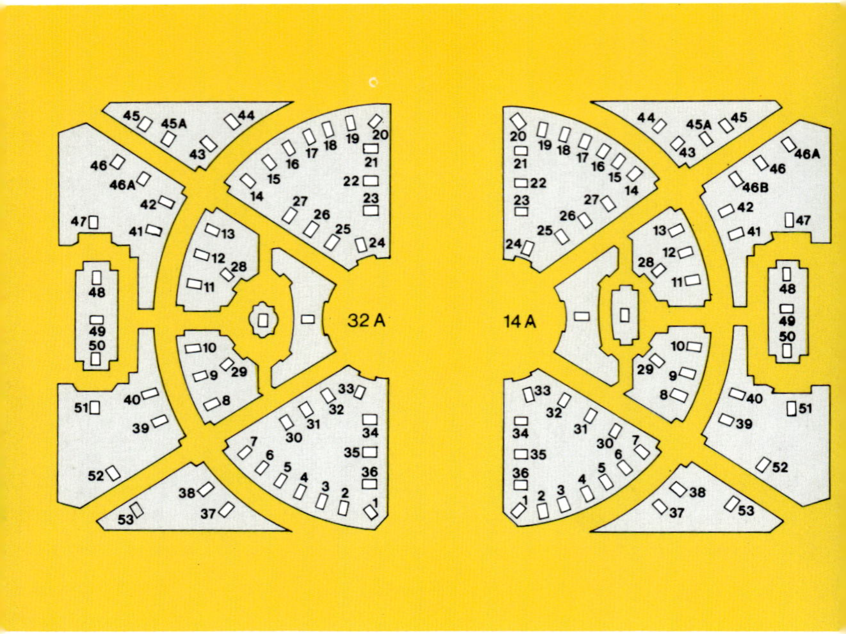

Zentralfriedhof, Ehrengräber Gruppen 32 A, 14 A, 32 C

Ober-Sankt-Veiter Friedhof (Gemeindeberggasse 344, 13. Bezirk): Der 1876 eingeweihte Friedhof zählt zu den sog. Parkfriedhöfen. Hier wurden u. a. bestattet: *Egon Schiele* (Maler), *Slatin Pascha* (General, war 11 Jahre Gefangener des Mahdi im Sudan). – Sehenswert ist auch die Gruft der Familie *Flesch* (v. Otto Hieser).

St. Marxer Friedhof (Leberstr. 6–8, 3. Bezirk): Der einzige erhaltene Wiener Friedhof aus der Biedermeierzeit. Er wurde 1784 errichtet und bis 1874 benutzt. Hier wurden u. a. bestattet:
Wolfgang Amadeus Mozart (in einem Schachtgrab; ein Grabmal wurde an dem wahrscheinlichsten Bestattungsort auch hier aufgestellt), *Georg Raphael Donner* (Bildhauer, →Denkmäler), *Joseph Madersperger* (Erfinder der Nähmaschine).

Zentralfriedhof (Simmeringer Hauptstraße 234, 11. Bezirk). *Geschichte:* Die Friedhöfe des ma Wien lagen innerhalb der Stadtmauern, was die Seuchengefahr nicht unerheblich beeinflußte. Nach und nach wurden die Begräbnisstätten an den Stadtrand gedrängt: zunächst außerhalb der heutigen Ringstr., danach außerhalb des sog. Linienwalls (dem Schutzwall der Vorstädte). Schließlich begann die Gemeinde Wien, ein geeignetes Gelände für einen großen Kommunalfriedhof zwar in der Nähe Wiens, aber doch auch weit genug entfernt v. allen Expansionsmöglichkeiten der Stadt zu suchen. Geologische Untersuchungen an verschiedenen möglichen Standorten wurden gemacht; nach langem Hin und Her entschied man sich 1869 zum Ankauf des Geländes des heutigen Zentralfriedhofs. Ein Vorteil war, daß es dorthin bereits eine Straße gab. Die Ausschreibung für die Friedhofsplanung (Grünanlagen, notwendige Bauten und vor allem ein leichtes Auffinden der Grabstätten) gewannen die Frankfurter Architekten Karl Jonas Mylius und Alfred Friedrich Bluntschli. – Die Eröffnung des Zentralfriedhofes er-

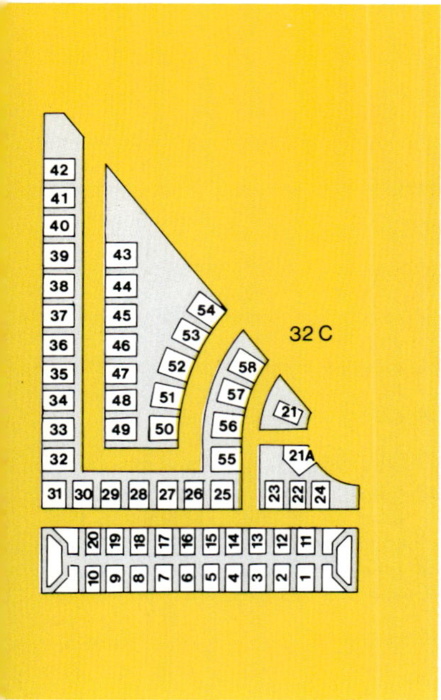

Zentralfriedhof, Ehrengrab von Franz Schubert

folgte zu Allerheiligen 1874: 13 Beerdigungen fanden statt, davon 12 in einem Gemeinschaftsgrab. Nur der 13., der Privatier Jakob Zelzer, hatte »a schöne Leich'« (= ein würdevolles, pompöses Begräbnis): Er wurde in einem Einzelgrab bestattet. Es blieb durch die Jahre erhalten: In der Gruppe 0 findet man an der Friedhofsmauer das Grab Nr. 1. Mitunter war es schwierig, den weiten Weg v. Wien heraus zu bewältigen (man denke z. B. an Schneestürme). So mußte man sich wieder mit Plänen beschäftigen, um eine zuverlässigere Verbindung zu schaffen. Zu den Kuriosa zählt sicherlich der Vorschlag, v. der Innenstadt zum Zentralfriedhof eine »pneumatische Post« einzurichten (die Verstorbenen sollten mittels Luftdruck zum Friedhof hinausbefördert werden). Schließlich plante man eine eigene Bahnlinie - zu deren Verwirklichung es nie kommen sollte. Es blieb bei den Trauerkondukten der Pferdefuhrwerke und Fiaker. 1903-11 wurden die Monumentalbauten nach Plänen v. Max Hegele errichtet (Hauptportal, Warte- und Leichenhallen). An den 2 Pylonen des Haupteingangs wurden Reliefs angebracht (l.: »Christus empfängt die Verstorbenen«, v. Georg Leisek; r. »Menschen vor dem Tor der Stadt ohne Wiederkehr«, v. Anselm Zinsler). - Im 2. Weltkrieg wurden etwa 12000 Gräber zerstört, zahlreiche Bombentreffer verwüsteten die Gebäude und Anlagen.

Begräbniskirche/Dr.-Karl-Lueger-Gedächtniskirche: 1909 begannen die Bauarbeiten nach Plänen v. Max Hegele; es entstand eines der wichtigsten Jugendstilbauwerke Wiens. Die Grundfläche der Kirche nimmt 2231 m^2 Raum ein. Über die beiden Eingänge in den Ecktürmen gelangt man in die Unterkirche, wo der Wiener Bürgermeister Dr. Karl Lueger (er legte den Grundstein für diese Kirche) begraben ist. 3 Freitreppen führen zur Vorhalle, die mit Reliefs geschmückt ist (»Vertreibung Adams und Evas aus dem Paradies«, »Trauer um

Abel«). Der zentrale Kuppelraum bietet 1600 Besuchern Platz. Im Kuppelgewölbe sind die 4 Elemente Feuer, Wasser, Luft und Erde dargestellt. In den beiden Kreuzschiffen und unter der Orgelempore Glasfenster v. Kolo Moser. Über dem Hochaltar Darstellung des »Jüngsten Gerichts«, ein Werk v. Hans Zatzka. Zwischen den Kreuzschiffen befindet sich jeweils ein kleiner Umgang, in dem Epitaphe aufgestellt wurden (l für Kaiserin Elisabeth, r eine Pieta, v. Oskar Thiede). – Verdeckt durch die Hauptkuppel, findet man an der Rückseite die Uhr- und Glockentürme: Hier gehen die Uhren anders (statt Ziffern die Buchstabenfolge »Tempus fugit« – »Die Zeit flieht«).

Ehrengräber

Gruppe 32A:

1 Eduard Bauernfeld (Dramatiker),
5 Eduard van der Nüll (Architekt: u.a. Staatsoper, Arsenal),
6 Johann Nestroy (Dramatiker, Schauspieler. Werke: »Lumpazivagabundus«, »Der Talisman«, »Einen Jux will er sich machen«),
10 Hugo Wolf (bedeutender Liedkomponist),
11 Adolf Müller (Komponist, schrieb u.a. zu Nestroys Werken die Musik),
13 Karl Komzak (Kapellmeister, schrieb Tänze, Märsche, u.a. »Erzherzog-Albrecht-Marsch«),
15 Johann Strauß Vater,
16 Josef Lanner (Komponist, Kapellmeister, Konkurrent v. Johann Strauß Vater; Werke: »Hofballtänze«, »Die Romantiker«),
17 Josefine Gallmeyer (Schauspielerin, der »weibliche Nestroy« genannt),
18 Marie Geistinger (Sängerin und Volksschauspielerin),
19 Josef Matras (Sänger, Volksschauspieler),
24 Karl Ritter v. Ghega (Ingenieur; er plante und leitete den Bau der 1854 fertiggestellten Semmeringbahn, der 1. europäischen Gebirgsbahn),
25 Nikolaus Dumba (Industrieller, Kunstmäzen, →Palais Dumba),
26 Johannes Brahms (Komponist: 4 Symphonien, Klavier-, Violinkonzerte),
27 Johann Strauß Sohn (→Stadtpark),
28 Franz Schubert (→Stadtpark),
29 Ludwig van Beethoven,
30 Johann Streicher (Klavierfabrikant, erfand die »Wiener Mechanik« des Hammerklaviers),
31 Franz v. Suppé (Kapellmeister, Operettenkomponist: »Die schöne Galathee«, Märsche, u.a. »O du mein Österreich«),
33 Karl Freiherr v. Hasenauer (Architekt: Burgtheater, Hermesvilla, Neue Hofburg),
35 Karl Millöcker (Komponist: »Der Bettelstudent«, »Gasparone«),
38 August Eisenmenger (Maler: Deckengemälde für Musikvereinssaal, Parlament, Rathaus, Sgraffiti Universität-Rückwand),
39 Kaspar Zumbusch (Bildhauer von Denkmälern für Beethoven, Maria Theresia, Radetzky, Erzherzog Albrecht),
42 Eduard Strauß (jüngster Sohn v. Johann Strauß Vater, Komponist, Hofballmusikdirektor),
44 Josef Strauß (2. Sohn v. Johann Strauß Vater, abgeschlossenes Technikstudium, erfand u.a. eine Straßenkehrmaschine. Komponierte etwa 250 Werke: »Mein Lebenslauf ist Lieb und Lust«, »Delirienwalzer«),
45a Therese Krones (führende Soubrette und Schauspielerin in Wien um 1820 bis 1830),
46a Edmund Eysler (Operettenkomponist: u.a. »Schützenliesl«),
47 Karl Blasel (Schauspieler, kreierte das geflügelte Kellnerwort: »Bitte sehr, bitte gleich!«),
49 Christoph Willibald Gluck (Komponist: »Orpheus und Eurydike«, »Iphigenie auf Tauris«),
55 Mozart-Denkmal.

Gruppe 14a:

1 Ludwig Anzengruber (Volksschriftsteller: »Meineidbauer«, »Das Vierte Gebot«),
2 Rudolf Brestel (Mathematiker, Finanzminister),
4 Josef Petzval (Mathematiker, Pionier der Fotografie, konstruierte die ersten Linsen für Momentaufnahmen),
5 Eduard Albert (Chirurg, führte in Österreich die Antisepsis ein),

Zentralfriedhof, >
Grab von Karl Freiherr v. Hasenauer

HASENAVER.

Zentralfriedhof, Ehrengrab von Franz v. Suppé

Zentralfriedhof, Paul Hörbiger

6 Eduard Hofmann (Gerichtsmediziner, obduzierte die Leiche Kronprinz Rudolfs),

7 Theodor Billroth (bedeutendster Chirurg der Wiener Schule),

16 Andreas Zelinka (Wiener Bürgermeister),

18 Anton Fernkorn (Bildhauer: »Erzherzog Karl«, »Prinz Eugen«, »Löwe v. Aspern«),

20 Theophil Hansen (Architekt: Musikvereinsgebäude, Börse, Parlament),

28 Viktor Tilgner (Bildhauer des Wiener Ringstraßenstils: Mozart-, Makart- und Bruckner-Denkmal),

30 Friedrich Amerling (Porträtmaler),

32 Hans Makart (Historienmaler; arrangierte den Festzug anläßlich der Silberhochzeit des Kaiserpaares: 1400 Teilnehmer in historischen Kostümen. Nach ihm wurde eine Stilrichtung benannt),

33 Heinrich Hess (erfolgreicher Heerführer, u.a. Schlacht bei Wagram),

40 Eduard Charlemont (Maler: Deckengemälde im Foyer des Burgtheaters),

43 Peter Fendi (Maler des Biedermeier),

44 Moritz Daffinger (Porträt- und Blumenmaler des Biedermeier),

45a Joseph Kornhäusel (Architekt des Wiener Klassizismus: Umbau Schottenstift, Rathaus in Baden, Husarentempel in Mödling),

46a Peter Nobile (Architekt des Wiener Spätklassizismus; Äußeres Burgtor, Theseus-Tempel im Volksgarten),

51 Emil Jakob Schindler (Landschaftsmaler: Wachau, Prater; Vater v. Alma Mahler-Werfel),

52 Rudolf Alt (Vedutenmaler Wiens),

53 Karl Blaas (Historienmaler: Fresken in der Altlerchenfelder Kirche),

54 Friedrich Schmidt (Architekt: Neues Rathaus).

Gruppe 32c:

1 Karl Michael Ziehrer (führte die Hoch- und Deutschmeister zu ihrem Ruhm. Komponierte u.a. den Schönfeldmarsch, die Operetten »Wiener Kinder«, »Die Landstreicher«),

21a Arnold Schönberg (Komponist, entwickelte die Zwölftontechnik. Zu sei-

Zentralfriedhof, >
Mozartdenkmal, dahinter Beethoven

Beethoven

nen Schülern zählt u.a. Alban Berg, Anton v. Webern. Werke: »Moses und Aron«, »Die Jakobsleiter«, »Peleas und Melisande«),

23 Albin Skoda (Kammerschauspieler, ab 1946 am Burgtheater),

24 Prof. Robert Stolz (Operettenkomponist: »Die lustigen Weiber v. Wien«, »Salome« u.a.; Musik für zahlreiche Eisrevuen und Tonfilme, etwa 2000 Lieder, z.B. »Zwei Herzen im Dreivierteltakt«, »Im Prater blüh'n wieder die Bäume«),

25 Franz Karl Ginzkey (Schriftsteller, u.a. »Altwiener Balladen« sowie die Kinderbücher »Hatschi Bratschis Luftballon«),

27 Hans Moser (Schauspieler und Komiker. Spielte in 124 Tonfilmen mit, stellte oftmals Wiener Originale dar, bekannt war sein »Nuscheln«. Trat u.a. im Theater an der Wien, der Josefstadt und bei den Salzburger Festspielen auf),

32 Fritz Wotruba (Bildhauer, entwarf auch die nach ihm benannte →Wotruba-Kirche in Wien-Mauer),

34 Prof. Karl Farkas (Schriftsteller und Kabarettist. Führte das Kabarett »Simpl« zum Erfolg, war Meister des geschliffenen Witzes, erfand die sog. »Doppelconference«: Ein »G'scheiter« und ein »Dummer« diskutieren aktuelle politische Themen; Partner waren u.a. Fritz Grünbaum, Ernst Waldbrunn und Maxi Böhm),

39 Franz Werfel (Dichter, verheiratet mit der Witwe Gustav Mahlers, Alma Mahler-Werfel. Schrieb u.a. »Die vierzig Tage des Musa Dagh«, »Der veruntreute Himmel«, »Das Lied von Bernadette«; zu seinen Theaterstücken zählt »Jakobowski und der Oberst«),

41 Paula v. Preradovic (Lyrikerin, schrieb den Text der österreichischen Bundeshymne »Land der Berge, Land am Strome«),

46 Theo Lingen (Schauspieler im komischen Fach, ab 1948 am Burgtheater. Spielte in ca. 200 Filmen, oft mit Hans Moser, z.B. »Walzerkrieg«, »Der Theodor im Fußballtor«, »Frau Luna«),

52 Paul Hörbiger (Schauspieler, Bruder v. Attila Hörbiger; etwa 300 Filmrollen, spielte oft mit Hans Moser – z.B. »Hallo, Dienstmann«; seit 1940 am Burgtheater, hervorragender Darsteller v. Raimund- und Nestroy-Rollen),

54 Curd Jürgens (Schauspieler, etwa 160 Kinofilme, u.a. »Des Teufels General«, spielte bei den Salzburger Festspielen oftmals den »Jedermann«).

Gegenüber v. Tor II (Haupteingang) liegt im Hof des ehem. Neugebäudes das **Krematorium** der Stadt Wien, nach Plänen v. Clemens Holzmeister 1923 erbaut. Der Architekt versuchte unter Bezug auf die Umgebung (das Neugebäude) einen dennoch eigenständigen Bau zu entwerfen. Dies ist ihm mit dem dreistufigen, mittelalterlich festungsartig wirkenden Bauwerk sicher gelungen. Im Inneren Gemälde v. Anton Kolig. – Die Feuerverbrennung wurde v. den Mitgliedern des »Arbeiterbestattungsvereins« als Herauslösung aus den kath. Zwängen propagiert. Der Wahlspruch dieses Vereins: »Proletarisch gelebt, proletarisch gestorben und dem Kulturfortschritt entsprechend eingeäschert!« – Rund um das Krematorium wurde ein großer Urnenhain angelegt.

PROFANBAUTEN

Akademie der bildenden Künste (Schillerplatz 3, 1. Bezirk): Der dänische Architekt Theophil Hansen erbaute die Akademie 1872–76 in Formen der italienischen Hochrenaissance. Der viergeschossige Bau besitzt 2 mächtige Eckrisalite und ist mit 24 Nischenfiguren aus Terrakotta geschmückt. Diese wurden v. Akademieschülern gefertigt und stellen Kopien antiker Originale dar. Die Malereien an der Rückseite des Gebäudes stammen v. Anton Eisenmenger und dessen Schülern. – In der Aula das berühmte Deckengemälde v. Anselm Feuerbach »Titanensturz« (1875–80), ferner Darstellungen v. Prometheus, Venus, Gäa und Uranus (alle v. Feuerbach).

Akademie der Wissenschaften (ehemalige Universitätsaula, Dr.-Ignaz-Seipel-Platz 2, 1. Bezirk): Dieser 1753–55 v. Nicolas Jadot de Ville-Issey geschaffene Rokokobau ist der bedeutendste Profanbau dieses Stiles in Wien. In Anlehnung an französische Vorbilder weist der Bau eine fünfachsige, drei-

Akademie der bildenden Künste

Akademie der bildenden Künste

Albertina, Egon Schiele

Altes Rathaus

geschossige Hauptfassade mit 2 figurenreichen Wandbrunnen auf. Die Plastiken stammen v. Franz Joseph Lenzbauer (?; um 1755). Auf den Giebeln der Seitenrisalite Darstellungen der Medizin (l) und der Jurisprudenz (r). Das Gebäude besitzt zahlreiche Säle: Der Festsaal ist mit Deckenfresken (v. Gregorio Guglielmi, nach Brand 1964 rekonstruiert), die die 4 Fakultäten darstellen, geschmückt. Hier fand 1808 die Uraufführung v. Haydns »Schöpfung« statt, anläßlich deren der Komponist zum letztenmal in der Öffentlichkeit auftrat. Auch Ludwig van Beethoven dirigierte hier mehrmals. – Im ehem. Theologiesaal findet man das Deckenfresko »Taufe Christi« v. Franz Anton Maulpertsch (um 1756), im ehem. Ratssaal die »Allegorie der bildenden Künste«, ebenfalls v. ihm.

Albertina (Augustinerstr. 1, 1. Bezirk): Herzog Albert Casimir v. Sachsen-Teschen, verheiratet mit Marie Christine, Tochter Maria Theresias, ließ auf der Fläche der Augustinerbastei 1801–04 ein Palais errichten. Bestehende verwendbare Bauten wie das Tarrukische Palais wurden mit einbezogen (südseitiger Kern). Louis de Montoyer konnte auch die benachbarten Klosteranlagen der Augustiner (Joseph II. hatte das Kloster aufgelassen) erwerben und verwenden. Immer schon war das Palais als Stätte für Kunstsammlungen gedacht gewesen. Durch den frühen Tod Marie Christines (ihr Grabmal befindet sich in der →Augustinerkirche) vertiefte sich Albert in seine Sammlungen und Sammelleidenschaft. Testamentarisch bestimmte er die Kunstwerke zum Fideikommiß und verlangte, daß sie niemals verkauft werden, noch Österreich verlassen dürften. 1945 erlitt das Gebäude durch Bombentreffer schwere Beschädigungen (wiederhergestellt). Die *Innenräume* sind teilweise v. Joseph Kornhäusel in der 1. Hälfte des 19. Jh. klassizistisch umgestaltet worden. Im Hauptsaal stehen Sandsteinfiguren (Apollo und neun Musen), in der Minervahalle eine Pallas Athene (alle v. Josef Klieber). Die Räume der Beletage besitzen Stuckdecken, eingelegte Fußböden, sehenswerte Öfen sowie Supraporten. – Graphische Sammlung Albertina →Museen.

Allgemeines Krankenhaus (Spitalgasse/Al-

Amalienbad

Ankeruhr bei Nacht

ser Str., 9. Bezirk): Am 16.8. 1784 eröffnete Kaiser Joseph II. anstelle des ehemals hier befindlichen Armenhauses das neue große Krankenhaus in der Alserstadt. 5 Abteilungen beherbergte dieses Riesenhaus: das allgemeine Krankenspital, das Gebärhaus für ledige Mütter (hier konnten sie heimlich entbinden), die Siechenhäuser, das Findelhaus und das Tollhaus. Letzteres bekam aufgrund seiner zylindrischen Bauform auch gleich einen Spitznamen, »Guglhupf« (= Napfkuchen). Es war übrigens damals noch nicht selbstverständlich, Geisteskranke – meist als Narren bezeichnet – medizinisch zu behandeln. Der Baukomplex insgesamt war Vorbild für viele andere europäische Krankenhäuser. – Weitere Zubauten stammen aus den Jahren 1904–10 (Bereich Spital-/Lazarettgasse). Seit 1978 ist ein Teil des 3. Großkomplexes des AKH (Allgemeines Krankenhaus) am Währinger Gürtel in Betrieb. Er ist mit allen modernsten technischen Geräten und Heilungshilfen ausgestattet.

Alta Favorita →Schloß Augarten.

Altes Rathaus (Wipplingerstr. 8, 1. Bezirk): Das älteste nachweisbare Rathaus Wiens befand sich an der Stelle des Schiffes der →Salvatorkirche. 1316 schenkte Herzog Friedrich der Schöne das Haus der Familie Haymo der Stadt Wien. Es wurde in den folgenden Jahrhunderten oftmals umgebaut und erweitert. Die Errichtung der Fassade wird um 1700 datiert, die beiden Portale sind mit den Allegorien der Gerechtigkeit (w Tor, um 1781) und der Güte (ö Tor, um 1781), beide v. Johann Martin Fischer, geschmückt. An der Ecke zur Gasse »Stoß im Himmel« findet man ein Steinrelief, einen Engel mit den österr. und Wiener Wappen in Händen darstellend. Die Decke des Wappensaales im 1. Stock ist mit den Wappen der Ratsmitglieder des Jahres 1713 verziert. Schöne Stuckdecken besitzen der Große und der Kleine Ratssaal sowie der Gemeinderatssitzungssaal (alle nur bei Veranstaltungen zugänglich). Im Hof steht der Andromeda-Brunnen (→Denkmäler, Brunnen).

Alte Universität (Dr.-Ignaz-Seipel-Platz 1, 1. Bezirk): 1365 gründete Rudolf IV. die Wiener Universität. Ihre ersten Lehrstätten

Arsenal

Bankgebäude

Arsenal, Deckengemälde im Marinemuseum

Heeresgeschichtliches Museum, Großer Saal

Unteres Belvedere, Groteskensaal

befanden sich in der Postgasse. 1623 übergab Ferdinand II. 2 Fakultäten (Theologie und Philosophie) den Jesuiten. Gleichzeitig erhielten sie die Erlaubnis, die →Universitätskirche zu errichten. Außerdem ließen sie 1623–27 mehrere bereits bestehende Bauten zum Akademischen Kolleg umgestalten. Joseph Kornhäusel erweiterte 1827–29 den Bibliothekstrakt. Im Trakt Bäckerstr. 20 befindet sich ebenerdig die älteste Aula der Universität, eine dreischiffige Halle mit toskanischen Säulen. Darüber liegt der ehem. Theatersaal mit Deckengemälde v. Andrea Pozzo.

Amalienbad (Reumannplatz, 10. Bezirk): Seinerzeit ein fortschrittlicher Bau für einen Arbeiterbezirk, erstrahlt das Amalienbad heute noch im Jugendstil- und Art-deco-Glanz. Zahlreiche Bademöglichkeiten (Schlammbäder, elektrische, Kohlensäure, Sauerstoffbäder) neben einem großen Sportbecken, behindertengerecht renoviert.

Vorhergehende Doppelseite:

Oberes Belvedere

Ankerhaus (Hoher Markt 10/11, 1. Bezirk): Der große Gebäudekomplex (ein Mietshaus, ein Haus für die Versicherungsgesellschaft) wurde 1913–14 v. Ernst Gotthilf und Franz Neumann erbaut und durch einen Schwibbogen miteinander verbunden. Hier wurde die berühmte →Ankeruhr installiert.

Ankeruhr (Hoher Markt 10/11, 1. Bezirk): Diese berühmte Kunstuhr zählt zu den schönsten Schöpfungen des späten Jugendstils. 1911 plante und konstruierte Franz v. Matsch dieses Wahrzeichen der Anker-Versicherung. Es sollte nach seiner Idee die Geschichte Österreichs und den Aspekt des Vergänglichen in einem deutlich vor Augen führen. Demzufolge wird die Uhr v. Adam und Eva (vorn) und v. Engel und Teufel (hinten) getragen, gleiches symbolisieren die Figuren über dem Uhrausschnitt (l das Leben, dargestellt als Kind mit einem Schmetterling, r der Tod mit Sanduhr in der Hand). Vor einer Mosaikwand aus Glas, Metall und Marmor (Wappen- und Symboldarstellungen) ziehen 12 Kupferfiguren bzw. -figurenpaare (2,7 m hoch) vorbei; über jeder ist eine Stundenziffer angebracht. Die Minuten können übrigens an einer Skala, die unterhalb des Sonnengitters angebracht ist, abgelesen werden. Und zuunterst findet sich ein Wiener Fabeltier: Von dem herabhängenden Vorhang halb verdeckt, liegt hier der Basilisk (→Basiliskenhaus).
Täglich um 12 Uhr laufen alle Figuren einmal rasch durch, zu jeder gibt es ein Musikstück, der Zeit der vorbeiwandernden Person entsprechend:

I Kaiser Marc Aurel/Pythische Siegesode,
II Kaiser Karl d. Gr./Hildebrandlied,
III Herzog Leopold VI. (Babenberger) und Gemahlin Theodora v. Byzanz/Nibelungenlied,
IV Walther v. der Vogelweide (hielt sich öfters am Wiener Hof auf)/Kreuzfahrerlied v. ihm,
V König Rudolf v. Habsburg und Gemahlin Anna v. Hohenberg/Lied eines Minnesängers für ihn,
VI Hans Puchsbaum (Dombaumeister v.

Unteres Belvedere, Deckenfresko von M. Altomonte

→St. Stephan)/Volkslied »Es liegt ein Schloß in Österreich«,
VII Kaiser Maximilian I. (gründete u.a. die Wiener Hofkapelle, war »der letzte Ritter«)/Lied »Innsbruck, ich muß dich lassen«,
VIII Johann Andreas v. Liebenberg (Wiener Bürgermeister während der 2. Türkenbelagerung)/Lied »O du lieber Augustin« (→Augustin-Brunnen unter: Denkmäler, Brunnen),
IX Graf Ernst Rüdiger v. Starhemberg (Verteidiger Wiens während der 2. Türkenbelagerung)/Kriegslied aus dem 17. Jh.,
X Prinz Eugen v. Savoyen/Volkslied »Prinz Eugen, der edle Ritter«,
XI Kaiserin Maria Theresia mit Gemahl Kaiser Franz I. v. Lothringen/Mozart-Menuett,
XII Joseph Haydn/aus seinem Oratorium »Die Schöpfung«.

Arsenal (Arsenalstr., 3. Bezirk): Im April 1849 – nach der Niederschlagung der Revolution v. 1848 – wurde auf Befehl v. Kaiser Franz Joseph mit dem Bau dieser großen Kaserne begonnen. Wesentlich für diesen Standort waren die Nähe zur Artilleriekaserne am Rennweg und die Möglichkeit, hier am Laaerberg ein großes Bauwerk zu errichten, das neben den Soldatenunterkünften auch Produktionsstätten für Kriegsmaterial beherbergen konnte. Der Bauplatz hatte eine Fläche v. 33 Hektar, insgesamt wurden auf ihm 72 Rohziegelbauten errichtet. Den Zuschlag erhielten die Pläne der Architekten August Sicard v. Sicardsburg, Eduard van der Nüll, Ludwig Förster, Theophil Hansen und Carl Rösner. Nach schweren Zerstörungen durch den 2. Weltkrieg erhielten zahlreiche Gebäude neue Mieter: Versuchsanstalten, Restaurierungswerkstätten des Bundesdenkmalamtes u.v.a. sind heute hier untergebracht. – Nahe beim Haupteingang liegt das *Heeresgeschichtliche Museum,* ebenfalls in roman.-byzantinischer Bauweise erstellt. Das v. Theophil Hansen 1850–56 errichtete Museum war das erste Wiens. Im Vestibül findet man Marmorstatuen der berühmte-

Belvedere, Sphinx

sten österr. Feldherren, in der sog. Ruhmeshalle Fresken aus der österr. Kriegsgeschichte (v. Carl Blaas). Eine Ausstellung zeigt die Entwicklung des österr. Heeres bis zum 1. Weltkrieg. – Im *Marinemuseum* wird die Geschichte der österr. Marine bis zu ihrer Auflösung 1918 dokumentiert. Im Franz-Joseph-Saal ist das Auto, in dem der Thronfolger Franz Ferdinand 1914 in Sarajevo erschossen wurde, ausgestellt. In weiteren Sälen werden zahlreiche Exponate, die Türkenkriege betreffend, gezeigt.
2 Raritäten findet man in dem Museumskomplex: den ältesten erhaltenen Militärluftballon (1796) und die größte Geschützsammlung Europas.

Austria Center (Am Hubertusdamm 6, 22. Bezirk): 14 Konferenzräume bieten 9500 Personen Teilnahmemöglichkeiten. Die Hallen selbst können v. einem Theater umgewandelt werden in Parlaments- oder Bankettträume.

Bankgebäude (Favoritenstr. 118, 10. Bezirk): Die Filiale einer Sparkasse wurde v. Günther Domenig 1975–79 außergewöhnlich gestaltet: Der Lage in der Fußgängerzone wurde durch möglichst offene und einsehbare Bauweise Rechnung getragen. Die verwendeten Materialien: geformter Beton, konstruktiver Stahl und Verformungen in Blech. Ähnlich wie im Jugendstil wurde hier versucht, einen Zweckbau ohne überflüssigen Zierat zu errichten. Das Ergebnis war – wie alle ungewöhnlichen Bauten in Wien – vieldiskutiert und umstritten.

Basiliskenhaus (Schönlaterngasse 7, 1. Bezirk): Dieses in Wien sehr bekannte Haus besitzt noch einen got. Baukern, die Fassade datiert v. 1740. Um den Brunnen des Hauses rankt sich – bereits seit 1546 schriftlich niedergelegt – folgende Sage: Die Dienstmagd des Bäckers Garhibl wollte am frühen Morgen des 12. 6. 1212 Wasser aus dem Brunnen schöpfen, brach dabei jedoch bewußtlos zusammen. Auf Befragen sagte sie, daß sie in den Brunnen geblickt und ein gräßliches Untier gesehen habe,

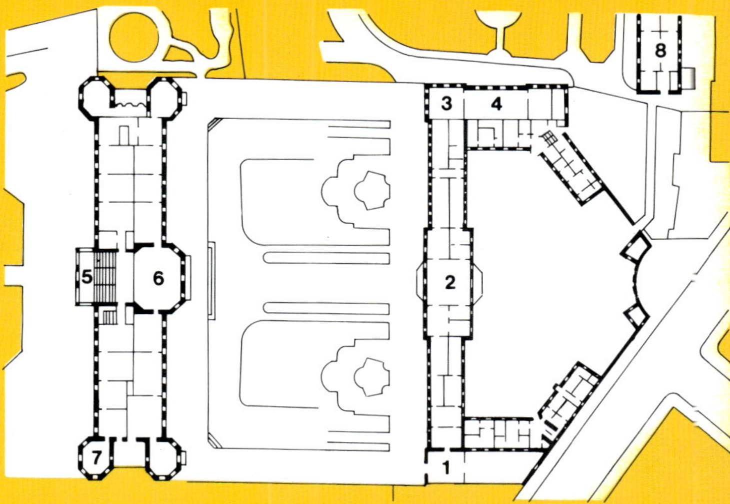

Wien, Belvedere 1–4 Unteres Belvedere (Österr. Barockmuseum): **1** Eingangspavillon **2** Marmorsaal **3** Groteskensaal **4** Marmorgalerie **5–7** Oberes Belvedere (Österr. Galerie des XIX. und XX. Jh.): **5** Treppenhaus **6** Marmorsaal (Staatsvertrag!) **7** Kapelle **8** Orangerie (Museum mittelalterlicher österr. Kunst)

das giftige Dämpfe ausstieß. Nach einigem Hin und Her erbot sich ein Mann, mit einer Fackel am Seil in den Brunnen hinabzusteigen, um nachzusehen. Er kam jedoch nicht weit: Die Fackel verlöschte, man zog ihn eilends, halb bewußtlos, aus dem Brunnen heraus. Der Mann konnte das Untier immerhin beschreiben: Es habe einen Kopf wie ein Hahn, einen Leib wie eine Schlange und einen schuppigen Schwanz – ein Basilisk also! Solch ein Getier war aber nur auf eine Weise unschädlich zu machen: Man mußte ihm einen Spiegel vorhalten, damit es sehen könne, wie häßlich es sei und dann vor Wut darüber zerplatze ... Nach einer anderen Version mußte der Brunnen mit Steinen gefüllt werden, damit der Basilisk ersticke. Wie auch immer – zum Andenken an dieses Erlebnis ließ der Bäcker an seinem Haus ein Steinbild anbringen, das den Basilisken darstellt.

Belvedere (Rennweg 6, 3. Bezirk): Das Untere Belvedere diente dessen Bauherrn, dem Prinz Eugen v. Savoyen, als Sommersitz. Das Obere Belvedere ließ er zu Repräsentationszwecken errichten. Er finanzierte dieses große Bauvorhaben mit Hilfe seiner Einnahmen als Statthalter der Niederlande. Insgesamt stellt der Baukomplex das Hauptwerk des profanen österr. Hochbarock dar und ist das Meisterwerk seines Architekten, Johann Lukas v. Hildebrandt. Angelegt auf einem kleinen Hügel, liegt das Obere Belvedere »über der Hofburg«, eine Tatsache, die früher in verschiedener Weise gedeutet wurde, auch in politischer.
Beide Bauwerke wurden im 2. Weltkrieg schwer beschädigt, jedoch bald wiederhergestellt.

Dreimäderlhaus

Ehemaliges Bürgerliches Zeughaus

Unteres Belvedere: 1714–16 erbaut, beeindruckt der als Wohnpalais konzipierte Bau durch seine schlichte Eleganz: Ein triumphbogenähnliches Tor (zum Rennweg hin) führt in den »Ambraser Hof«, um den sich die langgezogene eingeschossige Anlage zieht. Schmuckstück der Hoffront und der Gartenfassade ist jeweils ein siebenachsiger Mittelrisalit. Die reiche plastische Dekoration stammt vermutlich v. Giovanni Stanetti.
Seit 1923 ist in den Gebäuden das Österreichische Barockmuseum (→Museen) untergebracht (Eingang nur durch den ö Seitenpavillon).

Oberes Belvedere (Eingang Prinz-Eugen-Str.): Urspr. war hier nur eine Art Gloriette (→Schloß Schönbrunn) vorgesehen, der Bau entwickelte sich jedoch zu einem Prunk- und Repräsentationspalais, das bereits zur damaligen Zeit einmalig war. Die passende Ausführung aller Vorstellungen des Prinzen Eugen gelang Johann Lukas v. Hildebrandt hervorragend; das Obere Belvedere ist sein Meisterwerk, geschaffen in den Jahren 1721–22. Über einem schmalen langgestreckten Bau erheben sich 4 achteckige Eckpavillons, die v. Kuppeln bekrönt sind – dies unter anderem, um den Anblick aus der Ferne zu optimieren. Die ganze Fassade erscheint aufgelöst, zum Portal hin orientiert zu sein. Weitere Bewegung ergibt sich aus dem überreichen plastischen Schmuck (zur S-Seite hin werden türkische Beutetrophäen dargestellt). Hier wurden ferner 2 Rossebändigergruppen, Sphingen und ein großes Bassin angelegt, in dem sich das großartige Gebäude spiegelt. Den Abschluß zum Gürtel hin bildet ein prachtvolles schmiedeeisernes Portal, nach Entwürfen Johann Lukas v. Hildebrandts 1728 v. Konrad Küffner geschaffen.
Am 15.5. 1955 war es endlich soweit: Der österr. Außenminister Leopold Figl konnte auf den Schloßbalkon treten, in den Händen den langersehnten Staatsvertrag, der im Marmorsaal des Oberen Belvedere unterzeichnet worden war. Einer jubelnden, im Garten wartenden Menge zeigte er das Ergebnis langjähriger Verhandlungen.
Heute ist im Schloß die Österr. Galerie des XIX. und XX.Jh. (→Museen) untergebracht.

Bundeskanzleramt

Börse

Favoritner Wasserturm

Flaktürme

Böhmische Hofkanzlei, ehem. (Wipplingerstr. 7/Judenplatz 11, 1. Bezirk): Erbaut 1708–14 nach Plänen Johann Bernhard Fischer v. Erlachs, später v. Matthias Gerl erweitert. Die Fassade an der Wipplingerstr. zeigt eine viergeschossige Front mit großer Pilasterordnung sowie ein dreiachsiges Portal. Über dem schmiedeeisernen Balkon sieht man die Wappen Böhmens und Mährens. Die Plastiken stammen v. Lorenzo Mattielli. Der Fußgängerdurchgang hinter der Hauptfront rührt v. Restaurierungsarbeiten nach dem Krieg her. Heute sind hier der österr. Verfassungs- und Verwaltungsgerichtshof untergebracht.

Börse (Schottenring 16, 1. Bezirk): Am 2.9. 1771 wurde die Wiener Börse gegründet. Die Idee dazu hatte Graf v. Zinzendorf, Vorbild war die Pariser Börse. Vornehmlich wurden Schuldverschreibungen der öffentlichen Hand gehandelt. Lange Zeit hatte die Börse kein festes Domizil, eine Zeitlang war sie am Kohlmarkt untergebracht, ab 1860 im →Palais Ferstel. 1874 bis 1877 wurde am Schottenring nach Plänen v. Theophil Hansen das heutige Gebäude errichtet. Der klassizistische Renaissancebau ist reich gegliedert: erhöhter Mittelbau, niedrigere Seitenflügel, Attika mit Reliefs und Bildwerken. Ein Brand zerstörte 1956 den großen Börsensaal, er wurde nicht wiederhergestellt.

Börse für landwirtschaftliche Produkte (Taborstr. 10, 2. Bezirk): Neubarocker Monumentalbau aus den Jahren 1887–90 nach Entwürfen v. Karl König.

Bürgerliches Zeughaus, ehem. (Am Hof 10, 1. Bezirk): Trotz der privaten Bewaffnung der Bürger Wiens erwies sich spätestens bei der 1. Türkenbelagerung die Notwendigkeit, auch ein öffentliches Waffen- und Munitionsdepot einzurichten. Der 1. Bau stammt noch aus der 1. Hälfte des 16. Jh., später wurde er um das Nachbarhaus erweitert und schließlich v. Anton Ospel umgestaltet. Seine Ideen für die Hauptfassade hatten spanische oder französische Vorbil-

Figarohaus, Deckendetail

der, der Figurenschmuck stammt v. Lorenzo Mattielli. Sie stellen die »Beharrlichkeit« und die »Stärke« dar, in Anlehnung an den Wahlspruch Kaiser Karls VI. (»Constantia et fortitudo«). Die hier aufbewahrten Waffen der Wiener Bürger bilden den wichtigsten Bestandteil des Historischen Museums (→Museen). – Heute ist hier die Feuerwehrzentrale untergebracht.

Bürohaus Grothusen (Auhofstr. 41 a, 13. Bezirk): Die Architekten Hans Puchhammer und Gunther Wawrik versuchten bei diesem kleinen Bürohaus, das Thema »Gerüst und Haut« umzusetzen. Durch die Glasfassade hat man weite Einblicke in das Gebäude. Erbaut 1970–72.

Bundeskanzleramt (Ballhausplatz 2, 1. Bezirk): Das Gebäude der ehem. Geheimen Hofkanzlei wurde 1717–19 nach Plänen Johann Lukas v. Hildebrandts errichtet. Erweiterungen erfolgten in Richtung Löwelstr. und durch den Anbau des Haus-, Hof- und Staatsarchivs. Von der urspr. Fassade fehlen die Attikastatuen und das Mansarddach. Im Inneren findet man im Vestibül barocke Stuckdecken und prunkvolle Repräsentationsräume. Bis heute ist hier der Sitz des Bundeskanzlers und der Bundesregierung (Ministerratssitzungen), daher nicht öffentlich zugänglich. Am 25.7. 1934 erschossen nationalsozialistische Putschisten den damaligen Bundeskanzler Dr. Engelbert Dollfuß in seinem Arbeitszimmer.

Camesina-Haus →Figarohaus.

Churhaus (Stephansplatz 3, 1. Bezirk): Anstelle der Bürgerschule zu St. Stephan wurde 1730–40 v. Gottfried Pokh und Matthias Gerl das bischöfliche Priesterseminar errichtet. Heute sind hier die Domkanzlei sowie die Wohnungen des Klerus v. St. Stephan untergebracht.

Donauturm →Donaupark.

Dorotheum (Dorotheergasse 17, 1. Bezirk):

Da die Räumlichkeiten des ehem. Dorotheerklosters, die v. Joseph II. dem Versatzamt zur Verfügung gestellt wurden, bald zu klein waren, wurde 1898–1901 ein neubarocker Neubau aufgeführt. Auch im Inneren dachte man großzügig, zahlreiche Treppen und vor allem der Franz-Joseph-Saal zeugen v. repräsentativem Denken der Bauherren. Heute zählt das Dorotheum zu den großen Auktionshäusern Europas.

Dreimäderlhaus, sog. (Schreyvogelgasse 10, 1. Bezirk): Dieses typische Bürgerhaus der spätjosephinischen Zeit (1803) ist eigtl. durch eine angedichtete Legende berühmt geworden: Franz Schubert sei hier oft Gast gewesen und habe die 3 Töchter des Hausherrn verehrt.

Favoritner Wasserturm (Windtenstr. 3, 10. Bezirk): Auf der Höhe des im S Wiens gelegenen Wienerbergs steht der 1898–99 v. Franz Borkowitz errichtete Wasserturm. Er war notwendig, um das v. der 1. Wiener Hochquellwasserleitung kommende Wasser in die höher gelegenen Stadtteile zu pumpen. Der (neu restaurierte) Rohziegelbau ist 67 m hoch, seine Außenmauern sind bis zu 3 m dick. Trotz der Tatsache, daß es sich um einem Zweckbau handelte, wurde mit Verzierungen nicht gespart: Türmchen, Wasserspeier, Keramikfries und ein Kegeldach mit farbig glasierten Ziegeln lassen den Turm zu einem sehenswerten technischen Bauwerk werden.

Figarohaus (Domgasse 5, 1. Bezirk): Urspr. war das Haus nach einem seiner Eigentümer, dem Stukkateur Camesina, der es auch dementsprechend ausstattete, benannt worden. Als jedoch Mozart hier länger wohnte (1784–87) und u. a. seine Oper »Die Hochzeit des Figaro« in diesem Haus komponierte, tauften die Wiener das Haus um. Der fünfgeschossige Bau ist ein typisches Beispiel für ein Altwiener Mietshaus mit den »Pawlatschen« (Bezeichnung für offene Gänge, ebenfalls ein alter Name dafür) um den kleinen Hof. Charakteristisch für das 17. Jh. sind auch die Putzfelder, die ein Rastersystem bilden. Im Inneren Mozart-Museum (→Museen).

Flaktürme (im Augarten, 2. Bezirk; im Arenbergpark, 3. Bezirk; im Esterházypark, 6. Bezirk; im Hof der Stiftskaserne, 7. Bezirk): 1942–44 wurden die 6 Fliegerabwehrtürme nach Plänen des Architekten Friedrich Tamms erbaut: Jeweils 2 Türme (ein Melde- und ein Gefechtsturm) bildeten ein Paar, die 3 Paare wiederum sollten den Stadtkern durch ihre Dreiecksanordnung schützen. Die 40 m hohen Bunker aus Stahlbeton mit Wandstärken bis zu 5 m hatten im Inneren 9 bis 11 fensterlose Stockwerke und waren nahezu autark ausgestattet: eigene Brunnen, Kraftwerkanlage, Luftfilter (gegen Giftgasangriffe) und Sanitätsstationen sollten den 30 000 Personen, die Platz in einem Bunker finden konnten, das Überleben ermöglichen. Tamms hatte geplant, die Türme nach Kriegsende als Siegesdenkmäler mit Marmor zu verkleiden. Es wurde versucht, die Bunker zu sprengen, doch aufgrund der massiven Bauweise war es nicht möglich. So sind sie zu unzerstörbaren Mahnmalen geworden.

Gasometer (Guglstr., 11. Bezirk): Die 4 wuchtigen Rundtürme im Windsorstil wurden v. Franz Kapaun 1896–99 erbaut. Sie dienten dem ersten Wiener städtischen Gaswerk als Gasbehälter. Jeder Turm ist 67 m hoch und 65 m breit und konnte 90 000 Kubikmeter Gas speichern. Schon lange außer Betrieb gesetzt, sollen sie in Kürze umfunktioniert werden: In einem Gasometer soll ein Sportzentrum errichtet werden, 2 sollen für Kultur und Freizeit umgebaut werden, und in einen Gasometer wird ein Hotel einziehen.

Generalihof (Graben 13, 1. Bezirk): 1781 entstand im barocken Wien hier eines der ersten klassizistischen Häuser, Hausherr war Freiherr Anton v. Spielmann. Erlauchte Geschäfte richteten sich in dem Haus ein: die ersten 3 mit »k. u. k. Hof ...« ausgezeichneten Betriebe der Stadt hatten hier ihre Geschäftslokale (Parfümerie Filz, Buchhandlung Seidl, Schneiderei Knize). Später folgte das Porzellangeschäft Denk den illustren, bereits im Generalihof etablierten Firmen (ebenfalls mit dem »k. u. k. Hof ...« ausgezeichnet). 1909 ließ die Fa. Knize ihr Geschäftslokal v. Adolf Loos umgestalten (besteht heute noch im Originalzustand und zählt zu den künstlerisch wertvollen Geschäftslokalen Wiens).

Das Gebäude wurde 1977 generalrenoviert und präsentiert sich heute in alter Pracht.

Grabenhof (Graben 14–15, 1. Bezirk): Er zählt zu den Prunkbauten am Graben und entstand 1874–76 nach Plänen v. Otto Wagner und Otto Thienemann. Seine Fassadengliederung erinnert an die Bauweise Theophil Hansens. Insgesamt weist der Baustil bereits zum Jugendstil Otto Wagners.

Griechenbeisel (Fleischmarkt 11 = Griechengasse 9, 1. Bezirk): Der got. Baukern aus dem 15. Jh. stammt v. einem damals »Zum roten Dachl« genannten Haus; später hieß es »Zum gelben Adler« (schmiedeeisernes Wirtshauszeichen). 1709 versah man das Gebäude mit einer Barockfassade. Nun hieß das Lokal »Reichenberger Beisel« nach den hier einkehrenden Tuchhändlern aus Reichenberg. Erst seit dem 18. Jh., als sich zahlreiche Kaufleute v. der Levante hier ansiedelten, wurde es Griechenbeisel genannt. Hier soll der Liebe Augustin (→Augustin-Brunnen unter: Denkmäler, Brunnen) häufig Gast gewesen sein, aber auch wesentlich höhergestellte Persönlichkeiten verkehrten hier: die Dichter Grillparzer und Nestroy, die Komponisten Wagner, Strauß und Brahms, der Maler Ferdinand Waldmüller und sogar der Wiener Bürgermeister Dr. Karl Lueger.

Haas-Haus (Stock-im-Eisen-Platz, 1. Bezirk): Philipp Haas befaßte sich seit 1810 mit der Erzeugung v. handgewebten Möbelstoffen. Der Erfolg seiner Geschäftspolitik und der Ausbau seines Angebotes auf Teppiche ermöglichte es ihm, auf dem Stock-im-Eisen-Platz ein Warenhaus zu errichten. Dieses 1. Wiener Warenhaus wurde 1866–67 (Gründerzeit) v. den Architekten Eduard van der Nüll und August Siccardsburg entworfen. Da der Baugrund schon damals exorbitant teuer war, verzichtete man auf einen Hof. Das ganze Gebäude diente seinen Firmenzwecken – etwas völlig Neues. 1945 wurden das Haas-Haus und die Nachbargebäude schwer beschädigt, ein Abbruch war unumgänglich. Nun sollte ein Gebäude errichtet werden, das dem gegenüberliegenden Stephansdom keine optische Konkurrenz bot. Die Architekten Appel und Fellerer errichten 1951 bis 1953 ein neues Haas-Haus, die Wiener

Grabenhof

waren jedoch mit der Ausführung unzufrieden. Interessanterweise entzündeten sich die Gemüter aber beim Abriß dieses eher ungeliebten Hauses aufs heftigste, als die Pläne des Architekten Hans Hollein bekannt wurden: Unter starken Protesten wurde 1986 das 2. Haas-Haus abgerissen und der heutige 3. Bau aufgeführt. Die in den Platz hineinragende Fassade soll für eine optisch klare Trennung zwischen Graben und Stephansplatz sorgen.

Haydn-Wohnhaus (Haydngasse 19, 6. Bezirk): 1793 erwarb Joseph Haydn das kleine Haus im 6. Bezirk und bewohnte es bis zu seinem Tod 1809 zusammen mit seinem Diener Johann Elßler (Vater der Tänzerin Fanny Elßler). Bereits 1899 wurde hier das Haydn-Museum (→Haydn-Wohnhaus unter: Museen) eingerichtet.

Heiligenkreuzerhof (Schönlaterngasse 5/Grashofgasse 3, 1. Bezirk): Einige Häuser des im 16. Jh. zusammengefaßten Baukomplexes datieren noch aus dem frühen 13. Jh.

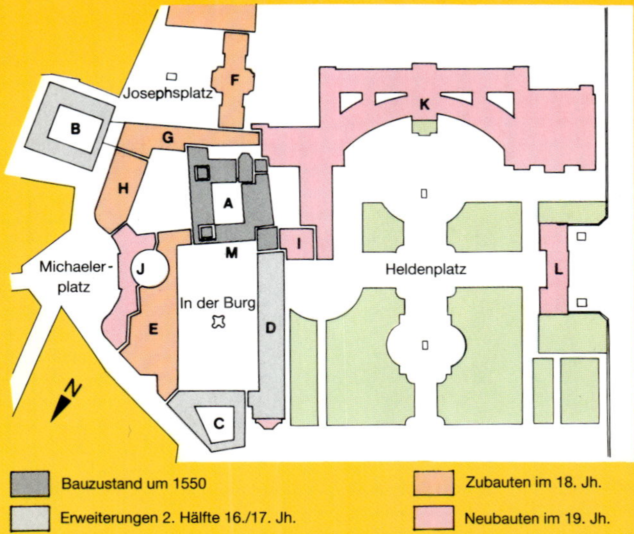

Hofburg A Schweizerhof **B** Stallburg **C** Amalienburg **D** Leopoldinischer Trakt **E** Reichskanzleitrakt **F** Nationalbibliothek **G** Großer/kleiner Redoutensaal **H** Winterreitschule **I** Kongreßzentrum **J** Michaelertrakt **K** Neue Hofburg **L** Äußeres Burgtor **M** Schweizertor

1242 wird erstmals urkundlich erwähnt, daß dieses Anwesen im Besitz des Klosters →Heiligenkreuz (unter: Umgebung) ist. Abt Klemens Schäffer ließ 1659–76 zahlreiche Umbauten vornehmen und die Bernhardskapelle errichten (in der SO-Ecke des Hofes gelegen; Hochaltarbild v. Martino Altomonte). 1770 wurde die Anlage aufgestockt und in Miethäuser umgewandelt. Durchgangsmöglichkeit v. der Schönlaterngasse zur Grashofgasse über den Stiftshof, einen der stillsten Plätze der Innenstadt.

Hermesvilla (im Lainzer Tiergarten, 13. Bezirk): Für Kaiserin Elisabeth (»Sissy«), die sich zum Entsetzen der Hofgesellschaft immer lieber in die Einsamkeit zurückzog und lange Spaziergänge liebte, ließ ihr Gatte Kaiser Franz Joseph die Hermesvilla bauen. Architekt Carl Hasenauer errichtete sie in den Jahren 1882–86 im Stil der damaligen Ringstraßenbauten. Die Inneneinrichtung entsprach in ihrer Überladenheit wohl den Plänen Makarts. Interessant ist jedoch das Turnzimmer der Kaiserin im pompejanischen Stil – sie war ängstlich um ihre Linie besorgt. Aber auch der Kaiser war gern in Lainz, denn der Park bot ausreichend Möglichkeiten zur Jagd.

Hochhaus (Herrengasse 6–8, 1. Bezirk): Der 1933 v. Siegfried Theiß errichtete Bau ist insofern v. Bedeutung, als es sich dabei um das 1. Wiener Hochhaus handelt. Es ist außerdem einer der wenigen dem Art deco zuzuordnenden modernistischen Bauten (blockartige Bauweise, metallisch-industriell wirkendes Dekor) in der Stadt.

< *Haas-Haus, Innen*

Schweizertor

Amalienburg, Sonnenuhr

Hofburg (zwischen Michaelerplatz, Josefsplatz und Burgring, 1. Bezirk): Die erste Burg entstand noch in symmetrischer Anordnung (Schweizerhof), die im Laufe der Jahrhunderte folgenden Erweiterungen standen zunächst isoliert (Stallburg, Amalienhof) und wurden erst später miteinander verbunden. Auch die Hofbibliothek, die Reichskanzlei und die Reitschule sind nur Teile einer geplanten Erweiterung. Gleiches gilt für den jüngsten Teil der Hofburg, für die »neue Hofburg«: Sie sollte noch ein Pendant erhalten, das gegenüber dem ausgeführten Bau im Volksgarten stehen sollte. Auch sollten die beiden jenseits vom Ring stehenden Museen und sogar die Hofstallungen (→Messepalast) miteinbezogen werden. Der Beginn des 1. Weltkrieges verhinderte die Realisierung dieses Planes. – Seit Kaiser Ferdinand I. (1521–64) war die Hofburg ständiger Wohnsitz des Herrschers. Allerdings bürgerte sich bei den Habsburgern die Gewohnheit ein, niemals die Wohn- und Residenzräume des Vorgängers zu beziehen.

Schweizerhof: Ältester Teil der Burg. 1279 wird erstmals in einem Dokument das neue »castrum« der Habsburger in Wien erwähnt; es löste die ältere Pfalz Am Hof ab. Die Anlage erfolgte, um gut zu verteidigen zu sein, quadratisch um einen Hof und besaß 4 Ecktürme. Davon sind nur noch die Fundamente und teilweise die Umfassungsgräben erhalten. – *Burgkapelle Mariä Himmelfahrt* (→Sakralbauten). Unter der Kapellenstiege Eingang zur Schatzkammer (→Museen). – Das *Schweizertor* (1552/53) ist im Durchgang mit Deckenfresken (österr. Wappen und Grotesken) geschmückt, die vermutlich v. Pietro Ferrabosco geschaffen wurden.

Stallburg: Urspr. war dieser Bau, 1558 begonnen, als Residenz für Erzherzog Maximilian gedacht. Die Stallburg war ein freistehender Komplex, ihre Umwidmung zum Hofstallgebäude erfolgte jedoch, nachdem Maximilian zum Kaiser gekrönt worden war und in den Schweizertrakt umzog. Der dreigeschossige Bau besitzt einen prachtvollen Arkadenhof und ist der wichtigste Renaissancebau Wiens. Auch das Tor und der Brunnen stammen aus dieser Zeit.

Amalienburg, Kaiserappartements >

Heute sind hier die Stallungen der Spanischen Hofreitschule (→Wienerisches) und die Alte Hofapotheke, Österreichs älteste bestehende Apotheke, untergebracht.
Amalienburg: Bauherr war Kaiser Rudolf II. Er ließ den trapezförmig um einen Hof angeordneten Bau gegenüber dem bestehenden Schweizerhof errichten. Gebaut wurde ab 1575, Bauleiter waren zunächst Pietro Ferrabosco, ab 1600 gestalteten Hans Schneider und Antonio de Moys die Amalienburg um. Die schlichten Fassaden werden durch ein achteckiges Türmchen über der Sonnenuhr sowie das Hoftor mit Renaissancebeschlägen aufgeputzt. Die kugelförmige Monduhr schuf der damalige Hofastronom Tycho de Brahe. Und schließlich zeigte die Wetterfahne, das sog. »Burgrößl«, an, ob es regnen würde oder nicht (wenn ja, so blickte es nach W oder N). – Übrigens erhielt dieser Trakt seinen Namen nach Amalie, der Gattin Kaiser Josephs I., die hier ihren Witwensitz hatte. – Die Innenräume wurden unter Maria Theresia umgestaltet. Zur Zeit des Wiener Kongresses wohnte Zar Alexander I. in den heute sog. »Alexander-Appartements«, Kaiserin Elisabeth (»Sissy«) bewohnte die nach ihr benannten Zimmerfluchten.
Leopoldinischer Trakt: 1547–52 wurden die ersten 6 Achsen an den W-Turm des Schweizertraktes angebaut, 1660–66 wurde unter Leopold I. durch Domenico und Martino Carlone der Anschluß zur Amalienburg hergestellt. Nach dem Brand v. 1668 wurde der Bau rasch wiederhergestellt und um ein Stockwerk erhöht. Die flache frühbarocke Fassade hat Ähnlichkeiten mit der Münchner Residenz. – Hier wohnte Maria Theresia mit ihrem Gemahl Franz Stephan v. Lothringen. Die v. ihr komplett erneuerte Innenausstattung blieb erhalten, seit 1947 residiert hier der österr. Bundespräsident (das Portal des Traktes führt auf den Ballhausplatz).
Reichskanzleitrakt: Folgerichtig ließ nun Kaiser Karl VI. den Platz »In der Burg« auch im NO durch einen Verbindungsbau zwischen der Amalienburg und dem Schweizertrakt abschließen. 2 große Archi-

< Nationalbibliothek, Buchillustration, 13. Jh.

Amalienburg, Kaiserappartements

Nationalbibliothek, Älteres Gebetbuch Maximilians

Hotel Sacher

tekten waren beteiligt: Den Flügel zur Schauflergasse hin entwarf Johann Lukas v. Hildebrandt 1723, eine einfach geschmückte Fassade. Der Flügel Im Burghof stammt v. Josef Emanuel Fischer v. Erlach. 1726-30 erbaut, sollte dies erst der Anfang einer generellen Fassadenumgestaltung sein, die aber nicht mehr durchgeführt wurde. Beeindruckend die reich gegliederte Fassade, die Portale und die Skulpturen (Taten des Herkules, v. Lorenzo Mattielli 1727-29). Die Innenräume wurden für Kaiser Franz Joseph prachtvoll ausgestattet.

Nationalbibliothek (früher Hofbibliothek): Dieser Trakt wurde 1723-26 v. Johann Bernhard Fischer v. Erlach begonnen und v. seinem Sohn Joseph Emanuel fertiggestellt. Die beiden Flügelbauten kamen später dazu, ihre Fassaden passen sich jedoch stilgerecht dem Hauptbau an. Gliederung der Fassade durch eingebundene Fenster und Nischenportale. Die reiche Attikaplastik stammt v. Lorenzo Mattielli (1725). Der Mittelbau wird v. einem kuppelartigen Mansarddach abgeschlossen, darunter liegt der berühmte *Prunksaal*, der sich über beide Hauptgeschosse erstreckt. Es ist übrigens Europas größter barocker Bibliotheksraum (77,74 m lang, 14,32 m breit, 15,39 m hoch). Dessen langgestreckte Galerie wird durch einen querovalen Kuppelraum unterbrochen, ausgestattet mit korinthischen Säulen und Wandpfeilern. Die Deckengemälde schuf Daniel Gran (1730, 1769 v. Franz Anton Maulpertsch restauriert); sie stellen in der Kuppel die »Apotheose Karls VI.«, in den Längsräumen die Wissenschaften der himmlischen und irdischen Dinge dar. Im Kuppelsaal Statue Kaiser Karls VI., umgeben v. 8 Statuen habsburgischer Kaiser (v. Peter und Paul Strudel, um 1700). Durch den Anbau der Seitenflügel wurde ein Teil der Fassade der Augustinerkirche (→Sakralbauten) verbaut. Im rechten Flügel liegen der Große und der Kleine Redoutensaal.

Winterreitschule: 1735 war dieser v. Joseph Emanuel Fischer v. Erlach erbaute Prunkbau fertiggestellt. Er steht anstelle des alten Paradeisgartls und verbindet Schweizerhof und Stallburg. Dieses Gebäude war notwendig geworden, da für die barocke Hofkultur große Repräsentationsbauten immer wichtiger wurden. Zudem liebte Maria Theresia die sog. Karussells, gesellschaftliche Veranstaltungen zu Pferde, für die einfach Platz gebraucht wurde. Die Winterreitschule besteht aus einem riesigen Saal, der eine v. 46 Säulen getragene Galerie und eine Kassettendecke besitzt. Hofloge mit Reiterbildnis Karls VI. (seit seiner Zeit ist hier der Sitz der Spanischen Hofreitschule [→Wienerisches]).

Kongreßzentrum: 1802-06 v. Louis v. Montoyer errichteter Anbau an den →Leopoldinischen Trakt. Hier liegen die Festsäle und der große Zeremoniensaal, der mit wuchtigen korinthischen Säulen und einer Kassettendecke ausgestattet ist.

Michaelertrakt: Kommt man vom Graben und vom Kohlmarkt (beide: →Straßen, Plätze, Brücken) zum Michaelerplatz und zur Hofburg, so wird die Harmonie und Schönheit dieses Bauteiles bes. deutlich. Durch die herrliche grüne Kuppel, v. der vergoldete Quasten herabhängen, die prunkvolle und doch zugleich vornehm

Reichskanzleitrakt >

STEINVONKLEIN

wirkende Fassade zum Michaelerplatz hin zählt der Michaelertrakt zu den schönsten Bauwerken Wiens.

Der Michaelertrakt konnte erst gebaut werden, nachdem das Burgtheater (→Theater) am Ring errichtet worden war: Stand hier doch das v. Joseph II. 1776 gegr. Nationaltheater (1888 geschlossen, es blieb nur das Bühnentürl erhalten; eine Gedenktafel erinnert an den Bau). Der Architekt Ferdinand Kirschner verwendete die bereits vorliegenden Pläne Joseph Emanuel Fischer v. Erlachs. Beiderseits des Hauptportals am Michaelerplatz stehen 4 Herkulesfiguren sowie 2 riesige Wandbrunnen (l Darstellung der »Macht zur See« v. Rudolf Weyr, 1895, r »Macht zu Lande« v. Edmund Hellmer, 1897).

In den Nischen der Rundhalle stehen zahlreiche Statuen, im Oktogon 4 Habsburger (Karl VI., Maria Theresia, Joseph II., Franz Joseph I.). Gedenktafeln für Alexander Lernet-Holenia (Schriftsteller) und für General Georg S. Patton und Colonel Charles H. Reed (Retter des Lipizzanergestüts im 2. Weltkrieg).

Neue Hofburg: 1881 nach Plänen v. Gottfried Semper und Carl Hasenauer in Formen der Renaissance begonnen, wurde der Bau bis 1913 v. Emil Förster, Friedrich Ohmann und Ludwig Baumann vollendet. Am Heldenplatz (→Straßen, Plätze, Brücken) schwingt die Fassade konkav zurück, die Mittelachse wird durch einen gewaltigen Risalit betont. Über den Mitteleingang gelangt man in die Lesesäle der Österr. Nationalbibliothek und die hier untergebrachten Museen (Völkerkundemuseum, Ephesos-Museum, Kunsthistorisches Museum [Abteilung Waffen und alte Musikinstrumente]).

Äußeres Burgtor: 1821–24 erbaut anstelle des älteren, 1809 v. den Franzosen zerstörten Stadttores. Urspr. sollte das v. Peter Nobile geplante Tor eine Erinnerung an die Völkerschlacht bei Leipzig sein, es wurde jedoch 1933–34 durch Rudolf Wondracek zu einem Heldendenkmal für die Opfer des 1. Weltkrieges umgestaltet. Eine Gedenkstätte für die österr. Freiheitskämpfer wurde nach dem 2. Weltkrieg angelegt.

Hotel Imperial (Kärntnerring 16, 1. Bezirk): Das Haus war urspr. das Palais des Herzogs v. Württemberg gewesen, die Entwürfe dafür stammen v. den Architekten Arnold Zenetti und Heinrich Adam (erbaut 1863–65). Bereits 1873 wurde es, noch vor der Weltausstellung, zum Hotel umfunktioniert. 1928 fügte man die beiden oberen Stockwerke hinzu, der Haupteingang wurde 1946 nochmals verändert. Das Haus, in

Karl-Marx-Hof *Hundertwasserhaus >*

dem die Staatsbesuche untergebracht werden, besitzt u.a. ein sehenswertes Foyer, eine Feststiege und mehrere Festsäle.

Hotel Sacher (Philharmonikerstr. 2–6, 1. Bezirk): Das Stammhaus dieses berühmten Hotels wurde anstelle des ehem. Kärntnertortheaters 1874–76 v. Wilhelm Fraenkel errichtet. Bereits 1875 wurden die beiden Nachbargebäude (Nr. 2, v. Heinrich Ferstel, Nr. 6, v. Anton Baumgartner) sowie die Häuser Maysedergassse 1 und 5 mit dem Hotel verbunden. Ab 1892 übernahm Anna Sacher (ein Wiener Original; sie war bekannt für ihr Zigarrenrauchen) die Leitung und erreichte, daß das Hotel zum Treffpunkt für Politiker und Künstler aus aller Welt wurde. – Das Rezept für die Sachertorte stammt übrigens v. ihrem Schwiegervater Franz Sacher.

Hundertwasserhaus (Löwengasse/Kegelgasse, 3. Bezirk): Friedensreich Hundertwasser plante 1985 ein Wohnhaus, möglichst ohne rechte Winkel und gerade Linien. Da gibt es Zwiebeltürme, unregelmäßig angeordnete Fenster, eine uneinheitliche Fassadengestaltung, Bäume und Wiesen auf den (verschieden hohen) Dächern – all das ließ das ungewöhnliche Haus rasch zum Streitpunkt für die Wiener werden

Kunsthistorisches Museum >

(insbesondere, da die Ausgaben für das Bauwerk wesentlich höher ausfielen, als v. der Gemeinde Wien vorgesehen war). Ein Unikat in der Wiener Bauszene.

Josephinum (Währinger Str. 25, 9. Bezirk): 1783–85 ließ Kaiser Joseph II. hier eine Ausbildungsstätte für Militärärzte errichten (hinter dem Josephinum schließen in der Van-Swieten- und Sensengasse die Gebäude des ehem. Garnisonspitals an). Der Architekt Isidor Canevale entwarf eine klassizistische Fassade um einen Ehrenhof, in dem der Hygieiabrunnen steht. – Heute sind hier das Institut für Geschichte der Medizin der Universität Wien sowie das Medizinhistorische Museum (→Museen) untergebracht.

Justizpalast (Schmerlingplatz 10, 1. Bezirk): Erbaut 1875–81 v. Alexander Wielemans im Stil der Renaissance, erhielt das Gebäude nach dem Justizpalastbrand 1927 ein neues Stockwerk dazu. Das zum Schmerlingplatz hin orientierte Bauwerk besitzt einen mächtigen Mittelrisalit, eine Auffahrtsrampe sowie eine Freitreppe mit Löwen. Ebenso groß dimensioniert sind im Inne-

Landhaus, Deckengemälde im Großen Sitzungssaal

ren das Vestibül, die Zentralhalle und die Haupttreppe. – Heute Sitz des Obersten Gerichtshofs, der Oberstaatsanwaltschaft und des Oberlandesgerichts.

Juwelier Schullin (Graben 26, 1. Bezirk): 1972–74 gestaltete der Architekt Hans Hollein dieses Geschäftslokal. Dabei sollte der Bezug zu der zum Verkauf angebotenen Ware durch eine Goldader sichtbar hergestellt werden, die das Marmorportal sprengt.

Juwelier Schullin (Kohlmarkt 7, 1. Bezirk): Ebenfalls v. Hans Hollein wurde dieses Geschäftslokal gestaltet (1981–82). Unter Berücksichtigung der vorhandenen Raummöglichkeiten verblüffte Hollein durch Spielereien mit Materialverfremdungen: So komponierte er echten Marmor mit Marmordekor auf Spanplatten und vergoldete Industriebleche. Die Außengestaltung ist streng symmetrisch gehalten und markiert einen Triumphbogen, im Inneren wurde dagegen alles diagonal gestaltet.

Karl-Marx-Hof (Heiligenstädter Str. 82–92, 19. Bezirk): Der größte Wiener Gemeindewohnbau aus den Jahren 1927–28 wurde nach Plänen des Architekten Karl Ehn errichtet. 1382 Wohnungen á 38 m² wurden

Naturhistorisches Museum >

hier geschaffen, alle hatten ein Zimmer, Vorraum, Küche, Balkon und ein eigenes WC (früher durchaus nicht der Fall). Die Anlage hat eine Längenausdehnung v. über 1 km und ist auf einer Fläche v. 156 000 m² um mehrere Höfe gruppiert.
Auch die Infrastruktur um die neuen Wohnburgen wurde mitgeplant: Geschäfte, Kindergärten, Bäder und Spielplätze. Während der bürgerkriegsähnlichen Unruhen 1934 waren viele der Gemeindebauanlagen (Hochburgen der sozialdemokratischen bewaffneten Organisation »Schutzbund«) Zentren der bewaffneten Auseinandersetzungen.

Karl-Seitz-Hof (Jedleseer Str. 66–94, 21. Bezirk): Neben dem →Karl-Marx-Hof einer der größten Gemeindebauten des »roten« (= sozialistischen) Wien. Errichtet 1926 nach Plänen v. Hubert Gessner, bietet er 1173 Familien Wohnraum.

Kinderübernahmsstelle (Lustkandlgasse 50, 9. Bezirk): In diesem zwar wuchtigen, aber trotzdem villenartigen Bau (v. Adolf Stöckl) würde wohl niemand die 1925 eingerichtete Kinderübernahmsstelle vermuten. Dabei

Messepalast

handelte es sich um Kinder, die der Gemeinde Wien zur Fürsorge übergeben wurden und hier Pflege und Betreuung fanden. Als bes. notwendig erwies sich diese Einrichtung ab 1930, als viele Eltern mangels Arbeit nicht in der Lage waren, ihre Sprößlinge zu ernähren. Diese Institution war übrigens die erste ihrer Art in Europa. Julius Tandler, der sich um die Organisation des Wiener Wohlfahrtssystems sehr bemühte, meinte einmal: »Wer Kindern Paläste baut, reißt Kerkermauern ein.«

Konzerthaus (Lothringer Str. 8–10, 3. Bezirk): Das v. den Theaterarchitekten Hellmer und Fellner 1912–14 errichtete Haus besitzt 3 Konzertsäle.

Kriegsministerium, ehem. (Stubenring 1, 1. Bezirk): Monumentaler Gebäudekomplex am Beginn des Rings (250 m lang) mit großem Mittelrisalit und Reliefdarstellungen v. Kampf und Siegerbelohnung. In der Mitte der Attika sieht man einen riesigen Doppeladler aus Bronze, seine Flügelspannweite beträgt 16 m. Das Gebäude wurde 1909–13 in neubarocken Formen v. Ludwig Baumann errichtet. Heute sind hier mehrere Ministerien untergebracht.

Künstlerhaus (Karlsplatz 5, 1. Bezirk): Die

Neues Rathaus >

»Genossenschaft der bildenden Künstler Wien« ließ 1865–68 im Stil der italienischen Renaissance ein Ausstellungs- und Versammlungsgebäude errichten. Unter den Architekten befanden sich auch Eduard van der Nüll und August Sicard v. Sicardsburg.

Kuffnersche Sternwarte (Johann-Staud-Str. 10, 16. Bezirk): Der Großindustrielle Moritz v. Kuffner ließ sich hier eine private Sternwarte erbauen und stattete sie mit einem hervorragenden Instrumentarium sowie einer wissenschaftlichen Bibliothek aus. Ausgebildete Astronomen arbeiteten hier, deren Ergebnisse wiederum mit Kuffnerschen Mitteln veröffentlicht wurden. Das Gebäude selbst (nach Plänen v. Franz Neumann) wurde möglichst aufgelockert gestaltet, Backsteinfassaden und hohe Kuppeln wechseln einander ab. – 1947 wurde die Sternwarte der Öffentlichkeit zugänglich gemacht.

Kunsthistorisches Museum (Burgring 5, 1. Bezirk): Dieser v. Gottfried Semper geschaffene Bau sollte zusammen mit dem gegenüberliegenden, spiegelgleichen Na-

Otto-Wagner-Pavillon

turhistorischen Museum und der Neuen Hofburg das »Kaiserforum« bilden. Für die Innenausstattung zeichnete vor allem Carl Hasenauer verantwortlich. Beide Gebäude wurden viergeschossig und in Formen der italienischen Renaissance 1872–81 erbaut, die Fassaden sind mit Säulen dekoriert. Über dem Mittelrisalit erhebt sich ein achteckiger Kuppelturm. Auf der Attika sieht man Statuen, die berühmte Künstler darstellen, auf der Kuppel die Figur der Pallas Athene. Im *Inneren* trifft man auf ein großzügiges Vestibül und Stiegenhaus: Das Deckengemälde (»Apotheose der Kunst«) schuf Michael Munkáczy, die Lünettenbilder stammen v. Hans Makart, die 40 Zwikkelbilder v. Ernst und Gustav Klimt und v. Franz Matsch. Am Podest der Haupttreppe wurde die v. Antonio Canova geschaffene Marmorgruppe »Theseus besiegt den Kentauren« aufgestellt.
(Sammlungen des Kunsthistorischen Museums →Museen).

Kursalon (Stadtpark, 1. Bezirk): In diesem v. der Gemeinde Wien 1865–67 im Stil der italienischen Renaissance errichteten Gebäude soll das neue Wiener Spielcasino untergebracht werden. Bereits zur Entstehungszeit war es ein beliebter Treffpunkt der vornehmen Welt, auch die zahlreichen Promenadenkonzerte waren eine Attraktion.
Hier musizierte u.a. Eduard Strauß, heute tritt im Kursalon die einzige Damenkapelle Wiens auf.

Landhaus (Herrengasse 13, 1. Bezirk): 1837 entschlossen sich die Stände (»Herren«, nach ihnen ist auch die Herrengasse benannt), ihr Tagungsgebäude neu errichten zu lassen.
Alois Pichl konnte den spätklassizistischen Bau bis 1848 vollenden, er integrierte jedoch einige der älteren Bauteile in den Gesamtkomplex: die ehem. Torhalle (heute Kapelle und Sakristei, sonntags um 9.00 Uhr zugänglich) mit schönem got. Netzrippengewölbe, ein got. Zimmer im 1. Stock, ein Renaissance-Marmorportal im Hof und der Große Sitzungssaal. Letzterer besitzt das barocke Deckengemälde »Die Größe Österreichs« (v. Antonio Beduzzi, 1710). Das Gebäude ist heute Sitz der niederösterr. Landesregierung.

Palais Auersperg

Loos-Haus (Michaelerplatz 3, 1. Bezirk): Selbst der Kaiser soll entsetzt gewesen sein über den Anblick dieses »augenbrauenlosen« Hauses: Er ließ angeblich die Vorhänge der Hofburg in Richtung Michaelerplatz und Loos-Haus nicht mehr öffnen. Aber auch die Wiener Bürgerschaft war empört über dieses für radikal gehaltene einfache Äußere des Hauses: strenge Symmetrie, keinerlei Schmuck – und das gegenüber der Hofburg!
Daß der Bau überhaupt beendet werden konnte, war nur dem Auftraggeber zu verdanken, der Adolf Loos deckte und unterstützte. Errichtet in den Jahren 1909 bis 1911.

Lusthaus →Prater.

Majolikahaus (Linke Wienzeile 40, 6. Bezirk): Das v. Otto Wagner 1898–99 errichtete Haus erhielt seinen Namen nach der Fassadenverkleidung: Wagner ließ die v. ihm entworfenen Dekorfliesen (auf eigene Kosten) in Italien nach dem alten Majoli-

kaverfahren brennen. Die Fliesen sind witterungsunempfindlich.

Messepalast (Messeplatz, 7. Bezirk): Die ehem. Hofstallungen, die Kaiser Karl VI. 1723 nach Plänen Johann Bernhard Fischer v. Erlachs errichten ließ, dienen heute Messe- und Ausstellungszwecken. Die schlichte, 360 m lange einstöckige Fassade sollte den Abschluß des Monumentalunternehmens »Hofburg« darstellen, zu dessen gesamter Verwirklichung es nicht mehr kam (→Hofburg).

Musikvereinsgebäude (Dumbastr. 3, 1. Bezirk): 1867–69 ließ die Gesellschaft der Musikfreunde v. Theophil Hansen ein »Vereinshaus« errichten.
Weithin sichtbar durch die Farben Rot und Creme, wurde es in hellenistischen Formen unter Verwendung anderer antiker Bauelemente aufgeführt.
Weltberühmt ist der Goldene Saal, zu dem 2 Prunktreppen führen: Das Deckengemälde »Apollo und die neun Musen« schuf August Eisenmenger, l und r scheinen je 16 vergoldete Karyatiden die Galerie zu tragen. Der Goldene Saal gilt weltweit als der Konzertsaal mit der besten Akustik. Bis zu 400 Musiker können auf dem Podium Platz nehmen, rund 2000 Musikfreunde einem Konzert lauschen.
Von hier wird alljährlich das Neujahrskonzert der Wiener Philharmoniker übertragen. In den Seitenflügeln gibt es 2 weitere Konzertsäle, den Brahmssaal und den Kammersaal.

Naturhistorisches Museum (Burgring 7, 1. Bezirk): Spiegelgleiches Pendant zum →Kunsthistorischen Museum mit folgenden Unterschieden: Die Attikastatuen stellen berühmte Naturwissenschaftler dar, die Hauptkuppelfigur ist Helios, das Deckengemälde im Stiegenhaus zeigt den »Kreislauf des Lebens« (v. Hans Canon). Auf dem Podest der Hauptstiege ein Gemälde, Kaiser Franz I. mit den Vorständen der 4 wissenschaftlichen Hofinstitute darstellend.

Die wichtigsten Wiener Bürgermeister:

1282 Konrad Poll (1. Wiener Bürgermeister)
1454 Oswald Reicholf (älteste Wiener Feuerordnung)
1528-30 Wolfgang Treu (1. Türkenbelagerung Wiens)
1531 Sebastian Eysler (Baubeginn der neuen Stadtbefestigung)
1679-83 Johann Andreas v. Liebenberg (2. Türkenbelagerung)
1704-07 Jakob Daniel Tepser (Bau des sog. »Linienwalls«)
1751-64 Dr. Peter Joseph Edler v. Kofler (1. Volkszählung Wiens)
1773-1804 Josef Georg Hörl (Straßenbeleuchtung, -pflasterung)
1851-61 Dr. Johann Kaspar Freiherr v. Seiller (Schleifung der Basteien)
1868-78 Dr. Cajetan Felder (Donauregulierung, Bau der 1. Wiener Hochquellwasserleitung)
1889-94 Dr. Johann Prix (Schaffung der Magistratischen Bezirksämter)
1897-1910 Dr. Karl Lueger (Städtisches Gaswerk, Wiener Wald- und Wiesengürtel, elektrische Straßenbahn)
1912-19 Dr. Richard Weiskirchner (Ausrufung der Republik)
1919-23 Jakob Reumann (1. Wahlen aufgrund allgemeinen Wahlrechts)
1923-34 Karl Seitz (Wohnbausteuer, die 25000. Wiener Gemeindewohnung wird gebaut)
1938-40 Dr. Ing. Hermann Neubacher (dt. Einmarsch)

Die Bürgermeister seit 1945:

1945-51 Dr. h.c. Theodor Körner
1951-65 Dr. h.c. Franz Jonas
1965-70 Bruno Marek
1970-73 Dr. h.c. Felix Slavik
1973-84 Leopold Gratz
ab 1984 Dr. Helmut Zilk

Neues Rathaus (Rathausplatz 1, 1. Bezirk): Durch die Eingemeindung der Vorstädte war das →Alte Rathaus zu klein geworden. Friedrich Schmidt sollte den Bau in neugot. Formen aufführen, gebaut wurde v. 1872 bis 1883 auf dem ehem. Paradeplatzgelände. Die Hauptfassade besitzt einen – dem großzügig angelegten Gesamtbau entsprechenden – Mittelrisalit, einen großen Mittelturm (98 m hoch), auf dem der bekannte »Rathausmann«, ein Standartenträger v. 3,4 m Höhe, steht. Neben den 4 kleinen Türmen prägen auch die offenen Arkaden und die Loggien im Hauptgeschoß das Erscheinungsbild. Die Statuen auf der Balustrade stellen am Hauptturm u.a. die Vindobona, v. Bannerträgern begleitet, dar. Insgesamt sollen sie die geschichtliche Stellung Wiens widerspiegeln. Der Bau umschließt insgesamt 7 Innenhöfe. Im größten, dem Arkadenhof, einem der bedeutendsten Innenhöfe Österreichs, finden im Sommer die sog. Arkadenhofkonzerte statt.
Bei einer Führung durch das *Innere* werden u.a. die Schmidthalle (dreischiffige Halle mit Kreuzgewölbe), die Volkshalle (Maßwerkfenster), die beeindruckenden Feststiegen, der Festsaal (der größte historische Saal Österreichs mit 3 Galerien, Orchesternischen und Standbildern historischer Persönlichkeiten) gezeigt. Der Gemeinderatssitzungssaal besitzt einen v. Friedrich Schmidt entworfenen riesigen Prunkleuchter: Er datiert v. 1873, wiegt 3,2 Tonnen und besitzt 254 Lampen. Neben der reichvergoldeten Holzkassettendecke sollte der 25 m lange Freskenfries beachtet werden; er zeigt wichtige Szenen der Entwicklung der Stadt Wien.

Neugebäude (Neugebäudestr., 11. Bezirk): Eines der interessantesten Renaissance-Baudenkmäler ließ Kaiser Maximilian II. 1569 hier errichten (der Architekt ist unbekannt). Sein Lustschloß, bescheiden als »Villa suburbana« tituliert, besaß Grotten, Menagerien, Aussichtsgalerien und einen großzügig angelegten Garten mit Teichen und Brunnen. Im Schloßgarten wurden die ersten Stiefmütterchen und die ersten Kartoffeln angepflanzt. Bis in die Türkei drang der Ruf dieses paradiesischen Gartens (dem Reisebericht v. Evliya Celebi zu entnehmen). Die Menagerie enthielt eine Sen-

Palais Bartolott-Partenfeld

Palais Equitable, Treppenaufgang

sation: Kaiser Maximilian hatte aus Spanien den ersten Elefanten nach Wien gebracht. – Jedoch bereits nach dem Tod Maximilians begann das nie ständig bewohnte Bauwerk (»nur« ein Lustschloß) zu verfallen.
Es diente, soweit es noch brauchbar war, den verschiedensten Zwecken. 1773 wurde Schloß Neugebäude ein Pulvermagazin. Einige Bauteile befinden sich im Schönbrunner Schloßpark (die »Röm. Ruine«, die Reste der Galerie fanden beim Bau der Gloriette Verwendung). – 1922 ging die Anlage in den Besitz der Stadt Wien über, 1923 baute Clemens Holzmeister im Hof des Neugebäudes das *Krematorium* der Stadt Wien. Man versucht derzeit, Schloß Neugebäude zu sanieren und zu revitalisieren.

Otto-Wagner-Haus (Linke Wienzeile 38, 6. Bezirk): Bes. sehenswert an diesem 1898 bis 1899 errichteten Wohnhaus ist die Eckgestaltung zur Köstlergasse hin. Die vergoldeten Medaillons entwarf Kolo Moser.

Otto-Wagner-Pavillon (Karlsplatz, 1. Bezirk): Otto Wagner war Projektant und Bauleiter des gesamten Bauvorhabens »Stadtbahn«. Im Sinne des Jugendstils erschien es den Künstlern wünschenswert, Gesamtkonzepte zu erstellen und nicht nur Teile des Bauvorhabens.
So präsentiert sich die Stadtbahn sowohl in den großen Bauteilen (Trassenführung, Brücken, Stationsgebäude) als auch in den Details (Geländer, Beleuchtungskörper, Aufschriften) als *sein* Werk. Bes. gut restauriert wurden die Haltestellen am Karlsplatz, ferner die Stationen Schönbrunn, Kettenbrückengasse, Stadtpark und Roßauer Lände.

Palais Auersperg (Auersperger Str. 1, 8. Bezirk): Um 1706 nach Plänen v. Johann Lukas v. Hildebrandt (?) für den Grafen Weltz erbaut. Im 18. Jh. klassizistische, prunkvolle Ausstattung durch den neuen Besitzer, Fürst Auersperg. Veränderungen der Fassade (bedingt durch Erhöhung des Straßenniveaus).

Palais Esterházy

Palais Augarten (Augarten, 2. Bezirk): Im Stile Johann Bernhard Fischer v. Erlachs ließ Josef I. Ende des 17. Jh. das Gebäude errichten. Der Mitteltrakt besitzt einen auch für die Fassaden bestimmenden Ovalsaal, die Seitenflügel und das oberste Geschoß wurden später hinzugefügt. Hier sind seit 1948 die Wiener Sängerknaben untergebracht.

Palais Bartolotti-Partenfeld, ehem. (Graben 11, 1. Bezirk): Um 1720 wurde dieses Haus nach Plänen v. Johann Lukas v. Hildebrandt erbaut, das obere Geschoß an der Graben-Seite jedoch erst später hinzugefügt. In einer Fassadennische steht eine barocke Marienfigur.

Palais Batthyány (Bankgasse 2/Herrengasse 19, 1. Bezirk): Erbaut in der Art des Johann Bernhard Fischer v. Erlach in der Zeit zwischen 1692 und 1697; Bauführer war Christian Oettel. Beachtenswert sind das Hauptportal und das Vestibül, das Stuckreliefs besitzt.

Palais Batthyány-Schönborn (Renngasse 4, 1. Bezirk): Graf Batthyány ließ 1699 das Palais nach Plänen Johann Bernhard Fischer v. Erlachs errichten. Die Fassade ist durch Pilaster gegliedert, bes. beachtenswert ist das Mittelportal, das mit Vasen in seitlichen Nischen geschmückt ist. Der spätere Besitzer, Fürst Schönborn, wollte das Bauwerk nach Ideen v. Johann Lukas v. Hildebrandt umgestalten lassen. Es kam jedoch nie dazu.

Palais Caprara-Geymüller (Wallnerstr. 8, 1. Bezirk): Graf Enea Silvio Caprara war kaiserlicher Militärkommandant und Vizepräsident des Hofkriegsrates (in dieser Funktion kam es zu einigen Reibereien mit Prinz Eugen, da die beiden gegensätzliche Standpunkte vertraten). Der Graf ließ sich sein Palais 1698 v. Domenico Egidio Rossi erbauen. Die dreigeschossige Fassade wird v. 2 Eckrisaliten abgeschlossen, das Portal v. Atlanten. 1798 erwarb der Bankier Johann Heinrich Geymüller das Haus. Er wurde aufgrund seines mehrfachen Aufkommens für Staatsschulden in den Ritterstand erhoben und zählt zu den Gründungsmitgliedern der Österr. Nationalbank. Sein Haus war rasch zu einem gesellschaftlichen Treffpunkt Wiens geworden: Hier begegneten sich u.a. Franz Grillparzer und Kathi Fröhlich. - Im Historischen Museum der Stadt Wien (→Museen) ist das berühmte »Pompejanische Zimmer«, das einst Bestandteil der Innenausstattung war, zu sehen.

Clam-Gallas-Palais (Währinger Str. 30, 9. Bezirk): Das Gebäude mit der klassizistischen Fassade und einem tempelähnlichen Mittelbau wurde nach Entwürfen v. Heinrich Koch um 1834 errichtet. Der Bauherr, Graf Clam-Gallas, war Heerführer der österr. Armee. - Heute ist hier die französische Schule, das »Lyzeum«, untergebracht.

Palais Coburg (Seilerstätte 3, 1. Bezirk): Auf der Höhe der sog. »Braunbastei« wurde 1843-47 nach Plänen v. Karl Schleps das Palais des Herzogs Ferdinand v. Sachsen-Coburg errichtet. Nach der Schleifung der Bastei fügte man eine klassizistische Gartenfassade mit großer Säulenordnung hinzu.

Palais Collalto (Am Hof 13/Schulhof 8, 1. Bezirk): Das aus mehreren kleinen Häusern entstandene Palais ist durch einen Schwibbogen mit der Kirche →Am Hof (unter: Sakralbauten) verbunden, so daß zwischen den Plätzen »Am Hof« und »Schulhof« ein Durchgang entstand. Eine Gedenktafel erinnert, daß in diesem Haus der sechsjährige Wolfgang Amadeus Mozart erstmals öffentlich aufgetreten ist.

Palais Dumba, ehem. (Parkring 4, 1. Bezirk): Der Industrielle Nikolaus Dumba ließ sein v. Johann Romano und August Schwendenwein errichtetes Palais v. den namhaftesten Wiener Künstlern (u.a. v. Gustav Klimt und Hans Makart) ausschmücken; leider ging ein Großteil davon verloren, der Rest wurde an verschiedene Interessenten verkauft. Er galt als großer Kunstfreund und -sammler und wurde aufgrund seiner Verdienste zum Ehrenbürger der Stadt Wien ernannt. Seine umfangreichen Sammlungen werden v. der Gesellschaft der Musikfreunde Wiens verwaltet

Palais Ferstel

(Sammlungen der Gesellschaft der Musikfreunde in Wien, →Museen).

Palais Equitable (Stock-im-Eisen-Platz 3-4 1. Bezirk): Dieser v. Andreas Streit 1890-91 für eine amerikanische Versicherungsgesellschaft erbaute Palast fällt durch seine kupferne Haube und den darauf sitzenden US-Adler auf. Bes. sehenswert auch das Bronzetor (Motive der Sage vom »Stock im Eisen«, →Denkmäler) und der Treppenaufgang im Inneren. In einer Nische unter Glasschutz der →Stock im Eisen.

Palais Erzherzog Ludwig Viktor, ehem. (Schwarzenbergplatz 1, 1. Bezirk): Mächtiger Bau, v. Heinrich Ferstel in Formen der italienischen Renaissance erbaut. Über dem Gesims Statuen 5 österr. Feldherren (Graf Salm, Rüdiger v. Starhemberg, Laudon, Sonnenfels und Prinz Eugen) und diejenige des Fischer v. Erlach d. Ä.

Palais Erzherzog Wilhelm (Parkring 8, 1. Bezirk): Theophil Hansen schuf für den

Palais Pallavicini

Erzherzog dieses in strengen Renaissanceformen gehaltenen Bau in den Jahren 1864–67, der bes. durch seine dominante Beletage auffällt (hier befanden sich die Wohnräume des Erzherzogs). Da dieser Großmeister des Deutschritterordens war, verkaufte er das Haus an den seit 1894 »Hoch- und Deutschmeister« genannten Orden. Daher nennen die Wiener das Gebäude auch »Deutschmeisterpalais«.

Palais Esterházy (Wallnerstr. 4, 1. Bezirk): Das 1695 erbaute Palais weist eine streng gegliederte Fassade mit großer Pilasterordnung auf. Es wurde im 18. und 19. Jh. mehrfach verändert. Das schmiedeeiserne Gitter des Balkons zeigt das Wappen der Fürsten Esterházy. In der Hauskapelle musizierte Joseph Haydn.

Palais Ferstel (Freyung 2, 1. Bezirk): Sehr gut renoviert und revitalisiert wurde dieses 1856–60 v. Heinrich Ferstel errichtete Palais. Bauherr war die Österr.-Ungarische Bank. Ferstel gestaltete ihren Bedürfnissen entsprechend die Anlage, er wählte als Baustil Formen der Romanik und der Frührenaissance. Sowohl die notwendigen Börsen- und Bankräume als auch Geschäfte und das berühmte Café Central (um die Jahrhundertwende *das* Literatencafé Wiens schlechthin) konnten hier untergebracht werden. Die 12 Steinfiguren über dem Caféeingang sollten die Völker der Donaumonarchie darstellen. Sehenswert der *Basarhof* und der sechseckige, glasüberdachte *Brunnenhof* sowie deren künstlerische Ausgestaltung.

Palais Grassalkovich (Obere Augartenstr. 40, 2. Bezirk): Der einzige Landadelssitz, der im Bereich des Augartens und der dortigen »Alta Favorita« (→Schloß Augarten) erhalten blieb, ist heute nach einer Generalrenovierung Sitz des Wiener Fremdenverkehrsverbandes.

Palais Harrach (Freyung 3, 1. Bezirk): Durch Brände während der Türkenbelagerung waren die hier stehenden Häuser zerstört worden. Um 1700 ließ Ferdinand Reichsgraf v. Harrach das Palais nach Plänen v. Domenico Martinelli errichten. Graf Harrach, kaiserlicher Botschafter in Madrid, wurde bes. durch seine Gemäldesammlung (die größte private in Österreich) berühmt. Sie ist heute im Schloß Harrach in Rohrau/Niederösterreich untergebracht.

Palais Kinsky (Freyung 4, 1. Bezirk): 1713 bis 1716 ließ Reichsgraf Daun v. Johann Lukas v. Hildebrandt diesen Barockbau errichten: Sowohl die Fassade, das prächtige Portal als auch die figurengeschmückte Attika zeigen, daß es sich um eines der bedeutendsten Wiener Bauwerke dieser Zeit handelt. Das Stiegenhaus entspricht den Erwartungen, es besitzt eine zweiläufige Treppe und zahlreiche Plastiken, ein Dekkenfresko v. Carlo Carlone (»Glorie eines Helden«), die Scheinarchitektur stammt v. Gaetano Fanti. – 1784 erwarb die Fürstin Kinsky das Palais.

Palais Liechtenstein (Bankgasse 9, 1. Bezirk): Johann Adam v. Liechtenstein erwarb 1694 den nach Plänen v. Domenico Martinelli begonnenen Bau und ließ ihn v. Gabriele de Gabrieli etwas abgeändert fertigstellen. Dieses stattliche Palais (die Stadtwohnung der Liechtensteins) weist eine repräsentative Fassade auf: ein fünfachsiger Mittelrisalit mit prachtvollem Hauptportal, das mit Plastiken (Venus und Vulkan nebst Putten) v. Giovanni Giuliani geschmückt ist. Aber auch der Seiteneingang am Minoritenplatz wurde kunstvoll ausgestattet. Die Innenausstattung wurde v. Santino Bussi (Stuckarbeiten), Giovanni Giuliani (Skulpturen) und Antonio Bellucci (Deckengemälde) geschaffen. Bes. schön ist der 2. Stock (Festsäle, Salons); er wurde im Stil des sog. »zweiten Rokoko« (Zeit nach dem Spätbiedermeier) v. Carl Leistler und Michael Thonet 1836–47 gestaltet.

Palais Liechtenstein (Fürstengasse 1, 9. Bezirk): Das Sommerpalais der Fürsten wurde nach Entwürfen v. Domenico Martinelli 1698–1711 errichtet. Der mächtige Bau besticht durch seine reiche Ausstattung mit Schmuckattributen (Pilasterordnung, Mittelrisalit, Vor- und Rücksprünge der Fronten). Das Vestibül (die sog. Sala terrena) führt quer durch das ganze Gebäude, Johann Michael Rottmayr malte 26 Freskomedaillons. Von ihm stammen auch die Deckengemälde in den beiden Treppenhäusern. Der große Saal besitzt ein Dekkenfresko »Apotheose des Herkules« (v. Andrea Pozzo). – Im Palais ist das Museum moderner Kunst (→Museen) untergebracht.

Palais Rottal, Innenhof

Palais Lobkowitz (Lobkowitzplatz 1, 1. Bezirk): Graf Dietrichstein ließ dieses langgestreckte Palais mit seiner eigenwilligen Fassadengliederung 1685–87 v. Giovanni Pietro Tencala (?) errichten. Später fügte Johann Bernhard Fischer v. Erlach Attika und Hauptportal hinzu. Der im Vestibül aufgestellte Herkules-Brunnen stammt aus dem Ende des 17. Jh. 1753 erwarb Wenzel Fürst Lobkowitz das Palais, es wurde im 19. Jh. zu einem kulturellen Zentrum: Hier dirigierte Ludwig van Beethoven 1803 seine »Eroica« (die 3. Symphonie) erstmals im privaten Rahmen.

Palais Modena, ehem. (Herrengasse 7,

Palais Trautson

1. Bezirk): Alois Pichl entwarf 1811 die streng wirkende klassizistische Fassade des dreigeschossigen Bauwerks, l und r abgeschlossen durch zweiachsige Eckrisalite mit Dreiecksgiebeln. - Heute Sitz des Innenministeriums.

Palais Mollard-Clary, ehem. (Herrengasse 9, 1. Bezirk): Reichsgraf Mollard ließ 1696 das Palais nach seinen Vorstellungen umgestalten, 1760 erwarb es Graf Clary-Aldringen. Die reizvolle Fassade besitzt ein rustizierendes Sockelgeschoß und 2 Riesenpilaster, die das Mittelportal umrahmen, darüber Balkon mit Zwickelskulpturen. Das Palais ist seit 1923 im Besitz der Niederösterr. Landesregierung, es wurde für museale Zwecke erworben (→Niederösterr. Landesmuseum unter: Museen).

Palais Montenuovo, ehem. (Strauchgasse 1, 1. Bezirk): Das Palais wurde anstelle mehrerer kleiner Häuser errichtet. Eines davon war das Bäckerhaus »Zum Heidenschuß«, um das sich eine Legende rankt: Eines Nachts während der 1. Türkenbelagerung hörte der Bäckermeister, nachdem es v. St. Stephan Mitternacht geschlagen hatte, plötzlich Geräusche unter seinem Fußboden. Er vermeinte, auch das Wort »Allah« zu hören. Sofort alarmierte er alle Nachbarn - sie sollten ihm helfen, eine Wasserkette zum nächsten Brunnen zu bilden, um dann möglichst viel Wasser durch eine Bodenluke in den v. den Türken gegrabenen Gang zu schütten. Gesagt, getan - die Türken konnten sich nicht mehr retten und ertranken jämmerlich. Sultan Soliman habe daraufhin die Belagerung der Stadt abgebrochen, sei mit seinen Truppen abgezogen. - Ein altes Hauszeichen erinnert noch an diese Begebenheit. Der Name Heidenschuß rührt daher, daß früher die Türken »Heiden« genannt wurden.

Palais Neupauer-Breuner (Singerstr. 16, 1. Bezirk): In der Art des Johann Lukas v. Hildebrandt errichtete sich hier der Bauunternehmer Neupauer 1715-16 ein Palais, das durch seine reichgegliederte Fassade

Parlament

auffällt. Bes. das Portal mit seinen Hermen, Balkon und Plastiken ist hervorzuheben (der Bauherr nahm vermutlich Anleihe beim Fischerschen Portal der →Böhmischen Hofkanzlei). Auch Vestibül und Stiegenhaus ließ er prächtig ausstatten (Stuckreliefs, Nischen und Kamin).

Palais Palffy (Josefsplatz 6, 1. Bezirk): Um 1575 wurde das heutige Palais v. einem nicht bekannten Architekten errichtet, seit der 2. Türkenbelagerung ist es das Majoratshaus der Fürsten Palffy.

Palais Pallavicini (Josefsplatz 5, 1. Bezirk): Das Majoratshaus des Grafen Niklas v. Salm, der bei der 1. Türkenbelagerung Wiens die Verteidigung leitete, wurde 1559 in ein Klarissinnenkloster, das sog. Königinkloster, umgewandelt. Unter Kaiser Joseph II. wurde es aufgelöst, das Gebäude an den Bankier J. v. Fries verkauft.
Dieser ließ v. J. F. Hetzendorf v. Hohenberg (→Gloriette, S. 124) das heutige Palais 1783-84 in klassizistischen Formen erbauen. Später ging das Haus in den Besitz der Pallavicinis über. Die strenge Gliederung des Baus wird durch Attika (Darstellung v. Handel und Freiheit) und Tor mit Karyatiden aufgelockert. Über dem gebänderten Sockelgeschoß liegen die einstigen Wohnräume, im Stockwerk darüber die Repräsentationsräume (v. außen an den hohen Fenstern gut zu erkennen). - Das Gebäude ist heute im Besitz des Wiener Trabrennvereins und kann innen nur im Rahmen v. Veranstaltungen besichtigt werden.

Palais des Prinzen Eugen →Winterpalais des Prinzen Eugen.

Palais Rasumofsky (Rasumofskygasse 23 bis 25, 3. Bezirk): Der russische Botschafter in Wien ließ 1806-07 v. Louis de Montoyer sein Palais erbauen. Dessen großer Festsaal hatte eine so hervorragende Akustik, daß sogar Beethoven davon begeistert war. Rasumofsky, ein Förderer und Mäzen zahlreicher Künstler, ließ sein Haus prunkvoll ausstatten, es wurde zu einem der Treffpunkte während des Wiener Kongresses. Allerdings vernichtete ein Brand 1814 die gesamte Inneneinrichtung. – Seit 1849 ist in die Räume des Palais die »Reichsanstalt für Geologie« (heute »Geologische Bundesanstalt«) eingezogen. Geologische Spezialgutachten und Ausbildung junger Wissenschaftler zählen zu den Hauptaufgaben des Institutes, das sich einen ausgezeichneten Ruf erworben hat.

Palais Rottal, ehem. (Singerstr. 17, 1. Bezirk): In dieses Palais, das v. einem Schüler Hildebrandts Ende des 17. Jh. errichtet worden war und 1750 vergrößert wurde, zog zunächst der Stadtbanko ein. Weitere Aufstockungen folgten; dabei wurde auf der Attika Figurenschmuck aufgestellt, der aus dem →Winterpalais des Prinzen Eugen stammte. Treppen und Festsäle sind glanzvoll ausgestattet. Heute ist hier die Finanzprokuratur untergebracht.

Palais Schwarzenberg (Rennweg 2, 3. Bezirk): Der Rohbau wurde nach Plänen v. Johann Lukas v. Hildebrandt 1697–1704 errichtet. Vor dem Hauptbau öffnet sich durch die seitlichen Flügelbauten ein großer Ehrenhof. Der Mittelteil des Palais springt an der Hoffront zurück, dafür an der Gartenfront vor. Über dem Kuppelsaal in der Mitte erhebt sich der für das Palais charakteristische Mauerkranz mit ovalen Fenstern. Ab 1720 ließ Fürst Schwarzenberg das Innere v. Johann Bernhard Fischer v. Erlach ausgestalten: Der herrliche Kuppelsaal (Wände in Stuccolustro mit Pfeilern und Atlanten) und die Gartenanlagen stammen v. ihm. In der sehenswerten Galerie findet man ein Deckenfresko v. Daniel Gran, die Wände des Raumes sind mit Stuckmarmorverkleidung und -reliefs verziert. Alle Räume besitzen Stuckdecken. – Die Gartenanlage geht auf Jean Trehet zurück, vielleicht wurde sie v. Josef Emanuel Fischer verändert. Am Gartenrand stehen die Gebäude der ehem. Orangerie und der Reitschule. – Im Flügelbau ist ein Luxushotel etabliert, im Erdgeschoß des Palais ein damit verbundenes exquisites Restaurant.

Palais Trautson, ehem. (Museumstr. 7, 7. Bezirk): Am Rande des Glacis ließ Graf Trautson 1710–17 sein Gartenpalais errichten. Die Pläne stammen v. Johann Bernhard Fischer v. Erlach. Es ist dies sein bedeutendster Profanbau, der in Wien errichtet wurde. Der stark hervorspringende Mittelrisalit weist ein schönes Portal mit Schmiedeeisenarbeiten in den Bogenöffnungen auf. Im Dreieckgiebel sieht man ein Stuckrelief, das eine olympische Szene darstellt. Ein monumentales Treppenhaus führt in die oberen Stockwerke. 1760 erwarb Kaiserin Maria Theresia das Gebäude und ließ hier die königlich-ungarische Leibgarde einquartieren (sie blieb bis 1918 hier). Von hier breitete sich die ungarische kulturelle Aufklärung aus (eine Gedenktafel in der Neustiftgasse 2 erinnert daran). – 1961 wurde das Palais vom ungarischen Staat für das Bundesministerium für Justiz erworben.

Palais Wertheim (Schwarzenbergplatz 17, 1. Bezirk): Gleichzeitig mit dem →Palais Erzherzog Ludwig Viktor erbaute Heinrich Ferstel sein Pendant für Ludwig Ritter v. Wertheim. Hier werden jedoch das 1. und 2. Obergeschoß durch Pilaster zusammengezogen, Karyatiden schmücken das oberste Geschoß.

Parlament (Dr. Karl-Renner-Ring 3, 1. Bezirk): 1873–83 erbaute Theophil Hansen in hellenischen Formen das Reichsratsgebäude. Heute tagen Nationalrat und Bundesrat in seinen Räumen. Die Hauptfassade ist zum Ring hin gerichtet, eine breite Auffahrtsrampe führt zum Haupteingang (Nachbildung des Athener Erechtheions) hinauf. Links und r davon jeweils ein erhöhter Flügelbau, in dem sich die Sitzungssäle befinden. Sie werden v. pavillonartigen Eckbauten, die mit Säulenportikus und Attika geschmückt sind, abgeschlossen. In den Giebeln ist l die »Allegorie der Justiz« und r die »Allegorie der inneren Verwaltung« dargestellt. Das Hauptgeschoß besitzt einen korinthischen Säulenportikus, darüber einen Dreieckgiebel, in dem die »Verleihung der Verfassung an die Völker der 17 Kronländer durch Franz Joseph I.« v. Edmund Heller zu sehen ist.

Inneres: Von besonderem Interesse ist neben dem Oberen Vestibül das Peristyl, der zentrale Repräsentationsraum. 24 korinthische Marmorsäulen verleihen dem Raum eine majestätische Würde. Im Budgetsaal

Philipshaus

fallen die Kassettendecke sowie ein riesiger Lüster auf. Der ehem. Abgeordnetensaal ist im Stil eines antiken Theaters gestaltet, ionische Säulen mit dazwischenstehenden Marmorfiguren sowie ein Fries (»Entstehung des staatlichen Lebens«, v. August Eisenmenger) schmücken ihn. Heute tagt hier die Bundesversammlung (Bundesrat und Nationalrat gemeinsam).
Vor dem Parlament steht der Athene-Brunnen (→Denkmäler, Brunnen).

Pasqualatihaus (Mölkerbastei 8, 1. Bezirk): Der Leibarzt Kaiserin Maria Theresias, Josef Benedikt Pasqualati v. Osterburg, ließ mehrere kleine Häuser zu einem großen Miethaus zusammenfassen. Bekannt wurde es jedoch durch einen zeitweiligen Mieter: Ludwig van Beethoven, der im 4. Stock wiederholt wohnte und hier zahlreiche Kompositionen schuf (Gedenktafel).

Philipshaus (Triester Str. 64–66, 10. Bezirk): Der Verwaltungsbau des Großkonzerns entstand 1962–64 nach Plänen v. Karl Schwanzer. Die Monumentalbauweise wird durch den »Trakt zwischen den Beinen« und dem Dachgeschoß gemildert. Das Bauwerk prägt die s Stadteinfahrt Wiens.

Postsparkasse (Georg-Coch-Platz 2, 1. Bezirk): Am 17. 12. 1906 war nach dreijähriger Bauzeit die feierliche Eröffnung des Gebäudes der Postsparkasse. Der Architekt, Otto Wagner, konnte hier seinen Auftraggebern voll gerecht werden (es sollte ein klar durchdachtes, zweckmäßiges Bauwerk werden) und gleichzeitig seine Ideen betreffend Konstruktion und formale Gestaltung in die Wirklichkeit umsetzen. Er errang mit dem Bau internationale Beachtung, der Stil wurde Vorbild für zahlreiche andere Architekten.
Die Sachlichkeit des Gebäudes läßt sich bereits außen erkennen: Die schlichte Fassade ist mit Marmor- und Granitplatten verkleidet, lediglich die Bolzen wirken auflockernd. Eine völlige Neuheit war die Verwendung v. Aluminium für die Schmuck-

elemente des Hauses (z.B. die dekorativen Kränze am oberen Fassadenabschluß und die allegorischen Engelfiguren). Auch die installierte Warmluftheizung wurde v. Otto Wagner entworfen, ebenso die gesamte Inneneinrichtung bis ins letzte Detail (wie etwa Stühle für den Konferenzraum oder Hocker für die Schalterhalle). Die Büroräume konnten durch verschiebbare Wände jeweils nach Bedarf vergrößert werden. Bes. sehenswert ist die große glasgedeckte Schalterhalle im Erdgeschoß.

Rathaus →Altes Rathaus, →Neues Rathaus.

Reumannhof (Margaretengürtel, 5. Bezirk): Diese Wohnhausanlage der Gemeinde Wien zählt zu den wichtigsten, die in der Zwischenkriegszeit errichtet wurden. Der riesige Wohnpalast ist festungsartig angelegt und beherbergt 478 Wohnungen. Sein Architekt, Hubert Gessner, versuchte sowohl amerikanisches Gedankengut als auch die Ideen v. Le Corbusier hier zu verbinden und in die Tat umzusetzen. Die Anlagenkonzeption entspricht im übrigen den anderen Gemeindebauten: Planung v. Wohnraum und Infrastruktur gleichzeitig.

Riesenrad →Prater unter: Parks und Gärten.

Ringturm (Schottenring/Franz-Josefs-Kai, 1. Bezirk): Das Bürohaus einer Versicherungsgesellschaft, ein funktioneller und schmuckloser Stahlbetonbau, entwarf Architekt Erich Boltenstern als 20stöckiges Hochhaus; es wurde 1953–56 erbaut. Früher gab es auf dem Dach des Turmes eine weithin sichtbare »Wettervorhersage«: Mittels farbiger Lampen auf einer Säule konnte jedermann ablesen, wie das Wetter am nächsten Tag sein würde.

Roßauer Kaserne (Schlickplatz/Roßauer Lände, 9. Bezirk): Zwischen dem Donaukanal und Schlickplatz wurde v. Oberst Pilhal und Major Markl der gewaltige Ziegelrohbau errichtet, der in seiner Anlage an eine Festung erinnert. Sitz der Wiener Polizei.

Schloß Augarten, die »Alta Favorita« (im Augarten, 2. Bezirk): Kaiser Leopold I. erwarb das Schlößchen 1677 und verwendete

Schloß Schönbrunn

Schloß Schönbrunn, vom Park

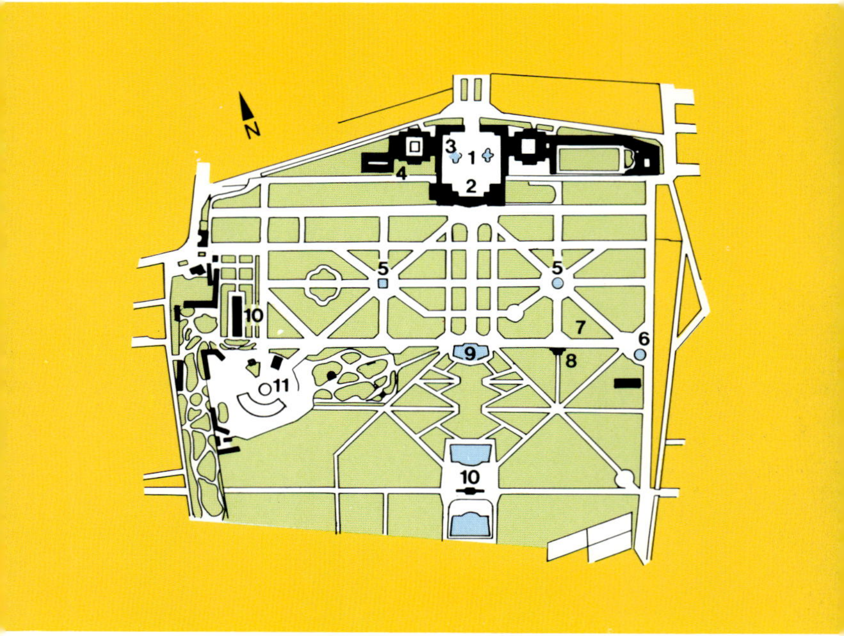

Schloß Schönbrunn **1** Ehrenhof **2** Hauptschloß **3** Schloßtheater **4** Wagenburg **5** Zwei Najaden-Brunnen **6** Obelisk **7** Schöner Brunnen **8** Röm. Ruine **9** Neptun-Brunnen **10** Gloriette **11** Menagerie mit Pavillon **12** Palmenhaus

es als Jagdsitz. Es fiel der Türkenbelagerung v. 1683 zum Opfer und wurde erst auf Veranlassung Kaiser Josephs I. restauriert: Nun fanden hier die sog. »Morgenkonzerte« statt; zu den Dirigenten zählten u.a. Mozart, Beethoven und Johann Strauß Vater. – Heute beherbergt der eingeschossige Bau die Wiener Porzellanmanufaktur Augarten (→Wienerisches).

Schloß Hetzendorf (Hetzendorfer Str. 79, 12. Bezirk): Johann Lukas v. Hildebrandt erbaute um 1694 dieses Jagdschloß für Sigismund Graf Thun. 1742 erwarb es die Hofkammer, 1743 wurde es v. Nikolaus Pacassi umgebaut. Niedrige Nebengebäude l und r vor dem Haupthaus bilden einen Ehrenhof, das Hauptgebäude selbst wirkt durch seinen mehrfach zurückspringenden Mittelteil und die Attika. Das erste Vestibül ist mit Stuckreliefs und einem Deckenfresko »Aurora« (v. Daniel Gran) ausgestattet, das zweite Vestibül besitzt Stuccolustroverkleidungen und ein Deckengemälde v. Peter Joseph Huber. Auch im sogenannten Empfangssaal befinden sich Wand- und Deckenfresken, ferner gibt es einen japanischen Salon mit interessanter Holzvertäfelung und Chinoiserien. Die *Schloßkapelle* »Hl. Dreifaltigkeit« besitzt Fresken nach Entwürfen v. Daniel Gran, den Hochaltar schuf Karl Auerbach 1745. – Heute ist hier die Modeschule der Stadt Wien untergebracht.

Schloß Neugebäude →Neugebäude.

Schloß Neuwaldegg (Waldegghofgasse, 17. Bezirk): Zwischen 2 Hügeln (Heuberg im S und Schafberg im N) ließ Graf Strattmann v. Johann Bernhard Fischer v. Erlach 1692–97 sein Schloß erbauen. Zahlreiche

Schloß Schönbrunn, Gloriette

Umbauten haben das Äußere stark verändert; von der urspr. Einrichtung sind im querovalen Mittelsaal noch Stuckarbeiten erhalten, aus dem 18. Jh. stammen die Blumenmalereien. Auch die sog. Sala terrena ist mit dekorativer Malerei ausgestattet. 1765 erwarb Feldmarschall Graf Lacy Schloß und umliegendes Gelände, auf dem er den Neuwaldegger Park (→Parks und Gärten) anlegte. Heute ist hier die kath. Bildungsstätte beheimatet.

Schloß Schönbrunn (Schönbrunner Schloß-Str., 13. Bezirk): *Geschichte:* 1559 erwarb Maximilian II. die zu einem Schloß umgestaltete »Kattermühle«. Er benutzte es als Jagdschloß und ließ bereits den Tiergarten anlegen. Um 1619 entdeckte Kaiser Matthias den »schönen Brunnen«, der dem späteren Schloß den Namen gab und es bis zum Ende des 18. Jh. mit Wasser versorgte. 1683 wurde das Jagdschloß durch Brände während der Türkenbelagerung verwüstet. Dies gab Johann Bernhard Fischer v. Erlach die Möglichkeit, seinen Traum vom imperialen Wien zu verwirklichen. 1692–93 legte er seine ersten genialen Entwürfe vor; danach stünde das Schloß dort, wo sich heute die →Gloriette (siehe unten) erhebt. Doch wie so oft verhinderten Kriegskosten die Ausführung der Pläne. In Abänderung der urspr. Ideen erbaute Fischer v. Erlach bis 1713 das Schloß an seinem heutigen Standort. Die Nachfolger v. Leopold I. zeigten jedoch relativ wenig Interesse an dem Projekt, erst unter Kaiserin Maria Theresia kam es zu einer intensiven Bautätigkeit. Nikolaus Pacassi wurde mit den Um- und Ausbauten beauftragt. Es war erklärte Absicht der Bauherrn der damaligen Zeit und ihrer Architekten, die Macht und den Reichtum des Herrschers zu demonstrieren, eine Kulisse für repräsentative Festlichkeiten zu schaffen. Schönbrunn wurde – erstaunlicherweise – dafür fast nie verwendet: Man feierte die großen Feste vorzugsweise in der →Hofburg. In Schönbrunn wurden lediglich Familienfeste, Botschafterempfänge und dergleichen abgehalten. Trotzdem, man sollte sich nicht

Schloß Schönbrunn, Napoleonzimmer

Schloß Schönbrunn, Ehrenhof mit Brunnen >

Schloß Schönbrunn, Millionenzimmer

täuschen lassen: 1441 Zimmer und Säle waren vorhanden, 390 davon dienten Wohn- und Repräsentationsaufgaben. Es gab 139 Küchen – und jede Menge Personal, denn der Hofstaat bestand aus nahezu 2000 Personen. Obwohl seit Joseph II. die Feste aufgrund seiner rationalistischen Gesinnung drastisch eingeschränkt wurden, fanden mehrere Ereignisse von Bedeutung in Schönbrunn statt: Er feierte hier seine beiden Eheschließungen mit Isabella v. Parma und mit Maria Josefa v. Bayern. Napoleon wählte das Schloß während der Besetzung Wiens durch ihn als Quartier, in der Zeit des Wiener Kongresses fanden hier nochmals glanzvolle Feste statt. 1918 legte Karl I. in Schönbrunn die Kaiserkrone nieder. Nach dem 2. Weltkrieg diente das Schloß der britischen Besatzungsmacht als Hauptquartier. Die durch über 270 Bombentreffer entstandenen Beschädigungen konnten bis 1952 behoben werden. 1955 wurde in Schönbrunn anläßlich der Unterzeichnung des Staatsvertrages ein Festbankett abgehalten.

Außenbesichtigung: Ein reich verziertes Gitter schließt die Anlage zur Straße hin ab. Links und rechts vom Eingangstor stehen Obelisken, vom französischen Kaiseradler bekrönt – eine Erinnerung an die napoleonische Besatzungszeit. Durch die »Kavalierstrakt« genannten Verbindungsbauten zwischen Schloß und Straße entstand ein 24000 m^2 großer *Ehrenhof.* Links und r steht in ihm je ein Brunnen, die Figuren des linken stellen Donau, Inn und Enns dar, r sind die allegorischen Figuren der Kronländer Galizien, Lodomerien und Siebenbürgen zu sehen. In der nw Ecke des Ehrenhofes ist das *Schönbrunner Schloßtheater* zu finden; es wurde 1766–67 nach Entwürfen v. Ferdinand v. Hohenberg im Rokokostil ausgestaltet. Es ist das älteste noch bestehende Theater Wiens.

Das *Schloßgebäude* ist ein 175 m breiter, dreigeschossiger Bau, dessen Eckflügel zweimal stufenartig vorspringen. Die Außenfassaden sind im »Schönbrunner Schloß-Gelb« gestrichen, zusammen mit den grünen Fensterläden ergibt sich ein anheimelndes Bild.

An der umlaufenden Balustrade des Dachsimses stehen zahlreiche Figuren und Vasen. Freitreppen mit kunstvollen Schmiedeeisengittern führen in die Beletage. In der zum Garten führenden Durchfahrtshalle sind 2 Bronzeplastiken, die Taten des Herkules darstellend, aufgestellt. – Im ö Eckflügel befindet sich die *Schloßkapelle* »Ma-

Schloß Schönbrunn, Bergl-Zimmer >

Schloß Schönbrunn, Große Galerie

riä Vermählung«: Die Deckenfresken schuf Daniel Gran (»Göttliche Tugenden«), das Hochaltarblatt malte Paul Troger (»Vermählung Mariens«). Der Hochaltar wurde v. einem Donner-Schüler, Franz Kohl, entworfen und ausgeführt. Das Relief auf der Tabernakeltür stammt v. Raphael Donner (?).

Innenbesichtigung: Die Inneneinrichtung v. Schloß Schönbrunn ist fast vollständig erhalten. Der Zugang zu den Schauräumen ist r in der Durchfahrtshalle.

Die *Blaue Stiege* (so benannt nach ihrem Deckenfresko v. Johann Michael Rottmayr) führt hinauf in die

Räume v. Kaiser Franz Joseph I.

Durch das *Gardezimmer,* wo sich die kaiserliche Leibwache aufhielt, gelangt man in das *Vorzimmer des Kaisers* (auch Billardzimmer genannt): Der Hofmaler Maria Theresias, Martin van Meytens, hielt in mehreren Bildern die Gründung des Maria-Theresia-Ordens 1757 fest. Es folgt das *Nußholzzimmer,* so genannt wegen der braungoldenen Vertäfelung. Das *Arbeitszimmer* und das *Schlafzimmer* des Kaisers sind spartanisch ausgestattet, der Kaiser wünschte für sich alles möglichst einfach. Er starb auch in dem hier stehenden Feldbett. Sein gemeinsames Schlafzimmer mit Kaiserin Elisabeth dagegen ist wesentlich prunkvoller ausgestattet (4 Räume weiter, dazwischen Personalräume).

Räume v. Maria Theresia

Die folgenden Räume wurden v. Maria Theresia eingerichtet, später v. Kaiserin Elisabeth benutzt. Nach dem *Audienzsaal* gelangt man in einen Raum, in dem das Porträt Kaiser Franz' I. v. Österreich (v. Friedrich v. Amerling) zu sehen ist; die Augen des Kaisers scheinen dem Betrachter zu folgen.

Im *Kinderzimmer* die Porträts der Töchter Maria Theresias, im *Frühstückskabinett* Handarbeiten der Mädchen.

Repräsentationsräume

Spiegelsaal: Der Raum beeindruckt durch die Helligkeit, hervorgerufen durch die riesigen Rokokospiegel und die großen Fenster. Hier konzertierte der sechsjährige Mozart erstmals vor Maria Theresia.

Rosa-Zimmer: 3 Räume, benannt nach dem Maler der hier befindlichen Riesengemälde, Josef Rosa.

Chinesisches Rundkabinett: Maria Theresias Konferenzraum mit einigen Finessen: geheime Zugänge und in der Raummitte die Möglichkeit, einen Eßtisch vom darunterliegenden Geschoß heraufzufahren und ungestört dinieren zu können.

Kleine Galerie: Deckengemälde v. Gregorio Guglielmi (1760).

Schloß Schönbrunn, Wagenburg

Rösselzimmer: Pferdebilder der Brüder Hamilton.
Zeremoniensaal: Porträt Maria Theresias (v. Martin van Meytens), 5 Monumentalgemälde (Hochzeit ihres Sohnes Joseph II. mit Isabella v. Bourbon-Parma) aus der Schule van Meytens'.
Blauer Salon: handbemalte chinesische Reistapeten. In diesem Raum dankte der letzte österr. Kaiser, Karl I., 1918 ab.
Napoleonzimmer: wertvolle Brüsseler Gobelins; hier logierte Napoleon während seiner beiden Wienaufenthalte 1805 und 1809.
Millionenzimmer: so benannt nach der angeblichen Summe, die für die Ausstattung ausgegeben wurde. Kostbare Rosenholztäfelung, reiche vergoldete Feketinholz-Ornamente (ein seltenes chinesisches Holz).
Karussellzimmer: Der Name stammt v. dem hier befindlichen Gemälde »Damenkarussell«, einem v. Maria Theresia heißgeliebten Vergnügen, das gelegentlich in der Winterreitschule veranstaltet wurde.
Große Galerie: Deckengemälde v. Gregorio Guglielmi (»Ruhm der österreichischen Heere«, »Huldigung der österr. Erbländer«, »Segnungen des Friedens«).
Bergl-Zimmer: so benannt nach dem Troger-Schüler Johann Wenzel Bergl, der diese Raumflucht mit Decken- und Wandmalereien versah.

Palmenhaus
In dem 1882 erbauten Palmenhaus, das eine interessante Eisenkonstruktion aufweist, werden in 3 unterschiedlich temperierten Abteilungen Pflanzen aus verschiedenen Erdteilen gezeigt und gezüchtet: australische und Mittelmeervegetation, Tropen (Nutzpflanzen) und tropische Gewächse, Giftpflanzen, Orchideen etc.

Wagenburg
Im ö Trakt des Schlosses ist in der ehem. Winterreitschule die *Sammlung historischer Prunk- und Gebrauchswagen* zu sehen. Sie umfaßt etwa 60 Wagen, Schlitten, Sänften und Tragsessel aus der Zeit zwischen 1690 und 1917. Das wohl berühmteste Stück ist der sog. Imperialwagen, der, reich vergoldet und verziert, das beachtliche Gewicht v. 4 Tonnen hat. Er wurde bei Kaiserkrönungen verwendet und v. 8 Pferden gezogen. – Außerdem sind hier diverse Prunkgeschirre, Reitzeuge, Livreen und zahlreiche Pferdebilder ausgestellt.

Secession (Friedrichstr. 12, 1. Bezirk): Nach Plänen v. Joseph Maria Olbrich entstand 1897–98 dieses Kunstausstellungsgebäude. Hier stellten die Secessionisten, eine Künstlergruppe, die sich v. den traditionell arbeitenden Kollegen getrennt hatte, aus. Ihre Arbeiten gehören der Jugendstilrich-

Secession

U-Bahn-Station Alte Donau

Universität

tung an. Das Bauwerk selbst dokumentiert zum einen die Eigenständigkeit (kein bisheriger Baustil sollte kopiert werden), zum anderen die finanzielle Unterstützung, die den Künstlern durch das Großbürgertum zufloß (Kuppel aus vergoldeten, eisernen Lorbeerzweigen). Die Kuppel erhielt übrigens v. den spottlustigen Wienern bald den Namen »Krauthapel« (= Krautkopf). Im Inneren berühmter Beethoven-Fries v. Gustav Klimt. *Öffnungszeiten:* Di–Fr 10.00 bis 18.00, Sa, So 10.00–16.00 Uhr.

Strudlhofstiege (Strudlhofgasse bei Liechtensteinstr., 9. Bezirk): Die Verbindung zwischen Währinger Str. und dem Palais Liechtenstein wurde 1910 v. Johann Theodor Jäger konzipiert. Die Jugendstiltreppe ist mit Kandelabern und Brunnen geschmückt und durch zahlreiche Rampen unterbrochen. Den Namen erhielt sie nach dem oben liegenden »Strudlhof«, in dem der Maler Peter Strudel die 1. Kunstakademie Wiens einrichtete. – Heimito v. Doderer schrieb einen Roman mit dem Titel »Die Strudlhofstiege«.

Technische Hochschule (Karlsplatz 13, 4. Bezirk): 1815 gründete Kaiser Franz I. das »K. K. Polytechnische Institut zur Hebung der Nationalindustrie«; der Bau stammt v. Joseph Schemerl. Joseph Klieber schuf die plastische Gruppe und die Reliefs des Mittelrisalits; vor der Fassade 8 Bronzebüsten berühmter Professoren der Hochschule. Zweistöckiger Festsaal nach Plänen v. Peter Nobile. Zu den Hörern zählten u. a. auch Josef Strauß (er konstruierte für die Gemeinde Wien eine Straßenkehrmaschine) und Johann Strauß Sohn (er widmete zahlreiche Kompositionen der »Technik«, z. B. Accelerationen-Walzer).

Theresianum (Favoritenstr. 15, 4. Bezirk): Kaiser Matthias ließ hier seine Sommerresidenz errichten, die 1683 ein Opfer der Türkenbelagerung wurde. Den Neubau »Nova Favorita« schuf Ludovico Burnacini 1687–90, das damals vor den Stadtmauern und in einem großen Park gelegene Schloß war beliebter Aufenthaltsort der Kaiserfamilie. Kaiserin Maria Theresia widmete 1746 das Gebäude in eine Erziehungsanstalt um, die bald einen erstklassigen Ruf hatte. Zahlreiche Persönlichkeiten

Thersesianum

drückten hier die Schulbank; außerdem wurde hier die Diplomatische Akademie untergebracht. Beide Einrichtungen bestehen noch heute.

U-Bahn-Station Alte Donau (21. Bezirk): Die ins Auge fallende Hochstation der Linie U 1 wurde vom Architektenteam Holzbauer, Ladstätter, Marschallek und Gantar 1978–82 entworfen. Bewußt versuchte man, die technische Funktionalität des Bauwerkes zu verdeutlichen: Schmale, hohe Felder und abgerundete Ecken dominieren den silbrig glänzenden Bau, der auch gut mit den nahebei liegenden Bauten der UNO-City und des Austria-Centers harmoniert.

Universität (Dr. Karl-Lueger-Ring 1, 1. Bezirk): 1365 wurde v. Rudolf IV., dem Stifter, die Wiener Universität gegr., bis 1883 waren die Fakultäten in der →Alten Universität untergebracht. Das Gebäude am Ring errichtete Heinrich Ferstel 1873–83 in Formen der italienischen Renaissance; er gruppierte die Anlage um einen großen

P
U

und 8 kleine Innenhöfe. Dem Mittelrisalit der Hauptfassade ist eine großzügige Freitreppe vorgelagert, im vorderen Giebelfeld ist die »Geburt der Pallas Athene« dargestellt. – Über der Aula liegt der zweigeschossige Festsaal. – In den Arkadengängen zahlreiche Denkmäler für Lehrer der Wiener Universität. An der Rückseite des Gebäudes außergewöhnlich schöne Sgraffitowerke. Die Universität ist die älteste des dt. Sprachraumes und die drittälteste Mitteleuropas (nach Prag und Krakau).

UNO-City (Wagramer Str., 22. Bezirk): 1973–79 errichteten die Stadt Wien und die Republik Österreich gemeinsam nach Plänen v. Johann Staber das »Vienna International Centre«, das Gelände ist exterritorial. Die 4 konkav geformten, unterschiedlich hohen Bürotürme, in Y-Form angeordnet, prägen die Skyline ö der Donau. Das Gebäude ist städtebaulich, funktionell und auch raumökonomisch nach wie vor umstritten.

Urania (Uraniastr. 1, 1. Bezirk): 1910 wurde v. Max Fabiani ein »wissenschaftliches Theater«, das Volksbildungshaus mit Sternwarte, erbaut. Es war das erste Haus, das ausschließlich Volksbildungszwecken diente und aufgrund seiner Ausstattung bisher nicht vorhandene Möglichkeiten eröffnete. Ferner wurde hier die zentrale Uhrenanlage Wiens eingerichtet, ein Kinosaal rundete das Angebot ab.

Werkbundsiedlung (Jagdschloßgasse/Veitingergasse, 13. Bezirk): Zwischen 1930 und 1932 errichteten hier auf Veranlassung der Gemeinde Wien 33 verschiedene Architekten eine Mustersiedlung. Die Aufgabenstellung: Verbesserung des Wohnkomforts auch für finanziell schwächere Familien. 70 Häuser wurden gebaut, jedes auf einem etwa 200 m^2 großen Grundstück. Die verbaute Grundfläche sollte nicht mehr als ein Sechstel bis ein Viertel betragen, alle Häuser wurden unterkellert, einige haben Garagen, andere dafür begehbare Dächer. Durch die unterschiedliche Art, auf die die Architekten an die Lösung der Aufgabenstellung herangingen, entstand eine unterschiedliche Anordnung der Siedlung: Teilweise als Reihenhäuser, teilweise frei stehend, bilden sie ein interessantes Stück Baugeschichte der Gemeinde Wien. Zu den Architekten gehörten u. a. Adolf Loos, Clemens Holzmeister, Josef Hoffmann und Oswald Haerdtl; Leiter des Projektes war Dr. Josef Frank. Er wollte mit dieser Arbeit einen »Weg von den Wohnsilos« weg propagieren.

< UNO-City

Urania (unten)

Winterpalais des Prinzen Eugen, ehem. (Himmelpfortgasse 8, 1. Bezirk): Johann Bernhard Fischer v. Erlach errichtete 1697 bis 1698 den Kernbau (die 7 mittleren Achsen), die Erweiterungen wurden unter der Aufsicht v. Johann Lukas v. Hildebrandt vorgenommen. Das viergeschossige Gebäude betritt man durch auffallend schöne Portale (plastischer Schmuck). Die Innenausstattung hat die Herkulessage zum zentralen Thema (Brunnenfigur, Stuckdekorationen). Über das harmonische Stiegenhaus Fischer v. Erlachs gelangt man in die Prunkräume im 1. Stock (Schlachtenbildersaal, Grüner Salon, Goldkabinett, Blauer, Roter und Gelber Salon). Im Palais ist seit 1848 das Finanzministerium untergebracht.

Zacherlfabrik (Nußwaldgasse 14, 19. Bezirk): Ein in seiner Art in Wien einzigartiges Bauwerk: Karl Mayreder errichtete 1888-92 dieses Gebäude im orientalischen Stil - ähnlich einer Moschee.

Zacherlhaus (Brandstätte 6, 1. Bezirk): Jugendstil-Wohn- und Geschäftshaus nach Plänen v. Josef Plecnik (Schüler Otto Wagners), erbaut 1903-05. Das in strenge Rasterfelder gegliederte Haus besitzt als einzigen Schmuck eine erzgetriebene Statue des Erzengels Michael.

STRASSEN, PLÄTZE, BRÜCKEN

Am Hof (1. Bezirk): Nach dem Abzug der Römer blieb dieser Teil bis zum Einzug der Babenberger unbesiedelt. Herzog Heinrich II. Jasomirgott errichtete hier um 1155 seine Residenz; erst durch den Bau der Hofburg (seit Ottokar II., Schweizerhof) verlor der Platz an Bedeutung. - Reste des Römerlagers können im Museum Haus Nr. 9 besichtigt werden.

Fleischmarkt (1. Bezirk): Hier wurden seit alters Fleischwaren verkauft. Zu den bekanntesten Häusern am Fleischmarkt zählen das Griechenbeisel (→Profanbauten) und die griech. nichtunierte Kirche, ferner befindet sich hier das Hauptpostamt.

< Am Hof, Mariensäule

Freyung (1. Bezirk): Die Freyung war im alten Wien der Ort, wohin sich Straffällige flüchteten: Hier wurde ihnen Asylrecht gewährt, waren sie »straffrei«. Diese Einrichtung wurde erst unter Maria Theresia abgeschafft. Danach hielten hier fahrende Musikanten und Schauspieler ihre Vorstellungen ab, auch der »Hanswurst«, eine Wiener Erfindung, gab hier seine Späße zum besten. Zwischen 1772 und 1841 wurde hier der Christkindlmarkt abgehalten.

Graben (1. Bezirk): Der v. den Römern angelegte Graben, der die Siedlung schützen sollte, wurde im MA zugeschüttet. Ende des 13. Jh. war der Graben ein Marktplatz; hier handelte man mit Mehl, Eiern und Geflügel. Angeblich machten die Hühner einen derartigen Lärm, daß die Priester v. St. Stephan die Verlegung dieses Marktes erzwangen. Der Platz wandelte sich langsam: Nachdem die Stadt einen Brunnen errichten ließ, siedelten sich hier reiche Bürger an. Trotzdem diente der Platz noch Marktzwecken, allerdings hatte sich das Angebot verändert – Gemüse wurde nun feilgeboten. Damals hieß der Graben »Grüner Markt«. Doch das städtische Gepräge nahm immer mehr überhand; zur Zeit Maria Theresias war der Platz bereits Zentrum des städtischen Lebens. Daher versuchten die Kaufleute, hier vornehme Geschäftslokale zu etablieren. Zahlreiche k. u. k. Hoflieferanten zeigten in ihren Auslagen, daß sie die Auszeichnung verdient hatten, namhafte Architekten gestalteten zu allen Bauphasen seit dem Barock die Häuser und Geschäftslokale des Grabens. Der Graben zählt heute neben der Kärntnerstr. und dem Kohlmarkt zu den ersten Adressen.

Heldenplatz (1. Bezirk): 1809 sprengten die französischen Truppen bei ihrem Abzug aus Wien die Burgbastei. Statt eines Wiederaufbaus entstanden hier der Burggarten, der Volksgarten und der Heldenplatz sowie die Neue Burg. Auf dem Platz die 2 berühmten Denkmäler für Erzherzog Karl und für Prinz Eugen.

Hoher Markt (1. Bezirk): Er ist neben dem

Blutgasse >

Platz um die Ruprechtskirche der älteste Platz Wiens. Zur Römerzeit stand hier das Prätorium (Residenz des Kommandanten), im MA war er das Stadtzentrum schlechthin: Marktplatz, Gerichtsstätte und Pranger waren hier vereint. Im 16. Jh. entwickelte sich der Platz zu einem beliebten (und vornehmen) Wohngebiet. In der Platzmitte steht der Vermählungsbrunnen, gegen die Rotenturmstr. hin findet man die Anker-Uhr.

Josephsplatz (1. Bezirk): Der Josephsplatz wird umrahmt v. Teilen der Hofburg (Nationalbibliothek, Winterreitschule), der Augustinerkirche und den Palais Pallavicini und Palffy. Er wird seiner Ausgewogenheit und Harmonie wegen als der schönste Platz Wiens bezeichnet.

Kärntnerstr. (1. Bezirk): Bereits Mitte des 13. Jh. wird die Strata Carinthianorum urkundlich erwähnt; durch sie führte der Fernhandel in den S. Ihr heutiges Aussehen stammt zu einem großen Teil aus der Nachkriegszeit. Die Kärntnerstr. beginnt bei der Oper und endet am Stock-im-Eisen-Platz bzw. Stephansplatz. Sie gehört zu den vornehmsten – und teuersten – Einkaufsstraßen Wiens.

Kohlmarkt (1. Bezirk): Hier verkaufte man nie – wie der Name vermuten lassen würde – Kohl oder Gemüse, sondern Brennmaterialien: zunächst Brennholz, dann Holzkohle (»Kohl«). Die nahe Lage an der Hofburg brachte jedoch mit sich, daß sich diese Straße zu einer der 3 vornehmsten Einkaufsstraßen Wiens entwickelte. Hier findet man u. a. das berühmte Café Demel.

Mariahilferstr. (Grenzstraße zwischen 5. und 6. Bezirk): Die Geschichte dieser Straße läßt sich über 2 Jtd. zurückverfolgen, bereits die Römer verwendeten diesen Weg nach W. Zwischen der Mariahilferstr. und dem s gelegenen Wienfluß war der Boden sehr lehmig (die hier gelegene Vorstadt hieß auch Laimgrube). Er eignete sich gut zum Weinanbau, der bis zur Mitte des 17. Jh. hier betrieben wurde. Dörfliche Ansiedlungen folgten, die Straße gewann seit

< *St.-Anna-Gasse*

Fiaker am Josephsplatz

dem Bau v. Schloß Schönbrunn als Zufahrtsweg dorthin an Bedeutung. Zahlreiche Gewerbe siedelten sich hier an – erstmals war die Mariahilferstr. eine Ausstellungs- und Einkaufsstraße geworden. Zur Gründerzeit erfolgte jedoch eine fast völlige Neugestaltung: All die vier-, fünf- und sechsgeschossigen Häuser prägen heute noch das Straßenbild. Auch der Bau des Westbahnhofes förderte die Entwicklung der Straße, schließlich eröffneten zahlreiche Kaufhäuser an der Mariahilferstr. Heute ist sie »fest in ungarischer Hand«, da sowohl viele Geschäfte ihre Ware in Ungarisch anpreisen als auch entsprechende Kundschaft aus dem ö Nachbarland hier einkauft.

Michaelerplatz (1. Bezirk): Der Platz liegt an der ehem. Kreuzung v. röm. Limesstraße nach Carnuntum (→Umgebung) und dem am Kohlmarkt beginnenden Fernhandelsweg nach Wien. Hier entwickelte sich die sog. »Vorstadt vor den Mauern«, die erst Ende des 12. Jh. in die Stadt integriert wurde. 1 Jh. später begann Ottokar mit dem Bau seiner neuen Burg (→Hofburg, Schweizerhof, unter: Profanbauten). – Jüngste Grabungen am Michaelerplatz brachten bislang barocke Kellergewölbe, ovale Wendeltreppen und 3 Kachelöfen aus der Zeit um 1850 zutage: Bis 1888 gab es hier noch keinen Platz, sondern die Wegkreuzung. Auch ein röm. Vergnügungsviertel soll sich hier befunden haben.

Mölkerbastei (1. Bezirk): Die Mölkerbastei ist neben der Augustinerrampe der letzte erhaltene Rest der alten Stadtbefestigung. Sie wurde um 1535 als »Schottenbastei« (nach dem nahe gelegenen Schottenkloster) angelegt und v. Ferdinand III. ausgebaut. Der Name dieses Basteiteiles wurde später nach den Besitzungen der Melker Stiftsherren (Melker Hof in der Herrengasse) in Mölkerbastei umgeändert.

Naschmarkt (6. Bezirk): Hier wurden urspr. Milch und Milchprodukte verkauft. Der Name Naschmarkt leitet sich v. Asch

Naschmarkt

(= Milchkanne) her, die frühere Bezeichnung war dementsprechend auch Aschmarkt. Heute teilt sich der Naschmarkt in einen Teil, wo Lebensmittel (Obst, Gemüse, Spezialitäten) und Blumen verkauft werden, und in den sog. Antiquitäten- und Flohmarkt, der im w Teil des Naschmarktes jeden Samstag abgehalten wird. Über die Wiener Marktfrauen wird erzählt, daß unter ihrer rauhen Schale das »goldene Wiener Herz« schlüge.

Reichsbrücke (2.-22. Bezirk): Die feierliche Eröffnung des damals »Kronprinz-Rudolf-Brücke« genannten Bauwerks erfolgte im August 1876. Die in 4 Jahren erstellte wuchtige Brücke war über einen Kilometer lang und wurde v. 5 Steinpfeilern getragen. Nach des Kronprinzen Tod (→Mayerling, unter: Umgebung) nannten die Wiener die Brücke boshafterweise auch »Selbstmörderbrücke«. Nach dem Ende des Kaiserreiches wurde sie in »Reichsbrücke« umgetauft. 1937 wurde die Brücke vollständig erneuert, die nunmehrige Kettenbrücke war ein Werk der Architekten Siegfried Theiß, Hans Jaksch und Clemens Holzmeister. Die Beschädigungen des 2. Weltkrieges (während der russischen Besatzung hieß sie »Brücke der Roten Armee«, da die Russen über sie in Wien eingezogen waren) wurden bereits 1945 wieder behoben. Am 1.8. 1976 stürzte die Reichsbrücke um 4.43 Uhr morgens ein - ein Pkw-Lenker konnte nur noch tot geborgen werden. Mehrere auf der Brücke befindliche Autos konnten sich noch ans Ufer retten, ein städtischer Autobus blieb auf der abgesackten Fahrbahn in Schräglage stehen. Ursache der Katastrophe war schlechter Beton in einem der Brückenpfeiler. - Die neue Reichsbrücke, am 8.11. 1980 dem Verkehr übergeben, vereint Fahrbahnen, Fußgängerwege und eine U-Bahn-Trasse in einem.

Ringstr. (1. Bezirk): Bis zum Jahre 1857 war das Zentrum v. Wien noch v. der Stadtmauer umgeben, die Häuser auf der Innenseite waren bis an die Mauer herangerückt - und dennoch war zuwenig Platz. Lange schon versuchten die Stadtplaner, den Abbruch der Befestigungsanlagen durchzusetzen, am 20.12. 1857 gab Kaiser Franz Joseph I. endlich per Handschreiben seine Einwilligung dazu. Gleichzeitig sollte der Stadtgraben zugeschüttet werden. Auch das Glacis, die den Verteidigungsanlagen vorgelagerte Freifläche, die bislang nur als Promenadeanlage verwendet wurde, durfte nun verbaut werden - dadurch rückten die Innere Stadt und die seit 1850 eingemeindeten Vorstädte nahtlos aneinander. (Johann Strauß Sohn widmete diesem epochalen Ereignis seine »Demolierer-Polka«.) - Eine internationale Ausschreibung veranlaßte alle damaligen Architekten v. Rang und Namen, sich mit der Bebauung dieser großen Flächen auseinanderzusetzen. Es war dies die einzigartige Möglichkeit, einen städtebaulichen Gesamtentwurf, noch dazu im Zentrum einer Weltstadt, zu planen und u. U. auch zu verwirklichen. 85 Architekten reichten ihre Vorschläge ein, v. einer Jury wurden die Entwürfe v. Ludwig Förster, Eduard van der Nüll und August Sicardsburg prämiert, zur Ausführung gelangte schließlich ein Konglomerat aus diesen

Michaelerplatz, Brunnen, Detail >

Athene-Brunnen

3 Arbeiten. 1861 begannen die Bauarbeiten für die Staatsoper, 1863 ließ der Herzog v. Württemberg das heutige Hotel Imperial erbauen. Es folgten 1864 das Palais Dumba und das Palais Erzherzog Wilhelm, 1872 das Kunsthistorische und das Naturhistorische Museum sowie das Neue Rathaus, 1873 das Parlament und die Universität, 1874 das Burgtheater, das Hotel Sacher und die Börse. Die überwiegende Anzahl der Bauwerke wurde in historisierendem Stil aufgeführt: Man wollte nichts Neues, sondern das Beste der vorangegangenen Epochen zu einem harmonischen Miteinander verbinden; der so entstandene Baustil wird auch »Ringstraßenarchitektur« genannt. Die wichtigsten Architekten der Ringstraßenbauten waren Heinrich Ferstel, Theophil Hansen, Carl Hasenauer, Eduard van der Nüll, Johann Romano, Friedrich Schmidt, Gottfried Semper und August Sicardsburg.
Die »Ringstraßenära« fiel zeitlich zusammen mit der sog. Gründerzeit, der Zeit des wirtschaftlichen Aufschwungs der Industriellen. Das finanziell bestens gerüstete Großbürgertum konnte es sich leisten, seine Palastbauten an der neuen Ringstr. erbauen zu lassen. Ein ziemlich geschlossenes Ensemble entstand zwischen Ring, Universität, Landesgerichtsstr. und Stadiongasse unter der Regie v. Franz Neumann d.J.: Hier kann man noch deutlich die Hervorhebung der sog. Beletage sehen. Es ist dies das 1. Stockwerk, in dem der Hausherr wohnte (höhere Räume, größere Fenster, im Treppenhaus erkennbar durch niedrigere Stufen bis hierher, danach höhere Stufen). - Es war auch die Zeit des Gipses - schier unerschöpflich war die Zahl der verwendeten Gipsplastiken bei all den neuen Bauwerken. Mehr als 3000 Modelle lagerten in den Kellern der Hofburg; man versucht, die interessantesten Stücke zu restaurieren und auszustellen.
Die Wiener Prachtstraße ist etwa 4 km lang und 57 m breit, sie wird durchgehend v. Alleebäumen gesäumt. Anfang und Ende (Stubenring und Schottenring) wurden durch den Franz-Josephs-Kai entlang des Donaukanals verbunden. Dieser Teil des Rings wurde bereits 1858 dem Verkehr übergeben, und zwar anläßlich der traditionellen 1.-Mai-Veranstaltung durch das Kaiserpaar höchstpersönlich. Bis zum Ausbruch des 1. Weltkrieges waren alle Bauabschnitte der Ringstr. vollendet.

Tiefer Graben (1. Bezirk): Der Tiefe Graben begrenzte bis zur Babenbergerzeit die Stadt; daß er seinen Namen zu Recht trägt, sieht man an den unterschiedlichen Geschoßhöhen der Häuser. Der Tiefe Graben wird v. der Wipplingerstr. über die Hohe Brücke überquert, die Jugendstilbrücke wurde v. Josef Hackhofer 1903 gebaut. Früher waren in den Brückenaufgängen Geschäftslokale etabliert.

DENKMÄLER, BRUNNEN

Abraham a Sancta Clara →Burggarten (unter: Parks und Gärten).

Alt, Rudolf v. (1812-1905; Minoritenplatz, 1. Bezirk): Aquarellist und Vedutenmaler. Stammte aus einer Malerfamilie, wurde durch seine detailgenauen Veduten

(=wirklichkeitstreue Stadt- und Landschaftsansichten) berühmt.
Seine Werke sind unter anderem im Historischen Museum der Stadt Wien, in der Albertina und in der Galerie des XIX. und XX. Jahrhunderts zu sehen. - Denkmal von H. Scherpe.

Amerling, Friedrich v. →Stadtpark (unter: Parks und Gärten).

Andromeda-Brunnen (im Alten Rathaus, 1. Bezirk): Das Werk Raphael Donners (1741) stellt Perseus und Andromeda dar. Der Wandbrunnen war Donners letztes Werk.

Anzengruber, Ludwig (1839-89; Schmerlingplatz, 1. Bezirk): Volksschriftsteller; zu seinen bekanntesten Werken gehören die Theaterstücke »Der Meineidbauer«, »Der G'wissenswurm« und »Das Vierte Gebot«. - Bronzestandbild v. Johann Scherpe.

Athene-Brunnen (vor dem Parlament, 1. Bezirk): Karl Kundmann schuf die Figur der Pallas Athene (griech. Göttin der Weisheit) und die Gruppe der Elbe und Moldau (hinten). Die Inn- und die Donaugruppe (vorn) gestaltete H. Heirdtl. Für die Allegorien der gesetzgebenden und ausübenden Gewalt zeichnete J. Tautenhayn verantwortlich.

Auer v. Welsbach, Carl (1858-1929; Währinger Str./Boltzmanngasse, 9. Bezirk): Wiener Chemiker, erfand das Gasglühlicht sowie die Osmiumlampe und entdeckte u.a. das Element Neodym. - Denkmal v. Frass.

Augustin-Brunnen (Neustiftgasse 32, 7. Bezirk): Der »liebe Augustin« zählt zu den beliebtesten Wiener Sagenfiguren. Augustin soll zur Zeit der Pestepidemien mit dem Dudelsack durch die Gaststätten gezogen sein und für Stimmung gesorgt haben. Dabei scheint er einmal kräftig über den Durst getrunken zu haben, denn auf dem Heimweg fiel er in eine offene Pestgrube (Massengrab für Pestleichen). Er schlief dort seinen Rausch aus, wurde am näch-

Austria-Brunnen >

Ludwig van Beethoven

Befreiungsdenkmal

sten Tag aus dem Grab gezogen – und überlebte, ohne sich angesteckt zu haben. So gesehen, trifft das Lied »O du lieber Augustin, alles ist hin« eigtl. nicht auf ihn zu, es wird in Wien aber mit ihm in Verbindung gebracht. – Denkmal v. Josef Humplik (1952).

Austria-Brunnen (Freyung, 1. Bezirk): Auf einer v. Eichen umrankten Säule allegorische Darstellung der 4 Hauptflüsse der Monarchie (Donau, Po, Elbe, Weichsel). Darüber erhebt sich die Figur der Austria, mit Mauerkrone, Lanze und Wappenschild ausgestattet. – Entwurf v. Ludwig Schwanthaler, Bronzeguß v. Ferdinand Miller (1844–46).

Bäckerkreuz (Florianigasse 13, 8. Bezirk): Diese got. Wegsäule (Anfang 16. Jh.) steht im Hof der Bäckerinnung. Über der Steinsäule ein viereckiger Aufsatz mit Reliefdarstellungen.
Unter der Christus-Darstellung wurde später eine Inschrift angebracht (sog. »Raaber Spruch«; er bezieht sich auf den Krieg gegen die Türken und die Wiedereroberung der Festung Raab).

Beethoven, Ludwig van (1770–1827; Beethovenplatz, 1. Bezirk): 1787 war Beethoven erstmals in Wien, um ab 1792 ständig hier zu wohnen.
Denkmal v. Caspar Zumbusch: Unter der Bronzefigur Darstellung des Prometheus, rechts eine Siegesgöttin mit Kranz, vorn und hinten Putti, die Attribute in Händen halten, die die 9 Symphonien darstellen sollen.

Befreiung der Quelle (Stadtpark, 1. Bezirk): Der Brunnen wurde 1903 v. Josef Heu geschaffen: 2 männliche Figuren versuchen, einen Stein zu heben.

Befreiungsdenkmal (Schwarzenbergplatz, 3. Bezirk): Hinter dem →Hochstrahlbrunnen wurde 1945 v. der sowjetischen Heeresleitung ein Denkmal für die im Kampf um Wien gefallenen russischen Soldaten

Georg Coch

errichtet. Die Instandhaltung trägt aufgrund vertraglicher Verpflichtung die Gemeinde Wien.

Brahms, Johannes →Resselpark (unter: Parks und Gärten).

Bruckner, Anton →Stadtpark (unter: Parks und Gärten).

Coch, Georg (1842–90; Georg-Coch-Platz, 1. Bezirk): Coch schuf 1882 das Postsparkassengesetz, war Direktor der Wiener Postsparkassa und entwickelte das Postscheckwesen, das v. Österreich aus zu Weltgeltung gelangte. – Denkmal v. Hans Scherpe.

Danubiusbrunnen (Albertinaplatz, 1. Bezirk): Der Mittelteil der urspr. größeren Brunnenanlage hat den 2. Weltkrieg überlebt: Danubius (Donau) und Vindobona (Wien), in den beiden Seitennischen die Allegorien für Save und Theiß. – Von Johann Meixner.

Deutschmeisterdenkmal (Deutschmeisterplatz, 1. Bezirk): Das Denkmal wurde zum 200jährigen Bestehen des österr. Infanterieregimentes Nr. 4 (»Hoch- und Deutschmeister«) errichtet.
Am Podest steht ein Fahnenträger mit Regimentsfahne, am Sockel u. a. Wappen der Deutschmeister und die Schlachtenorte, wo das Regiment erfolgreich gekämpft hatte. – Von Johann Bank.

Donauweibchenbrunnen (Stadtpark, 1. Bezirk): Das Donauweibchen ist eine alte Wiener Sagenfigur; die Nixe soll armen Menschen immer wieder geholfen haben. – Kopie der Marmorfigur v. Hans Gasser (Original im Historischen Museum der Stadt Wien [→Museen]).

Donner, Raphael (1693–1741; Lothringer Str./Schwarzenbergplatz, 3. Bezirk): Der Bildhauer wurde v. Fürst Esterházy gefördert, der ihm eine eigene Gießerei einrichtete. Er spezialisierte sich auf Erzguß und schuf zahlreiche Plastiken für Wien, u. a.

Deutschmeisterdenkmal

Denkmal für Erzherzog Karl (Heldenplatz)

den Providentia-Brunnen (→Donner-Brunnen). – Denkmal v. R. Kauffungen.

Donner-Brunnen, auch **Providentia-Brunnen** (Neuer Markt, 1. Bezirk): 1737 beauftragte die Gemeinde Wien Raphael Donner, einen Brunnen mit der Figur der Providentia (= Vorsehung, Fürsorge) zu gestalten. 4 Figuren symbolisieren die Flüsse Traun (Jüngling), Enns (Greis), March und Ybbs (Frauengestalten). Maria Theresia ließ sie »wegen ihrer Nacktheit« entfernen, erst 1801 wurden sie wieder aufgestellt. Die Originale befinden sich heute im Unteren Belvedere im Barockmuseum (→Museen).

Dreifaltigkeitssäule →Pestsäule.

Ehrenmal der Roten Armee (hinter dem Hochstrahlbrunnen, 3. Bezirk): 1945 v. der sowjetischen Heeresleitung errichtetes Denkmal, nur in russischer Sprache beschriftet.

Elisabeth, Kaiserin →Volksgarten (unter: Parks und Gärten).

Erzherzog Albrecht (1817–95; Albertinarampe, 1. Bezirk): Sohn v. Erzherzog Karl, Feldmarschall, konnte 1866 mit seiner Truppe bei Custozza einen Sieg über die zahlenmäßig überlegenen Italiener erringen. – Reiterstandbild v. Caspar Zumbusch (1899).

Erzherzog Karl (1771–1847; Heldenplatz, 1. Bezirk): Sieger über Napoleon in der Schlacht bei Aspern. – Das Reiterstandbild v. Anton Fernkorn ist eine künstlerische und technische Meisterleistung; das ganze Gewicht des Denkmals ruht auf den beiden grazilen Hinterhufen des Pferdes (üblicherweise wurde auch der Schweif als Stütze verwendet). Bereits Leonardo da Vinci hatte dieses Kunststück vergeblich zu realisieren versucht. Das Bronzestandbild ist immerhin 17,5 Tonnen schwer und etwa 9 m hoch. Zudem wagte Fernkorn, abweichend v. den bis dahin üblichen Heroendenkmälern, den zu Ehrenden aus dem Schlachtengetümmel verselbständigt darzustellen. Erzherzog Karl stürmt vorwärts, daher auch

Donner-Brunnen >

die Sockelinschrift: »Dem beharrlichen Kämpfer für Deutschlands Ehre.« - Während des 2. Weltkrieges war das Denkmal übrigens zum Schutz gegen Bombenschäden ummauert worden, so daß es unversehrt blieb.

Figl, Leopold (1902-65; Minoritenplatz, 1. Bezirk): ÖVP-Politiker, war zweimal im Konzentrationslager, 1945-53 Bundeskanzler. Unter ihm Wiederaufbau Österreichs. 1953 wurde er Außenminister; in dieser Eigenschaft unterzeichnete er 1955 den Staatsvertrag mit den Alliierten. - Denkmal v. Coufal, Obermoser und Kals.

Fischer v. Erlach →Rathauspark (unter: Parks und Gärten).

Gänsemädchenbrunnen (Mariahilferstr./ Rahlstiege, 6. Bezirk): Urspr. stand der Brunnen auf der Brandstätte im 1. Bezirk, da hier der Gänsemarkt abgehalten wurde. 1886 wurde der Brunnen, ein Werk Anton Paul Wagners, an seinem heutigen Platz aufgestellt. Die Figur des Gänsemädchens ist aus Bronze.

Girardi, Alexander (1850-1918; Friedrichstr./Parkanlage, 1. Bezirk): Einer der beliebtesten Wiener Volksschauspieler, Darsteller zahlreicher Raimund-Figuren (hier als »Valentin« aus dem Stück »Der Verschwender« dargestellt). Sein Stil prägte Generationen österr. Schauspieler. Er machte durch seinen Vortrag auch das »Fiakerlied« v. Gustav Pick zu einem Welterfolg. - Denkmal v. O. Hofner.

Goethe, Johann Wolfgang v. (1749-1832; Opernring/Goethegasse, 1. Bezirk): Denkmal v. Eduard Hellmer, die Lorbeerverzierung soll das Genie des Dichters versinnbildlichen. Gegenüber steht das Denkmal für seinen Freund →Schiller.

Grabenbrunnen (Graben, 1. Bezirk): Leopold I. ließ für die urkundlich bereits 1455 erwähnten Brunnen die Figuren der hll. Leopold und Joseph herstellen; 1804 schuf Johann Martin Fischer die heute aufgestellten Bleifiguren sowie die Reliefs: am Leopoldsbrunnen Darstellungen der Schleierlegende und der Gründung v. Klosterneuburg (→Umgebung), am Josephsbrunnen die Reliefs »Traum und Flucht Josephs nach Ägypten«.

Grillparzer, Franz →Volksgarten (unter: Parks und Gärten).

Gutenberg, Johannes (1400-67; Lugeck,

Goethe-Denkmal v. Eduard Hellmer

Gutenberg-Denkmal v. Hans Bitterlich

1. Bezirk): Dem dt. Erfinder der Buchdruckerkunst gewidmet. - Denkmal v. Hans Bitterlich.

Hansen, Theophil (1813-91; Dr. Karl-Renner-Ring 3, 1. Bezirk): Der dänische Architekt war ab 1846 in Wien tätig. Er plante u.a. das Parlament, die Börse, das Musikvereinsgebäude und die Akademie der Bildenden Künste. - Denkmal v. H. Haerdtl.

Haydn, Joseph (1732-1809; Mariahilferstr. 65, 6. Bezirk): Komponist, Kapellmeister im Dienste des Fürsten Esterházy. Er schrieb 80 Symphonien, ferner Streichquartette, Opern sowie die Melodie der alten Kaiserhymne (heute dt. Bundeshymne). - Das Denkmal aus Granit und Marmor schuf H. Natter (1887).

Hill Arches (Karlsplatz, 4. Bezirk): 1977 stellte der Künstler Henry Moore diese Bronzeskulptur her und schenkte sie der Stadt Wien. Die Plastik wird auch »Die Liegende« genannt; einige Kritiker behaupten, daß sich in diesem Werk die barocken Linien der Karlskirche fortsetzen.

Hochstrahlbrunnen (vor Palais Schwarzenberg, 3. Bezirk): 1873 wurde der v. Anton Gabrielli gestiftete Brunnen in Betrieb genommen. Er markiert zugleich das Datum, seit dem Wien mit Wasser aus der 1. Wiener Hochquellwasserleitung versorgt wird (bis dahin unzulängliche Versorgung aus Hausbrunnen und nahen Quellen, seit damals haben die Wiener Wasser aus dem Gebiet v. Rax und Schneeberg in Niederösterreich). Die Springbrunnen sind nach kalendarischen Daten angeordnet: Außen markieren 365 kleine Springbrunnen die Tage des Jahres, nach innen folgen 6 Springbrunnen, die die Wochentage symbolisieren (die Insel in der Mitte stellt den Ruhetag Sonntag dar). Die 12 hohen Strahlen stehen für die 12 Monate, die 24 niedrigen für die Stunden eines Tages; die 30 Strahlen der mittleren Insel versinnbildlichen die Monatstage.
Seit 1906 erstrahlt der Brunnen abends als Leuchtbrunnen in den verschiedensten Farbkombinationen.

Hofbauer, Clemens Maria (1751-1820 Minoritenplatz, 1. Bezirk): Hofbauer trat 1774 in den Redemptoristenorden ein und wurde 1788 dessen Generalvikar für den Norden. Nach Aufhebung der dt. Nationalkirche in Warschau zog Hofbauer nach Wien, wurde Prediger an der Minoritenkirche und begründete den Redemptoristenorden in Österreich. 1909 wurde er heiliggespro-

Kaiser Franz I.

chen, seit 1914 ist er der Stadtpatron Wiens. - Denkmal v. O. Thiede.

Isisbrunnen (Albertplatz, 8. Bezirk): Urspr. wurde dieser Brunnen v. der »Albertinischen Wasserleitung« (1804 in Betrieb genommen) gespeist. Nach dem Bau der 1. und 2. Wiener Hochquellwasserleitung wurde er außer Betrieb gesetzt. Schließlich erforderten straßenbautechnische Maßnahmen ein Umsetzen des Brunnens v. der Platzmitte auf seinen heutigen Standplatz. Der wuchtige Isisbrunnen ist Wiens einziger gußeiserner Brunnen. Über einem achteckigen Becken erhebt sich die Statue der ägyptischen Göttin Isis.

Jasomirgott, Herzog Heinrich →Rathauspark (unter: Parks und Gärten).

Jasomirgott-Brunnen (im Hof des Schottenstiftes [→Sakralbauten], 1. Bezirk): Herzog Heinrich Jasomirgott, der Gründer des Schottenklosters, ist hier mit einem Modell der Stiftskirche dargestellt. Von Johann Sebastian Wagner (1652).

Josephsbrunnen →Grabenbrunnen.

Kainz, Josef →Türkenschanzpark (unter: Parks und Gärten).

Kaiser Franz I. (1768-1835; Innerer Burghof, 1. Bezirk): 1. österr. Kaiser. Zu seinen Füßen stellen 4 Figuren Glaube, Friede, Gerechtigkeit und Stärke dar. - Denkmal v. Pompeo Marchesi.

Kaiser Franz Joseph I. →Burggarten (unter: Parks und Gärten).

Kaiser Franz Stephan I. →Burggarten (unter: Parks und Gärten).

Kaiser Joseph II. (1741-90; Josephsplatz, 1. Bezirk): Sohn Maria Theresias, führte zahlreiche Reformen durch, u.a. Klosteraufhebung und Aufhebung der Leibeigenschaft. - Denkmal: Der Kaiser ist in röm. Tracht dargestellt, das linke Relief stellt des Kaisers Verdienste hinsichtlich der Handelsausweitung dar; das rechte Relief be-

< Kolschitzky-Denkmal von Pendl

Andreas Liebenberg

Dr. Karl Lueger

faßt sich mit seinen Auslandsreisen, deren Ergebnisse dem Volke zugute kommen sollten. Das Bronzedenkmal schuf F. Zauner.

Kaiser Maximilian v. Mexiko (1832-67; Am Platz 1, 13. Bezirk): Der jüngere Bruder Kaiser Franz Josephs I. starb bei dem Versuch, sich in Mexiko als Kaiser durchzusetzen, nach Verurteilung durch ein Kriegsgericht. - Denkmal von Johann Meixner (1871).

Kaiserin Elisabeth →Volksgarten (unter: Parks und Gärten).

Kálmán, Emmerich →Türkenschanzpark (unter: Parks und Gärten).

Karl d. Gr., Kaiser (742-814; Petersplatz, 1. Bezirk): Zur Sicherung seines Reiches gründete Karl d. Gr. im O die Awarische Mark, aus der sich Österreich entwickelte. Eine entsprechende Inschrift befindet sich auf dem Denkmal. - Von Weyr (1906).

Kinderbrunnen (Karlsplatz, 4. Bezirk): Viktor Tilgner entwarf die Figuren für diesen Bronzebrunnen: spielende Kinder mit Tieren. Er wurde 1902 vor der ev. Schule aufgestellt.

Kollonitsch, Leopold Graf →Rathauspark (unter: Parks und Gärten).

Kolschitzky, Franz Georg (1640-94; Kolschitzkygasse/Favoritenstr., 4. Bezirk): Kolschitzky war einer der Kundschafter während der 2. Türkenbelagerung. Er verstand es jedoch, seine Leistungen »unvergänglich« zu machen, indem er sie niederschreiben ließ. Die Legende machte ihn außerdem zum ersten Kaffeehausbesitzer Wiens (es ist ziemlich sicher, daß er niemals ein solches betrieb). - Denkmal v. Pendl.

Körner, Theodor →Rathauspark (unter: Parks und Gärten).

Lanner, Josef →Rathauspark (unter: Parks und Gärten).

Lenau, Nikolaus (1802–50; Schillerplatz, 1. Bezirk): Österr. Lyriker. – Denkmal v. K. Schwerzeck.

Leopold VI., der Glorreiche →Rathauspark (unter: Parks und Gärten).

Leopoldsbrunnen →Grabenbrunnen.

Liebenberg, Andreas v. (1627–83; Dr.-Karl-Lueger-Ring gegenüber Universität, 1. Bezirk): Wiener Bürgermeister während der 2. Türkenbelagerung. – Denkmal v. Silbernagl (1890): Auf der Ringstraßenseite halten 2 Putten Brustbild und Wappen v. Liebenberg, dahinter viktoriabekrönter Obelisk.

Lueger, Dr. Karl (1844–1910; Dr. Karl-Lueger-Platz, 1. Bezirk): Bürgermeister v. Wien. Während seiner Amtszeit Schaffung des Wald- und Wiesengürtels um Wien, Bau der 2. Wiener Hochquellwasserleitung, Entstehung des Zentralfriedhofes sowie zahlreicher Sozialeinrichtungen. – V. J. Müllner.

Mach, Ernst →Rathauspark (unter: Parks und Gärten).

Madersperger, Josef →Resselpark (unter: Parks und Gärten).

Pestsäule >

Makart, Hans →Stadtpark (unter: Parks und Gärten).

Marc-Anton-Gruppe (Friedrichstr. bei Secession, 1. Bezirk): Marc Anton hatte keinerlei Beziehungen zu Wien, die Statue war urspr. für Italien bestimmt. – Von Arthur Strasser.

Marco d'Aviano (1631–99; Neuer Markt bei der Kapuzinerkirche, 1. Bezirk): Kapuzinerpater, Missionar und Diplomat. Während der 2. Türkenbelagerung hielt er mitreißende Predigten, vor der Schlacht, in deren Verlauf Wien entsetzt wurde, hielt er auf dem Kahlenberg einen Gottesdienst ab. Er war auch Vertrauter und Beichtvater Kaiser Leopolds I. – Denkmal v. Hans Mauer (1935).

Marcus, Siegfried →Resselpark (unter: Parks und Gärten).

Maria Theresia (1717–80; Maria-Theresien-Platz, 1. Bezirk): Gemahlin Franz Stephans v. Lothringen, des 1. österr. Kaisers. Übernahm aufgrund der Pragmatischen Sanktion als Tochter Kaiser Karls VI. die Re-

Maria Theresia

REDEMPTOR
HOBER

Prinz Eugen von Savoyen

gentschaft. – Die 4 Reiterstandbilder stellen ihre Feldherren Daun, Laudon, Raun und Khevenhüller dar, die 4 stehenden Figuren Staatskanzler Kaunitz, den Diplomaten Liechtenstein, Minister Graf Haugwitz und ihren Leibarzt van Swieten. Weitere Personen ihrer Regierung sind in den Reliefs dargestellt. Maria Theresia umgeben die Allegorien der Kraft, Weisheit, Gerechtigkeit und Milde. Denkmal v. Caspar Zumbusch.

Mariensäule (Am Hof, 1. Bezirk): 1644 bedrohten die protestantischen Schweden Wien, Ferdinand III. gelobte bei Abwendung der Feinde eine Mariensäule. 1646 wurde sie nach dem Münchner Vorbild aus Marmor gefertigt (v. Johann Jakob Pock), 1667 wurde diese Säule in Schloß Wernstein am Inn aufgestellt. Leopold I. ließ die gleiche Statue in Bronze gießen und wieder Am Hof aufstellen.
Von Balthasar Herold stammt die Darstellung der Maria Immaculata auf einem Drachen.

Mariensäule (vor der Piaristenkirche, am Jodok-Fink-Platz, 8. Bezirk): 1713 stiftete Graf Simich zum Dank für das Ende einer Pestepidemie diese von Jakob Philipp Prokopp gestaltete Säule: Innerhalb eines Gitters stehen die Figuren des heiligen Joachim und der heiligen Anna (Eltern der heiligen Maria) sowie des heiligen Joseph; in ihrer Mitte erhebt sich auf einer Säule Maria mit Sternenkranz über Weltkugel, Schlange und Mondsichel.

Moore-Plastik →Hill Arches.

Mosesbrunnen (Franziskanerplatz, 1. Bezirk): 1798 schuf Johann Martin Fischer die Figur des Moses sowie das Relief (die Juden in der Wüste). Das verwendete Material ist eine Zinklegierung.

Mozart, Wolfgang Amadeus →Burggarten (unter: Parks und Gärten).

Mozartbrunnen (Mozartplatz, 4. Bezirk): Die Hauptfiguren aus Mozarts »Zauberflöte«, Tamino und Pamina, wurden v. Karl Wollek 1905 aus Bronze gefertigt.

Opernbrunnen (l und r der Oper, Opernring 2, 1. Bezirk): Die 2 Marmorbrunnen sind die Gemeinschaftsarbeit v. van der Nüll und Sicardsburg (Architektur) und v. Hans Gasser, der die Statuen schuf. Links allegorische Darstellungen v. Freude, Tanz und Leichtsinn, darüber die Figur der Musik.
Dazu entgegengesetzt die Figuren des rechten Brunnens: Sie stellen Trauer, Liebe und Rache dar, zuoberst die Lorelei.

Paracelsus →Donaupark (unter: Parks und Gärten).

Pestsäule (Graben, 1. Bezirk): Leopold I. gelobte nach Ende einer Pestepidemie die Errichtung einer Säule. Die erste, aus Holz geschnitzte Säule wurde 1692 durch eine aus Stein ersetzt. Zweigeschossiger, dreiseitiger Sockel v. Johann Bernhard Fischer v. Erlach, mit Reliefs geschmückt. Darüber Darstellung der die Pest überwindenden Fides, Engel mit Schrifttüchern und der kniende Kaiser. Abschluß durch Engel, Putti und Wolken. Als Krönung darüber die Dreifaltigkeitsgruppe aus getriebener, feuervergoldeter Bronze. Alle Plastiken v. Paul Strudel.

Popper-Lynkeus, Josef →Rathauspark (unter: Parks und Gärten).

Prinz Eugen v. Savoyen (1663-1736; Heldenplatz, 1. Bezirk): Einer der erfolgreichsten österr. Feldmarschälle, siegte u.a. über die Türken und die Franzosen. Sockel des Denkmals aus Untersberger Marmor (aus Salzburg), Reiterfigur aus Bronzeguß (aus Kanonen gegossen). Von Anton Fernkorn.

Raab, Julius →Volksgarten (unter: Parks und Gärten).

Radetzky, Josef Graf (1766-1858; Stubenring, 1. Bezirk): Österr. Feldmarschall, siegte in den Schlachten v. Custozza und Novara 1848 und 1849.
Auf den seitlichen Reliefs Darstellung einer Kriegsratszene und als v. Militär und Volk umjubelter Soldat. - Marmorsockel, Bronzereiterfigur v. Caspar Zumbusch.

Raimund, Ferdinand (1790-1836; Museumstr. beim Volkstheater, 7. Bezirk): Wiener Schauspieler und Dichter, schrieb Klassiker des Wiener Volksstücks in Form v. Märchen- und Zauberspielen, z.B. »Der Bauer als Millionär«, »Der Verschwender«, »Alpenkönig und Menschenfeind«. - Darstellung des sitzenden Dichters, dem die hinter ihm stehende Phantasie etwas zuflüstert. Von F. Vogl (1898).

Republik (Denkmal zur Erinnerung an die Errichtung der Republik am 12. November 1918): (Dr. Karl-Renner-Ring, 1. Bezirk): Die Büsten stellen 3 sozialdemokratische Politiker dar: Jakob Reumann (1853-1923, 1. sozialdemokratischer Wiener Bürgermeister; Büste v. Franz Seifert), Dr. Viktor Adler (1852-1918, Begründer der österreichischen sozialdemokratischen Partei; Büste von Anton Hanak), Ferdinand Hanusch (1866-1923, Begründer der Arbeitslosenunterstützung; Büste v. Mario Petrucci).

Ressel, Josef →Resselpark (unter: Parks und Gärten).

Rudolf IV., der Stifter →Rathauspark (unter: Parks und Gärten).

Spinnerin am Kreuz

Saar, Ferdinand v. →Wertheimsteinpark (unter: Parks und Gärten).

Salm, Niklas Graf →Rathauspark (unter: Parks und Gärten).

Schiller, Friedrich v. (1759-1805; Schillerplatz, 1. Bezirk): Denkmal zu Ehren des großen dt. Klassikers. Allegorien der 4 Lebensalter, in den 4 Reliefs sind Genie, Poesie, Wissenschaft und Heimatliebe dargestellt. - Von J. Schilling.

Schindler, Emil Jakob →Stadtpark (unter: Parks und Gärten).

Schrammel-Denkmal (Dornbacherstr./Alszeile, 17. Bezirk): Gedenktafeln für das berühmte Schrammel-Originalquartett: die Brüder Schrammel, Georg Dänzer und Toni Strohmayer (→auch unter Wienerisches). - Denkmal v. Robitschko.

Schubert, Franz →Stadtpark (unter: Parks und Gärten).

Schutzengelbrunnen (Wiedner Hauptstr./ Margaretenstr., 4. Bezirk): Ein weiterer Brunnen aus der Gemeinschaftswerkstatt van der Nüll - Siccardsburg, um 1843 entworfen. Die Gußeisenfiguren wurden v. J. Glanz nach Vorlagen v. J. Preleitner gegossen.

Schwarzenberg, Fürst Karl Philipp v. (1771 bis 1820; Schwarzenbergplatz, 1. Bezirk): Zu diesem Denkmal regte Kaiser Franz I. persönlich an. Schwarzenberg war in der Völkerschlacht bei Leizpig 1813 österr. Heerführer gewesen. Darstellung des Fürsten in dieser Schlacht. - Ernst Julius Hähnel verwendete für den Guß des Denkmals u. a. 20000 kg Kanonenmetall, das ihm vom Arsenal (→Profanbauten) bereitgestellt wurde.

Seitz, Karl →Rathauspark (unter: Parks und Gärten).

Sonnenfels, Josef v. →Rathauspark (unter: Parks und Gärten).

Spinnerin am Kreuz (Triester Str. 52, 10. Bezirk): Got. Bildsäule, um 1451/52 v. Dombaumeister Hans Puchsbaum geschaffen; sie sollte die zerstörte Vorgängersäule (v. Meister Michael) ersetzen. Über achteckigem Grundriß erhebt sich ein Tabernakelpfeiler mit reichem Fialenwerk. Die Säule steht nahe dem früheren »Galgen bei der Spinnerin«, wo 1868 die letzte öffentliche Hinrichtung erfolgte. - Den Namen erhielt sie übrigens nach einer Sage: Hier soll Jahr um Jahr, sommers wie winters, eine Frau mit ihrem Spinnrocken in der Hand auf die Rückkehr ihres in den Kreuzzug gezogenen Gatten gewartet haben. Bald erhielt sie, da sie bei einem Kreuz saß, den Namen »Spinnerin am Kreuz«. Der Legende nach erlebte sie die Heimkehr ihres Mannes.

Starhemberg, Ernst Rüdiger →Rathauspark (unter: Parks und Gärten).

Stifter, Adalbert →Türkenschanzpark (unter: Parks und Gärten).

Stock im Eisen (Stock-im-Eisen-Platz, 1. Bezirk): Mittlerer Teil eines Fichtenstammes aus dem Wienerwald, etwa um 1440 geschlagen, in den fahrende Handwerksburschen Nägel schlugen. Bereits 1533 wird er urkundlich erwähnt. Die Sage zu dem Denkmal berichtet, daß der Teufel seine Hand im Spiel hatte, als es galt, den Eisenring und das Schloß, welche den Baum umspannen, zu schmieden. - Auch die Figuren des Palais Equitable (→Profanbauten) nehmen Bezug auf diese Sage.

Strauß, Johann →Stadtpark (unter: Parks und Gärten).

Tegetthoff, Wilhelm v. (1827-71; Praterstern, 2. Bezirk): Österr. Admiral. Erste Siege bei Helgoland gegen die dänische Übermacht, 1866 Sieg bei Lissa über die zahlenmäßig überlegene italienische Flotte: Während der 10stündigen Seeschlacht versenkte sein Flaggschiff »Erzherzog Ferdinand Max« das italienische Panzerschiff »Rè d'Italia«. - Pferdepaare ziehen Wagen, in welchen die Ruhmes- und die Kriegsgöttin dargestellt sind. Darüber Sockel aus Marmor, auf welcher eine Granitsäule steht. Links und r je 3 Schiffsschnäbel mit Siegesgöttinnen als Galionsfiguren. Auf der Säule das Bronzestandbild des Admirals Tegetthoff. Denkmal v. K. Kundmann.

Tilgner-Brunnen →Volksgarten (unter: Parks und Gärten).

Vermählungsbrunnen

Tritonen- und Najadenbrunnen (Maria-Theresien-Platz, 1. Bezirk): 4 Brunnen wurden in dem Park zwischen dem Kunsthistorischen und dem Naturhistorischen Museum aufgestellt. Die beiden ringstraßenseitigen Brunnen schuf Anton Schmidgruber, die beiden anderen stammen v. Edmund Hofmann v. Aspernburg (l) und v. Hugo Haertdl (r).

Vermählungsbrunnen, auch **Josephsbrunnen** (Hoher Markt, 1. Bezirk): 1729–32 schuf Joseph Emanuel Fischer v. Erlach auf Veranlassung Kaiser Leopolds I. diesen Brunnen (Joseph, Sohn des Kaisers, war unverletzt und siegreich aus einem Krieg zurückgekehrt). Auf einem runden Sockel (Reliefs: Darstellung im Tempel, Anbetung der Hirten und Anbetung der Könige) erhebt sich unter einem Baldachin die Vermählungsgruppe: hl. Joseph, Maria, Hohepriester. Antonio Corradini schuf die Marmorgruppe.

Volksgarten-Brunnen →Volksgarten (unter: Parks und Gärten).

Wachsamkeitsbrunnen (Schlesingerplatz, 8. Bezirk): 1783 schuf Johann Martin Fischer diesen Brunnen: Eine die Wachsamkeit symbolisierende Frauenfigur hält eine Lampe in der Hand, zu ihren Füßen ein Kranich (ebenfalls ein Wachsamkeitssymbol).

Waldmüller, Ferdinand →Rathauspark (unter: Parks und Gärten).

Zauberflötenbrunnen →Mozartbrunnen.

Ziehrer, Karl Michael →Prater (Hauptallee; unter: Parks und Gärten).

PARKS UND GÄRTEN

Arenbergpark (3. Bezirk): Die erste Parkanlage wurde auf Betreiben des Fürsten Esterházy angelegt (sein Palais stand in der nahen Landstraßer Hauptstr.). Der Besitz gelangte später an Franziska Arenberg, deren Erben wiederum verkauften den Park an die Gemeinde Wien: Rund um die Grünanlage wurden Gemeindebauten errichtet, der Park selbst der Öffentlichkeit zugänglich gemacht. 1940 wurden auch hier 2 Flaktürme (→Profanbauten) errichtet.

Augarten (2. Bezirk): 1614 ließ Kaiser Matthias im Augarten ein Jagdschloß errichten, 1642 wurde das Schmidtsche Votivkreuz am Parkeingang errichtet. Kaiser Leopold ließ erstmals hier einen barocken Lustgarten anlegen, er wurde durch die Türken 1683 verwüstet. 1712 ließ Kaiser Karl VI. den (wiederhergestellten) Garten v. Jean Trehet im französischen Stil umgestalten. Erst 1775 machte man das Areal öffentlich zugänglich, Kaiser Joseph II. ließ die umliegenden Sümpfe trockenlegen und das undurchdringliche Gehölz entfernen: Ein »Allen Menschen gewidmeter Erlustigungsort v. ihrem Schätzer« wurde geschaffen. Ein triumphbogenartiges Eingangsportal wurde im Jahre der Eröffnung v. Isidor Canevale geschaffen (Obere Augartenstr.). An dessen Innenseite erinnert eine Gedenktafel an das Hochwasser des Jahres 1830. – Im Augarten gelegen sind Schloß Augarten, das Palais Augarten und 2 Flaktürme (→alle unter: Profanbauten).

Alpengarten (Landstraßer Gürtel, 3. Bezirk): Zwischen dem →Belvederegarten und dem →Botanischen Garten wurde ein großes Alpinum mit zahlreichen seltenen Alpenpflanzen angelegt. Nur im Sommer zugänglich.

Belvederegarten (3. Bezirk): Dominique Girard plante den Garten samt den wasserbaulichen Anlagen um 1720 Die zahlreichen Statuen folgen bestimmten Themenkreisen: Auf der untersten Terrasse findet man 8 Musen, Allegorien des Feuers und des Wassers sowie Herkules und Apollon. Die mittlere Terrasse steht unter dem Leitgedanken »Prinz Eugen als Held«, die oberste Terrasse ist dem Götterhimmel gewidmet. Bei den Treppen werden die 12 Monate durch Putten dargestellt, die gesamte Anlage wird v. großen Sphingen bewacht. – Von hier bietet sich ein sehr schöner Blick auf die Innenstadt mit dem Stephansdom.

Botanischer Garten (Mechelgasse 2, 3. Bezirk): 1754 wurde auf Betreiben des Leibarztes Maria Theresias, van Swieten, ein Garten mit medizinischen Heilpflanzen angelegt, der später zu einem botanischen Garten umgestaltet wurde. 1757 schenkte die Regentin den Garten der Universität, die die Anlage ständig erweiterte und 1892 auch eine Glashausanlage errichtete.

Burggarten (1. Bezirk): Da der Wiederaufbau der v. den Franzosen 1809 zerstörten Burgbastei zu kostspielig war, entschied Kaiser Franz I., daß hier ein Park für seine Familie angelegt werden solle. Der Hofgärtner Franz Antoine, ein berühmter Gartenarchitekt seiner Zeit, wurde mit der Gestaltung beauftragt. Der durch den Anbau der Neuen Hofburg verkleinerte Garten wurde 1919 der Öffentlichkeit zugänglich gemacht. Das große Gewächshaus am N-Ende des Gartens stammt v. Friedrich Ohmann, 1901–05 in Formen des Jugendstils erbaut.
Denkmäler: Abraham a Sancta Clara (1644–1709), Prediger in Wien zur Zeit der 2. Türkenbelagerung. – *Franz Joseph I.*, Bronzestandbild, das den Kaiser in Uniform mit Befehlshaberstab darstellt. – *Kaiser Franz I.:* Das Bleigußstandbild v. Balthasar Moll ist das älteste Reiterdenkmal Wiens (1781), der Herrscher ist mit Goldenem Vlies und Feldherrnstab zu sehen. – *Wolfgang Amadeus Mozart:* Marmorstandbild v. Viktor Tilgner. Mozart lebte v. 1781 bis zu seinem Tod 1791 in Wien und schuf hier die meisten seiner Werke. Die Reliefs zeigen eine Szene aus »Don Giovanni« und den Künstler als Kind, im Familienkreis musizierend.

Donauinsel (zwischen Donau und Neuer Donau): Österreichs längster Badestrand (42 km) liegt in Wien – nämlich hier. Die neue Donau entstand aus einem Hochwasserkanal im Überschwemmungsgelände, die Donauinsel (21 km lang, 300 m breit) ist der Bauaushub des Hochwasserkanals. Nachdem sich eine urbane Bebauung als zu kostspielig erwiesen hatte, konnte das Konzept v. Gottfried und Toni Hansjakob und Wilfried Kirchner verwirklicht werden: Ein Badesee sollte entstehen, mit natürlich gefiltertem Wasser (»blaue Donau«). Die Insel selbst wurde für zahlreiche Sportarten zum Dorado: Wandern (42 km), Radfahren (eigene Wege), Surfen, Wasserski, Tauchen, Bootfahren, Schwimmen, im Winter gar Eislaufen, Eissurfen und -segeln und Skilanglaufen. Motorfahrzeuge sind verboten. – Wien hat so in unmittelbarer Citynähe ein riesiges Erholungs- und Freizeitareal geschaffen.

Donaupark (21. Bezirk): Anläßlich der Wiener Internationalen Gartenschau 1964 wurde hier eine Parklandschaft mit zahlreichen Attraktionen geschaffen: So kann man in einem Sessellift über die Blumenfelder hinwegschweben, mit einer Kleinbahn durch die Anlage fahren oder vom 252 m hohen Donauturm (höchstes Wiener Bauwerk) die Aussicht genießen. Das hier oben eingerichtete Restaurant dreht sich stündlich einmal um seine Achse: eine bequeme Art, sich einen Rundblick über Wien und den Wienerwald (bei guter Sicht bis zur ungarischen Tiefebene) zu verschaffen. – Sportanlagen, ein künstlicher See und eine kleine Bühne runden die Freizeitmöglichkeiten ab.
Denkmal für Paracelsus (1493–1541), den berühmten Arzt und Naturforscher, der die »Selbsthilfe der Natur« propagierte. Am Bergrestaurant keramisches Relief »Kaffeehausszene«, v. Helmut Leherb.

Laaer Berg, Erholungs- und Kurpark (10. Bezirk): Für die 2., in Wien stattfindende Internationale Gartenschau wurde 1974 ein Gelände v. 1 Million m^2 gestaltet: Bis dato waren die Reste ehem. Ziegelgruben lediglich v. der Filmindustrie als Kulissen verwendet worden, abgesehen davon bot die »G'stettn« (= ödes, verwildertes Areal) einen trostlosen Anblick. Zahlreiche Architekten trugen mit ihren Ideen dazu bei, daß dieser große Natur- und Kurpark in seiner heutigen Form entstand: ein Kurgarten, Einzel- und Rundhallen, ein Apothekergarten (heute Gartenbaumuseum), Kinderspielplätze (themenbezogen gestaltet, z. B. »Mondlandung«), ein Rosengarten, der 6 m hohe Uhrturm (v. Stephan Pral), die Plastik »Fünf Erdteile« (durch 5 Stelen dargestellt) u.v.a. – Am sö Abhang des Goldbergs steht ein Votivkreuz, das sog. *Schmerbernkreuz:* Die Legende weiß, daß der Schmalzhändler (= »Schmerber«) aus

Franz Joseph I., Burggraben >

Dank für Errettung bei einem Gewitter dieses Denkmal stiftete. Am Rand der Anlage liegt das *Kurzentrum Oberlaa:* Ein großes Kurmittelhaus für Thermalwassertherapien, ein allgemein zugängliches Thermalhallenbad mit zahlreichen Becken, Solarien usw., eine Kurhalle sowie Sportanlagen. Für das leibliche Wohl sorgen zahlreiche Lokale, darunter auch die berühmte Kurkonditorei Oberlaa.

Laaer Wald, Erholungsgebiet (10. Bezirk): Ein junges Erholungsgebiet, das zwischen 1956 und 1970 durch Aufforstung entstand. 40 ha Waldlandschaft wurden so geschaffen, 2 Teiche (Blauer Teich, Butterteich) zu Vogelschutzgebieten erklärt. 1982 konnte der Laaer Wald der Bevölkerung zugänglich gemacht werden. – Hier befindet sich auch der »Böhmische Prater«: Um 1880 lebten in diesem Wiener Gemeindebezirk hauptsächlich Gastarbeiter aus Böhmen und Mähren, sie frequentierten diese Prateranlage bes. gern. Im Unterwald steht die renovierte Kapelle St. Anna.

Lainzer Tiergarten (13. Bezirk): Unter Maria Theresia erreichte dieser unter Naturschutz gestellte Teil des Wienerwaldes seinen heutigen Umfang: 25 qkm groß, v. einer 23 km langen Mauer umgeben. Dadurch abgeschnitten v. der Außenwelt, bietet er Mensch und Tieren (Rehe, Hirsche, Wildschweine) paradiesische Zustände. 1919 wurde der Park der Öffentlichkeit zugänglich gemacht, seit 1941 ist er zum Naturschutzgebiet erklärt. Lange Wanderwege durchziehen ihn, insgesamt sind es etwa 80 km. Ein Naturlehrpfad ist eingerichtet, auch Rückzüchtungen v. Wildpferden und Auerochsen sind zu sehen. Von einer Aussichtswarte (»Kaltbründlberg«) kann man das Areal überblicken. – Im ö Teil liegt die *Hermesvilla:* Eine Hermesstatue im Garten vor der Villa gab dieser den Namen. Das Gebäude wurde v. Carl Hasenauer für Kaiserin Elisabeth im sog. »Ringstraßenstil« errichtet. Die menschenscheue Kaiserin flüchtete oft in dieses abgelegene Haus. Die Innenausstattung wurde u. a. v. Hans Makart und Gustav Klimt ausgeführt. Heute finden hier Wechselausstellungen des Historischen Museums der Stadt Wien statt. *Öffnungszeiten:* Mi–So, feiertags 9.00 bis 16.30 Uhr.

Neuwaldegger Park, auch **Schwarzenbergpark** genannt (17. Bezirk): Feldmarschall Moritz Graf Lacy ließ 1776–96 den zum Schloß Neuwaldegg (→Profanbauten) gehörenden riesigen Park im englischen Stil umgestalten: Statuen, Säulen, Tempel und Teiche belebten die ausgedehnten Wald- und Wiesenbereiche. Auf einer der nahen Wienerwaldanhöhen ließ er ein Holzhüttendörfchen für seine Freunde und sich errichten (»Hameau« = Dörfchen genannt, die Anhöhe heißt heute noch so, die Hütten gibt es nicht mehr). Lacy ließ in seinem großen Park auch seine Grabstätte errichten: eine Schloßkapelle in Formen antiker Tempel. Es liegt nach der Kreuzung Artariastr./Höhenstr. in Richtung Hameau. Auch sein Neffe Graf Browne liegt hier bestattet. Nach dem Tod Graf Lacys ging das gesamte Areal (Schloß und Park) in den Besitz der Fürsten Schwarzenberg über (daher die Entstehung der gleichermaßen gängigen Namen für Park und Schloß). Wie es zu dem Namen »Neuwaldegg« kam, ist nicht eindeutig zurückverfolgbar (eventuell nach einer vorspringenden Waldecke?).

Prater (2. Bezirk): Das 1162 erstmals erwähnte Wiesengelände (spanisch prado = Wiese) war lange Zeit dem kaiserlichen Haus als Jagdgebiet vorbehalten. 1537 wurde unter Ferdinand I. die 4,5 km lange *Hauptallee* angelegt, zu beiden Seiten v. Kastanienbäumen (eine sensationelle Neuheit aus der Türkei) gesäumt. 1766 ließ Kaiser Joseph II. die Allee und den Prater für die Bevölkerung öffnen. Dabei soll er auf eine indignierte Bemerkung eines Adeligen, daß man ja nun nicht mehr »unter seinesgleichen« sei, geantwortet haben: »Mein Lieber, wenn ich mich nur unter meinesgleichen bewegen wollte, dann gäbe es für mich keinen anderen Aufenthaltsort als die Kapuzinergruft.« Rasch stieg der Prater in der Beliebtheit der Bevölkerung: Von 1774 bis 1879 veranstalteten die Kunstfeuerwerker der Familie Stuwer auf der Jesuitenwiese prachtvolle Feuerwerke, die an Phantasiereichtum nichts zu wünschen übrig gelassen haben sollen (nach der Begeisterung der Zuschauer zu urteilen). – Auch die Gastronomie entwickelte sich: 3 Kaffee-

Wolfgang Amadeus Mozart >

MOZART

häuser in der Hauptallee (tatsächlich nach ihrer Reihenfolge »das Erste«, »das Zweite« und »das Dritte« genannt) zogen das Publikum mit allerlei Attraktionen an. Kaum ein Musiker, der hier nicht aufspielte für die illustre Gesellschaft, die »sich hier traf«: Beethoven, die Brüder Strauß, Lanner, Ziehrer, um nur einige der berühmten Musiker zu nennen. 1886 veranstaltete Fürstin Pauline Metternich (Enkelin des Staatskanzlers Maria Theresias) in der Hauptallee ihren ersten Blumenkorso (der geschmückte Prater diente so einerseits der Belustigung aller, zum anderen wurde durch die Eintrittsgelder eine große Summe für wohltätige Zwecke eingenommen. Nicht zuletzt hatten viele Menschen durch die Vorbereitungsarbeiten die dringend notwendige Möglichkeit erhalten, Geld zu verdienen). Die Blumenkorsos waren bald zur alljährlichen Tradition geworden, später gab es Radfahrerblumenkorsos und Autoblumenkorsos. – Als Relikt all dieser Korsos kann die Sitte bezeichnet werden, daß Firmling und Pate in einem mit Blumen und Federn geschmückten Fiaker in den Prater fahren – bis vor kurzem noch das Nonplusultra eines Firmungstages. – Auch die Arbeiter fanden rasch Gefallen an den Praterfestivitäten, am 1. Mai (seit 1890 zum Tag der Arbeit erklärt) zogen sie auch durch die Hauptallee. – Auf der rechten Seite der Hauptallee findet man das Denkmal für *Carl Michael Ziehrer* (1843 bis 1922; er führte die »Hoch- und Deutschmeister« zu ihrem Ruhm, Operetten-, Walzer- und Märschekomponist, z. B. »Schönfeldmarsch«).

Freudenau: Der untere Teil des grünen Praters hieß früher »Fleischhackerwiese«, im MA wurden hier Turniere abgehalten. Hier liegen der Golfplatz und die Galopprennbahn.

Grüner Prater: Bezeichnung für den etwa 1280 ha großen Wald- und Wiesenteil des Praters (zu dem sich der Wurstelprater vergleichsweise winzig ausnimmt).

Krieau: Teil des grünen Praters, in dem die Trabrennbahn liegt (1878 eröffnet).

Liliputbahn: Eine vergleichsweise »junge« Attraktion des Praters ist die 1928 erbaute Liliputbahn. Früher fuhren kohlebefeuerte kleine Lokomotiven die Strecke Riesenrad–Lusthaus, heute ziehen auch Dieselloks die Züge, in denen man zu zweit nebeneinander sitzend durch den »grünen Prater« fährt.

Lusthaus: 1782 v. Isidor Canevale am Ende der Hauptallee errichtet, diente es der kaiserlichen Jagdgesellschaft, die den auwaldartigen unteren Praterteil besuchte, als Treffpunkt. Im Obergeschoß Wandmalereien mit Jagdszenen. Heute Café-Restaurant.

Messegelände: 1873 fand hier die Weltausstellung statt, unter anderem wurde die berühmte Rotunde, ein 84 m hoher Eisenrundbau v. Carl Hasenauer, errichtet. Die bei diesem Bau bewegten Erdmassen wurden zum sog. *Konstantinhügel* aufgehäuft (hier stand übrigens das Kaffeehaus v. Eduard Sacher, Treffpunkt der vornehmen Gesellschaft). Die Rotunde fiel 1937 einem Brand zum Opfer. An ihrer Stelle wurden die Bauten des heutigen Messegeländes errichtet; u. a. finden hier die Wiener Frühjahrs- und Herbstmesse statt.

Planetarium: Unter der silbrigen Kuppel verbirgt sich Technisches: Hier können die Konstellationen der Gestirne v. 4000 v. Chr. bis 3000 n. Chr. minutengenau dargestellt werden, und zwar v. jedem beliebigen Standpunkt aus. Auch die überlieferten Himmelserscheinungen der Antike (z. B. Sonnenfinsternis) können so »nacherlebt« werden. *Vorführungen:* Sa, So, feiertags 15.00 und 17.00 Uhr, August geschlossen.

Pratermuseum: Hier können die im →Planetarium (siehe oben) untergebrachten 6000 Schaustücke zur Entwicklung des Praters besichtigt werden. Alte Ringelspielfiguren, Geschichten über Schausteller und die berühmten Kaffeehäuser, kuriose Automaten und kaiserliche Verordnungen zeugen v. der Vielfalt praterlichen Lebens. *Öffnungszeiten:* Sa, So, feiertags 14.00 bis 18.30 Uhr, im August sowie am 24. und 31. Dez. geschlossen.

Riesenrad: 1897 wurde das 67 m hohe Riesenrad in Betrieb genommen. Finanzier war Gabor Steiner, der sein Vermögen mit Unterhaltungseinrichtungen verdiente. Der Konstrukteur, Walter B. Basset, hatte auch für andere Städte (London, Paris, Blackpool) derartige Riesenräder konstruiert, sie wurden jedoch bald verschrottet. Das Wiener Riesenrad erfreute sich jedoch dauern-

„Interunfall"
VERSICHERUNG

der Beliebtheit. – In den letzten Kriegstagen des 2. Weltkrieges brannten alle 30 Waggons aus; man fürchtete, daß auch das Gerüst gelitten habe. So wurde das Wahrzeichen des Praters 1947 mit nur 15 Waggons vorsichtig wieder in Betrieb genommen. Es stellte sich jedoch heraus, daß das Feuer den Stahl noch gehärtet hatte. So dreht sich das Wahrzeichen Wiens seit damals mit einer Geschwindigkeit v. 0,75 m in der Sekunde.
Wurstelprater: Kurz nach der Öffnung des Praters für die Allgemeinheit siedelten sich in dem beim Praterstern gelegenen Teil des Parkes Buden und Schausteller an (Manchmal wird behauptet, der Name »Prater« käme v. »Pratter« = Bratspieß). Zunächst »Volksprater« genannt, wurde er v. den Wienern bald in »Wurstelprater« umgetauft (nach »Wurstel« = Kasperl). Der 2. Weltkrieg vernichtete fast alle Buden, nur wenige »Ringelspiele« (= Karussell) konnten gerettet werden. Heute gibt es alle Arten v. Unterhaltung, wie Hochschau- und Geisterbahnen, Spielhallen, Schießbuden, Spiegelkabinette usw. Die Einladung hat schon immer geheißen: »Hereinspaziert, hereinspaziert, hier sehen Sie, was Sie noch nie gesehen haben ...« Eine berühmte Figur dieser Schaubuden ist der »Watschenmann«: Je kräftiger die Ohrfeige (= Watsche), die man ihm verabreicht, ausfällt, um so mehr Punkte zeigt der Kraftmesser an. – Am sog. Calafatti-Platz steht die übergroße Figur des »Calafatti«: Basilio Calafatti, der seine Karriere als sogenannter »Salamuccimann« (Salamiverkäufer) im Prater begann, besaß 1854 ein Dampfwagenkarussell, in dessen Mitte sich ein »großer Chineser« drehte. Und dieser hatte sogleich seinen Namen weg – nach seinem Eigentümer Calafatti.

Rathauspark (1. Bezirk): Am Zufahrtsweg vom Ring zum Rathaus, der den Rathauspark teilt, wird alljährlich im Dezember der Christkindlmarkt abgehalten. Der Park wurde 1872–73 v. Rudolf Sieböck angelegt und zählt zu den harmonischsten Gartenanlagen Wiens. Im s Parkteil steht ein Wetterhäuschen, auch 2 Naturdenkmäler sind zu beachten (1898 gepflanzte Linde, im n

< *Niklas Graf Salm im Rathauspark*

Teil eine 1906 gepflanzte Eiche). – Die Statuen beiderseits der Zufahrtsstraße stellen (am Ring beginnend) dar: *Linke (s) Seite: Heinrich II. Jasomirgott* mit Kirchenstiftungsplan (1114–77, österr. Herzog, sein Beiname leitet sich v. seinem Lieblingsausspruch »Ja so mir Gott helfe« ab). Von Franz Melnitzky. – *Rudolf IV.*, der Stifter (1339–65) mit Krone, Urkunde und Schwert (Gründer der Universität). Von Josef Gasser. – *Ernst Rüdiger Graf Starhemberg* (1638–1701), Verteidiger Wiens bei der 2. Türkenbelagerung. Von Johann Fessler. – *Johann Bernhard Fischer v. Erlach* (1656 bis 1723), Barockarchitekt. Von Josef Cesar. – *Rechte (n) Seite: Herzog Leopold VI.* (1180 bis 1230) mit Krone, Bulle und Schwert. Von Johann Preleuthner. – *Niklas Graf Salm* (1459–1530) mit Schwert und Helm zu Füßen, Verteidiger Wiens bei der 1. Türkenbelagerung. Von Matthias Purkartshofer. – *Leopold Graf Kollonitsch* (1631–1707), Bischof v. Wiener Neustadt und Geistlicher in Wien während der 2. Türkenbelagerung. Von Vinzenz Pilz. – *Josef Freiherr v. Sonnenfels* (1732–1817), Berater Maria Theresias. Von Hans Gasser.

Im s gelegenen Parkteil (Parlamentsseite) stehen folgende Denkmäler: *Strauß-Lanner-Denkmal* für Johann Strauß Vater (1804–49, mit Notenheft) und Josef Lanner (1801–43, mit Geige), die beiden Schöpfer der Wiener Tanzmusik. Von Franz Seifert. – *Josef Popper-Lynkeus* (1838–1921, Sozialphilosoph). Von Hugo Taglang. – *Theodor Körner* (1873–1957, 1945–51 Bürgermeister v. Wien und 1951–57 Bundespräsident). Von Hilde Uray. – *Karl Renner* (1870–1950, Bundespräsident 1945–50). Von Alfred Hrdlicka.

Im n gelegenen Parkteil (Universitätsseite): *Ferdinand Georg Waldmüller* (1793–1865, Landschafts- und Porträtmaler des Wiener Biedermeier). Von Josef Engelhart. – *Ernst Mach* (1838–1916, Physiker und Philosoph). Von Heinz Peteri. – *Karl Seitz* (1869–1950, Bürgermeister 1923–34, führender sozialdemokratischer Politiker). Von Gottfried Buchberger.

Resselpark (4. Bezirk): In diesem am Karls-

Josef Freiherr von Sonnenfels, > *im Rathauspark*

platz zwischen der Technischen Universität auf der einen Seite und Künstlerhaus und Musikverein auf der anderen Seite gelegenen Park findet man neben der Otto-Wagner-Stadtbahnstation zahlreiche Denkmäler: *Johannes Brahms* (lebte 1864 bis zu seinem Tod 1897 in Wien). - *Josef Madersperger* (1768-1850, der österr. Techniker erfand die Nähmaschine; da seine Erfindung v. Ausland verwertet wurde, starb er in Armut). - *Siegfried Marcus* (1831-98, verwendete als erster den Benzinmotor mit elektrischer Zündung. Schicksal wie Madersperger: kein Erfolg in Österreich). - *Josef Ressel* (1793-1857, Erfinder der Schiffsschraube).

Schönbrunner Schloßpark (13. Bezirk): Der 160 ha große Park wurde 1705 in seinen Grundzügen v. Jean Trehet nach Entwürfen Fischer v. Erlachs angelegt: Die gestutzten Baumwände, symmetrisch und in Achsen gepflanzt, das *Blumenparterre* vor dem Anstieg, die Wälder. Maria Theresia ließ den sog. *Kronprinzen-* und den *Kammergarten* anlegen (eiserne Laubengänge, Holzpavillons). Sie war es auch, die mit ihrem Kanzler Kaunitz die Figuren für die heute im Blumenparterre aufgestellten Statuen auswählte. Der *Fasangarten* beherbergt die Forstliche Bundesversuchsanstalt und ist nicht zugänglich. Der *Tiroler Garten* hat seinen Namen v. 2 Tiroler Häusern, die Erzherzog Johann (heiratete die Ausseer Postmeisterstochter Anna Plochl) hier aufstellen ließ.

Botanischer Garten: Hier werden winterharte Pflanzen aus der ganzen Welt gepflegt. - Denkmäler erinnern an die beiden Herrscher, zu deren Zeit dieser Garten angelegt wurde: Franz I. v. Lothringen (Statue v. Balthasar Moll) und Joseph II. (Statue v. Franz Anton Zauner).

Gloriette: Johann Bernhard Fischer v. Erlach hatte urspr. geplant, auf der Höhe des Schönbrunner Berges das Schloß zu errichten; diese Variante kam jedoch nicht zur Ausführung. Statt dessen errichtete 1775 J. F. Hetzendorf v. Hohenberg hier ein frühklassizistisches Werk, das als Kontrapunkt zum Schloß gedacht war. Er verwandte für den Bau Reste des bereits verfallenden »Neugebäudes« (→Profanbauten). Im Krieg wurde der O-Flügel des Kolonnadenbaus zerstört, erstand aber bereits 1948 wieder in alter Pracht. Herrlicher Blick über Wien.

Kaiserstöckl: Der kleine Bau beim Hietzinger Tor wurde 1777 errichtet, damit der kaiserliche Außenminister in den Sommermonaten, wenn das Herrscherhaus in Schönbrunn wohnte, bei Bedarf gleich zur

Prater

Stelle sein konnte. Auch der kaiserliche Leibarzt logierte hier.
Obelisk: Der nach einem Entwurf v. J.F. Hetzendorf v. Hohenberg 1777 geschaffene Obelisk ruht auf Riesenschildkröten. In ihn ist die habsburgische Familiengeschichte eingemeißelt.
Palmenhaus: 1883 errichtet, gehört es auch heute noch zu den größten europäischen Glashäusern (2200 m^2). 3 Temperaturabteilungen ermöglichen es, australische Pflanzen sowie Mittelmeerflora, tropische Nutzpflanzen und Orchideen zu züchten.
Röm. Ruine: Auch sie wurde v. J.F. Hetzendorf v. Hohenberg entworfen. Sie soll ein v. Rom zerstörtes Karthago darstellen (Kaiser Joseph II. fühlte sich als Kaiser des Röm. Reiches).
Schmetterlingshaus: Im Sonnenuhrhaus wurden über 200 tropische Schmetterlingsarten in einem parkähnlichen subtropischen Gehege untergebracht. Der Besucher kann die frei umherfliegenden Tiere bewundern, den Raupen beim Verzehr der Blätter v. Bananenpflanzen zusehen und die in (oben offenen) Schaukästen ausgestellten Puppen bewundern – bis der Schmetterling schlüpft und nach oben ausfliegt. *Öffnungszeiten:* Mai–Okt. 10.00 bis 17.00, Nov.–April 10.30–15.30 Uhr.
Schöner Brunnen: Quelle, die dem Schloß den Namen gab. Die heutige Gestalt entstand unter Maria Theresia nach Plänen v. Isidor Canevale, die Quellnymphe »Elegia« schuf J.C. Beyer.
Tiergarten: Er entstand 1752 auf besonderen Wunsch Franz Stephans v. Lothringen (Gemahl Maria Theresias) nach Plänen v. Jadot de Ville-Issey. Um einen Frühstückspavillon, v. dem aus die kaiserliche Familie die Tiere beobachten konnte, errichtete er eine ringförmige Menagerie.
Hier wurden die exotischen Tiere untergebracht. Im Laufe der Zeit wurde der Tiergarten erweitert, er besitzt heute etwa 3000 Tiere.

Schubertpark (18. Bezirk): Nach Auflassung des Währinger Ortsfriedhofes 1925 wurde dieser Park errichtet. Zur Erinnerung an den Friedhof blieben die urspr. Begräbnisstätten v. Schubert und Beethoven erhalten (die Leichen wurden exhumiert und auf den Zentralfriedhof [→Friedhöfe] überführt). Auch ein spätbarockes Friedhofskreuz blieb hier bestehen.

Schweizergarten (3. Bezirk): 1905–06 wurde dieser Park als »Maria-Josefa-Park« eingeweiht, ein Obelisk erinnert an den Eröffnungstag. Die Anlage erfolgte im Stil englischer Landschaftsgärten (Auflockerung

Stadtpark

durch Wassergräben und Teiche); ein Rosarium, ein Restaurant und ein Eislaufplatz stellten weitere Anziehungspunkte dar. Die Umbenennung in »Schweizergarten« erfolgte aus Dankbarkeit für die Hilfe, die die Schweiz österr. Kindern nach dem 1. Weltkrieg zukommen ließ.

Stadtpark (1. Bezirk): Dieser Park wurde ebenfalls vom damaligen Stadtgartendirektor Rudolf Sieböck, der auch den Rathauspark anlegte, um 1860 entworfen und im englischen Landschaftsstil gestaltet. Hier befand sich früher das sog. Wasserglacis mit einer Mineralwassertrinkanstalt. Das Wienflußportal (Eingang v. der Johannesgasse aus) stammt v. Friedrich Ohmann und Josef Hackhofer und ist im Jugendstil ausgeführt. Etwa an der Ecke Johannesgasse-Parkring liegt der Kursalon (→Profanbauten).
Denkmäler: *Friedrich v. Amerling* (1803-87, Biedermeier-Porträtmaler). Von Johannes Benk. - *Anton Bruckner* (1824-96, Komponist und Organist). Von Viktor Tilgner. - *Hans Canon* (1829-85, Waldmüller-Schüler, Historienmaler der Gründerzeit). Von Rudolf Weyr. - *Franz Lehár* (1870-1948, Operettenkomponist, u. a. »Die lustige Witwe«, »Der Zarewitsch«). Von Franz Coufal. - *Hans Makart* (1840-84, prägte eine ganze Periode, die sog. Makart-Zeit, veranstaltete den berühmten Makart-Festzug anläßlich der Silberhochzeit v. Kaiser Franz Joseph I. und Elisabeth [»Sissy«]. Historienmaler der Gründerzeit). Von Viktor Tilgner. - *Emil Jakob Schindler* (1842-92, impressionistischer Landschaftsmaler). Von Edmund Hellmer. - *Franz Schubert* (1797-1828, Komponist. Er schuf zahlreiche Klavierwerke, Symphonien, Messen und ungezählte Lieder, z. B. »Am Brunnen vor dem Tore«, obwohl er bereits mit 31 Jahren starb). Von Carl Kundmann. - *Robert Stolz* (1880-1975, Operetten- und Musicalkomponist, schrieb die Melodien für 98 Tonfilme und 25 Eisrevuen sowie zirka 2000 Lieder, z. B. »Im Prater blüh'n wieder die Bäume«, »Adieu, mein kleiner Gardeoffizier«). Von Rudolf Friedl. - *Andreas Zelinka* (1802-68, unter ihm als Bürgermeister wurde der Stadtpark geschaffen). Von Franz Pönninger. - *Johann Strauß Sohn* (1825-99). Von Edmund Hellmer.

Johann Strauß Sohn (1825-99): Vater Strauß wollte eigtl., daß sein Sohn die Beamtenlaufbahn einschlage. Seine Mutter ermöglichte ihm jedoch heimlich eine sehr gute musikalische Ausbildung. Johann gründete eine kleine Kapelle und hatte bereits mit seinem ersten Auftritt 1844 im Café Dommayer in Hietzing großen Erfolg. Er wurde Konkurrent des eigenen Vaters, schon bald nannte man ihn den »Walzerkönig«. 1863 wurde er zum Hofballmusikdirektor ernannt, er leitete bis 1870 alle Hofbälle. Danach begann er, Operetten zu schreiben; die bekanntesten sind »Eine Nacht in Venedig«, »Der Zigeunerbaron«, »Wiener Blut«, »Die Fledermaus«. Seine Walzer waren allesamt Erfolge, z. B. »G'schichten aus dem Wienerwald«, »Wiener Blut«, »Kaiserwalzer« - bis auf einen: Der Donauwalzer mißfiel (allerdings wegen des unglücklichen Textes, der bei der Premiere gesungen wurde). Großer Beliebtheit erfreuen sich auch heute noch seine Märsche und Polkas, z. B. »Pizzikato-Polka«, »Annen-Polka«. Strauß war dreimal verheiratet, alle Ehen blieben kinderlos.

Türkenschanzpark (18. Bezirk): 1863 fand hier, bei einer v. den Türken aufgeworfenen Schanze, der entscheidende Kampf zwischen dem Entsatzheer und den türkischen Belagerern statt. Später wurde die verwüstete Gegend nach und nach v. wohlhabenden Bürgern besiedelt, die Stadt Wien ließ v. Karl Hasenauer und Wilhelm Exner einen Naturpark errichten. Dieses Unternehmen gestaltete sich wegen des durchwegs sandigen Bodens als recht teuer, machte sich aber bezahlt: Der Park zählt heute zu den schönsten Anlagen Wiens. Zahlreiche Teiche und ein Alpinum tragen dazu bei, auch einige Denkmäler sind zu

Johann Strauß Sohn >

SCHUBERT

finden. Die wichtigsten erinnern an *Emmerich Kálmán* (1882–1953, Operettenkomponist, z. B. »Czardasfürstin«, »Gräfin Mariza«), an *Josef Kainz* (1858–1910, einer der bedeutendsten Burgschauspieler) und an *Adalbert Stifter* (1805–68, Landschaftsmaler und Dichter, z. B. »Bunte Steine«).

Volksgarten (1. Bezirk): Als Pendent zum →Burggarten wurde dieser Park 1819–23 als allgemein zugänglicher Garten errichtet. Berühmt sind seine Rosenanlagen. In einem darin errichteten Kaffeehaus (es existiert umgebaut heute noch) spielten Josef Lanner und Johann Strauß. Nach einem Entwurf v. Peter Nobile wurde 1820–23 der Theseus-Tempel (Imitation des athenischen Theseions) errichtet, in dem heute Kunstausstellungen stattfinden.
Denkmäler: *Kaiserin Elisabeth* (»Sissy«, 1837–98, Gemahlin Kaiser Franz Josephs I.). Marmorfigur v. Hans Bitterlich. – *Franz Grillparzer* (1791–1872, bedeutendster österr. Dramatiker. Die Reliefs zu beiden Seiten zeigen Szenen aus seinen Werken: v. l nach r »Die Ahnfrau«, »Der Traum ein Leben«, »König Ottokars Glück und Ende«, »Sappho«, »Medea« und »Des Meeres und der Liebe Wellen«). Von Karl Kundmann und Rudolf Weyr. – *Julius Raab* (1891–1964, Bundeskanzler zur Zeit des Staatsvertrages; seine Politik bewirkte den wirtschaftlichen Aufschwung nach dem 2. Weltkrieg). Von Toni Schneider-Manzell und Clemens Holzmeister.

Währinger Park (18. Bezirk): Erst 1923 wurde der Kommunalfriedhof Währing aufgelassen und in einen Park umgewandelt. Ein Teil wurde jedoch als Gräberhain belassen: Hier findet man die Grabsteine u. a. für *Emanuel Schikaneder* (1751–1812, Textdichter für Mozarts »Zauberflöte«, gründete das Theater an der Wien) und *Karl Ritter v. Ghega* (1802–60, Erbauer der Semmeringbahn, der ersten europäischen Gebirgsbahn).

Wertheimsteinpark (19. Bezirk): 1824 erwarb Rudolf Arthaber die Villa (→Wertheimsteinvilla unter: Profanbauten) und dazugehörige Weingärten, die er in einen Park umwandeln ließ. In der Parkmitte Gedenkstein für die letzten Besitzer, die Familie Wertheimstein, die testamentarisch die öffentliche Nutzung v. Haus und Park verfügten. Im Park stehen einige Denkmäler, u. a. für *Ferdinand v. Saar* (1833–1906, österr. Lyriker. Denkmal v. Franz Seifert, 1914). 1959 wurde in einem Teil des Parks der »Blindengarten« mit Tastpflanzen eröffnet.

< *Franz Schubert*

Wienerwald: Erstmals taucht um 1132 die lateinische Bezeichnung »Silva Viennensis« in einer Urkunde auf, für etwa 50 Jahre später ist auch der dt. Name »Wienerwald« belegt.
Der Wienerwald umfaßt ein Gebiet v. etwa 1250 qkm und erstreckt sich im N bis zur Donau, im S bis zum Gölsen- und Triestingtal, im O bis zum Wiener Becken. Er ist der nordöstlichste Teil der Nordalpen, die im Tertiär (vor etwa 150 Millionen Jahren) als junges Faltengebirge entstanden. Nach dem Rückgang des sog. Miozänmeeres herrschten urwaldähnliche Verhältnisse, die durch die Eiszeit beendet wurden. Erste Besiedlungen erfolgten in der Jungsteinzeit (ca. 4500 v. Chr.), wie Grabungsfunde bei Guntramsdorf, Tulbing und auf dem Leopoldsberg ergaben. Ein sensationeller Fund wurde im 23. Bezirk gemacht: Man entdeckte ein steinzeitliches Hornsteinbergwerk – das einzige, das in Österreich gefunden wurde.
Bis zur Bronzezeit (1800–800 v. Chr.) waren vermutlich alle Bergrücken spärlich besiedelt. Aus der Eisenzeit (800 v. Chr.–0) stammt der Fund einer kompletten Töpferwerkstätte bei Mödling (→Umgebung; Funde im Stadtmuseum). Die N-Grenze des keltischen Königreiches Noricum verlief durch den Wienerwald.
Unter den Römern (16 v. Chr.–375 n. Chr.) entstanden am Rande des Wienerwaldes zahlreiche Befestigungsbauten und Wachttürme, z. B. Klosterneuburg, Baden und Purkersdorf.
Die damals angelegten Militärstraßen werden (modernisiert) heute noch verwendet: von Carnuntum (→Umgebung) über Wien nach Klosterneuburg und weiter in den W führend; eine andere Verbindung wurde entlang der Thermenlinie v. Wien nach S, über Ödenburg und Laibach bis nach Aquileia geschaffen.

Anton Bruckner

An die Zeit der Slawenherrschaft erinnern die Ortsnamen v. Mödling (Medijilica), Liesing (Lezinica), Weidling (Védnica) oder Lainz (Lonzinica), an das Karolingerreich z. B. der Ortsname Ottakring (v. Otakar).
Die erste gezielte Besiedlung des Wienerwaldes erfolgte in der 2. Hälfte des 8. Jh., als bajuwarische Kolonisten angesiedelt wurden. Ihre Ortsgründungen sind an den erhöht errichteten Wehrkirchen erkennbar (gut zu sehen in Perchtoldsdorf, Mödling und Gumpoldskirchen). - Eine wesentliche Kraft für die »Eroberung« des Waldes ging v. den Klöstern aus (Klosterneuburg, Heiligenkreuz); neben dem Urbarmachen des Landes stellten sie auch wirtschaftlich und kulturell Zentren des Wienerwaldes dar. Einen Strich durch die Rechnung machte den neuen Siedlern allerdings zwischen dem 12. und 17. Jh. die Pest - oftmals wurden ganze Dörfer durch diese Infektionskrankheit vernichtet. Die zahlreichen Pest- und Dreifaltigkeitssäulen sprechen eine beredte Sprache (z. B. in Mödling, Perchtoldsdorf und Heiligenkreuz).
Eine weltgeschichtlich entscheidende Schlacht nahm ihren Ausgangspunkt im Wienerwald: Das den v. den Türken belagerten Wienern zu Hilfe eilende Entsatzheer sammelte sich n des Wienerwalds und zog über dessen Hänge gegen Wien (siehe auch 2. Türkenbelagerung).
Im Biedermeier besann man sich auf die Werte der Natur und entdeckte den Wienerwald als Erholungsgebiet. Dem drohenden Abholzen (um den leeren Staatssäckel dadurch auffüllen zu können) widersetzte sich der Mödlinger Bürgermeister *Josef Schöffel* durch aufrüttelnde Publikationen - mit Erfolg. Er kann tatsächlich als »Retter des Wienerwaldes« bezeichnet werden.
Der Wienerwald weist 3 Florabereiche auf: Am O-Rand gedeihen auf Kalk- und Dolomitböden die Schwarzföhrenwälder. In der unteren Hügelstufe (bis 200/300 m) findet man Eichenmischwälder, darüber wachsen bis etwa 400 m Eichen-Hainbuchen-Wälder mitteleuropäischer Arten, und in der letzten Stufe (oberhalb 400 m) gedeihen Buchenwälder.

Volksgarten

THEATER

Akademietheater (Lisztstr. 1, 3. Bezirk): Im Baukomplex des Konzerthauses wurde v. Ferdinand Fellner und Hermann Helmer ein Theater eingeplant, das 1913 eröffnet wurde. Anton Wildgans (österr. Dichter) richtete 1922 das Theater als Kammerspielbühne des Burgtheaters ein (seit 1924 diesem angeschlossen).

Ateliertheater am Naschmarkt (Linke Wienzeile 4, 6. Bezirk): 1933 wurde die Kleinkunstbühne »Literatur am Naschmarkt« eröffnet, sie widmet sich der Gegenwart durch kritische Stücke in Kabarettform. Für zahlreiche berühmte Schauspieler war sie die Plattform zum Erfolg: So standen hier Hilde Krahl, Carl Merz und Hans Weigel auf der Bühne. 1947 schloß die Bühne, 1961 eröffnete Veit Relin das »Ateliertheater am Naschmarkt«. Man ist heute um Ur- und Erstaufführungen bemüht.

Burgtheater (Dr. Karl-Lueger-Ring 12, 1. Bezirk). *Baugeschichte:* Anstelle der Löwelbastei (dem Hauptangriffspunkt der Türken während der 2. Türkenbelagerung) wurde nach der Schleifung der Wiener Befestigungsanlagen v. Gottfried Semper und Karl Hasenauer 1874–88 das neue Burgtheater errichtet (Das alte stand am Michaelerplatz und wurde 1888 abgerissen). Am 14. 10. 1888 wurde das neue Theater mit Franz Grillparzers »Esther« und Friedrich Schillers »Wallenstein« eröffnet. Die Zerstörungen durch den 2. Weltkrieg waren so groß, daß das Ensemble bis 1955 im →Ronacher spielte. Die Wiedereröffnung wurde mit Grillparzers »König Ottokars Glück und Ende« gefeiert. – Das Burgtheater besitzt 1310 Sitz- und 210 Stehplätze.
Theatergeschichte: Das Burgtheater prägte und prägt das deutschsprachige Bühnengeschehen nachhaltig. Bes. unter Direktor Heinrich Laube (1849–67), also noch im alten Haus am Michaelerplatz, kristallisierte sich die Tradition hinsichtlich Sprachkultur und Repertoire heraus: Das »Burgtheater-

deutsch« steht für akzentuiertes, korrektes und klanglich wienerisches Deutsch, das Repertoire reicht v. den klassischen Stükken hin bis zu den Werken moderner Dichter. – Weitere berühmte Direktoren waren Hermann Bahr (1918), Hugo Thiemig (1912–17) und Raoul Aslan (1945–48). Die Liste der hier aufgetretenen und auftretenden Schauspieler ist fast endlos, man denke etwa an Josef Kainz, Hedwig Bleibtreu, Rosa Albach-Retty, Alma Seidler, Ewald Balser, Helene Thimig, Josef Meinrad, Attila Hörbiger und Paula Wessely ... – Übrigens: Die Burgschauspieler sind seit Maria Theresia Staatsbeamte.

Äußeres: Der triumphbogenähnlich wirkende, vorgewölbte Mittelteil wird v. einer Attika bekrönt, worauf Rudolf Weyr das 18 m lange Relief »Bacchuszug« schuf. Auf der Balustrade darüber »Apollo mit den Musen Melpomene und Thalia«, v. Karl Kundmann. Viktor Tilgner schuf die Büsten über den Fenstern des 1. Geschosses: In der Mitte sieht man Goethe, Schiller und Lessing, l Calderón, Shakespeare und Molière, r Halm, Grillparzer und Hebbel. Unterhalb der Dichter sind Gestalten aus deren Werken dargestellt. In den Nischen der Seitenfassaden weitere Statuen v. Viktor Tilgner: l hinten der Hanswurst (eine Wiener Theaterfigur; sie wurde erstmals v. Joseph Stranitzky um 1721 dem Publikum vorgestellt, für das dt. Theater), l vorn Falstaff (stellvertretend für das englische Drama), r vorn Phaedra (französisches Drama) und r hinten Don Juan für das spanische Drama. – An der Rückseite des Bühnenhauses stehen für das griech. Theater die Figuren des Prometheus und der Genoveva, v. Josef Gasser.

Inneres: Im Originalzustand erhalten blieben die prachtvollen *Feststiegen* der Seitenflügel sowie die Deckengemälde. Im rechten (s) Treppenhaus v. Gustav Klimt die Darstellung des Dionysos-Kults und der Thespiskarren sowie das Globe-Theatre in London und das Theater Molières, v. Franz Matsch das Dionysos-Theater in Athen. Im linken (n) Treppenhaus schuf Franz Matsch den Altar des Apollon und einen antiken Schauspieler sowie eine ma Mysterienbühne, v. Gustav Klimt das Deckengemälde »Vor dem Theater v. Taormina« und die Darstellung des Hanswursts in Rothenburg ob der Tauber. – Das Foyer im 1. Geschoß wird als Pausenraum benutzt, es ist fast 57 m lang. *Führungen:* Mai, Juni, Sept., Okt: Mo–Sa 9.00, 15.00 Uhr, So 11.00, 15.00 Uhr; Nov.–April: 15.00 Uhr, Juli und August: 11.00, 13.00, 14.00, 15.00, 16.00 Uhr.

Freie Bühne Wieden (Wiedner Hauptstr. 60b, 4. Bezirk): Kabarettbühne, 1976 v. Topsy Küppers gegr.

Josefstadt (Theater in der Josefstadt, Josefstädterstr. 26, 8. Bezirk): 1788 wurde die kleinste der Wiener Vorstadtbühnen gegr., sie hatte jedoch häufig den drohenden Bankrott vor sich. Auch nach dem v. Joseph Kornhäusel durchgeführten Umbau 1822 blieb »die Josefstadt« nur Sprungbrett für die Prominenz, die alsbald in andere Wiener Theater abwanderte (z. B. Raimund, Nestroy). – Gleichzeitig wurden die nebenan liegenden *Sträußelsäle* errichtet, ein Vergnügungsetablissement, in dem die Musiker Strauß und Lanner aufspielten. – Erst unter der Direktion v. Stöger (1832–34) kam es zu einer ersten Blüte: Es wurden Opern aufgeführt, das Haus entwickelte sich auf diesem Gebiet für kurze Zeit sogar zu einer Konkurrenz für die Staatsoper. 1848 allerdings mußte das Theater schließen – alle nennenswerten Ensemblemitglieder waren abgeworben. Seit der Wiedereröffnung ist die Josefstadt zur Pflegestätte des Volksstückes geworden. Zu den Glanzpunkten des Hauses zählen sicherlich die Aufführungen »Liliom« (1913, v. Franz Molnár) und unter der Leitung v. Max Reinhardt Aufführungen wie etwa Hofmannsthals »Der Schwierige« oder Goldonis »Diener zweier Herren«. Reinhardt ließ die Sträußelsäle, die inzwischen einen Niedergang erlebt hatten und als Requisitendepot dienten, in das Theater integrieren. – Das Theater in der Josefstadt ist Privatbühne.

Kabarett Simpl (Wollzeile 36, 1. Bezirk): Das Kabarett wurde 1912 gegr. und erlangte durch Karl Farkas (1898–1971) und Fritz Grünbaum (1880–1940) Berühmtheit. Farkas war ab 1920 zum Ensemble des Simpl gestoßen und wurde bald Mitautor der Revuen. Bes. beliebt waren die »Doppelconferencen« zwischen Farkas (den »G'scheiten« spielend) und Grünbaum (den

Burgtheater

»Dummen« darstellend). Nach Grünbaum übernahmen Ernst Waldbrunn (1907–77) und Maxi Böhm (1916–82) diesen Part der Doppelconference. – Das Kabarett nimmt Stadt- und Staatspolitik aufs Korn.

Kammeroper (Drachengasse 1–3, 1. Bezirk): 1953 v. Prof. Hans Gabor gegr. zur Förderung junger Sängertalente, bringt immer wieder ungewöhnliche Inszenierungen der Opernliteratur, auch Auftragswerke.

Kammerspiele (Rotenturmstr. 20, 1. Bezirk): Das Theater der Kammerspiele wurde 1910 erbaut und 1973 umgestaltet. Es ist heute eine Dependance des Theaters in der Josefstadt, gespielt werden vor allem Stücke der leichten Muse.

Kleine Komödie (Walfischgasse 4, 1. Bezirk): Boulevardstücke und Krimis. 1973 gegr.

Raimundtheater (Wallgasse 27, 6. Bezirk): Ein Wiener Bürgerverein finanzierte einen Theaterbau, damit die Werke v. Ferdinand Raimund vermehrt gespielt würden. 1893 erbaute Franz Roth dieses Theater in nur 10 Monaten, die Eröffnung konnte noch im Jahr des Baubeginns stattfinden. Aufgeführt wurde Ferdinand Raimunds »Die gefesselte Phantasie«. Spielte man anfangs überwiegend Volksstücke, gewann ab 1916 die Operette immer mehr an Bedeutung. Das Sprechtheater überwog erst nach dem 1. Weltkrieg wieder, heute werden zunehmend Operetten und Musicals aufgeführt.

Renaissancetheater (Neubaugasse 36, 7. Bezirk): 1923 v. Josef Jarno gegr., das Haus hat 844 Sitzplätze. Spielstätte des »Theaters der Jugend« (Abonnements für Kinder und Jugendliche, die v. einem eigenen Schauspielerensemble gestaltete Theater- und Opernaufführungen sowie Märchen etc. besuchen können). 1949 etablierte sich hier auch die »Löwingerbühne«, die das bäuerliche Milieustück pflegt.

Ronacher (Seilerstätte 9, 1. Bezirk): 1887–88

Staatsoper, Festtreppe

errichteten Ferdinand Fellner d.J. und Hermann Helmer hier ein »Etablissement«, Bauherr war Anton Ronacher. Es enthielt sowohl einen Theatersaal, Vergnügungssäle, ein Restaurant und ein Kaffeehaus sowie ein Hotel. – Nach dem 1. Weltkrieg fand der österr. Rundfunk (damals RAVAG) hier den notwendigen Raum, nach dem Anschluß trat hier ein Varieté auf. Nach dem 2. Weltkrieg wich das Burgtheaterensemble auf das Ronacher aus, danach benutzte der ORF die Räume. Seit 1973 wieder Theaterbühne (u.a. Aufführung des Musicals »Cats«, das früher im Theater an der Wien gegeben wurde).

Schönbrunner Schloßtheater (Schloß Schönbrunn, 13. Bezirk): Seit 1929 Bühne des Reinhardt-Seminars, im Sommer Aufführungen der Kammeroper.

Serapionstheater (Wallensteinplatz 6, 20. Bezirk): Avantgarde-Ensemble.

Staatsoper (Opernring 2, 1. Bezirk): Die Wiener Staatsoper zählt zu den bedeutendsten und gleichzeitig größten europäischen Opernhäusern: 2209 Personen können eine Aufführung besuchen. Das Orchester bilden die Wiener Philharmoniker, ein eigenes Staatsopernballett wird ausgebildet und eingesetzt.

Baugeschichte: Gemäß kaiserlicher Entschließung wurden die Architekten Eduard van der Nüll (Dekoration) und August Sicardsburg (Bautechnik) mit der Errichtung der Oper beauftragt. Das Gebäude wurde in romanisch-historisierenden Formen errichtet und war als erster Ringstraßenbau fertiggestellt. Bes. geachtet wurde dabei auf die Feuersicherheit (um Brandkatastrophen möglichst auszuschließen – das Ringtheater fiel bekanntlich 1882 aufgrund äußerst mangelhafter Brandschutzmaßnahmen und zu enger Stiegenhäuser einem Großbrand zum Opfer): Das Dach war eine Eisenkonstruktion, die Bühne feuersicher vom Zuschauerraum getrennt (eiserner Vorhang). Bes. erfreut waren die Wiener über die zahlreichen Foyers und Pausenräume, die es in anderen Theatern nur mangelhaft gab. – Ein Bombentreffer 1945 auf das Dach der Oper vernichtete den Zuschauerraum und die Bühne zur Gänze.

1953 wurde der Wiederaufbau über eine Anleihe finanziert, der Architekt Erich Boltenstein mit der Arbeit, die Oper unverändert wiederzuerrichten, betraut. Die Kosten hierfür waren immens (insbesondere unter dem Aspekt, daß das Geld in der ersten Nachkriegszeit aufgebracht werden mußte), dementsprechend groß war das Publikumsinteresse bei der Wiedereröffnung: 1955 konnte die Oper mit Ludwig van Beethovens »Fidelio« in neuem Glanz eröffnet werden, Dirigent war Karl Böhm. Für die Zahllosen, die keine Eintrittskarten bekommen konnten, wurde diese erhebende Aufführung über Lautsprecher nach außen übertragen.

Operngeschichte: Zahlreiche berühmte Dirigenten prägten die Entwicklung der Oper. Gustav Mahler (1897–1907) krempelte den damaligen Opernbetrieb ziemlich um (selbstverständlich unter lautstarker Kritik der Wiener), er führte u.a. die Verdunklung des Zuschauerraumes während der Aufführungen ein. – Weitere Dirigenten, die dem Ensemble künstlerische Impulse ver-

Staatsoper

mittelten, waren z. B. Richard Strauss, Clemens Kraus und Herbert v. Karajan.

Äußeres: Die dem Ring zugewandte Hauptfassade ist in Form einer zweigeschossigen Halle errichtet. In den Bogenöffnungen stehen Bronzefiguren, die den Heroismus, das Drama, die künstlerische Phantasie, die Komik und die Liebe darstellen sollen (alle v. Ernst Hähnel). Im Sommer dient die Loggia des 1. Obergeschosses als Pausenraum. Die Loggia überlebte den Bombentreffer, man kann daher die herrlichen Deckenfresken v. Moritz v. Schwind bewundern: Darstellung verschiedener Szenen aus Mozarts »Zauberflöte«.

Auch die beiden Pegasusgruppen auf dem Hauptgesims stammen v. Ernst Hähnel. – Van der Nüll verwandte bei seinen Dekorationen sowohl got. (venezianische) Elemente als auch die italienische und die französische Renaissancebauweise.

Inneres: Die *Festtreppe* ist noch in urspr. Zustand erhalten. Sowohl das prachtvolle Marmorgeländer als auch die aufgestellten Statuen (letztere alle v. Josef Gasser) beeindrucken durch ihre Harmonie. Dargestellt sind die freien Künste: Architektur, Bildhauerei, Dichtkunst, Malerei, Schauspiel, Tanz und Tonkunst. An der Stirnwand sind Medaillons der beiden Architekten van der Nüll und Siccardsburg angebracht. Das Deckengemälde schuf Franz Dobiaschowsky, es stellt »Fortuna, ihre Gaben streuend« dar. – Im 1. Stockwerk liegen die Pausenräume für das Publikum, gleich gegenüber vom Treppenhaus das berühmte *Schwind-Foyer:* Hier wurden Gemälde v. Moritz v. Schwind, die Opernszenen darstellen, aufgehängt. Unter den Bildern wurde die Büste des entsprechenden Komponisten aufgestellt. Die Wand- und Deckenmalereien schuf Friedrich Sturm. – Im *Gobelinsaal* befindet sich ein »Zauberflöten-Zyklus« v. Rudolf Eisenmenger – Im *Marmorsaal* gestaltete Heinz Leinfellner Szenen hinter den Kulissen der Oper (Marmorintarsienarbeit). – Der *Teesalon,* noch original erhalten, ist selten zugänglich; er birgt das Deckengemälde »Die Musik auf Adlerschwingen« (v. Karl Madjera) sowie Tapisserien. – Der *Zuschauerraum* wirkt durch die Farben Creme, Rot und Gold sehr vornehm. Er ist 5 Stockwerke hoch (Parterre und 5 Ränge), wobei die Mittelloge des 2. Ranges die Kaiser- (jetzt Präsidenten-)loge ist. Den eisernen Vorhang entwarf Anton Eisenmenger (Motiv aus »Orpheus und Eurydike« v. Gluck). – Im *Orchestergraben* finden bis zu 110 Musiker Platz. – Das *Bühnenhaus* besteht aus Haupt-, Hinter- und Seitenbühne, insgesamt stehen 1508 m^2 zur Verfügung. Gigantisch auch die Höhenmaße – es geht sowohl 50 m in die Höhe als auch in die Tiefe hinunter. Außerdem gibt es Probesäle für Ensembles, eine Probebühne und zahlreiche Solisten-Übungsräume. – Für den Opernball wird das Zuschauerparkett auf Bühnenhöhe angeglichen, es bildet zusammen mit der Bühne die Tanzfläche. *Führungen:* Sept., Okt.: 13.00, 14.00, 15.00 Uhr, Nov.–April: 14.00, 15.00 Uhr, Mai, Juni: 13.00, 14.00, 15.00 Uhr, Juli, August: 10.00, 11.00, 13.00, 14.00, 15.00 Uhr.

Théâtre Français de Vienne (Liechtensteinstr. 37, 9. Bezirk): 1978 gegr., französischsprachige Bühne, zahlreiche Gastspiele berühmter französischer Schauspieler.

Theater an der Wien (Linke Wienzeile 6, 6. Bezirk): 1801 wurde das v. Joseph Reymund d. J. entworfene Theater eröffnet. Bauherr war Emanuel Schikaneder, der bis dahin im Freihaustheater arbeitete. Schikaneder, der den Text zu Mozarts »Zauberflöte« geschrieben hatte, ließ dieses Theater nach seinen bühnentechnischen Kenntnissen aufführen – die Wiener waren begeistert. »Es sei das bequemste und vollkommenste Theater Deutschlands«, hieß es da, »sehr geschmackvoll ausgestattet« sei es. Doch Schikaneder kam in Zahlungsschwierigkeiten und mußte 1802 bereits verkaufen. Mehrere Besitzer wechselten sich ab, bis 1902 schließlich das Vordergebäude abgerissen und v. Ferdinand Fellner und Hermann Helmer darauf ein Mietshaus errichtet wurde. Erhalten blieb vom alten Haus nur das sog. Papagenotor (heute Bühneneingang auf der Rückseite des Gebäudes; Darstellung des Bauherrn in der Rolle des Papageno). – Zahlreiche Premieren ließen das Theater an der Wien bald eine führende Rolle in der Stadt spielen, Beethovens »Fidelio« etwa oder Grillparzers »Ahnfrau« zählten dazu. Unter dem Direktor Carl Carl (1825–45) spielten Johann Nestroy und Therese Krones sich in die Herzen der Volkstheater-Liebhaber, zahlreiche Stücke Nestroys hatten hier Premiere. Unter Maximilian Steiner (1869–80) gelang der Sprung zur führenden Operettenbühne: Werke v. Johann Strauß Sohn, Karl Millöcker und Richard Heuberger gelangten zur Aufführung, der berühmte Alexander Girardi (1850–1918) trat hier auf. 1889 wurde im Theater die elektrische Beleuchtung eingeführt. Bis 1938 dauerte die fast ununterbrochen glanzvolle Zeit für das Theater, dann wurde es geschlossen. Die Wiedereröffnung nach dem 2. Weltkrieg erfolgte als Ausweichbühne der Staatsoper mit Beethovens »Fidelio«, danach kaufte die Stadt Wien das Theater und ließ es modernisieren. Seit 1962 wird das umgebaute Theater bespielt, international bekannt wurde es durch die spektakulären Musicalaufführungen (z. B. »Cats«, »Phantom der Oper«).
Inneres: Im Foyer wurden Fußbodenmosaiken nach Entwürfen v. Wolfgang Hutter und Roman Haller verlegt, die Pausenräume sind mit Stuckarbeiten (v. Hilda Schmid-Jesser) und Wandbespannungen (v. Willi Bahner) ausgestattet. An der Dekke des Zuschauerraumes 9 Gemälde, die Musen darstellend. Der eiserne Vorhang trägt eine Darstellung der Hauptfiguren aus Mozarts »Zauberflöte« (Pamino und Tamina), zur Erinnerung an den Theatergründer Schikaneder.

Theater Die Tribüne (Dr.-Karl-Lueger-Ring 4, 1. Bezirk – im Café Landtmann): Im Keller des berühmten Ringstraßencafés Landtmann hat sich diese kleine Bühne eingerichtet. Pflege der (österr.) Gegenwartsliteratur.

Tschauner Bühne (Maroltingergasse 43, 16. Bezirk): In diesem Stegreiftheater, das übrigens das einzige in Mitteleuropa ist, spielen Laiendarsteller Abend für Abend Theater: jeden Abend ein anderes Stück, das Handlungsgerüst wird kurz vor Vorstel-

Staatsoper, Pausenräume >

lungsbeginn besprochen – und schon geht der Vorhang auf.

Vienna's English Theatre (Josefsgasse 12, 8. Bezirk): 1963 wurde v. Ruth Brinkmann und Franz Schafranek das Vienna's English Theatre gegr., es bietet Aufführungen in englischer Originalsprache. Sogar eine Weltpremiere war dabei: »The Red Devil Battery Sign« v. Tennessee Williams. – Der Zuschauerraum (Josefssaal) wurde um die Jahrhundertwende von Titus Neugebauer und Gustav Richter gestaltet, der Zeit entsprechend in neubarockem Stil (sog. Gründerzeit, Zeit der Ringstr.-Prunkbauten).

Volksoper (Währinger Str. 78, 9. Bezirk): 1898 wurde anläßlich des 50jährigen Regierungsjubiläums Kaiser Franz Josephs I. v. einer Gruppe Industrieller dieses Theater finanziert und zunächst unter dem Namen »Kaiser-Jubiläums-Stadttheater« eröffnet. Die Pläne für den Bau stammten v. Franz v. Krauß und Alexander Graf. Da jedoch vornehmlich leichte Opern und Operetten gespielt wurden, hieß das Theater sehr bald »Volksoper«. – Bes. kennzeichnend für des Wieners Interesse an seinen Opernhäusern ist die Tatsache, daß bereits 14 Tage nach Kriegsende hier Mozarts »Hochzeit des Figaro« aufgeführt wurde. Waren die Mittel auch dürftigst (sowohl auf seiten der Schauspieler als auch der Theaterbesucher) – das Haus war ausverkauft. Die Volksoper gehört dem Bundestheaterverband an und zählt zu den wichtigsten Wiener Bühnen für Operetten und leichte Opern.

Volkstheater (Neustiftgasse 1, 7. Bezirk): Der »Verein des Deutschen Volkstheaters« ließ 1888–89 auf einem v. der Stadt gestellten Grund ein Theater errichten. Den neuesten Vorschriften entsprechend mußte es ein freistehendes Gebäude sein. Das Haus pflegt das Volksstück im weitesten Sinn.

MUSEEN

Akademie der Bildenden Künste (Schillerplatz 3, 1. Bezirk): *Gemäldegalerie:* Sie entstand aus einem Legat v. Graf Anton Lamberg-Sprinzenstein und wurde kontinuierlich durch Zukäufe erweitert. Ein eindrucksvoller Überblick über die abendländische Malerei seit dem 14. Jh. ist so ermöglicht worden. Die frühen Niederländer (Hieronymus Bosch: »Weltgerichtsaltar« und Dirk Bouts) machen, zeitlich gesehen, den Anfang, es folgen dt. Werke des 16. Jh. (Hans Baldung Grien, Lucas Cranach d. Ä.) und italienische Künstler (Tizians »Tarquinius und Lucretia«). Die meisten Gemälde stammen aus dem 17. Jh.: Peter Paul Rubens, van Dyck, Rembrandt, Rachel Ruysch, Adriaen Brouwer, Claude Lorrain sowie die Kollektion der »Romanisten« (Werke v. Jan Asselijn, Jan Both, Karel Dujardin). Das 18. Jh. wird durch zahlreiche österr. und italienische Werke repräsentiert: Gemälde v. Giovanni Battista Tiepolo, Daniel Gran, Franz Anton Maulpertsch. Den chronologischen Abschluß bilden die Werke der Maler Ferdinand Georg Waldmüller, Friedrich Amerling, Hans Makart, Herbert Boeckl, Fritz Wotruba und der derzeitigen Professoren der Akademie.
Öffnungszeiten: Di, Do, Fr 10.00–14.00, Mi 10.00–13.00 und 15.00 bis 18.00, Sa, So 9.00–13.00 Uhr.
Kupferstichkabinett: Das Kabinett ist Bestandteil der Bibliothek und wurde durch Schenkungen auf einen Bestand v. etwa 30000 Zeichnungen und ebenso viele Druckgraphiken erweitert. Das Kabinett zählt zu den wichtigsten Museen für dt. Zeichenkunst des 19. Jh. Bes. hervorzuheben sind die Zeichnungen Thomas Enders v. seiner Brasilien-Reise, die 277 got. Bauhüttenzeichnungen aus dem Besitz des Dombaumeisters Franz Jäger (damit die weltgrößte Sammlung ma Baurisse) und zahlreiche Pläne der Architekten Karl Hasenauer, Gottfried Semper und Otto Wagner. Auch Zeichnungen v. Albrecht Dürer und Paul Troger sind vorhanden. Das Kabinett kann stolz sein auf seine 415 Blumenaquarelle v. Moritz Michael Daffinger, auf die ca. 300 Zeichnungen v. Friedrich Gauermann und die 700 Blätter v. Joseph Anton Koch.
Auch die Romantiker sind zahlreich vertreten (Friedrich Overbeck, Schnorr v. Carolsfeld, Leopold Kupelwieser, Brüder Olivier u. a.) *Öffnungszeiten:* Mo, Mi 10.00–12.00, Di, Do 14.00 bis 18.00 Uhr, in den Semesterferien (Febr., Ostern, Juli–Okt.) nur nach Anmeldung.

Alte Schmiede

Eroica-Haus

Albertina →Graphische Sammlung Albertina.

Alte Backstube (Lange Gasse 34, 8. Bezirk): Außenstelle des Bezirksmuseums Josefstadt. In einem der sehenswertesten barokken Bürgerhäuser der Wiener Vorstädte (1697) war über 150 Jahre eine Bäckerei etabliert, deren Abbruch durch Übernahme seitens des Bezirksmuseums verhindert werden konnte. Integriert in ein Café-Restaurant, werden hier Handwerk und Brauchtum der Bäcker dargestellt. *Öffnungszeiten:* Di-Sa 12.00-24.00, So, feiertags 14.00-24.00 Uhr.

Alte Schmiede (Schönlaterngasse 9, 1. Bezirk): Etwa 1400 Exponate informieren über das Schmiedehandwerk. *Öffnungszeiten:* Mo-Fr 9.00-15.00 Uhr.

Aspern-1809-Museum (Asperner Heldenplatz 9, 22. Bezirk): In der ehem. Sebastiani-Kapelle wurde eine Dokumentation der Schlacht bei Aspern eingerichtet. Erzherzog Karl siegte damals über die napoleonischen Truppen. Berühmtestes Ausstellungsstück: der »Löwe v. Aspern«, eine Bildhauerarbeit v. Anton Dominik Fernkorn (1850). *Öffnungszeiten:* April-Okt. jeden So 10.00-12.00 Uhr.

Barockmuseum, Österr. (Unteres Belvedere, 3. Bezirk): Österr. Malerei und Plastik v 1683-1780. Hier befindet sich die größte Sammlung v. Werken Raphael Donners (hier stehen die Originalfiguren des Donner-Brunnens [→Denkmäler, Brunnen] vom Neuen Markt), ferner v. Franz Anton Maulpertsch und Franz Xaver Messerschmidt. *Öffnungszeiten:* Di-So 10.00 bis 16.00 Uhr.

Beethoven-Gedenkstätten *Eroica-Haus* (Döblinger Hauptstr. 92, 19. Bezirk): 1803 wohnte Ludwig van Beethoven in diesem Haus. Gezeigt werden Notendrucke und alte Ansichten des Stadtteils Döbling.
Heiligenstädter Testament (Probusgasse 6, 19. Bezirk): 1802 lebte Beethoven in Heili-

genstadt. Er verfaßte hier das (ausgestellte) Heiligenstädter Testament, in dem er erstmals seine beginnende Taubheit erwähnt.
Pasqualatihaus (Mölkerbastei 8, 1. Bezirk): Zweimal logierte Beethoven in diesem Haus, 1804–08 und 1810–14. Erinnerungsstücke aus seinen letzten Lebensjahren sind zu sehen.
Öffnungszeiten aller 3 Gedenkstätten: Di bis So 9.00–12.15 und 13.00–16.30 Uhr. 1.1./1.5./25.12. geschlossen.

Bestattungsmuseum (Goldeggasse 19, 4. Bezirk): Ein für Wien wichtiges Museum, da das Bestattungszeremoniell und die Begräbnisse in den verschiedenen Gesellschaftsschichten streng reglementiert waren. Hier lernt man den »Pompfüneberer« (würdig in Schwarz gekleideter Bestattungsunternehmer, der vor dem Trauerhaus stand) kennen und begreifen, wie wichtig für die Wiener »a schöne Leich'« (ein pompöses, großes Begräbnis) war und ist. Auch Kurioses ist zu vermelden: Joseph II. versuchte, die sog. »Sparsärge« einzuführen (damit die Verwesung so rasch wie möglich eintreten könne, sollte der Tote in Sackleinen eingenäht beerdigt werden. Um der Optik Genüge zu tun, solle er in einem Sarg begraben werden, dessen Boden mit Seilzügen aufgeklappt – und damit unzählige Male verwendet werden konnte). Die Wiener liefen Sturm gegen diese Verordnung, die alsbald auch aufgehoben wurde: Man sagt, daß sich die Bürger schleunigst (im voraus) Särge für ihre Familien machen ließen.
Öffnungszeiten: nach telefonischer Voranmeldung Mo–Fr 12.00–15.00 Uhr (Tel. 50195-227).

Bezirksmuseum
Jeder Wiener Gemeindebezirk verfügt über ein eigenes Museum, das schwerpunktmäßig die Entwicklung des jeweiligen Bezirkes dokumentiert. Einige Bezirksmuseen besitzen darüber hinaus Ausstellungsstücke zu anderen Themen.
Neubau (Stiftgasse 8, 7. Bezirk): Seidenindustrie. *Öffnungszeiten:* Do 18.00–20.00, Sa 15.00–17.00 Uhr.
Alsergrund (Währinger Str. 43, 9. Bezirk):

< *Heiligenstädter Kirche*

Pasqualatihaus, Beethoven-Büste

Heimito-v.-Doderer-Gedenkstätte (Schriftsteller, bekanntestes Werk »Die Strudlhofstiege«). *Öffnungszeiten:* Mi 9.00–11.00, So 10.00–12.00 Uhr.
Simmering (Enkplatz 2, 11. Bezirk): Frühgeschichtliche Ausgrabungen. *Öffnungszeiten:* Fr 9.00–12.00, 15.00–18.00, So 9.00 bis 12.00 Uhr, Juli–Aug. geschlossen.
Hietzing (Am Platz 2, 13. Bezirk): Sammlung des berühmten Äthiopienforschers Friedrich Bieber (1873–1924). Egon-Schiele-Dokumentation.
Öffnungszeiten: Sa 14.30–17.00, So 10.00 bis 12.00 Uhr.
Rudolfsheim-Fünfhaus (Rosinagasse 4, 15. Bezirk): Gedenkraum für Josef Weinheber (1842–1945, Lyriker, fing in seinen Werken die Wiener Atmosphäre ein). *Öffnungszeiten:* Di 16.00–18.00 Uhr (außer an Feiertagen).
Döbling (Döblinger Hauptstr. 96, 19. Bezirk): In der Villa Wertheimstein wurden Gedenkräume für Ferdinand v. Saar (1833 bis 1906, Schriftsteller) und Eduard v. Bauernfeld (1802–90, Lustspieldichter) einge-

richtet, ferner das Döblinger Weinbaumuseum. *Öffnungszeiten:* Sa 15.30–18.00, So 10.00–12.00 Uhr.

Bundessammlung alter Stilmöbel (Mariahilfer Str. 88, 7. Bezirk): Die Sammlung entwickelte sich aus dem k. u. k. Hofmobiliendepot, das bereits unter Franz Joseph I. hier untergebracht wurde. Das urspr. Museumskonzept (geschlossener Eindruck einer jeweiligen Epoche) wurde um den Aspekt »österr. Wohnkultur« respektive Tischlerkunst erweitert. *Öffnungszeiten:* Di–Fr 9.00–16.00, Sa 9.00–12.00 Uhr, feiertags geschlossen.

Clown- und Zirkusmuseum (Karmelitergasse 9, 2. Bezirk): 120000 Exponate aus der Welt des Zirkus und des Varietés sind hier zusammengetragen worden. *Öffnungszeiten:* Mi 17.30–19.00, Sa 14.30–17.00, So 10.00–12.00 Uhr.

Eisenbahnmuseum, Österr. (im Technischen Museum, Mariahilfer Str. 212, 14. Bezirk): Geschichte der Eisenbahn von den Anfängen, die durch Modelle vertreten sind, bis zur Gegenwart. Dokumentation des Eisenbahnbaus in Österreich, Darstellung der Alpenbahnen und deren Trassen. *Öffnungszeiten:* Di–So 9.00–16.30, Oster- und Pfingstmontag 9.00–13.00, 26.10./24.12. 9.00-16.00 Uhr, am 1.1./Karfreitag/ 1.5./ Fronleichnam/1. und 2.11./25.12. geschlossen.

Ephesos-Museum (Antikensammlung in der Neuen Burg, 1. Bezirk): Funde der österr. Ausgrabungen in Ephesos während der Jahre 1896–1906, die der Sultan dem österr. Kaiser schenkte. Ein riesiges Partherrelief (Bestandteil des Ehrenmals für Lucius Verus), ein beeindruckender Teil eines vornehmen Grabmalbaus, eine Athletenstatue (1,91 m hoch) – dies sind nur einige der wertvollen Museumsstücke. – Österr. Archäologen ist der Wiederaufbau des einzigartigen Bibliotheksgebäudes in Ephesos zu verdanken. *Öffnungszeiten:* Mo, Mi, Fr 10.00–16.00, Sa, So 9.00–16.00 Uhr.

Erzbischöfliches Dom- und Diözesanmuseum (Stephansplatz 6, Stiege 1, 1. Bezirk): Mittelalterliche Bestände des Domschatzes (z. B. syrische Glasflaschen), zahlreiche Reliquien, got. Tafelbilder, der Ober-St.-Veiter Altar und ein Schmerzensmann v. Lucas Cranach, wertvolle Heiligenskulpturen aus verschiedenen Jh. werden hier gezeigt. Das Museum besitzt mit dem Porträt v. Rudolf IV., dem Stifter, das erste Bildnis, das n der Alpen gemalt wurde. Rudolf IV. veranlaßte u. a. den Bau der got. Stephanskirche. *Öffnungszeiten:* Mi–Sa 10.00–18.00, So, feiertags 10.00–16.00 Uhr.

Esperanto-Museum, Internationales (Hofburg, Batthyanystiege, 1. Bezirk): Literatur über Esperanto und andere Kunstsprachen. *Öffnungszeiten:* Mo, Mi, Fr 9.00 bis 15.30 Uhr.

Feuerwehrmuseum, Wiener (Am Hof 10, 1. Bezirk): Entwicklung des Feuerwehrwesens, alte Fahrzeuge und Ausrüstungsgegenstände, Uniformen, Urkunden, Gemälde u. a. *Öffnungszeiten:* So, Feiertag 9.00 bis 12.00 Uhr.

Fiakermuseum (Veronikagasse 12, 17. Bezirk): Nahezu 300 Ausstellungsstücke dokumentieren die Geschichte des Wiener Fiakergewerbes. Der Name »Fiaker« leitet sich übrigens v. den Pariser Kollegen ab, die mit ihren Fuhrwerken vor der Kirche St-Fiacre standen. Etwa ab 1670 gab es in Wien das Fiakergewerbe. Die Wagen waren an 3 Seiten mit ihrer Nummer gekennzeichnet (man nannte sie daher auch »Numerierte«), im Gegensatz zu den Fuhrwerken, die ohne Lizenz, dafür aber auch ohne festen Standplatz in Wien verkehrten.
Öffnungszeiten: jeden 1. Mi im Monat 10.00 bis 13.00 Uhr.

Sigmund-Freud-Museum (Berggasse 19, 9. Bezirk): Leben und Werk des berühmten Psychoanalytikers werden hier in seiner Wohnung und Praxis anhand v. Büchern, Fotos, Erinnerungsstücken und anderen Exponaten dokumentiert. Freud (1856 bis 1939) war der Pionier auf dem Gebiet der Behandlung psychisch Kranker und veröffentlichte zahlreiche Schriften zu diesem Thema. Er erfuhr allerdings das typisch österr. Schicksal eines Genies: Seiner er-

Döblinger Weinbaumuseum >

Sigmund-Freud-Museum (links); Graphische Sammlung Albertina, Albrecht Dürer,... (rechts)

sten Vorlesung über die Traumdeutung wohnten stattliche 3 Studenten bei - er fand zu Lebzeiten keine akademische Anerkennung und mußte sich mit zahlreichen Anfeindungen auseinandersetzen. - Er lebte nahezu 50 Jahre in diesem Haus, mußte jedoch 1938 emigrieren. Seine Bibliothek, seine Sammlungen wurden teilweise Opfer der SA-Truppen. *Öffnungszeiten:* täglich 9.00-15.00 Uhr.

Galerie des XIX. und XX. Jahrhunderts, Österr. (Oberes Belvedere, 3. Bezirk): Umfangreiche Ausstellung v. Werken aller namhaften österr. Maler und Bildhauer. U.a. Werke v. Rudolf v. Alt, Martino Altomonte, Arik Brauer, Franz v. Defregger, Albin Egger-Lienz, Peter Fendi, Friedrich Gauermann, Daniel Gran, Johann Lucas v. Hildebrandt, Friedensreich Hundertwasser, Gustav Klimt, Oskar Kokoschka, Leopold Kupelwieser, Hans Makart, Kolo Moser, Egon Schiele, Paul Troger, Ferdinand Georg Waldmüller. *Öffnungszeiten:* Di-So 10.00-16.00 Uhr.

Geymüller-Schlössel (Khevenhüllerstr. 2, 18. Bezirk): Wiener Uhren und Möbel aus den Zeiten des Empire und des Biedermeier. *Öffnungszeiten:* März-Nov. Di, Mi 11.00-15.30, So 15.00 Uhr (So Führung).

Globenmuseum (Josefsplatz 1, 1. Bezirk): Eine der weltgrößten Sammlungen v. Globen aus der Zeit vor 1850. *Öffnungszeiten:* Mo, Mi, Fr 11.00-12.00, Do 14.00 bis 15.00 Uhr.

Glockenmuseum (Troststr. 38, 10. Bezirk): In den Räumen der ehem. Glockengießerei Pfundner kann man alles Wissenswerte über Glocken und deren Herstellung erfahren. Die österr. Glocken sind katalogisiert; zahlreiche in- und ausländische Glocken werden gezeigt, darunter sowohl exotische als auch historisch bedeutsame Exemplare. *Öffnungszeiten:* Mi 14.00-17.00 Uhr.

Graphische Sammlung Albertina (Augustinerstr. 1, 1. Bezirk): Eine der bedeutendsten graphischen Sammlungen der Welt.

Finanzarchiv neben Grillparzer-Gedenkzimmer

Geschichte: Der Kernstock der Sammlung geht auf Prinz Eugen v. Savoyen zurück, der ein leidenschaftlicher Sammler war. Der nächste wesentliche Schritt konnte zur Zeit Josephs II. gemacht werden, da bei den durch ihn veranlaßten Klosterauflösungen zahlreiches Kunstgut erworben werden konnte. Systematische Zukäufe mit Schwerpunkt österr. Werke ergänzten den Bestand. – Der zweite Grundstein wurde v. Herzog Albert v. Sachsen-Teschen, dem Erbauer des Albertina-Palais (→Albertina unter: Profanbauten), gelegt: Er bekam v. Kaiser Franz 1796 370 Dürer-Zeichnungen aus der kaiserlichen Schatzkammer geschenkt. Albrecht besaß jedoch auch selbst eine reichhaltige Sammlung an Graphiken. Alle Stücke aus seinem Bestand sollten – seinem Testament entsprechend – niemals getrennt werden, noch Österreich verlassen. Während des 2. Weltkrieges waren die Kunstwerke ausgelagert worden (zum Glück, denn auch die Albertina wurde v. Bomben getroffen). Unter der Leitung v. Otto Benesch konnten auch in den letzten Jahrzehnten wertvolle Stücke erworben werden: Blätter v. Altdorfer, Holbein, Rembrandt, Egon Schiele u. a. – Heute besitzt die Albertina etwa 44 000 Zeichnungen und Aquarelle sowie 1,5 Millionen Druckgraphiken.

Aufbau: Die Ausstellung ist nach nationalen Schulen und innerhalb dieser chronologisch aufgebaut. Die Originalzeichnungen v. Dürer, Leonardo da Vinci, Raffael, Michelangelo, Rubens, Rembrandt und Schiele können aus konservatorischen Gründen nicht immer gezeigt werden. Ersatzweise kann jedoch die ständige Ausstellung der »Facsimiles« (hochwertige Wiedergaben dieser Werke) besucht werden. Spezialsammlungen bestehen zu folgenden Themen: Plakatkunst, Wiener historische Blätter, Sammlung alter Spielkarten, Zimelienbände (= seltene handgeschriebene oder gedruckte Bände mit Illustrationen), originale Holzstöcke der Dürerzeit, Karikaturen. Ferner gibt es eine umfangreiche Bibliothek und Spezialarchive.

Aufgrund dieser Fülle an Kunstschätzen

können nur einige Künstler namentlich aufgeführt werden, deren Werke hier verwahrt werden: Rudolf v. Alt, Hieronymus Bosch, Pieter Brueghel d. Ä., Paul Cézanne, Lucas Cranach d. Ä., Goya, Wassily Kandinsky, Paul Klee, Gustav Klimt, Alfred Kubin, Edvard Munch, Pablo Picasso, Auguste Renoir, Egon Schiele.
Die aktuellen Ausstellungen werden alle 8 Wochen gewechselt, um möglichst viele Werke abwechselnd zeigen zu können. Eine weitere Möglichkeit, die Bestände des Museums zu besichtigen, ist im Studiensaal möglich (Vorlage der gewünschten Blätter). *Öffnungszeiten:* Ausstellungen: Mo, Di, Do 10.00–16.00, Mi 10.00–18.00, Fr 10.00 bis 14.00, Sa, So 10.00–13.00 Uhr. Im Juli und Aug. sonntags geschlossen, ebenso an Feiertagen. – Studiensaal: Mo–Do 13.00 bis 16.00 Uhr. Juli–Aug. geschlossen.

Grillparzer-Gedenkzimmer (Johannesgasse 6, 1. Bezirk): Franz Grillparzer (1791 bis 1872) zählt zu den wichtigsten österr. Dichtern; er schrieb u. a. »Sappho« und »König Ottokars Glück und Ende«. 1832–56 war er Direktor des Hofkammerarchivs. Erhalten blieben sein Amtszimmer sowie alte Archivspeicher aus dieser Zeit. *Öffnungszeiten:* Mo–Fr 8.30–14.30 Uhr, feiertags geschlossen.

Haus des Meeres (Esterhazypark, 6. Bezirk): In dem aus dem 2. Weltkrieg stammenden Flakturm (→Profanbauten) wurde ein Vivarium eingerichtet: Zu sehen sind neben allen Arten v. Fischen auch Riesenschlangen, Krokodile, Schildkröten und Leguane. *Öffnungszeiten:* täglich 9.00–18.00 Uhr.

Haydn-Wohnhaus (Haydngasse 19, 6. Bezirk): Joseph Haydn bewohnte dieses Haus v. 1797 bis zu seinem Tod 1809; er schrieb hier einige seiner bedeutendsten Werke. Zu sehen sind in diesem gut erhaltenen Bürgerhaus des 18. Jh. zahlreiche Haydn-Darstellungen, Musikinstrumente, die der Komponist benutzte, und Notendrucke. – Im Haus befindet sich auch ein Brahms-Gedenkraum. *Öffnungszeiten:* Di–So 9.00 bis 12.15 und 13.00–16.30 Uhr, 1. 1./1. 5./25. 12. geschlossen.

Heeresgeschichtliches Museum →Arsenal (unter: Profanbauten).

Hermesvilla →Lainzer Tiergarten (unter: Parks und Gärten).

Historisches Museum der Stadt Wien (Karlsplatz, 4. Bezirk): Über 3500 Exponate dokumentieren hier die Geschichte der Stadt Wien. Ur- und frühgeschichtliche Funde werden ebenso gezeigt wie türkische Beutestücke, Modelle der Innenstadt Wiens zu verschiedenen Epochen, Objekte zur Baugeschichte des Stephansdoms sowie Stadtpläne und alte Ansichten Wiens. Ein Raum ist Österreichs großem Dichter Franz Grillparzer gewidmet (Originaleinrichtung). *Öffnungszeiten:* Di–So 9.00 bis 16.30 Uhr, 1. 1./1. 5./25. 12. geschlossen.

Hofburg (1. Bezirk): Die Einrichtung der sog. »Kaiserappartements« im Reichskanzleitrakt und in der Amalienburg ist nahezu unverändert belassen worden. Hier residierten Kaiser Franz Joseph I. mit Gemahlin Elisabeth (Stefans-Appartements, Franz-Josefs-Appartements, Elisabeth-Appartements) sowie Kaiser Karl I. (Alexander-Appartements). *Öffnungszeiten:* Mo–Sa 8.30–12.00, 12.30–16.00, So, feiertags 8.30 bis 12.30 Uhr, 1. 5./2. 11./24. und 31. 12. geschlossen.

Hoftafel- und Silberkammer (Hofburg, Eingang unter der Michaelerkuppel, 1. Bezirk): Geschirr, Gläser und Besteck der kaiserlichen Hofhaltung, Alltags- und Festtagsgedecke sowie ausländische Porzellangeschenke werden hier gezeigt. Zu den Prunkstücken zählt sicherlich der fast 30 m lange »Mailänder Tafelaufsatz«. Ferner: Stücke aus Ostasien, aus Sèvres, Augartenporzellan (sehenswerte Panoramateller) und das Vermeilservice aus feuervergoldetem Silber. *Öffnungszeiten:* Di–Fr, So 9.00 bis 13.00, Mai–Okt. auch Do 9.00 bis 13.00 Uhr.

Institut für Geschichte der Medizin der Universität Wien im Josephinum (Währinger Str. 25, 9. Bezirk): Kaiser Joseph II. ließ 1785 detailgetreu ausgeführte anatomische Wachsfiguren in Lebensgröße herstellen, damit seine Militärärzte die inneren Organe des Menschen studieren konnten. Ferner sieht man Erinnerungsobjekte an berühmte Wiener Ärzte, wie z. B. Ignaz Philipp Semmelweis (»Retter der Mütter«,

Institut für Geschichte der Medizin

er führte die sterile Behandlung ein und verhinderte dadurch das Kindbettfieber nach der Geburt), Theodor Billroth (Chirurg), Julius Wagner-Jauregg (Malaria-Prophylaxe), Sigmund Freud (Psychoanalyse). *Öffnungszeiten:* Mo–Fr 11.00–15.00 Uhr, feiertags geschlossen.

Kaisergruft →Kapuzinerkirche (unter: Sakralbauten).

Kunsthistorisches Museum (Burgring 5, 1. Bezirk): Aufgrund der Vielfalt und Reichhaltigkeit dieses Museums ist es als dem Pariser Louvre oder dem Madrider Prado ebenbürtig einzustufen. Das Haus beherbergt 5 Abteilungen, die *Öffnungszeiten* sind für alle gleich: Di–Fr 10.00–16.00, Sa, So 9.00–16.00 Uhr (April–Okt. bis 18.00 Uhr), 1.5. geschlossen.
Ägyptisch-Orientalische Sammlung: Aufgrund österr. Grabungsfunde eine der reichsten ägypt. Sammlungen der Welt, Exponate aus allen Abschnitten altägyptischer Geschichte. U.a. komplette Kultkammer des Prinzen Kaninisut, Statue des Sprechers v. Theben, Mumien, Sarkophage, Grabbeigaben.
Antikensammlung: Vorgriech. und Kunst der Spätantike; den Schwerpunkt stellen die Schätze aus der Zeit des klassischen griech.-röm. Altertums dar: griech. Vasenmalerei, Plastiken, antike Steinschneidekunst etc.
Sammlung für Plastik und Kunstgewerbe: Sammlung v. Prunkgefäßen aus edlen Materialien, u.a. ma Kelch aus Stift Wilten, burgundischer Pokal Friedrichs III., Salzfaß v. Benvenuto Cellini. Uhren und Automaten, merkwürdige Naturbildungen in künstlerisch hochstehender Verarbeitung, Tapisserien.
Münzkabinett: An die 500000 Objekte wurden seit 1547 v. den Habsburgern gesammelt, heute präsentiert sich das Kabinett als geldwissenschaftliches Museum.
Gemäldegalerie: Der Kernstock der Galerie stammt v. Erzherzog Ferdinand v. Tirol und Kaiser Rudolf II. sowie v. Erzherzog Leopold Wilhelm. Maria Theresia und Jo-

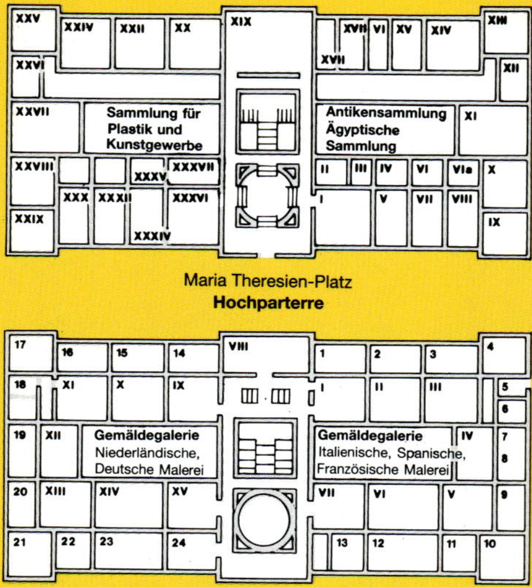

Maria Theresien-Platz
Hochparterre

1. Stock

Kunsthistorisches Museum, Hochparterre **I** Totenkult **II** Orientalische Dokumente **III** Tierkult **IV** Alltag im Alten Ägypten **V** Skulptur der Spätzeit **VI** Ägyptische Landkulturen **VI a** Totenkult Altes Reich **VII** Skulptur des Mittleren und Neuen Reiches **VIII** Skulptur des Alten Reiches **IX** Zyprische Kunst **X, XI** Skulpturen **XII** Bronzen **XIII** Etruskische Kunst **XIV** Vasen und Terrakotten **XV** Röm. Kunst **XVI** Spätantike Kunst **XVII, XVIII** Kunst des frühen Christentums und der Völkerwanderungszeit **XIX** Steinschneidearbeiten des Barock **XX** Österr. Hochbarock und Rokoko **XXII** Hochbarock **XXIV** Dt. Manierismus (Kaiser Rudolf II.) **XXV** Dt. Manierismus (Erzherzog Ferdinand II.) **XXVI** Französischer Manierismus **XXVII** Italienischer Manierismus **XXVIII** Dt. Renaissance **XXIX** Steinschneidearbeiten der Renaissance **XXX** Italienische Hochrenaissance **XXXII** Italienische Frührenaissance **XXXIV** Spätmittelalter **XXXV, XXXVII** Uhren und Automaten **XXXVI** Mittelalter

1. Stock **1** Mantegna, Antonello, Vivarini **2** Bellini, Giorgione, Palma, Tizian **3** Lotto, Dossi, Savoldo **4** Bassano **5** Schiavone **6** Moretto, Moroni **7** De Predis, Luini **8** Barocci, dell'Abate **9** Bronzino, Coello, Pantoja **10** Velázquez, Murillo **11** Carracci, Poussin, Rosa, Cortona **12** Fetti, Strozzi, Cavallino **13** Guardi, Canaletto **14** Bosch, Geertgen, Mor **15** Dürer **16** Altdorfer, Huber **17** Cranach **18** Holbein, Clouet **19** Aachen, Spranger, Arcimboldo, Brueghel **20** Rubens **21** Teniers **22** Hals, Van Goyen **23** Rembrandt, Ruisdael **24** Ruisdael, Vermeer, Gainsborough **I** Raffael, Parmigianino, Correggio **II** Tizian **III** Veronese, Bordone **IV** Tintoretto **V** Caravaggio, Ribera, Vouet, Gentileschi **VI** Reni, Guercino, Fetti, Giordano **VII** Crespi, Solimena, Tiepolo, Duplessis **VIII** Van Eyck, Rogier, Memling, Patinier **IX** Aertsen, Bueckelaer, Valckenborch **X** Brueghel **XI** Jordaens, Snyders **XII** Van Dyck **XIII** Rubens **XIV** Rubens **XV** Ruisdael, Van Goyen

Kunsthistorisches Museum, Gemäldegalerie, Guiseppe Arcimboldo, Der Sommer, 1563 >

Museum des 20. Jahrhunderts

seph II. erwarben die großen Altarbilder, später entstand die Sammlung holländischer Landschaftsmaler.

Marinemuseum →Arsenal (unter: Profanbauten).

Medizinhistorisches Museum (Währinger Str. 25, 9. Bezirk): Dem Institut für Geschichte der Medizin ist dieses Museum angegliedert. Hier wird die Geschichte der Wiener medizinischen Schule dokumentiert; bes. hervorzuheben ist die Sammlung anatomisch-geburtshilflicher Wachspräparate, die aus der Schule Felice Fontanas (1720-1805) stammen. *Öffnungszeiten:* Mo bis Fr 11.00-15.00 Uhr, Sa, So, feiertags geschlossen.

Mozart-Museum (Domgasse 5, 1. Bezirk): Im sog. »Figarohaus« (→Profanbauten) wohnte Wolfgang Amadeus Mozart v. 1784 bis 1787, u.a. komponierte er hier die Oper »Die Hochzeit des Figaro«. In der Ausstellung werden Notendrucke, Bilder und zeitgenössische Ansichten Wiens gezeigt. *Öffnungszeiten:* Di-So 10.00-12.15 und 13.00 bis 16.30 Uhr, 1.1./1.5./25.12. geschlossen.

Museum des 20. Jahrhunderts (Schweizergarten, 3. Bezirk): In dem v. Karl Schwanzer entworfenen Pavillon finden Wechselausstellungen statt, im Park ist der Skulpturengarten eingerichtet worden. Werke u.a. v. Maillol, Moore, Rodin und v. den Österreichern Avramidis, Hrdlicka, Wotruba. *Öffnungszeiten:* täglich außer Mi 10.00 bis 18.00 Uhr, am 1.1./Karfreitag/Ostersonntag/1.5./Fronleichnam/1. und 2.11./24. und 25.12. geschlossen.

Museum für angewandte Kunst (Stubenring 5, 1. Bezirk): Das Museum ist das älteste Kunstgewerbemuseum des Kontinentes. Es wurde bereits 1864 eingerichtet und beeinflußte immer wieder die verschiedenen Künstlergenerationen. Ausgestellt werden kunstgewerbliche Objekte v. der Romanik bis zur Gegenwart. Bes. sehenswert sind die zahlreichen Exponate aus der sog. Wiener Werkstätte (Jugendstil). Es bestehen folgende Abteilungen:
- Ostasiatische Kunst
- Islamische Abteilung
- Kunstblättersammlung
- Glas und Keramik (u.a. Wiener Jugendstil)
- Sammlung v. Metallen (Wiener Werkstätte) und Nachlässen des 20. Jh.
- Möbel und Holzarbeiten
- Textilien und Teppiche

Öffnungszeiten: Mi-Mo 11.00-18.00 Uhr.

Museum mittelalterlicher österr. Kunst (Orangerie des Unteren Belvedere, 3. Bezirk): Österr. Skulpturen und Tafelmalereien v. Ende des 12. Jh. bis Anfang des 16. Jh., darunter auch Werke v. Michael Pacher und Rueland Frueauf. *Öffnungszeiten:* Di-So 10.00-16.00 Uhr.

Museum moderner Kunst im Palais Liechtenstein (Fürstengasse 1, 9. Bezirk): Beinhaltet alle Kunstrichtungen des 20. Jh., wie z.B. Neuer Realismus, Neue Wilde, Klassiker der Moderne, Phantastische Realisten. Werke u.a. v. Fritz Wotruba, Alfred Hrdlikka, Rudolf Hausner, Maria Lassnig, Pablo Picasso, Emil Nolde, Gustav Klimt, Egon Schiele, Oskar Kokoschka, Wolfgang Hutter, Ernst Fuchs. *Öffnungszeiten:* täglich außer Di 10.00 bis 18.00 Uhr, am 1. 1./Karfreitag/Ostersonntag/1. 5./Fronleichnam /1. und 2. 11./24. und 25. 12. geschlossen.

Nationalbibliothek, Österr. (Josefsplatz 1, 1. Bezirk): Eine der großen Weltbibliotheken (ca. 6,7 Millionen Objekte). Allein im Prunksaal finden 200000 Bände Platz; im Mitteloval ist die wertvolle Privatbibliothek des Prinzen Eugen aufgestellt. Untergliederung in zahlreiche Spezialabteilungen:

- Druckschriftensammlung (Druckwerke ab 1501, etwa 10000 Zeitschriften, zahlreiche Flugblätter, Plakate, Exlibris)
- Handschriften- und Inkunabelsammlung (Inkunabeln sind die bis zum Jahr 1500 gedruckten Bücher)
- Kartensammlung (Atlanten, Globen)
- Musiksammlung (Musikhandschriften und -drucke, u. a. das »Hoboken-Archiv«, Schallplatten und Tonbänder)
- Porträtsammlung und Bildarchiv
- Theatersammlung

Öffnungszeiten: Mitte Mai–Ende Okt. Mo bis Sa 10.00–16.00, Nov.–Mitte Mai Mo–Sa 11.00–12.00 Uhr.

Naturhistorisches Museum (Burgring 7, 1. Bezirk): Kaiser Franz Stephan v. Lothringen gründete die Naturaliensammlung, Ankäufe, Schenkungen und eigene Sammlungstätigkeit ließen die Objektzahl stetig anwachsen. Gliederung in folgende Abteilungen:

- Mineralogisch-petrographische Abteilung
- Geologisch-paläontologische Abteilung
- Botanische Abteilung
- 3 Zoologische Abteilungen
- Anthropologische Abteilung
- Prähistorische Abteilung
- Institut für Höhlenforschung

Zu den bekanntesten Stücken des Museums zählen die »Venus v. Willendorf« (ein etwa 25000 Jahre altes Fruchtbarkeitssymbol) und die »Tanzende Venus v. Galgenberg«, ferner ein 117 kg schwerer Riesentopas und das »Juwelenbouquet«, eine Edelsteinsammlung, die Maria Theresia ihrem Gemahl Franz Stephan v. Lothringen schenkte. *Öffnungszeiten:* Mi–Mo 9.00 bis 18.00 Uhr.

Nationalbibliothek, Hasenburg-Missale, 1409

Neidhart-Fresken (Tuchlauben 19, 1. Bezirk): Diese ältesten profanen Wiener Wandmalereien (um 1400) stellen Skizzen zu den Liedern des Minnesängers Neidhart v. Reuenthal dar, der am Wiener Hof verkehrte. *Öffnungszeiten:* Di–So 9.00–12.15, 13.00–16.30 Uhr.

Niederösterr. Landesmuseum (Herrengasse 9, 1. Bezirk): Dokumentation der Geschichte, Kunst, Volkskunde, Natur- und Landeskunde dieses Bundeslandes (historisches Kernland Österreichs). Die ältesten Objekte beziehen sich auf die Eiszeit und die damalige Besiedlung; die vielfältigen Landschaften werden dargestellt sowie die in ihr geschaffenen Kunstwerke (v. der Romanik bis zur Gegenwart, Schwerpunkt 19. und frühes 20. Jh.). *Öffnungszeiten:* Di–Fr 9.00–17.00, Sa 9.00–14.00, So 9.00 bis 12.00 Uhr.

Papyrussammlung der Österr. Nationalbibliothek (Augustinerstr. 1, 1. Bezirk): Über 100000 Objekte aus Ägypten dokumentie-

Puppen- und Spielzeugmuseum

ren sowohl alle damaligen Schreibmaterialien als auch die Sprachen dieses Zeitraumes (15. Jh. v. Chr. bis 15. Jh. n. Chr.). *Öffnungszeiten:* Mo 9.00–18.45, Di–Fr 9.00 bis 13.00 Uhr.

Post- und Telegraphenmuseum (im Technischen Museum, Mariahilfer Str. 212, 14. Bezirk): Entwicklung der Post in Österreich seit etwa 2000 Jahren, Ausstellung aller verwendeten Nachrichtenübermittlungsgeräte, Postbeförderungsmittel, Briefmarken, Korrespondenzkarten (eine österr. Erfindung) u. a. *Öffnungszeiten:* Di–So 9.00 bis 16.30 Uhr, Oster- und PfingstMo 9.00 bis 13.00, 26. 10./24. 12. 9.00 bis 16.00 Uhr, am 1. 1./Karfreitag/1. 5./Fronleichnam/1. und 2. 11./ 25. 12. geschlossen.

Pratermuseum →Prater (unter: Parks und Gärten).

Puppen- und Spielzeugmuseum (Schulhof 4, 1. Bezirk): Über 600 Puppen aus ganz Europa, die zwischen 1830 und 1930 hergestellt wurden, können hier bewundert werden. Zudem sieht man Puppenhäuser, dampfbetriebene Kugelgelenkpuppen und Laufpuppen mit Uhrwerkmechanismen. Auch verschiedene Blechspielzeuge sind ausgestellt. *Öffnungszeiten:* täglich 10.00 bis 18.00 Uhr.

Röm. Ruinen am Hof (Am Hof 9, 1. Bezirk): Teilstück des Hauptkanals der Via sagularis des röm. Legionslagers Vindobona; ferner Pläne. *Öffnungszeiten:* Sa, So, feiertags 11.00–13.00 Uhr, 1. 1./1. 5./25. 12. geschlossen.

Röm. Ruinen unter dem Hohen Markt (Hoher Markt 3, 1. Bezirk): Die hier gefundenen Reste röm. Offiziershäuser lassen erahnen, wie wohldurchdacht und gewissermaßen luxuriös die Menschen im röm. Vindobona lebten. Datiert werden die Bauten auf etwa 100 n. Chr., als die 13. Legion unter der Regierung v. Kaiser Trajan hier stationiert war. Die Hausmauern bestanden aus Bruchsteinen, die durch Kalkmörtel verbunden wurden. Die Häuser hatten einen v. Säulenhallen umgebenen Hof, woran sich kleine Kammern anschlossen (Typus des griech. Peristylhauses). 2 der 4 Räume waren mit einer Boden- und Wandheizung versehen: Von einem separaten Heizraum aus wurde durch Holzfeuer die Luft erwärmt und durch Hohlräume geleitet. Gleichzeitig zirkulierte die Warmluft in den Hohlziegeln der Wände. *Öffnungszeiten:* Di–So 9.00–12.15 und 13.00 bis 16.30 Uhr, 1.1./1.5./25.12. geschlossen.

Sammlung alter Musikinstrumente (in der Neuen Burg): Wertvolle Instrumente der Renaissance und des Barock. Musikinstrumente berühmter Komponisten und Musiker (Brahms, Beethoven, Haydn, Schubert), Entwicklung des Klaviers. *Öffnungszeiten:* Mo, Mi, Fr 10.00–16.00, Sa, So 9.00 bis 16.00 Uhr.

Sammlungen der Gesellschaft der Musikfreunde in Wien (im Palais Dumba, Eingang Bösendorferstr. 12, 1. Bezirk): Die Sammlungen setzen sich aus einer Bibliothek, einem Archiv und einer Musikinstrumentensammlung zusammen. Briefe, Musikdrucke, Musikliteratur, Programmzettel sowie unzählige Originale und Dokumente zählen zu den Beständen, auch zahlreiche Nachlässe v. Musikern. *Öffnungszeiten:* Mo, Mi, Fr 9.00–13.00 Uhr, Juli–Sept. geschlossen.

Schatzkammer (Hofburg, Schweizerhof): Bedeutendste Schatzkammer der Welt. Teilung in Weltliche und Geistliche Schatzkammer. Ausstellung v. Objekten, die der Repräsentation v. Herrschaft und Macht dienten. In ihrer Art der Welt bedeutendste Sammlung. Die bekanntesten Stücke sind die Krönungsinsignien und Kleinodien des Hl. Röm. Reiches, die österr. Kaiserkrone, der Burgunderschatz, Insignien des Ordens vom Goldenen Vlies, ferner Juwelen und Schmuck sowie Meßornate und kirchliches Gerät.

Weltliche Schatzkammer

Raum 1: Dem Erzherzogtum Österreich gewidmet. Rudolf IV., der Stifter, ließ 1616 den Erzherzogshut anfertigen (Original in Stift Klosterneuburg [→Umgebung]), hier auf einem Gemälde zu sehen. Bei der Einsetzung des Landesherren wurden zahlreiche Insignien übergeben, z. B. Landesschild, Erbpanier, Zepter, Reichsapfel, ferner diverse Stäbe und Schlüssel (Würdezeichen für bestimmte Hofämter).

Schatzkammer, Reichskreuz, um 1024/25

Raum 2: Die Habsburger, seit Albrecht V. röm. Kaiser, ließen sich (da die offiziellen Krönungsinsignien in Nürnberg verwahrt wurden) eigene Insignien anfertigen: z. B. die Krone Kaiser Rudolfs II. (geschaffen vom holländischen Hofjuwelier Jan Vermeyen 1598–1602), ferner Zepter und Reichsapfel.

Raum 3: Weltliche Orden, seit Maria Theresia gestiftet: St. Stephansorden, Leopoldsorden, Orden der Eisernen Krone.

Raum 4: Krönungsornat für die Zeremonie in Mailand (Übernahme des lombardo-venetianischen Königreiches), v. Peter Fendi entworfen.

Raum 5: Erinnerungsstücke an Prinzessin Marie Louise (1810 mit Napoleon vermählt) und an Kaiser Maximilian v. Mexiko.

Raum 6: Kaiserliche Taufkleidchen und Taufzubehör, diametral dazu der dunkle

Schrank (er enthält die Schlüssel zu den Särgen der Habsburger, die in der Kaisergruft der Kapuzinerkirche [→Sakralbauten] stehen).
Raum 7: Juwelen und Pretiosen, u.a. ein riesiger Smaragd (zu einem Gefäß geschliffen), reich verzierte Ordenskreuze, die Goldene Rose (eine vom Papst geschenkte Auszeichnung) sowie die Krone Stefan Bocskais (2. Türkenbelagerung).
Raum 8: 2 unveräußerliche Erbstücke der Habsburger: die größte Achatschale der Welt (4. Jh., Konstantinopel?) und der Narwalzahn (243 cm lang, galt lange Zeit als Horn des Fabelwesens Einhorn).
Raum 9: Böhmischer Kurfürstenornat.
Raum 10: Gewänder des kaiserlichen Ornats: Krönungsmantel (1133), blaue Tunicella (1133) und Weißes Kleid (1181), gelangten durch Heirat aus dem Besitz der normannisch-sizilianischen Könige an die Staufer.
Raum 11: Reichskleinodien und Krönungsinsignien des Hl. Röm. Reiches: Reichskrone (2. Hälfte 10. Jh), Hl. Lanze, Vortragekreuz (mit Kreuzreliquie), Reichskreuz, Reichsevangeliar (Buchdeckel um 1500, vom Aachener Goldschmied Hans v. Reutlingen), Reichsapfel, Zepter und Aspergile (alle Ende 12. Jh.) sowie das Reichsschwert (Mitte 11. Jh).
Raum 12: Kopien v. Krönungsgewändern, Heiligenreliquien und Behältnisse für die Reichskleinodien.
Raum 13: Farbenprächtiger Anblick der verschiedenen Wappenröcke v. Herolden aus den heutigen Beneluxstaaten.
Raum 14: Das burgundische Erbe: Hofbecher, Ainkhürn-Schwert, Schmuck aus dem Besitz v. Philipp dem Guten; ferner Prunkschwert Kaiser Maximilians v. Mexiko und Tapisserien Kaiser Karl V.
Raum 15: Raum des Ordens vom Goldenen Vlies: prunkvolle Ornate aus der Barockzeit.
Raum 16: Burgundischer Meßornat.
Geistliche Schatzkammer
In 5 Räumen werden die am kaiserlichen Hof verwendeten Ornate, liturgischen Geräte und Reliquien gezeigt.
Öffnungszeiten: Mo, Mi–Fr 10.00–16.00, Sa, So 9.00–16.00 Uhr (April–Okt. bis 18.00 Uhr).

Schubert-Museum (Nußdorfer Str. 54, 9. Bezirk): In seinem Geburtshaus wurde ein Museum eingerichtet. Zu sehen sind Erinnerungsstücke, Dokumente, Noten u.a. *Öffnungszeiten:* Di–So 9.00–12.15 und 13.00–16.30 Uhr, 1.1./1.5./25.12. geschlossen.

Adalbert-Stifter-Museum (Mölkerbastei 8/IV, 1. Bezirk): Präsentation v. Adalbert Stifter als Maler und Zeichner. *Öffnungszeiten:* Di–So 9.00–12.15 und 13.00–16.30 Uhr, 1.1./1.5./25.12. geschlossen.

Johann-Strauß-Wohnung (Praterstr. 54, 2. Bezirk): In der Wohnung, die Johann Strauß 1863–70 bewohnte, sind neben den Originalmöbeln Erinnerungsstücke an den Künstler ausgestellt.
Öffnungszeiten: Di–So 9.00–12.15 und 13.00–16.30 Uhr, 1.1./1.5./25.12. geschlossen.

Tabakmuseum, Österr. (Mariahilfer Str. 2, 7. Bezirk): Exponate zur Geschichte der Rauch- und Tabakkultur, große Sammlung v. Rauchrequisiten. Der Schwerpunkt liegt auf der Darstellung der mitteleuropäischen Rauchkultur. Zahlreiche Raritäten und Kuriositäten. *Öffnungszeiten:* Di 10.00–19.00, Mi–Fr 10.00–15.00, Sa, So, feiertags 9.00 bis 13.00 Uhr.

Technisches Museum (Mariahilfer Str. 212, 14. Bezirk): Das 1908 gegr. Museum stellt die Entwicklung der Technik v. den Anfängen bis zur Gegenwart vor. Besonderes Schwergewicht liegt auf österr. Erfindungen. Von den etwa 80000 Exponaten sind hervorzuheben:
- 1. Kaplan-Turbine der Welt
- Marcus-Viertakt-Benzinmotor v. 1887
- Modell der Gasanlage am Kärntnertor v. 1818
- Auer-Gasglühlicht
- Thonet-Bugholzmöbel v. 1849
- eine Steinbierbrauerei aus dem 17. Jh.
- Tatra-Chassis v. 1927
- Ressel-Schiffsschraube v. 1827
- Flugmaschinen
- verschiedene Werkstätten
- Telefon- und Münzautomaten
- Musikinstrumente (u.a. die Bruckner-Orgel)
- die Nähmaschine v. Madersperger, 1814

Öffnungszeiten: Di–So 9.00–16.30, Oster-

Adalbert-Stifter-Museum

und Pfingstmontag 9.00–13.00, 26.10./24.12. 9.00–16.00 Uhr, am 1.1./Karfreitag/1.5./Fronleichnam/1. und 2.11./25.12. geschlossen.

Theatermuseum, Österr. (Hanuschgasse 3, 1. Bezirk): *Öffnungszeiten:* Di–Sa 10.00 bis 17.00 Uhr, So 9.00–13.00 Uhr.

Tramwaymuseum, Wiener (Erdbergstr. 109, 3. Bezirk): Ausstellung v. Straßenbahnfahrzeugen seit 1871 (grüne Pferdebahnwagen) bis zu den heutigen Modellen. *Öffnungszeiten:* Mai–Okt. jeden Sa, So, Feiertag 9.00 bis 16.00 Uhr.

Uhrenmuseum (Schulhof 2, 1. Bezirk): Sammlung v. etwa 3000 Uhren aller Arten ab dem 15. Jh. Jeweils in eigenen Räumen werden Turmuhren, Standuhren, Uhren der verschiedenen Stilepochen, ausländische Modelle, Taschenuhren, Automatenwerke und Spieluhren gezeigt. Zu den Raritäten zählt sicherlich eine Bilderuhr mit laufendem Wasserfall. Bei Führungen werden einige Uhren vorgeführt. *Öffnungszeiten:* Di–So 9.00–12.15 und 13.00–16.30 Uhr, 1.1./1.5./25.12. geschlossen.

Völkerkundemuseum (Neue Hofburg): Eines der reichhaltigsten Völkerkundemuseen der Welt. Die ältesten Bestände stammen aus der Schatzkammer v. Schloß Ambras (Tirol), die Sammlungen James Cook und Johann Natterer bildeten mit jenen den Grundstock des heutigen Museums. Systematische Erweiterungen in den letzten Jahrzehnten. Einteilung des Museums in ständige Regionalabteilungen und einen Sonderausstellungsbereich. *Öffnungszeiten:* Mo, Do–Sa 10.00–13.00, Mi 10.00–17.00, So 9.00–13.00 Uhr.

Volkskundemuseum, Österr. (Laudongasse 15–19, 8. Bezirk): Gezeigt werden historische Objekte österr. Volkskultur wie etwa Möbel, Keramik, Textilien, Volksmusikinstrumente, Weihnachtskrippen u.a. *Öffnungszeiten:* Di–Fr 9.00–16.00, Sa, So 9.00 bis 12.00 Uhr.

Waffensammlung in der Neuen Burg: Von Kaiser Friedrich III. um 1450 gegründet, stellt diese Sammlung die reichhaltigste Schau des Abendlandes dar. Rüstungen, Kampf- und Jagdgeräte, Beutestücke aus den Türkenbelagerungen. *Öffnungszeiten:* Mo, Mi, Fr 10.00–16.00, Sa, So 9.00 bis 16.00 Uhr.

Wagenburg →Schloß Schönbrunn (unter: Profanbauten).

WIENERISCHES

Augartenporzellan: 1718 erteilte Kaiser Karl VI. dem Hofkriegsagenten Claudius Innozenz du Paquier ein Sonderprivileg, demzufolge er berechtigt war, Porzellan zu erzeugen. Im 9. Bezirk in der Roßau richtete sich du Paquier eine kleine Fabrik ein – die 2. Porzellanmanufaktur in Europa nach Meißen war gegr. Die Qualität reichte indes nicht an diejenige der Konkurrenz heran – du Paquier sah sich 1744 gezwungen, die Fabrik inklusive seines Fabrikationsgeheimnisses an Maria Theresia zu verkaufen. Der nunmehrige Staatsbetrieb erlebte unter Josef Niedermayer in den Jahren 1747–84 einen starken Aufschwung; man begann auch damit, Plastiken herzustellen. Da diese aber nur einen geringen Umsatzanteil ausmachten und die Konkurrenzwaren aus Böhmen wesentlich billiger waren, wurde die Fabrik v. Kaiser Franz Joseph I. 1864 geschlossen. Erst 1923 wurde die Arbeit wieder aufgenommen. Augartenporzellan zählt heute zu den bedeutenden Weltmarken, sowohl die zeitlosen Dekore der verschiedenen Service (für die es unbefristete Nachkaufgarantien gibt) als auch die Plastiken finden zahlreiche Liebhaber. Das handbemalte Porzellan wird in Schloß Augarten hergestellt. Im Sommer werden bei Führungen die einzelnen Produktionsschritte gezeigt und erläutert. Ganzjährig zugänglich ist eine Ausstellung im Hauptsaal des Schlosses, die einen umfassenden Überblick über das Schaffen der Firma ermöglicht.
Das derzeitige Verkaufsprogramm umfaßt etwa 11000 Artikel (Service, Vasen, Lampen, Plastiken) und ca. 150 verschiedene Dekore.

Christkindlmarkt: Der Christkindlmarkt wird traditionell am Rathausplatz abgehalten. Künstler schmücken die Bäume des Rathausparks. Ein begehbarer Weihnachtskalender, eine große Weihnachtskrippe, Eisskulpturen, Zelte mit Geschichtenerzählern für groß und klein, ein Kindererlebniszelt, eine Ausstellung im Rathaus selbst (Handwerker stellen Weihnachtliches her) sowie die vielen verschiedenen Buden, die Weihnachtsschmuck, Spielzeug und Naschwerk zum Verkauf anbieten, dazu Musik – der Christkindlmarkt bietet für jeden etwas. Bes. stimmungsvoll ist er in den Abendstunden, wenn auch der große Tannenbaum vor dem Rathaus erleuchtet ist.

Fasching: Der Wiener Fasching spielt sich vor allem in den Ballsälen verschiedener Palais und Hotels ab. Der Ablauf eines solchen Abends ist immer gleich: Vor dem Betreten der Tanzsäle erhalten die Damen eine sog. *Damenspende.* Diese Tradition war aus den Tanzkarten der Damen, in denen sich die Herren ihre Tänze reservieren lassen konnten, entstanden. Damit auch jede Dame eine Tanzkarte habe, wurden Papier und Schreibstift an jede Dame verteilt – allerdings in kostbaren Formen, aufwendiger Verpackung oder origineller Gestaltung. Manche Damenspenden wiesen auch auf den Ballveranstalter hin (z.B. bei einem Bäckerball befand sich die Tanzkarte in einem Miniaturbackofen, den man ausziehen konnte). – Der eigtl. Ball wird mit einer *Polonaise* eröffnet, die v. einem sog. »Jungdamen- und Jungherrenkomitee« vorgeführt wird. Die Debütantinnen tragen alle weiße Kleider, manchmal auch Krönchen im Haar; die Herren (je nach Feierlichkeit des Balles) Smoking oder Frack. – Der Veranstalter des Balles begrüßt anschließend die Gäste, und nachdem er den Kapellmeister um einen Walzer ersucht hat und die Debütanten die ersten Takte getanzt haben, ertönt die ersehnte Aufforderung *»Alles Walzer«.* Obwohl dieser Ausspruch grammatikalisch völlig unlogisch ist, wird er standhaft beibehalten, selbst beim Opernball. Und v. diesem Moment an ist die Tanzfläche für alle Tanzlustigen freigegeben – der Ball hat begonnen.

Heuriger: Man sagt, der Wiener brauche die Psychoanalyse Freuds am wenigsten –

Fiaker vor der Burg

denn er habe ja den Heurigen. Hier, wo auf einfachen Holzbänken alle Gesellschaftsschichten bunt vermischt Platz finden, reduzieren sich die großen Probleme v. allein. Ein Vierterl Wein in einem Krügerl (Henkelglas) vor sich, dazu etwas »zu beißen« (sei es vom kalten oder warmen Buffet oder ganz einfach ein Schmalzbrot), vielleicht noch Musik dazu (→Schrammeln) - so findet man hier noch das »Weaner G'müat«. - Heuriger - darunter versteht man sowohl den neuen Wein (also immer den zuletzt gelesenen) als auch das Lokal, in dem er ausgeschenkt wird. Gekennzeichnet sind die geöffneten Heurigen durch den »Buschen« (ein Bündel Föhrenzweige), der »ausg'steckt« wird - das heißt an der Eingangstür sichtbar aufgehängt wird. Daher erklärt sich auch die alternative Bezeichnung für das Heurigenlokal: der »Buschenschank«. Die Heurigenlokale haben nach einem Turnus geöffnet, der sich aus der Buschenschankordnung v. Maria Theresia herleitet. Seit dem Biedermeier war es in Mode gekommen, Landpartien - und Heurigenbesuche - zu machen. Mit ihrem Erlaß versuchte die sittenstrenge Regentin, Ordnung in dieses neue Freizeitvergnügen zu bringen. - Ausgeschenkt wird übrigens nur eigener Wein. Natürlich gibt es unterschiedliche Heurige, eher noble Lokale, bescheidene kleine Buschenschenken, Heurige mit Musik, Heurige in den eigenen Weingärten, in den Weinkellern, im eigenen Garten - die Vielfalt ist erfreulich. Mekka der Heurigenbesucher ist Grinzing mit seinen zahlreichen Heurigen, aber auch in Neustift, Döbling, Nußdorf und Stammersdorf findet man diese Lokale. - Eine Besonderheit sind die sog. »Stadtheurigen«. Sie liegen im Zentrum der Stadt und nicht, wie das Gros der Heurigen, in den Randbezirken Wiens. Hier wären beispielsweise der Esterházykeller, der Augustinerkeller, der Matthiaskeller oder der Zwölfapostelkeller zu nennen (die Liste ist unvollständig).

Kaffeehaus. *Geschichte:* Seit der 2. Türkenbelagerung gibt es in Wien Kaffeehäuser.

Kaffee »Central«

Ins Reich der Legende muß allerdings die Behauptung verwiesen werden, daß Georg Kolschitzky (→Denkmäler) der 1. Betreiber eines Kaffeehauses gewesen wäre. Diese Ehre gebührt den Armeniern Johannes Diodato und Isaak de Luca. Die Zahl der zugelassenen Cafetiers war zunächst beschränkt. Mit der Zeit wuchs aber die Nachfrage derart, daß weitere Schanklizenzen vergeben wurden. Bereits zu Beginn des 18. Jh. bildete sich ein wichtiges Element des Wiener Kaffeehauses heraus, das *Zeitungscafé:* Nationale und internationale Zeitungen liegen zur Auswahl auf; eingespannt in die entsprechenden Holzhalterungen wechseln sie zigmal am Tag den Leser, der oftmals nach der Lektüre eine Debatte mit anderen Gästen eröffnet. Aus dieser intellektuellen Art des Kaffeetrinkens heraus und wegen der besonderen Atmosphäre, die in den Lokalen herrschte, entwickelten sich die sog. *Literatencafés:* allen voran das »Silberne Kaffeehaus«, später das »Griensteidl«, das »Ferstel«, das »Central« und das »Herrenhof«. (Eine durchaus korrekte Bezeichnung für die Kaffeehäuser: Man verabredet sich der Kürze halber, da allen Beteiligten klar ist, was man meint, nicht »im Café ...«, sondern einfach »im ...«) In diesen Literatencafés »saßen die Talente so dicht an einem Tisch zusammen, daß sie einander gegenseitig an der Entfaltung hinderten ...« (Karl Kraus). – Eine weitere Variante boten die Kaffeehäuser mit separatem Billardzimmer, Schach- und *Kartenspieltischen.* Ein bes. beliebtes Kartenspiel ist das Tarock, meist zu viert gespielt. Und wo Karten (oder auch Schach) gespielt wird, fehlt einer nie: der »Kiebitz« – der hinter einem Spieler Stehende, dem Spiel Zusehende. – Im 19. Jh. wurden die Kaffeehäuser immer verschwenderischer ausgestattet, viele verfügten auch über einen →Schanigarten. Aus letzterem wieder bzw. aus den Kaffeehäusern, die im Prater öffneten, entwickelte sich das *Konzertcafé:* Zum kulinarischen Genuß kam hier noch ein musikalischer hinzu – denn Berühmtheiten wie Strauß, Lanner oder Ziehrer, ja sogar Beethoven zählten zu den Dirigenten. 1857 gab es bereits 140 Kaffeehäuser, 1885 war ihre Zahl auf über 500 angewachsen – das Kaffeehaus war der beliebteste Treffpunkt geworden. – Die Flaute, die sich für das Kaffeehaus nach dem 2. Weltkrieg ergab, ist heute überwunden. Es lebt in zahlreichen Varianten: sei es als typisches Kaffeehaus, als Café-Restaurant, als Espresso – oder als Café-Konditorei. – Wie sagte schon Peter Altenberg (1859–1919): »Kaffeehaus ist ein Ort für Leute, die allein sein wollen, aber dazu Gesellschaft brauchen«, im Kaffeehaus sei man »nicht daheim und doch zu Hause«. Und da der Wiener in der Regel sein Stammcafé hat, ist Adolf Glaßbrenners Spruch »Du kannst zehnmal vergebens nach der Wohnung eines Wieners gehen, mit dem du Notwendigs zu sprechen hast. Kennst du aber sein Kaffeehaus, so triffst du ihn sicher« durchaus glaubwürdig.

Maronibrater: Das Wort Maroni für eßbare Kastanien kam über Griechenland nach Wien und leitet sich v. dem italienischen »marrone« ab. In der kalten Jahreszeit gehören die Maronibrater unverzichtbar zum Stadtbild: Hinter ihrem schwarzen Ofen stehend, auf dem die heißen Kastanien ge-

Kaffee »Central«

röstet werden. Ein Genuß, die Maroni in das Stanitzel (Tüte) gezählt zu bekommen und die kalten Finger mit den heißen Kastanien zu wärmen.

Opernball: Der Ursprung dieser festlichsten und größten Wiener Faschingsveranstaltung liegt in den Opernsoireen, die bereits 1877 abgehalten wurden. Am 26.1. 1935 fand der 1. Opernball Wiens nach dem 1. Weltkrieg statt, der Ertrag war der Winterhilfe gewidmet. Die Feste bis zum 2. Weltkrieg waren gezählt, und nach dem Krieg war die Oper zerstört. Erst im Februar 1956 konnte der Bundespräsident nach der feierlichen Eröffnung wieder die in- und ausländische Prominenz beim Opernball begrüßen. – Am Nachmittag des Veranstaltungstages kann man die prachtvollen Blumendekorationen bewundern und die Oper in einen riesigen Tanzsaal verwandelt sehen. Karten wird man zu diesem Zeitpunkt allerdings nicht mehr erhalten – der Ball ist meist auf ein Jahr im voraus ausgebucht.

Philharmoniker: Da das Orchester des k.k. Hofoperntheaters keine öffentlichen Konzerte gab, mangelte es der musikliebenden Stadt an einem hier seßhaften Konzertorchester. Der Impuls zur Gründung eines derartigen Orchesters ging v. Musikern und Literaten aus. 1842 war der Wunsch in die Wirklichkeit umgesetzt worden: Am 28. März gaben die neu gegr. Wiener Philharmoniker ihr 1. Konzert; es wurden Werke v. Beethoven, Cherubini und Mozart gespielt. Erster Dirigent der Philharmoniker war Otto Nicolai. Es entwickeln sich daraus die »Philharmonischen Konzerte«, deren Eintrittskarten binnen kurzem heißbegehrt waren.

Die Musiker wählten und wählen ihren Dirigenten selbst aus: Im ersten halben Jahrhundert ihres Bestehens hatten sie sog. »ständige Dirigenten«, oftmals weit über 10 Jahre hindurch den gleichen. Aus Opportunitätsgründen war es häufig der Direktor der Staatsoper – denn dort spielen die Philharmoniker seit Anbeginn. Seit 1933 bürgerte sich das System der Gastdiri-

genten ein; die Musiker baten einen Maestro, ein (oder mehrere) Konzert(e) zu leiten. Zu den für die Entwicklung des Orchesters wesentlichen Dirigenten zählt sicherlich Felix v. Weingartner, der das Ensemble 1908-38 leitete. Er war es, der erstmals mit den Philharmonikern auf Reisen ging und dadurch ihren internationalen Ruf begründete. In Wien selbst erfreute sich das Orchester derartiger Beliebtheit, daß man ab 1916 »öffentliche Generalproben« veranstalten mußte, um der Kartennachfrage Herr werden zu können. - Die Liebe dieser Musiker zur Musik läßt sich daraus ermessen, daß bereits 14 Tage nach Beendigung der Kämpfe des 2. Weltkrieges in Wien wieder ein Konzert gespielt wurde (unter schwierigsten Bedingungen, wie man sich leicht vorstellen kann).
Seit 1877 spielen die Philharmoniker auch in Salzburg: Waren es zu Beginn Festkonzerte gewesen, so begleitet das Orchester die Salzburger Festspiele seit ihrer Gründung 1922 (Opernaufführungen und Konzerte). - Die Neujahrskonzerte gibt es seit 1939/40: Unter dem Gastdirigenten Clemens Krauss wurde erstmals ein Johann-Strauß-Programm dirigiert. Selbst in den Kriegsjahren fand dieses Konzert statt, und 1944/45 wurde es aufgrund des großen Publikumsandrangs gar dreimal gespielt.

Schanigärten: Diese Bezeichnung für die mehr oder weniger kleinen Gärten v. Restaurationsbetrieben (Restaurants, Kaffeehäuser etc.) leitet sich v. dem Spruch »Schani, stell die Sesseln ausse, die Sunn kummt« ab. Der Schani, das war die Wiener Aussprache des französischen Jean, und Jean hieß in den meisten Theaterstükken der Diener. Wenn das Wetter schön zu werden versprach, trugen die Bediensteten auf Geheiß ihres Chefs einen Teil der Einrichtung ins Freie, um den Gästen neben ihren kulinarischen Angeboten auch frische Luft zu servieren.

Schrammeln: 1878 traten die Brüder Johann (1850-93) und Josef (1852-95) Schrammel erstmals zusammen mit Anton Strohmayer und Georg Dänzer (unter dem Namen »Die Nußdorfer«) als Quartett auf. Johann und Josef stammten aus einer Waldviertler Musikerfamilie und hatten eine hervorragende Ausbildung am Konservatorium erhalten. Sie lehnten jedoch die Angebote, am Hofoperntheater zu spielen, ab und spielten Volksmusik in den Wiener Vorstadtlokalen. Das Geigenspiel der beiden Schrammel war so hervorragend, »daß man meinte, ein ganzes Orchester zu hören«. Strohmayer spielte die Kontragitarre, Dänzer die G-Klarinette (»picksüßes Hölz'l« genannt). Rasch bildeten sich auch andere Quartette mit gleicher Besetzung, die nach ihrem Vorbild alle »Schrammeln« genannt wurden. 1891 erfolgte eine Umbesetzung des Quartetts: Durch Krankheit bedingt, wurde das picksüße Hölz'l durch die chromatische Harmonika ersetzt. - Die Brüder Schrammel waren auch ausgezeichnete Komponisten. Zu ihren bekanntesten Werken zählen »Wien bleibt Wien« (Marsch) und »s'Herz von an echten Weana« (Walzer). - Schrammelmusik kann man oftmals bei Heurigen antreffen; es ist dies die schönste Form, Wiener Lieder zu hören.

Sängerknaben: Bereits unter Kaiser Maximilian I. gab es einen »Mutantenchor« in Wien; die Knaben sollten die niederländische und die Kirchenmusik pflegen. Eine Kontinuität des Bestehens bis zur Gründung des Sängerknabenchors läßt sich allerdings nicht nachweisen. Später begann man, den Nachwuchs für den Chor der Hofmusikkapelle systematisch heranzuziehen und musikalisch zu erziehen. Während der Regierungszeit der Habsburger erreichten die Sängerknaben bereits ihr hervorragendes Können; sie schafften es jedoch, nach deren Regierungsende ohne die bislang erhaltene Protektion weiterzubestehen. Seit 1933 gibt es 4 Chöre zu je 24 Knaben: 2 davon sind meist auf Tournee, einer singt jeden Sonntag in der Hofburgkapelle (Kartenvorbestellung erforderlich).

Spanische Hofreitschule: Erstmals taucht um 1572 in den Wiener Annalen ein »Spanischer Reitstall« auf. Spanisch daran waren die Pferde, eine iberische Rasse; Maximilian II. hatte sie v. Spanien nach Wien gebracht. Ihr Name wurde später in »Lipizzaner« geändert - nach dem Gestüt Lipizza bei Triest, wo sie gezüchtet wurden. Seit 1919 kommt der Nachwuchs aus Piber in der Steiermark. - Während des 2. Weltkrieges waren die Wiener Dressurtiere nach

St. Martin in Oberösterreich evakuiert und unter den Schutz des amerikanischen Generals Patton gestellt worden (ein urspr. zur Debatte gestandener Rücktransport nach Wien hätte den sicheren Verlust der Tiere an die Sowjets bedeutet). Der Hauptteil des Gestüts lag jedoch noch im böhmischen Hostau, das v. den russischen Truppen besetzt werden sollte. In den letzten Tagen vor deren Einmarsch gelang es der amerikanischen Armee, das gesamte Gestüt v. dort nach St. Martin zu verlagern. Diese »Rettung der weißen Hengste« machte in Amerika Schlagzeilen - und wurde v. Walt Disney verfilmt. Am 26. 10. 1955 traten die Lipizzaner erstmals nach dem Weltkrieg wieder in der Winterreitschule in Wien auf. Die Spanische Hofreitschule pflegt die Hohe Schule der Reitkunst. Talentierte Schüler werden hier ausgebildet, um die Dressurreiterei weiterzuführen. Alle Figuren lassen sich auf die natürlichen Gangarten des Pferdes zurückführen, sie entwickelten sich aus Stellungen in Reiterschlachten. Eine Vorführung (Karten rechtzeitig vorbestellen!) gliedert sich in 2 Teile: in die »Schule auf der Erde« (Figuren, bei denen das Pferd Kontakt zum Boden behält) und in die noch schwierigere »Schule über der Erde« (bei den 3 hier gezeigten Figuren *Levade, Courbette* und *Capriole* wird Pferd und Reiter die höchste Konzentration abverlangt, das Pferd hat für die Momente des Kunstsprunges keinen Bodenkontakt). - Von Anfang März bis Ende Juni und v. Anfang November bis Mitte Dezember kann man der sog. »Morgenarbeit« zusehen; Karten sind am Eingang Josephsplatz erhältlich.

Seit Karl VI. sind die Lipizzaner in der Winterreitschule der Hofburg (→Profanbauten) untergebracht.

UMGEBUNG
WIEN von A – Z

A-2405 Bad Deutsch-Altenburg
Niederösterreich

Einw.: 1300 Höhe: 172 m

Die stärkste Jodschwefelquelle Europas war bereits den Römern bekannt (→Carnuntum).

Sehenswert: Im *Museum Carnuntinum,* das in einer 1904 v. F. Ohmann errichteten röm. Großvilla untergebracht ist, werden Grabungsfunde v. Carnuntum gezeigt: architektonische Schmuckelemente, Grabsteine, Waffen, Schmuck und Münzen sowie Stükke des Hausrats. Bes. interessant ist ein Mithräum. Die Römer hatten u.a. auch den Kult um den persischen Lichtgott Mithras nach Carnuntum mitgebracht. Die Religion ähnelt dem Christentum auffallend, so gehörten Taufe, das Hl. Mahl, die Himmelfahrt, das Jüngste Gericht und die Auferstehung der Toten zu den Lehren der Mithras-Priester. Mithras, der Gott des Lichtes, kämpft gegen die Finsternis

Bad Deutsch-Altenburg, Stephanskirche

(gleichzusetzen mit dem Bösen). Mithras-Altäre sind äußerst seltene Fundstücke. *Öffnungszeiten:* Di–So 10.00–17.00 Uhr. – Die *Stephanskirche* (auch Marienkirche genannt) zählt zu den ältesten niederösterr. Sakralbauten (frühroman. Baukern, aus dem 14. Jh. datieren der got. Chor und der Kirchturm). Der Karner neben der Kirche stammt aus dem 13. Jh. und besitzt im Inneren Freskenreste. – Im ehem. Wasserschloß Ludwigstorff (17. Jh.) ist das *Afrikamuseum* untergebracht. Der österr. Afrikaforscher Prof. Zwilling war maßgeblich an der Ausgestaltung beteiligt. Hier werden vor allem Natur und Kultur des schwarzafrikanischen Raumes dokumentiert, seltene Stükke wie etwa Grabsteine v. Häuptlingen oder die Dokumentation über die »Leopardenmenschen« zählen zu den interessantesten Objekten. Exponate aus W-Afrika sollen die Ausstellung abrunden. *Öffnungszeiten:* April–Mitte Nov. Di–So 9.00 bis 17.00 Uhr.

A-2500 Baden

Niederösterreich

Einw.: 28000 Höhe: 220–250 m

Geschichte: Bereits die Römer wußten um die Heilkraft der an der Thermenlinie (Abbruch der Alpen nach Osten hin, gekennzeichnet durch Erdbeben und heiße Quellen) häufig vorkommenden Schwefelquellen. Damals hieß der Ort *Aquae,* doch bereits für 869 wird erstmals der Name *Padun* belegt. Es gab keine Zeit, in der der Badebetrieb ruhte – und so entschied Kaiser Friedrich III. bei der Stadtrechtsverleihung 1480, daß die Stadt in ihrem Wappen die Darstellung von Badenden führen solle. – Neben dieser Einnahmequelle war (und ist) der Weinbau von wesentlicher Bedeutung für die Stadt. Baden lag für die von Süden nach Wien kommenden Türken immer auf deren Weg und wurde 1529 sowie 1683 zerstört. Impulse für einen Wiederaufbau kamen jedoch auch aus Wien: Die Bäder blieben für die Städter attraktiv – auch die Künstler vermeinten, in dem gemäßigten Klima gut leben zu können. Maria Theresia, Joseph II. und Mozart sind nur einige der berühmten Gäste, die in der Stadt weilten. Franz II. schließlich erkor Baden für sich zur Sommerresidenz: 30 Jahre lang zog der Hof von Wien hierher – ein Bauboom war die Folge. Durch den Großbrand von 1812 wurden die meisten Bauten vernichtet, die neuen Gebäude im Biedermeier- und klassizistischen Stil aufgeführt. Wiederum pflegten die Wiener ihren Sommer in Baden zu verbringen: allen voran Beethoven, Grillparzer und Adalbert Stifter. Schließlich rückte die Stadt durch die Südbahn (später auch durch die Badnerbahn) näher an Wien heran. Der letzte österreichische Kaiser (Karl VI.) verbrachte die Jahre 1916–18 in Baden. Nach dem 2. Weltkrieg lag die Stadt im russisch besetzten Teil, die meisten Häuser waren beschlagnahmt. – Heute präsentiert sich die in der wärmsten Zone Österreichs liegende Stadt als Kongreß- und Kurmittelstadt, im Sommer werden Operettenwochen veranstaltet.

Über der Stadt hängt meist der typische Schwefelgeruch (von manchen mit »faulen Eiern« verglichen): Täglich sprudeln aus den 15 Thermalquellen insgesamt etwa 6 Millionen Liter heißen Schwefelwassers, dessen Temperatur bei 33 °C liegt. Heilanzeigen: Alle Erkrankungen des rheumatischen Formenkreises, Rehabilitation nach Sport- und Unfallverletzungen.

Baden, Frauenkirche

Beethoven-Gedenkstätte

Beethoven-Gedenkstätte (Rathausgasse 10): Im »Haus der Neunten Symphonie«, das Beethoven in den Sommermonaten 1821 bis 1823 bewohnte, entstand ein Großteil der berühmten Symphonie. - Im *Museum* Dokumentation seiner Badener Zeit. *Öffnungszeiten:* Mai-Okt. Fr-Mi 9.00-11.00, Do 15.00-17.00 Uhr.

Ehem. Bäder: In den klassizistischen Gebäuden der früheren Bäder sind heute verschiedene Betriebe untergebracht: Im *Engelsbad* (Weilburgstr. 9) befindet sich eine Kuranstalt, im *Franzensbad* findet man das Glasstudio der Fa. Lobmeyer, im *Frauenbad* (Frauengasse 10) entstand ein Ausstellungszentrum, das *Josefsbad* wurde ein Kaffeehaus, und vom *Leopoldsbad* aus erfolgt der Mineralwasserversand.

Florastockl (Frauengasse 5): Das vermutlich nach Plänen v. Josef Kornhäusel erbaute Empiregebäude hat seinen Namen nach der Statue der Göttin Flora (v. Josef Klieber) erhalten. Hier beliebte Kaiserin Maria Luise (Gattin v. Kaiser Napoleon) abzusteigen.

Frauenkirche (Frauengasse): Die einstige Konventskirche des nebenan liegenden Augustinerklosters wurde nach dem Brand v. 1812 v. Kaiser Franz I. als Hofkirche gewidmet und klassizistisch erneuert. Von der got. Kirche ist das Presbyterium erhalten geblieben. In der linken Seitenkapelle die ma Grabplatte des seinerzeitigen Gründerehepaares v. Kirche und Kloster, Leuthold und Euphemia v. Chreuspach.

Jubiläums-Stadttheater (Theaterplatz): Das 1909 v. den Architekten Ferdinand Fellner und Edmund Hellmer im klassizistischen Stil erbaute Theater ersetzte das alte Hoftheater (v. Joseph Kornhäusel), das bes. im Biedermeier wegen der Gastspiele des Wiener Burgtheaterensembles sehr beliebt war.

Kaiserhaus (Hauptplatz 17): In dem von Kaiser Franz I. erworbenen und 30 Jahre lang im Sommer bewohnten Haus war

Baden, Frauenkirche, Grabplatte des Gründerehepaares (l); Baden, Pestsäule (r)

1917/18 auch der letzte Kaiser Karl VI. abgestiegen.

Kurmittelhaus und Hallenbad: Das Kurmittelhaus wurde 1969–73 v. den Architekten Wenko Bossew und Paul Pfaffenbichler errichtet. Das Schwimmbad stammt noch aus dem Jahr 1847 und wurde v. August v. Siccardsburg und Eduard van der Nüll, den Wiener Ringstraßenarchitekten, geplant.

Kurpark: Der in den Wienerwald übergehende Park ist nach wie vor Zentrum des gesellschaftlichen Lebens der Stadt. Im W steht das *Kongreßhaus* (das 1885 erbaute ehem. Kurhaus wurde 1934 zum Casino umfunktioniert, 1966–68 erfolgte durch Einziehen einer Zwischendecke der Umbau zum Kongreßhaus.
Heute stehen hier ein Restaurant, Kongreßsäle, ein Wintergarten und kleinere Räume zur Verfügung), daran anschließend das *Spielcasino* (die 1928 erbaute Trinkhalle erfuhr ihre Zweckveränderung 1969 nach Plänen v. Architekt Bartak). Dahinter liegt der Abgang zur *Römerquelle,* die diese Quelle bereits benutzten. Vor dem Casino die *Blumenuhr* (v. 1929) und der »Nackte Reiter« v. J. Müllner (1906). Am Berganstieg liegt die 1906 v. Architekten Krauß entworfene *Sommerarena* (Theater, dessen Besonderheit ein verschiebbares Glasdach ist. Denkmäler für Grillparzer und Lanner/Strauß). *Undine-Brunnen* v. J. Kassin (1903), *Kaiser-Josef-Denkmal* v. A. Kaan (1899). *Mozart-Tempel* (einer der ersten klassizistischen Bauten, v. Grafen Lamberti gestiftet), *Beethoven-Tempel* (1927), das Deckenfresko soll eine Allegorie auf das Schaffen des Musikers sein, der hier mit Prometheus verglichen wird.

Metternich-Hof (Theresiengasse 10): Das erste vom Architekten Joseph Kornhäusel in Baden errichtete Gebäude war der blockhaft flächige Metternich-Hof. In der Folge erhielt Kornhäusel zahlreiche Aufträge, er zählt zu den wichtigsten Gestaltern des klassizistisch-biedermeierlichen Badens.

Baden, Rauhenstein, Ruine

Baden, Rauhenstein

Pestsäule oder Dreifaltigkeitssäule (Hauptplatz): Zum Dank für das Erlöschen der Pest wurde diese Säule gestiftet, die Entwürfe stammen v. Martino Altomonte. Die 3 liegenden Figuren im Sockel stellen die hll. Rosalia, Magdalena und Petrus dar, an den dazwischenliegenden Eckpfeilern 9 Goldmedaillons (Hagar in der Wüste, Abraham und 3 Engel, Jakob ringt mit einem Engel, Arche Noah, das Kommen des Hl. Geistes, die Verkündigung Mariens, Heilung des Gichtkranken durch Christus, Moses mit der Ehernen Schlange, Lot mit dem Engel). Rund um die Wolkensäule die Figuren der Pestheiligen Rochus, Sebastian und Karl Borromäus, im oberen Drittel Maria Immaculata, zuoberst die Darstellung der Dreifaltigkeit.

Rathaus (Hauptplatz 1): Das 1815 v. Joseph Kornhäusel errichtete Rathaus war der 1. Monumentalbau, den dieser Architekt entwarf. Er betonte den Mittelrisalit durch einen wuchtigen ionischen Portikus, der v. einem Flachgiebel abgeschlossen wird. Die 3 Halbkreisreliefs über den Fenstern des 1. Stockwerks stellen die Klugheit und die Gerechtigkeit (v. Josef Klieber), in der Mitte die Badenia (v. Fr. Abel) dar.

Rauheneck, Ruine: Die am Eingang ins Helenental, am rechten Ufer der Schwechat gelegene Ruine hatte im 13. Jh. Heinrich v. Pillichsdorf als Schloßherrn. Da dessen Beutezüge immer mehr überhand nahmen, zogen die geplagten Wiener 1299 hierher und verwüsteten die Burg. Das endgültige Aus für Rauheneck kam mit den Türken 1529, seitdem verfällt die Ruine. Erhalten sind noch der 25 m hohe Bergfried mit seinen 3 m dicken Mauern, der daran anschließende Palas und die w Mauer des Inneren Hofes (sog. »Fischgrätenmauerwerk«). Die n Vorburg und die Kapelle stammen aus dem 13. Jh., die s Vorburg aus dem 15. Jh.

Rauhenstein, Ruine: Auch auf Rauhenstein, der am linken Ufer der Schwechat gelegenen Burg, lebten raubritterähnlich arbeitende Herren – das Schicksal ihrer Burg gleicht daher fast haargenau demjenigen v. Rauheneck. Seit 1700 verfällt das Anwesen. Ein quadratischer Turm und die dreistöckigen Palasmauern blieben aus dem 12. Jh.

Baden, Schloß Doblhoff

erhalten, die Kapelle stammt aus dem 12. Jh., die Vorburg mit dem dreigeschossigen Torturm aus dem 15. Jh.

Sauerhof (Weilburgstr. 11–13): Hier entstand 1820–22 der damals größte Badekomplex der Stadt nach Plänen v. Joseph Kornhäusel. Der klassizistische Bau besticht durch seine Einfachheit. Der im linken Seitentrakt befindliche Baderaum in Formen einer antiken Tempelzelle dient heute als Ruheraum für das Hallenbad des hier eingezogenen Grandhotels. Ein *Beethoven-Denkmal* im Garten erinnert daran, daß der Komponist auch in diesem Hof wohnte.

Schloß Braiten (Braitnerstr. 126): Der dreigeschossige Empirebau wurde 1809 für den polnischen Grafen Ossolinsky erbaut, der die Stellung des k.k. Hofbibliotheksleiters bekleidete. Die dreigeschossige Straßenfassade ist durch den Mittelrisalit mit ionischen Pilastern aufgelockert. – Auch Beethoven wohnte vorübergehend hier.

Schloß Doblhoff (Ortsteil Weikersdorf): An das bereits 1233 urkundlich erwähnte Wasserschloß wurde 1579 der Arkadenhof angebaut, 1859 folgte die Loggia der SO-Seite. Das im Inneren mit üppigem Stuck verzierte Schloß wurde zu einem Clubhotel umgebaut
Der *Doblhoff-Park* wurde 1969 in ein Rosarium umgewandelt und die bezaubernde kleine Orangerie restauriert (im Inneren zweigeschossige Sala terrena mit Architektur- und Ornamentfresken). 2 Denkmäler (»Beethovenstein«, von Matija Vukovic 1970, »Die Kauernde«, von Arthur Hecke 1935).

Schloß Leesdorf (Leesdorfer Hauptstr. 69): Die Wasserburg aus dem 12. Jh. (Bergfried, S-Flügel mit Kapelle) wurde seit dem 18. Jh., insbesondere jedoch im 20. Jh. grundlegend umgebaut. – Heute ist hier die Meisterschule des österr. Malerhandwerks untergebracht.

St. Helena (Helenenstr.): Die schlichte einschiffige Kirche besitzt einen kulturgeschichtlich wertvollen Altar, den sog. *»Töpferaltar«*. Dessen 3000 kg schweres Sandsteinrelief war urspr. v. der Wiener Töpferinnung dem Stephansdom gewidmet worden, mußte aber 1745 v. dort entfernt werden. Grund: Papst Benedikt XIV. hatte die Darstellung des Hl. Geistes in Menschengestalt verboten – und auf diesem Altar ist die Dreifaltigkeit in Form v. 3 thronenden Königen dargestellt: in der Mitte Gottvater, l Christus und r der Hl. Geist (mit Flammenkrone und Lilie in der Hand). – Eine weitere Kostbarkeit findet man in St. Helena: das *Madonnenbild* »Maria mit dem Kinde«. Zahlreich sind die Legenden, die sich um dieses Bild ranken, eine davon betrifft die Türken: Während der 2. Türkenbelagerung kamen die Osmanen auch nach Baden und zerstörten, was möglich war. Das Marienbildnis jedoch hielt den Säbelhieben eines Türken stand; es wurde kaum beschädigt – der entsetzte Türke floh.

St. Stephan: In den heutigen got. Bau (nach 1477) wurden die Reste der roman. Kirche mit einbezogen. An die alte Wehrkirche erinnern noch die 2 überdachten Turmstümpfe (ö Turmgruppe), der Kirchturm erhielt 1697 seine barocke Haube. Der einschiffige Chor liegt deutlich höher als das dreischiffige Langhaus, aus den Strebepfeilern entwickeln sich kunstvolle

Baden, St. Stephan, Kanzel >

Baden, Schloß Leesdorf

Kreuz-, Stern- und Netzrippengewölbe. An der S-Seite werden die Bogen v. roman. Kopf- und Tiermasken abgeschlossen. An der *Kanzel* (1770–80) 3 vergoldete Reliefs, den wunderbaren Fischfang, die Schlüsselübergabe an den hl. Petrus und den Sämann darstellend. Darüber das ehem. Altarblatt »Steinigung des hl. Stephanus« v. Paul Troger (1750). Das spätgot. zwölfeckige Taufbecken (Ende 14. Jh.) zählt zu den wertvollen got. Einrichtungen. – In der Stephanskirche wurde erstmals das »Ave verum« v. Wolfgang Amadeus Mozart aufgeführt.

Museen: *Kaiser-Franz-Josef-Museum für Handwerk und Volkskunst* (Hochstr. 51): Gegenstände der Volkskunst, Heiligenfiguren, eine Sammlung zum Thema »Beleuchtung«. *Öffnungszeiten:* April–Juni 10.00 bis 17.00, Juli–Sept. 10.00–18.00, Okt.–März 10.00–16.00 Uhr.
Puppen- und Spielzeugmuseum (Erzherzog-Rainer-Ring 23): Im Gartenhaus der historischen Attems-Villa wird Spielzeug, das seit dem 18. Jh. erzeugt wurde, gezeigt. *Öffnungszeiten:* Mo–Fr 16.00–18.00, Sa, So, feiertags 9.00–11.00, 16.00–18.00 Uhr.
Rollett-Museum (Weikersdorfer Platz): Im ehem. Rathaus v. Weikersdorf, das im Stil der dt. Renaissance 1905 v. Rudolf Krauß errichtet wurde, ist seit 1912 das Rollett-Museum untergebracht. Der Badener Arzt Dr. Rollett hatte mit seinen umfangreichen Privatsammlungen, die er der Stadt vermachte, den Grundstock für dieses Museum gelegt. Heute werden hier u.a. gezeigt: prähistorische Funde, geologische Sammlungen aus dem Wiener Becken, die »Gallsche Schädel- und Büstensammlung« v. 1824, Totenmasken berühmter Persönlichkeiten, Schriften und Urkunden zur Stadtgeschichte, zahlreiche Originalpartituren v. Mozart, Beethoven, Millöcker und anderen Komponisten, Mobiliar aus der Biedermeierzeit. *Öffnungszeiten:* 1. Mai bis 15. Okt. Mi, Sa 15.00–18.00, So 9.00 bis 12.00 Uhr.

A-2540 Bad Vöslau

Niederösterreich

Einw.: 10500 Höhe: 276 m

In dem nur 5 km südlich von →Baden gelegenen Ort gibt es ebenfalls warme Thermalquellen (Akratothermen, konstant 24 °C). Das Thermalbad umfaßt ein 45000 m^2 großes Gelände, es strahlt noch ein bißchen den Glanz vergangener Tage

Bad Vöslau, Schloß

aus. Eingebettet in harzreiche Schwarzföhrenwälder, verfügt Bad Vöslau über eine davon angenehm mild angereicherte Luft. – Den Namen erhielt Vöslau nach seinen Schloßherren, den von »Veselowe«, die bereits für das 12. Jh. nachgewiesen werden können. Bis zur Mitte des 19. Jh. war Vöslau ausschließlich Kurstadt, dann begann Robert Schlumberger mit der Erzeugung von Schaumweinen nach Art des Champagners. Das Stadtbild veränderte sich jedoch nicht wesentlich: Bad Vöslau war und ist ein Villenort ohne großstädtisches Ambiente.

Sehenswert: Das *Schloß* wird erstmals im 12. Jh. erwähnt. Die hufeisenförmige Anlage (ehem. Wasserburg) wurde 1740 zum Schloß umgebaut, Ende des 18. Jh. gestaltete Ferdinand v. Hohenberg das Gebäude und den Park im klassizistischen Stil um. Heute sind hier das Rathaus und das Standesamt untergebracht.
In dem auf der ganzen Welt einzigartigen *Schneckenreservat Hansybach,* das in den Abflüssen der Vöslauer Thermalquelle eingerichtet wurde, können seltene Schneckenarten studiert werden. Die Tiere haben Jahrmillionen in dem hier herrschenden milden Klima überlebt; man weiß, daß sie aus dem Tertiär stammen. Die Quellenschnecke (Bythinella parreissii) kommt möglicherweise heute noch im Nildela vor; sie ist winzig klein, etwa 0,5–0,8 mm. Auch größere Arten überlebten; die Fagotia acicularis audebartii wird bis zu 1,5 cm groß, außerdem findet man hier die Theodoxus prevostianus, die sog. »Thermal-Schwimmschnecke«. In den Weingärten um Bad Vöslau lebt die aus Afrika stammende Gottesanbeterin, eine etwa 7 cm große Fangheuschrecke. Das Weibchen hat die Angewohnheit, nach ihrer Begattung das Männchen aufzufressen.

Carnuntum, Heidentor

Carnuntum

Niederösterreich

Höhe: 175 m

Das auch oft als »Pompeji vor den Toren Wiens« bezeichnete größte römische Ausgrabungsfeld in Österreich trägt diesen Zweitnamen nicht zu Unrecht: Die damalige Hauptstadt Pannoniens, am Schnittpunkt zweier Handelswege gelegen (hier kreuzte die Bernsteinstraße die Donau), hatte in ihren Glanzzeiten an die 70000 Einwohner. Die Zivilstadt lag im Bereich des heutigen Freilichtmuseums. Aufgrund der strategisch bedeutsamen Lage waren hier 2 Militärlager (eines für die Legionen, das andere für die Hilfstruppen) entstanden; sie lagen zwischen Petronell und Deutsch-Altenburg. Der Oberbefehlshaber über die gesamte Provinz Pannonien saß in Carnuntum, die Stadt erhielt von Kaiser Hadrian (117–138) den Status eines Municipiums und entwickelte sich auch zu einer Handelsmetropole. Daß auch die Zahl der heimischen Handwerksbetriebe groß gewesen sein muß, dokumentieren die zahlreichen Funde (Keramik, Schmuck, Statuen und Grabsteine). Zunächst war die XV. Legion hier stationiert, später die legio XIV.
193 wurde der damalige Oberbefehlshaber von Carnuntum, Lucius Septimus Severus, zum Kaiser gewählt – er verlieh der Stadt den Rang einer Colonia. Das letzte glanzvolle Ereignis von internationaler Bedeutung in Carnuntum war vermutlich das Treffen des oströmischen und des weströmischen Kaisers im Jahre 308.

Gumpoldskirchen, Pfarrkirche St. Michael

Gumpoldskirchen, Pranger vor dem Renaissancerathaus

Grabungsgelände: Das etwa 10 km² große Grabungsareal wird teilweise in einen »Archäologischen Park« umgewandelt. Es werden täglich um 9.00 Uhr Führungen durch das Grabungsgelände abgehalten (Treffpunkt: in Petronell, gegenüber dem Rasthaus Schlöger). Im sog. »Spaziergarten« wurde ein ganzes Stadtviertel freigelegt. Es zeigt das architektonische Können im Bereich des Wohnbaus und vermittelt einen Eindruck v. den Lebensumständen in der Zeit um 50–450 n. Chr.

Weithin sichtbar ist das *Heidentor:* Es wurde vermutlich um 350 n. Chr. aus damals vorhandenem Abbruchmaterial errichtet – die Blütezeit Carnuntums scheint bereits vorbeigewesen zu sein. Der Verwendungszweck dieses Tores ist bis heute ungeklärt – vielleicht war es ein Triumphbogen für Kaiser Konstantin II., vielleicht ein Renommeebau, entstanden anläßlich eines Treffens v. Kaiser und Politikern, um die Stärke Roms zu dokumentieren.

Auch das *Amphitheater* ist einen Besuch wert: 13 000 Zuschauer konnten in dem 68 m langen und 52 m breiten Oval, das sich bis zu 18 m in die Höhe erhob, den Vorstellungen folgen. (Das Militärlager hatte ein eigenes Amphitheater, es liegt etwas außerhalb von Bad Deutsch-Altenburg in Richtung Wien.) – Das Zentrum der römischen Zivilstadt war vermutlich die *Große Therme:* Das 143 × 104 m große Bauwerk, um 200 n. Chr. errichtet, bot allen Luxus und Komfort einer öffentlichen Badeanstalt inklusive diverser Wasserspiele. In den anschließenden Gebäuden waren wahrscheinlich die erforderlichen Wasserspeicher untergebracht.

A-2232 Deutsch-Wagram

Niederösterreich

Einw.: 5100 Höhe: 159 m

Am 5./6. Juli 1809 kam es, 2 Monate nach

der für die österreichische Armee siegreich verlaufenen Schlacht bei Aspern wiederum zum Kampf gegen die napoleonischen Truppen. Knapp 120000 Mann unter Erzherzog Karl (»Sieger von Aspern«) standen etwa 180000 Franzosen unter Napoleon gegenüber. Die Schlacht forderte an die 100000 Tote. Diesmal allerdings hatte sich das Kriegsglück auf die Seite der Franzosen gestellt; der Friede wurde im Oktober in Schloß Schönbrunn besiegelt. Erinnerungsstücke an diese Schlacht sind im »Napoleonzimmer« des *Heimatmuseums* zu sehen.

Das 2. bedeutende Jahr in der Geschichte des Ortes ist 1838: Auf der Strecke Wien-Deutsch-Wagram verkehrte erstmals eine Dampfeisenbahn. Für die ca. 15 km lange Strecke benötigte der aus einer Lokomotive der Firma Stephenson, einem Kohlentender und 2 Personenwagen bestehende Zug etwa 25 Minuten. Da auch rasch Restaurationsbetriebe in Deutsch-Wagram eröffneten, war es einige Zeit für die elegante Wiener Gesellschaft ein beliebtes Vergnügen, mit dem neuen Transportmittel einen Ausflug zu unternehmen. Auch hierzu sind zahlreiche Objekte im Heimatmuseum zu sehen.

Öffnungszeiten: April, Juni, Aug., Okt. jeden So 10.00 bis 12.00, Mai, Juli, Sept. jeden So 14.00 bis 16.00 Uhr.

A-2230 Gänserndorf

Niederösterreich

Höhe: 167 m

Hauptanziehungspunkt dieses im nördlichen Marchfeld gelegenen Ortes ist der *Safaripark:* 30 km von Wien entfernt, kann man per Auto auf Safari gehen. In dem großen Freigelände tummeln sich Elefanten, Zebras, Löwen, Tiger, Giraffen etc., die Affen zeigen oftmals reges Interesse an einer direkten Kontaktaufnahme mit den Besuchern. Ferner werden geboten: eine Delphin-Show, eine Papageien-Show, ein Streichelzoo und eine Ponyranch. *Öffnungszeiten:* April-Okt. Mo-Fr 9.30, Sa, So, feiertags 9.00 Uhr bis Einbruch der Dunkelheit; letzter Einlaß 3 Stunden davor (je nach Jahreszeit 14.30/15.00 Uhr).

Heiligenkreuz, Brunnenhaus

A-2352 Gumpoldskirchen

Niederösterreich

Einw.: 3000 Höhe: 260 m

Bereits um 1140 urkundlich erwähnt, zählt Gumpoldskirchen heute zu den bekanntesten Weinbauorten an der sogenannten »Südstrecke«. Daß hier hervorragende Weine gedeihen, wußten bereits die Ritter des Deutschen Ordens: Reste des alten *Schlosses* (Ringmauern, Wassergraben) sind noch erhalten, das heutige Kommendehaus stammt aus dem 18. Jh. (eine Kommende ist ein dem Orden zur Verwaltung übergebenes Gebiet). Die dreischiffige got. *Pfarrkirche hl. Michael* wurde 1241 dem Orden inkorporiert.

Der *Pranger* vor dem *Renaissancerathaus* entstand um 1563. Allerdings wurde dabei bereits vorhandenes Material verwendet: Es handelt sich um einen alten röm. Meilenstein. Ebenso interessant ist die Geschichte des ebenfalls am Rathausplatz ste-

Heiligenkreuz, Stiftskirche mit Pestsäule

Heiligenkreuz, Stiftskirche, Chorgestühl

henden *Marktbrunnens.* Der steinerne Trog, der 75 Eimer Wasser fassen konnte und den man zu Löschzwecken angeschafft hatte, wurde in Baden angefertigt. Behauptungen, wonach es sich hierbei ebenfalls um ein röm. Relikt handelt, entbehren jeder Grundlage.

A-2532 Heiligenkreuz Niederösterreich	
Einw.: 1100	Höhe: 312 m

In der *Kreuzkirche* wird die größte Kreuzreliquie, die es nördlich der Alpen gibt, verehrt. Herzog Leopold V. (siehe unten) brachte sie vom 3. Kreuzzug mit und ließ sie kostbar fassen. Durch diesen wertvollen Besitz wurde die Kirche zu einem Wallfahrtsziel. – Auf dem Ortsfriedhof befindet sich das Grabmal der Baronesse Mary Vetsera (→Mayerling).

Stift Heiligenkreuz. *Geschichte:* Auf Anraten seines 3. Sohnes Otto hatte Markgraf Leopold III. 1133 Zisterzienser in sein Land berufen und schenkte ihnen aus seinem Privatbesitz ein unwegsames Waldgebiet. Nach den Vorschriften des Ordens sollten die Mönche in abgelegenen und bislang unbewohnten Gegenden siedeln und dort von ihrer Hände Arbeit leben und beten. Der Besitz v. Zehnten war untersagt, die Gebäude und das Gotteshaus sollten möglichst schlicht erbaut werden. Den Namen erhielt das Kloster, da es unter dem »heilbringenden Zeichen der Erlösung« errichtet worden war. Binnen kurzem waren aus den urspr. 12 Mönchen etwa 300 Ordensbrüder geworden – man begann, weitere Grangien (= Rodungszentren) anzulegen. Von Heiligenkreuz, dem ältesten österr. Zisterzienserkloster, das außerdem niemals aufgehoben worden war, wurden sowohl Gebiete des heutigen n Niederösterreich, des Burgenlandes und Ungarns betreut: Zwettl, Baumgartenberg, Klostermarienberg und Lilienfeld sind nur einige der vielen Zisterziensergrangien.
Bibliothek: Sie beherbergt etwa 80 000 Bände, Handschriften und Wiegendrucke.

Heiligenkreuz, Stiftskirche, Orgel >

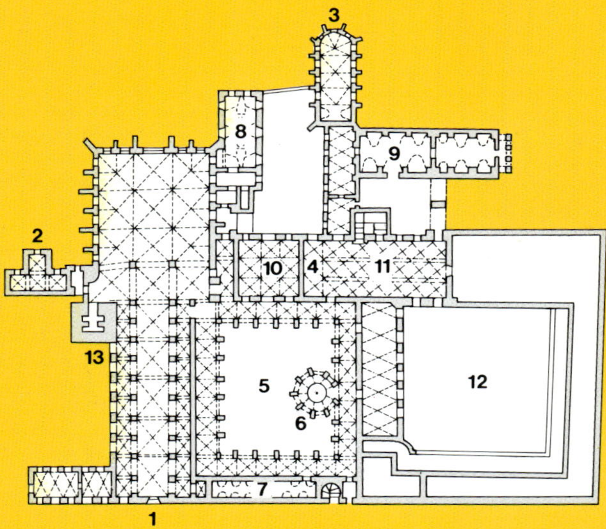

Heiligenkreuz, Stift 1 Stiftskirche **2** ehem. Karner **3** Bernhardikapelle **4** Totenkapelle **5** Kreuzgang **6** Brunnenhaus **7** Prälatur **8** Sakristei **9** Bibliothek **10** Kapitelsaal **11** Mönchsoffizin **12** Quadratur **13** Turm

Brunnenhaus: Got. neuneckiger Raum, hinter den Bleibrunnen Maßwerkfenster mit Bildnissen der Babenberger (um 1290).
Kapitelsaal: Die dreischiffige got. Halle ist mit barocken Fresken (Babenberger darstellend) ausgestattet. Hier liegen 13 Babenberger begraben, da Herzog Friedrich II. hochfliegende Pläne in bezug auf seine Herrschaft hatte. Vorsorglich ließ er deshalb den Kapitelsaal zu einer repräsentativen Begräbnisstätte für die Mitglieder seines Hauses ausbauen und veranlaßte auch die Überführung einiger in →Klosterneuburg bestatteten Vorfahren:
Leopold IV. (1371–1411), Sohn Leopolds III.; Herzog v. Österreich.
Adalbert, Sohn Leopolds III.; Markgraf
Ernst (1377–1424), Sohn Leopolds III.; Erzherzog v. Österreich und Steiermark.
Leopold V., der Tugendhafte (1157–94), Sohn Heinrichs II. Jasomirgott, Herzog v. Österreich und Steiermark. Nahm am 3. Kreuzzug ins Hl. Land teil und zeichnete sich bei der Einnahme der Festung Akkon aus. (Der Sage nach leiten sich die österr. Farben v. seinem blutgetränkten Waffenrock ab.) Er nahm 1192 den englischen König Richard Löwenherz gefangen und handelte 100000 Mark in Silber als Lösegeld aus. Mit dem Geld gründete er Wiener Neustadt und befestigte die Orte Hainburg, Friedberg, Enns und Wien.
Friedrich I., der Schöne (1289–1330), Herzog v. Österreich. Bewarb sich 1314 gegen die Wittelsbacher um die dt. Königskrone (bis 1322 gab es 2 dt. Könige: der eine war am juristisch richtigen Ort gewählt, der andere am richtigen Ort gekrönt worden). In der – letzten – Ritterschlacht in Mühldorf am Inn verlor Friedrich. Trotzdem wurde nach einigem Hin und Her eine in der dt. Königsgeschichte einmalige »Mitregentschaft« beider Könige beschlossen.
Heinrich d. Ä. (1158–1223), Sohn Hein-

Hinterbrühl, Seegrotte

richs II. Jasomirgott; Herzog v. Mödling. Förderer v. Walther v. der Vogelweide; unter ihm erreichte →Mödling seine erste große Blütezeit.

Richza, Gattin Heinrichs d. Ä.

Heinrich d. J. († 1236), Sohn Heinrichs d. Ä.

Gertrude v. Braunschweig († 1143), Tochter des dt. Kaisers Lothar v. Supplinburg, in 2. Ehe mit Heinrich II. Jasomirgott verheiratet.

Richardis, Tochter v. Gertrude v. Braunschweig und Heinrich II.

Heinrich d. Grausame († 1228), Bruder Friedrichs II., des Streitbaren, verheiratet mit *Agnes v. Thüringen.*

Friedrich II. (1211-46), Herzog v. Österreich und Steiermark. Er verwendete als erster den Bindenschild in den Farben Rot-Weiß-Rot. Wegen seiner Strenge nicht beliebt, wurde er v. den Wienern »hinausgeworfen«, konnte sich aber über Kaiser Friedrich II. wieder mit ihnen aussöhnen. Wegen seiner beiden kinderlosen Ehen gab es schon zu seinen Lebzeiten Intrigen und Kämpfe um seine Nachfolge. Der letzte männliche Babenberger fiel in einer Schlacht gegen die Ungarn 1246. - Reste seines ehem. Hochgrabes in der Mitte des Raumes.

Rudolf und *Heinrich,* 2 Enkel des Habsburgers Rudolf I.

Kreuzgang: Er wurde im Zuge der 2. Bauphase zwischen 1214 und 1240 errichtet; man kann den Übergang v. der Romanik zur Gotik deutlich erkennen: Die Kapitelle sind noch roman., die Kreuzrippengewölbe bereits got. ausgeführt. Die über 300 roten Säulen wurden aus rotem Marmor (aus Adnet in Salzburg) geschlagen; auch hier gibt es einige der seltenen Grisaillefenster.

Stiftskirche: Bereits 1187 konnte die erste Kirche geweiht werden. Damals standen das roman. Langhaus und der Chorabschluß. Erste Umbauten erfolgten zwischen 1210 und 1240 (2. roman. Chorabschluß). Schließlich wurde zwischen 1288 und 1293 der got. Hallenchor errichtet. Das roman. Langhaus der dreischiffigen Pfeilerbasilika besitzt das älteste Kreuzrippengewölbe Österreichs und steht mit seiner Strenge in

Klosterneuburg, Markgraf Leopold III. im Stiftshof

Kontrast zu dem hellen got. Hallenchor (Maßwerkfenster mit Glasmalereien in Grisailletechnik). Die Altarblätter stammen v. Michael Rottmayr und Martino Altomonte, das prachtvolle barocke Chorgestühl (1707) schuf Giovanni Giuliani. An der zweitgrößten mechanischen Orgel Österreichs spielten u.a. Franz Schubert und Anton Bruckner; sie besitzt 2 Manuale, 50 Register und 4500 Pfeifen.
Stiftsmuseum: Werke v. Martin Altomonte und Giovanni Giuliani, got. Tafelbilder.

A-2371 Hinterbrühl Niederösterreich
Höhe: 250 m

Die *Pfarrkirche* des im Tal des Mödlingbaches gelegenen Ortes wurde 1831 erbaut, den Innenraum gestaltete Erich Boltenstern 1959/60. – Bekannt ist der Ort wegen

Klosterneuburg, Augustiner-Chorherren-Stift 1 Stiftskeller **2** ehem. got. Kapelle **3** Tutzsäule **4** Stiftskirche **5** ehem. Kapitelsaal, Leopoldikapelle **6** Kreuzgang **7** Leopoldihof mit Brunnen v. 1592 **8** got. Tor **9** Pfisterstiege **10** Prälatur **11** Kaiserzimmer **12** Marmorsaal, 1.Stock **13** Bibliothek, 1.Stock **14** ehem. Chorfrauenkirche

zweier Attraktionen: Die *Höldrichsmühle* war bereits im Biedermeier ein beliebtes Ausflugsziel, Franz Schubert war ein oft gesehener Gast – man verbindet seine Werke »Die schöne Müllerin« und den »Lindenbaum« mit dieser Mühle. – Die Beliebtheit des Ortes bewog die Stadtväter von Mödling, die 1. europäische elektrische Straßenbahnlinie (von Mödling hierher) in Betrieb zu nehmen.
Aus einem Gipsbergwerk, das 1912 durch Anbohren einer Quelle zum größten Teil überflutet wurde, entstand Europas größter unterirdischer See (ganzjährig Führungen per Motorboot durch die 6200 m^2 große *Seegrotte).* In den letzten Monaten des 2. Weltkrieges wurde in den trockenen Stollen an einer »Wunderwaffe« gearbeitet: Tatsächlich produzierte man hier Düsenjäger der Serie Heinkel He 162, auch »Volksjäger« genannt – die Fabrikationsanlagen wurden jedoch bei Kriegsende von den Deutschen selbst gesprengt. Im Rahmen der Führung werden die Reste der Anlagen gezeigt, zahlreiche geborgene Funde sind hier ausgestellt. In Hinterbrühl kann man ferner das größte SOS-Kinderdorf Europas besichtigen (30 Häuser).

A-3400 Klosterneuburg Niederösterreich	
Einw.: 30500	Höhe: 170 m

Geschichte: Zwischen dem 2. und 4. Jh. n. Chr. stand hier ein römisches Kastell, aus dieser Ansiedlung entwickelte sich die sog. »Obere Stadt«. Die Gründung der Martinskirche wird auf Karl d.Gr. zurückgeführt, der das Land gegen die Awaren verteidigte. Um St. Martin bildete sich die sogenannte »Kirchsiedlung«. Um 1106 schlugen die Babenberger hier ihre Resi-

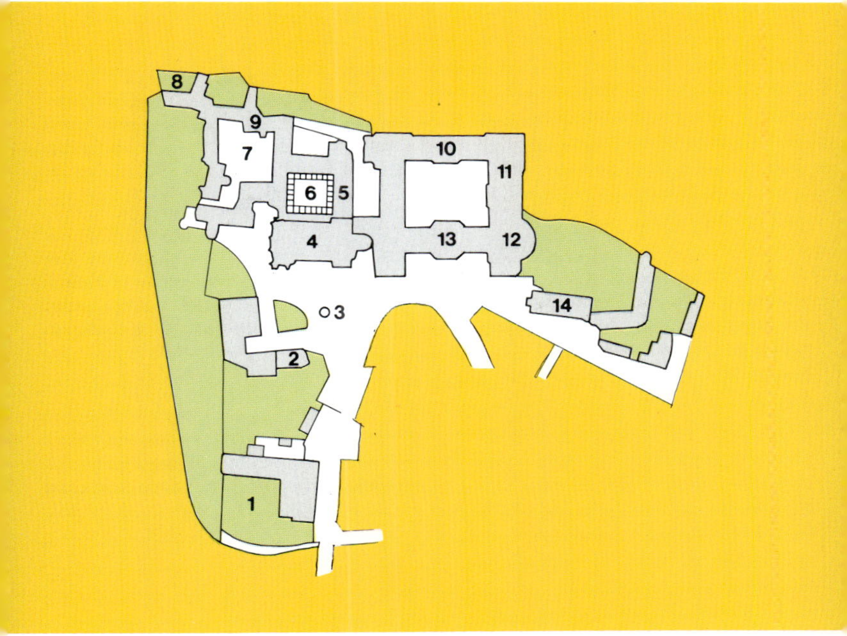

Klosterneuburg, Augustiner-Chorherren-Stift

denz auf: Markgraf Leopold III. – später heiliggesprochen und nun Landespatron von Niederösterreich – verlegte seinen Sitz von Melk (Wachau) hierher und errichtete eine Burg (Reste in der Albrechtsbergergasse). Er berief, gemeinsam mit seiner Gattin Agnes, Augustiner-Chorherren nach Klosterneuburg und wirkte bei der Grundsteinlegung der Stiftskirche sowie eines Pilgerhospitals mit. Klosterneuburg, durch die Donau und die im Rücken liegenden Berge natürlich geschützt, entwickelte sich binnen kurzem zum kulturellen und geistigen Zentrum des Reiches. Die gelehrten Mönche beherrschten u.a. die Kartographie und konstruierten die ersten Globen der Welt. – Um 1212 verlegten die Bewohner der »Kirchsiedlung« ihre Wohnungen von den kleinen Donauinseln endgültig auf das linke Donauufer (immer wieder hatte es Probleme mit dem unregulierten Fluß gegeben), daraus entwickelte sich das heutige →Korneuburg. Da Markt und Gerichtsbarkeit nun jenseits der Donau angesiedelt waren, entwickelte sich am rechten Ufer um 1300 die »Untere Stadt«. 1298 erhielt das heutige Klosterneuburg ein eigenes Stadtrecht, die Weingüter der Augustiner-Chorherren belebten den Handel. Die Oberstadt konnte sich während beider Wiener Belagerungen durch die Türken gegen diese erfolgreich verteidigen. 1730 begann Kaiser Karl VI. mit dem Bau der heutigen Klosteranlage, wiederum erlebte die Stadt einen Aufschwung. Karl VI. schwebte als Endzustand des Stiftes eine Art österreichischer Escorial vor; sein früher Tod bedeutete das Ende der Bauarbeiten. – Im 18. Jh. siedelte sich die Schiffbauindustrie hier an, im 19. Jh. entstand die Weinbauschule des Stiftes. Die Anbindung an das Verkehrsnetz durch die Kaiser-Franz-Josef-Bahn ließ Klosterneuburg nahe an Wien heranrücken. – Heute ist Klosterneuburg ein beliebter Ausflugsort für die Wiener.

Klosterneuburg, Kaisertrakt, Karl VI. >

Augustiner-Chorherren-Stift. *Geschichte:* Das genaue Gründungsdatum des Stiftes ist unbekannt. Ausschlaggebend für die Errichtung soll der Legende nach Agnes, die Gattin Leopolds III., gewesen sein. Sie hatte bei einer Jagd ihren Schleier verloren – am Fundort sollte nun ein Kloster entstehen. Andere wiederum vermuten, daß Leopold mit dem Bau dieses Stiftes eine unrühmliche Handlung sühnen sollte. Ein Priesterkolleg bestand bereits, auf Anraten des Salzburger Bischofs berief der Markgraf regulierte Augustiner-Chorherren nach

Klosterneuburg, Kaisertrakt, Kuppelfresko

Klosterneuburg, Leopoldikapelle, Verduner Altar

Klosterneuburg und stattete sie mit reichen Schenkungen aus. 1136 wurde die Stiftskirche eingeweiht, es war damals die größte Kirche des Landes. Die Chorherren zählten zur gebildeten Elite des Babenbergischen Reiches, viele hatten in Paris studiert (u.a. Jura und Medizin) und trugen nun mit dazu bei, daß Klosterneuburg kulturell und geistig zum Zentrum aufstieg. - Das Kloster lebte und lebt vom Weinbau, es zählt zu den größten österr. Weinproduzenten.

Die Weinkeller des Stiftes gehen 3 Stockwerke tief in das Erdinnere, es könne sogar »ein sechsspänniger Wagen in sie einfahren und auch drinnen umkehren« (Beschreibung v. 1829).

Kaisertrakt: Donato Felice d'Allio wurde v. Kaiser Karl VI. mit der Planung des »österr. Escorial« beauftragt. Nach Karls Wunsch sollte in Klosterneuburg eine Klosterresidenz entstehen, der Baukomplex sollte u.a. 4 Höfe mit 9 Kuppeln umfassen. Der frühe Tod Karls verhinderte die gänzliche Ausführung dieses Vorhabens, es wurde lediglich ein Viertel in Realität umgesetzt. Joseph Kornhäusel vollendete 1834 bis 1842 einen der geplanten 4 Höfe.

Über die Kaiserstiege gelangt man in den Marmorsaal (mit Kuppelfresko v. Daniel Gran), anschließend in die Kaiserzimmer (Stuck v. Gaetano und Santino Bussi, wertvolle Gobelins).

Leopoldikapelle: Im ehem. Kapitelsaal des Stiftes wurde Markgraf Leopold III. beigesetzt. Seine Gebeine werden in einem Silberschrein aufbewahrt, der auf dem *Verduner Altar* steht. Dieses 1181 v. Nikolaus v. Verdun geschaffene ma Meisterwerk der Emailkunst war urspr. an der Kanzel als Verkleidung befestigt. Es konnte bei einem Brand 1330 durch die Mönche gerettet werden (sie löschten mit Wein die Flammen), danach wurde das Kunstwerk zu einem Altar umgebaut. Auf 51 Emailbildern werden Ereignisse des Alten und Neuen Testamentes dargestellt. - Reste der alten Fenster des Kreuzganges wurden hier in der Leopoldikapelle in die Scheiben eingesetzt; sie stellen Kopien der Emailbilder dar.

Stiftskirche: 1114-36 errichtete dreischiffige Basilika; die Türme stammen aus späteren Bauperioden: 1394-1588 der S-Turm, 1638 der N-Turm (v. Giovanni Battista Carlone), Friedrich v. Schmidt fiel die Aufgabe zu, die beiden Türme optisch anzugleichen (1882-87). An der Außenmauer der Kirche zahlreiche Grabsteine. - Das Innere des Gotteshauses wurde nach und nach völlig barockisiert. G. B. Carlone begann um 1635 damit, er schuf auch die Orgelempore (die 1636-42 gebaute Orgel ist noch immer bespielbar). Der Hochaltarraum wurde v. Matthias Steinl gestaltet, das Altarblatt malte Johann Georg Schmidt, die Fresken sind ein Werk Johann Michael Rottmayrs. Die Altarbilder der Seitenaltäre stammen v. Antonio Bellucci und Peter Strudel.

Tutzsäule: Die auf dem Stiftsplatz stehende got. Lichtsäule stammt vermutlich v. Michael Chnab, der auch beim Bau des Wiener Stephansdomes mitarbeitete. Die Reliefs unter der Laterne stellen die Passion und Auferstehung Christi dar.

Außerdem sehenswert: Das älteste erhaltene Einrichtungsstück des Stiftes, der siebenar-

Klosterneuburg, > Stiftskirche, Blick zum Altar

Klosterneuburg, Leopoldikapelle, Verduner Altar

mige *Bronzeleuchter* (im ehem. Brunnenhaus). – Im *Stiftsmuseum* werden u. a. zahlreiche got. Tafelbilder, die Rückseite des Verduner Altars, Bilder v. Rueland Frueauf d. J., ein Stammbaum der Babenberger und die sog. »Klosterneuburger Madonna« (frühgot. Steinplastik Anfang 14. Jh.) gezeigt. *Öffnungszeiten:* Mai–Mitte Nov. Sa, So, Feiertag. – Die größte *Stiftsbibliothek* Österreichs (ca. 200000 Bände) ist nur für wissenschaftliche Arbeiten zugänglich. – In der *Schatzkammer* wird u. a. der österr. Erzherzogshut aus dem Jahre 1616 aufbewahrt.

Käferkreuz (Käferkreuzgasse): Um die Mitte des 17. Jh. folgte eine Plage der anderen. Zuerst hatten Frost und Hagel die Weingärten verwüstet, nun folgten die Heuschrecken.
Um wieder gute Weinernten zu erlangen, errichteten die Bürger dieses Kreuz mit einer entsprechenden eingemeißelten Bittschrift. Die 4 Heiligenfiguren stellen Joseph, Leopold, Sebastian und Martin dar, zuoberst thront die Immaculata auf der Weltkugel.

Kremsmünsterer Hof (Martinstr. 12): Nicht nur die hier ansässigen Augustiner-Chorherren, sondern auch zahlreiche andere Klöster hatten in und um Klosterneuburg Weingärten und die dazugehörigen Lesehöfe. Im Zuge des wirtschaftlichen Aufschwungs v. Kremsmünster (in Oberösterreich gelegenes Stift) ließ um 1750 der damalige Abt den prunkvollen Barockbau errichten.
Ein gutes Jahrhundert später entsprach es nicht mehr den finanziellen Gegebenheiten des Stiftes und wurde verkauft. Man zog in ein kleineres Gebäude in der Albrechtstraße.

Oberer Stadtfriedhof: Bes. sehenswert ist das barocke Friedhofstor mit Plastiken v. Lorenzo Mattielli; der damaligen Zeit entsprechend finden sich auch Totenköpfe und Knochen als Dekorationselemente. In der Friedhofskapelle eines der besten Wer-

Klosterneuburg, Kaisertrakt, Thronsaal

ke v. Leopold Kupelwieser: »Auferstehung der Toten«.

Rathausplatz: Die in der Mitte des Platzes stehende Mariensäule wurde 1782 v. Bildhauer Kögler geschaffen. An ihrer Stelle befand sich früher der Pranger. Von den Häusern rund um den Platz fällt bes. Nr. 20 auf, der sog. *Pfortenhof* (Empfangsgebäude des Stiftes). Bei den Bauarbeiten stieß man auf eine ma Mauer, die den Grenzen des röm. Lagers folgte. Sie war Bestandteil einer Burgerweiterung unter Herzog Leopold VI. (um 1200). Im Kaffeehausgarten wurden die Umrisse der daran anschließenden Kapelle markiert. Auf diese wiederum folgte die berühmte »Marmorsteinkapelle«, der 1. got. Bau Österreichs. Sie wurde 1799 auf Befehl Kaiser Josephs II. abgetragen (Reste in →Laxenburg).

St. Martin (Martinstr. 38): Sie ist die älteste Kirche v. Klosterneuburg und soll auf eine Gründung durch Karl d. Gr. zurückgehen (Grabungsfunde). Von den Türken 1683 fast vollständig zerstört, wurde sie in barokken Formen wiedererrichtet. Erhalten geblieben waren der got. Hochchor und das W-Portal. Nach einem Brand mußte der Turm 1844 neu gedeckt werden. Im Inneren fallen die prachtvollen Schnitzarbeiten an Kanzel, Orgelempore und Chorgestühl der Ratsherren auf (alle um 1725). – In der *Unterkirche* ist das *Archäologische Museum St. Martin* eingerichtet. Zu sehen sind u. a. ma Gräber und Grabbeigaben sowie Spolien. *Öffnungszeiten:* So 10.00–12.00 Uhr.

Sebastianikapelle (Stiftsplatz 5): Die 1421 geweihte Kapelle wurde v. Kaiser Joseph II. 1787 geschlossen und teilweise abgetragen (→Laxenburg). Nach 1965 wurden die Reste wieder zu einer Kapelle ausgebaut. Seit 1981 wird in ihr der aus der Kirche Am Hof in Wien stammende *Albrechtsaltar* aufbewahrt. Er ist zum einen das wichtigste Werk des got. Realismus in Österreich, zum anderen ist auf einer seiner Tafeln eine der ältesten Stadtansichten v. Wien zu sehen. – Bauhistorisch interessant

1914
1918

ist auch der Vorraum der Kapelle: Man übertrug 1961–62 v. einem Kloster bei Horn (im niederösterr. Waldviertel) den Kapitelsaal hierher.

Stiftsarchiv (Stiftsplatz 8): Das aus dem 12. Jh. stammende roman. Gebäude wurde im 14. Jahrhundert um eine got. Torlaube bereichert. Aus dem 15. Jh. stammt der hochgot. Doppelerker mit Statuen der hl. Maria, des hl. Leopold und dessen Gattin Agnes.

Stiftsspital (Leopoldstr. 31): Das Spital wurde v. Markgraf Leopold III. als Pilgerhospital gegr. – Klosterneuburg lag auf dem Weg der Kreuzfahrer ins Hl. Land. Der Trakt entlang der Leopoldstr. stammt noch aus dieser Zeit. Als der Pilgerstrom versiegte, wurde das Gebäude innen zu Wohnungen für Stiftsangehörige umgebaut.
Die zum Spital gehörende Kirche St. Gertrud wurde um 1125 errichtet, sie besitzt im Inneren reichverzierte roman. Kapitelle. Im Triumphbogen Darstellung der Jakobsleiter (um 1280).
Weitere Museen: Franz-Kafka-Gedächtnisraum, eingerichtet in seinem Sterbehaus (Hauptstr. 167, Klosterneuburg-Kierling): Erinnerungsstücke aus seinen letzten Lebensjahren). – *Mährisch-Schlesisches Heimatmuseum* (Schießstattgasse 2): Volkskundliche Sammlung.
Öffnungszeiten: Jeder 1. u. 3. So im Monat 10.00–12.00 Uhr. – *Stadtmuseum* (Schießstattgasse 2): Dokumentation zur Geschichte der Stadt. *Öffnungszeiten:* So, feiertags 10.00–12.00 Uhr.

Brauchtum: *15. November:* Alljährlich findet am Festtag des Stadt- und Landespatrons, des hl. Leopold, das berühmte »Fasslrutschen« statt. Es hat sich aus der Abgabe (dem sog. Zehnt) der Winzer an das Stift entwickelt: Die Winzer kletterten mit ihren vollen Butten auf der einen Seite auf das 1000-Eimer-Faß (56 000 l) hinauf, schütteten die Trauben ins Faß – und rutschten auf der anderen Faßseite wieder hinunter. Das Faß ist übrigens 4,8 m lang und 3,84 m hoch und steht seit 1834 an seinem Platz.

< Klosterneuburg, Tutzsäule

Korneuburg, Augustinerkirche, Blick zum Chor

Korneuburg, Dreifaltigkeitssäule

ZUR ERINNERUNG
CAFE

< Vorhergehende Doppelseite:
Links, Korneuburg, Rattenfängerbrunnen
Rechts, Kreuzenstein, Burg

A-2100 Korneuburg
Niederösterreich

Einw.: 9100	Höhe: 186 m

Korneuburg entstand aus dem am linken Donauufer gelegenen Stadtteil von →Klosterneuburg, 1298 erfolgte die Trennung des »markt niuwenburch« von der Babenbergerresidenz am anderen Ufer der Donau. Obwohl das Marktrecht diesem Teil der Stadt immer gehört hatte (der sog. Traidmarkt = Getreidemarkt wurde hier abgehalten), findet sich der Name »Korneuburg« urkundlich erst um 1371. Das Getreide wurde nach Böhmen und Mähren verkauft. Da es in Wien bis zum 15. Jh. keine Brücke über die Donau gab, hatte Korneuburg auch im Hinblick auf die Überquerung des Flusses eine wichtige Bedeutung. Handelsprivilegien förderten die Entwicklung der Stadt im 17. Jh., brachten aber auch den Neid der umliegenden Siedlungen mit sich. Der Dreißigjährige Krieg und die Besetzung Korneuburgs durch die Schweden bedeutete das Ende der wirtschaftlichen Vormachtstellung. Mitte des 19. Jh. siedelte sich hier eine Schiffswerft an, sie war wohl mit ein Grund für die schweren Zerstörungen im 2. Weltkrieg. Heute ist Korneuburg Bezirkshauptstadt.

In der *Stadtpfarrkirche* findet man ein got. Sakramentshäuschen (1382) sowie eine Totenleuchte (1500): die *Augustinerkirche* ist im Besitz eines Gemäldes v. Anton Maulpertsch (»Letztes Abendmahl«). In das neugot. *Rathaus* (1894–96) wurde der got. Stadtturm mit seinen 4 Ecktürmchen mit einbezogen. 1747 wurde die prunkvolle *Dreifaltigkeitssäule* aufgestellt, 150 Jahre später der *Rattenfängerbrunnen*. Der Sage nach waren die Stadtväter einst sehr verlegen ob der großen Rattenplage, die in der Stadt herrschte. Man bot demjenigen hohe Summen, der dieser Not ein Ende machen könne. Einem jungen Mann gelang es, mittels einer Flöte so schrille Töne hervorzubringen, daß die Ratten aus all ihren Löchern gelockt wurden. Mutig führte er die widerliche Schar in die Donau – alle Tiere ertranken. Doch nun reute es die Ratsherren, eine so große Geldsumme versprochen zu haben – sie gaben dem Rattenfänger wesentlich weniger als ausgemacht. Einige Wochen danach erklangen plötzlich die

Korneuburg, Rathaus

lieblichsten Flötenklänge durch die Straßen Korneuburgs: Der Rattenfänger war, prächtig gekleidet, zurückgekehrt. Doch diesmal liefen ihm alle Kinder begeistert nach - und er führte sie auf ein an der Donau liegendes Schiff, das sogleich Kurs stromabwärts nahm …

Kreuzenstein, Burg

Niederösterreich

Höhe: 262 m

1645 eroberte der schwedische Feldherr Torstenson die aus dem 12. Jh. stammende Burg Gizanestein. Da sein Feldzug (gegen Wien) nicht den geplanten erfolgreichen Ausgang nahm, ließ er bei seinem Abzug von Kreuzenstein die Burg sprengen. Nahezu 200 Jahre blieben die Ruinen stehen, bis die Grafen Wilczek durch Heirat in ihren Besitz gelangten. Nach und nach reifte in Johann Nepomuk Wilczek (1837-1922) der Plan, die mittelalterliche Burg wieder aufzubauen - und dies im Jahre 1866! An die 30 Jahre wurde an der Burg gebaut, von Fachleuten, die der Graf aus aller Herren Ländern zusammengesucht hatte. Das Baukonzept war sehr grob umrissen: Es sollte eine Burg wie aus dem 14./15. Jh. werden, alle Details wurden während des Baus festgelegt. So war es auch möglich, für einzelne Sammlungsstücke des Grafen, die hier untergebracht werden sollten (etwa der aus Südtirol stammende gotische Riesenschrank), von vornherein passende Räume zu schaffen. Auch alte Bauteile wurden verarbeitet: Der »Kaschauer Gang« stammt aus dem Dom zu Kaschau, er zierte dort den Orgelchor. Burg Kreuzenstein ist sowohl baulich interessant (einzige Museumsburg dieser Art) als auch wegen ihrer reichen Innenausstattung, die aus allen Teilen Europas zusammengetragen wurde.

A-2103 Langenzersdorf

Niederösterreich

Höhe: 170 m

Hier wurde 1970 eine Außenstelle des niederösterreichischen Landesmuseums eröffnet, dem Bildhauer Anton Hanak gewidmet. *(Anton-Hanak-Freilichtmuseum.)* Der 1875 in Brünn geborene Künstler lebte hier von 1900 bis 1923.

Er war Mitglied der Secession, lehrte 1913 bis 1932 an der Wiener Kunstgewerbeschu-

Kreuzenstein, Burg

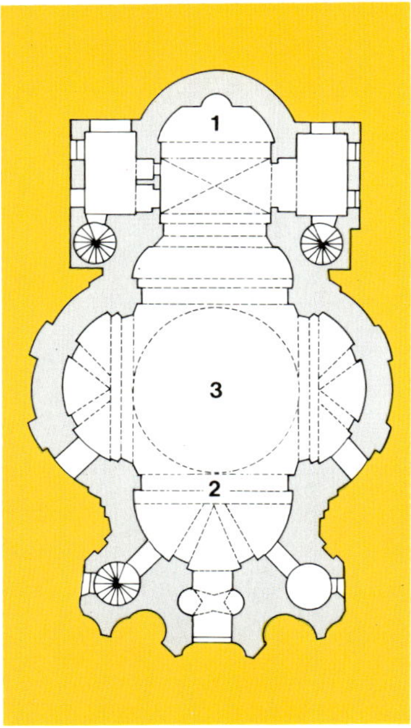

Laxenburg, Pfarrkirche 1 Altarraum **2** Empore **3** Fresko von Adam Obermiller, 1713

Laxenburg, Pfarrkirche

le und erhielt 1932 eine Professur an der Akademie der Bildenden Künste in Wien. Seine Werke werden dem Expressionismus zugerechnet; er schuf zahlreiche Bauplastiken und Denkmäler und arbeitete eng mit Josef Hoffmann (Architekt) und Gustav Klimt (Maler) zusammen.
Hanak verwendete sowohl Marmor als auch Bronze, Gips und Holz für seine Skulpturen. Zahlreiche Werke sind im Museumsgarten aufgestellt. Zu seinen bekanntesten Stücken zählen »Der brennende Mensch« und »Die Erlösung durch die Natur«.
In den Archivräumen wird das Leben des 1934 verstorbenen Künstlers dokumentiert. Sein bekanntester Schüler ist sicherlich Fritz Wotruba.
Öffnungszeiten: 15. April–15. Nov. Sa, So, feiertags 9.00 bis 12.00, 13.30–18.00, Di 9.00–12.00 Uhr.

A-2361 Laxenburg
Niederösterreich

Einw.: 1500 Höhe: 177 m

Der 1136 erstmals urkundlich erwähnte Ort zählte zu den bevorzugten Jagdgebieten der Habsburger.
Bereits Albrecht III. erwarb die Burg der Herren von Lachsendorf, vergrößerte die gotische Wasserburg und richtete sie feudal ein. Seiner Gattin zu Ehren wurden zahlreiche Turniere abgehalten. – Leopold I. ließ nach den Türkenkriegen das verwüstete Schloß wieder aufbauen, er stiftete sogar eine neue *Pfarrkirche* (Baumeister Mathias Steinl). Die barocke Kirche wurde in Formen eines überkuppelten Zentralbaus errichtet, ihr Inneres mit verschwenderischem Stuck ausgeschmückt. Bilder von Gerhard Seghers, Ludwig Kohl und Josef Verhaghen.
Unter Maria Theresia schließlich erlebte Laxenburg eine Blütezeit, der gesamte

Laxenburg, Altes Schloß

Hofstaat zog im Sommer von Wien hier heraus. Dafür mußte das Schloß wiederum erweitert werden: hinzu kamen die zum Park liegenden Wohntrakte und ein *Theater.* Der riesige Park (250 ha) wurde, der damaligen Mode entsprechend, im französischen Stil umgestaltet – d.h. Alleen mit gestutzten Bäumen. Maria Theresias Sohn Joseph II. veränderte den Park ganz wesentlich, er ließ ihn nun nach englischem Stil anlegen – so, wie er sich heute dem Besucher präsentiert.

Besonders angetan von dem Besitz war aber Kaiser Franz II. (Sohn Kaiser Leopolds II.): Er ließ, auch seiner 2. Gattin, Maria Theresia v. Sizilien, zuliebe, um den künstlich angelegten Teich einen ganzen *Ritterbezirk* erstehen mit Rittergruft, Rittersäule, verschiedenen Pavillons und dem Turnierplatz, ferner Grotten und künstliche Ruinen (dies entsprach dem Zeitgeist, der sich nach Romantik sehnte). Außerdem gefiel es dem Kaiser, hier tagelang seinen Lieblingsbeschäftigungen (handwerken und gärtnern) nachgehen zu können, ohne vom Hofpersonal gestört zu werden. Schließlich ließ er die *Franzensburg* errichten; sie sollte eine »gotische Burgfeste« darstellen. Unter der kundigen Anleitung von Michael Riedl von Leuenstern und Franz Jägers entstand 1798–1836 dieser romantische Bau: Die verschiedenen Gestaltungsmöglichkeiten des Mittelalters wurden hier auf kleinem Raum kombiniert, Türme, Zinnen, Wehrgänge und Erker mit eingeplant. Die Inneneinrichtung wurde aus verschiedenen Kirchen und Klöstern sowie Schlössern und Burgen zusammengetragen. So findet man Steinbaldachine aus der gotischen Kirche Maria am Gestade (→Wien, Sakralbauten) und Reste einer romanischen Kirche. Antiquitäten und Fälschungen wurden nebeneinander eingebracht. Sehenswert sind die Kassettendecken der Repräsentationsräume, ferner die 16 Habsburgerstatuen im Habsburgersaal (von Peter Strudel). Im Lothringersaal richtete Kaiser Franz eine Ahnengalerie ein, zu den Malern der lebensgroßen Ölbilder zählen u.a. Ferdinand Waldmüller und Leopold Kupelwieser. – Auch die Teilnehmer des Wiener Kongresses 1814 fanden es unterhaltsam, in dieser Umgebung und in mittelalterlichen Kostümen Feste zu feiern. *Öffnungszeiten:* Mai–Okt. nur bei Schönwetter 10.00–12.00 und 14.00–17.00 Uhr, nur im Rahmen einer Führung zugänglich. Die Franzensburg erreicht man mittels einer Fähre oder über die sog. Röm. Brücke. Im *Alten Schloß* (ursprünglich von einem Wassergraben umgeben, teilweise noch mittelalterlich, teilweise aus dem 17. Jh.) ist das »Österreichische Filmarchiv« untergebracht. Gezeigt werden Exponate zur Film- und Kinogeschichte. *Öffnungszeiten:* Mai bis Okt. Sa, So, feiertags 11.00–18.00 Uhr. Im *Blauen Hof* und dem *Lustschloß,* beide von Nikolaus Pacassi, dem Hofbaumeister Maria Theresias, gestaltet, ist das Internationale Institut für angewandte Systemanalyse untergebracht (nicht zugänglich).

A-2293 Marchegg

Niederösterreich

Einw.: 3200 Höhe: 141 m

Die an der alten Bernsteinstraße liegende Stadt wurde von Böhmenkönig Ottokar II. um 1260 gegründet, sie erhielt bereits 1268 das Stadtrecht. Obwohl die im Mittelalter größte niederösterreichische Stadt mit zahlreichen Privilegien ausgestattet wurde und eine starke Befestigung erhielt (Marchegg sollte Truppensammelplatz werden), konnte sie sich nicht so recht entwickeln. Eine der Ursachen dafür waren die zahlreichen Hochwasser (Markierungen im Park am Hauptplatz zu sehen). Da die Bürger die notwendigen Erhaltungsarbeiten der Wehranlagen nicht finanzieren konnten, verfielen sie rasch; die Stadt konnte leicht von den Türken eingenommen werden.

Marchegg präsentiert sich heute als beschauliche kleine Stadt, am »Eck« des Flusses March gelegen. Im Norden grenzt die Stadt an das 1100 ha große World-Wildlife-Fund-Naturschutzgebiet »Marchauen«, am Kleinen Breitensee wurde ein Vogelschutzgebiet (Vögel, Wasserwild) geschaffen.

Reste der alten Stadtbefestigung (Stadtmauer, Wiener- und Ungartor) lassen das seinerzeitige Areal von 750 × 860 m noch erkennen. Im *Schloß Marchegg* ist das *Niederösterr. Landesjagdmuseum* untergebracht. Da das Marchfeld für den Kaiserhof ein beliebtes Jagdgebiet darstellte, widmet die Ausstellung der Entwicklung der Jagd wie auch insbesondere der höfi-

Marchegg, Schloß Marchegg

schen Jagd breiten Raum. Sowohl Nieder- wie auch Hochwildjagd werden dokumentiert (überaus reiche Sammlung v. Totalpräparaten), die Ausbildung zum Jäger ist ein weiterer Schwerpunkt. Abgerundet wird die Schau durch jagdliche Prunkgegenstände (Tapisserien, Porzellan, Gläser und Waffen). *Öffnungszeiten:* 15. März–30. Nov. Di–Fr 9.00–12.00, 13.00–16.30, Sa, So, feiertags 9.00–16.30 Uhr.

Marchfeldschlösser

Niederösterreich

Da das Marchfeld ein hervorragendes Jagdgebiet vor den Toren Wiens war, ließen sich hier zahlreiche Adelige kleinere bzw. größere Schlösser als Jagdsitz bauen.

Schloß Eckartsau: 1720 erwarb Graf Kinsky das Stammschloß der Herren v. Eckartsau und ließ das baufällige Haus renovieren. Nach Plänen der Architekten Josef Emanuel Fischer v. Erlach und Johann Lukas v. Hildebrandt wurden Treppenhaus, Einfahrtshalle und Festsaal im W-Trakt gestaltet; Daniel Gran schuf hier eines seiner besten Werke: das Deckenfresko »Verherrlichung der Diana« (1732). Gleichzeitig wurde die Schloßkapelle v. Christian Alexander Oedtl errichtet. – 1760, nach Abschluß der Bauarbeiten, fand Franz Stephan von Lothringen (Gemahl Maria Theresias) Gefallen an dem Besitz; er ging in den Besitz der Habsburger über. 1918 wohnte der letzte österr. Kaiser Karl I. nach seiner Abdankung bis zur Ausreise ins Exil auf Schloß Eckartsau. Im Marchfeld begann der Aufstieg der Habsburger (Schlacht bei Dürnkrut 1278), hier endete deren Regentschaft. – Das durch den 2. Weltkrieg schwer in Mitleidenschaft gezogene Schloß wurde vorbildlich restauriert, im Sommer finden hier Kammermusiktage statt.
Öffnungszeiten: 15. März–31. Okt. Sa, So, feiertags 11.00, 13.00 Uhr.

Niederweiden (bei Engelhartstetten): Rüdiger Graf Starhemberg hatte sich etwas Ruhe verdient, hatte er doch Wien siegreich gegen die Türken verteidigt. Er erwarb 1684 die Herrschaft Engelhartstetten. Das dazugehörige Schlößchen Grafenweiden hatten die Türken zerstört. 1693 beauftragte Starhemberg Johann Bernhard Fischer v. Erlach, ein kleines Jagdschloß zu errichten. – 1727 erwarb Prinz Eugen das Schloß,

Marchegg, Landesjagdmuseum

Marchfeldschlösser, Schloß Eckartsau, Festsaal, Deckenfresko, »Verherrlichung der Diana«

1755 kaufte Maria Theresia das Anwesen und ließ es verändern. Das eingeschossige Gebäude besitzt einen vorspringenden, ovalen Mitteltrakt, dessen Saal mit fernöstlich anmutender Malerei (v. Jean Pillement, 1770) ausgestattet wurde. Auch das barokke Stiegenhaus ist sehenswert. Interessant sind auch die zu beiden Seiten liegenden flachen Nebengebäude: Hier waren die Jagdküchen untergebracht, Feuerstellen und Vorrichtungen zur Wildbraterei können besichtigt werden. - Heute finden in Niederweiden in den Sommermonaten Sonderausstellungen statt.

Schloßhof: Der vom Kaiserhaus dem Prinzen Eugen übergebene Anteil an der Türkenbeute war so reichlich ausgefallen, daß er sorglos Johann Lukas v. Hildebrandt beauftragen konnte, für ihn im Marchfeld ein großes Schloß (das im Notfall auch verteidigt werden konnte) zu bauen. Hildebrandt fügte an das bestehende »Hoff an der March« (17. Jh.) 2 Seitenflügel an und entwarf den imposanten Terrassengarten im O des Schlosses. Bilder v. Canaletto zeigen, wie prachtvoll die gesamte Anlage war. 1755 erwarb Maria Theresia Schloßhof und ließ die Gebäude aufstocken, die Fassaden wurden frühklassizistisch umgestaltet. Es war aber vermutlich der aufwendige Garten mit seinen Balustraden, Wasserspielen und Skulpturen, der den Ausschlag gab, daß dieses Schloß zu den Lieblingsdomizilen der Regentin gehörte. - Ende des 19. Jh. wurden viele Stücke v. Schloßhof nach Schloß Schönbrunn gebracht, der 2. Weltkrieg schließlich hinterließ ein stark beschädigtes Gebäude. Da die Restaurierung des großen Komplexes sehr aufwendig ist, sind bislang nur Teile in ihrer alten Pracht wiederhergestellt. Die kleine, zweigeschossige *Schloßkapelle* besitzt ein Deckenfresko v. Carlo Carlone, hier blieben die alten Stuckarbeiten erhalten. Bereits restauriert ist der Festsaal im 1. Stockwerk, ein beeindruckender Raum in Weiß und Gold, mit einem herrlichen Blick auf die Gärten. Die Sala terrena, die auf die Terrassen führt, kann ebenfalls eine Vorstellung vom dama-

Marchfeldschlösser, Niederweiden

ligen Prunk vermitteln. – Heute finden in Schloßhof in den Sommermonaten Ausstellungen und Veranstaltungen statt.

A-2344 Maria Enzersdorf

Niederösterreich

Höhe: 225 m

Der bekannte Wallfahrts- und Weinbauort liegt am Ostrand des Wienerwaldes. Die *Pfarrkirche hl. Maria Magdalena* ist bereits seit 1730 Wallfahrtskirche. Im *Schloß »Von der Weide«* ist das *Österreichische Olympia- und Sportmuseum* untergebracht (*Öffnungszeiten:* nur bei Sonderausstellungen). Die *Burg Liechtenstein* liegt etwas außerhalb auf dem Kalenderberg. Die 1. Burg der Liechtensteins wurde vermutlich um 1165 erbaut und im 14. Jh. zerstört, den Nachfolgebau zerstörten die Türken 1529 und 1683. Erst im 19. Jh. erweckte Fürst Johann I. von Liechtenstein die Ruine zu neuem Leben, er ließ sie zu einer Burg ausbauen (→auch Umgebung v. Mödling). An die noch vorhandenen Bauteile Kapelle, Ritter- und Knappensaal sowie Torwartstube ließ er das 2. Obergeschoß und den Hauptturm anfügen. – Die Burg ist im Sommer zur Besichtigung geöffnet. Das interessante *Museum* »Sammlung alter Ansichten der Denkmale sowie der Orts- und Stadtdenkmale Österreichs und Sammlung von Kopien gefährdeter mittelalterlicher Glas- und Wandmalereien« ist nur auf Anfrage zu besichtigen.

Direkt an der Grenze zu Mödling liegt das *Missionskloster St. Gabriel* der Steyler Missionspriester. In dem im neuromanischen Stil errichteten Backsteinbau sind u. a. das *Missions-Ethnographische Museum* (Sammelstücke v. Ordensangehörigen aus aller Welt; *Öffnungszeiten:* Do 8.30–15.30, Sa 8.30–16.30 Uhr) sowie eine Hochschule, ein Buchverlag samt Druckerei und eine gutbestückte Hausbibliothek untergebracht. 1921 gründete Pater Stanislaus Marusczyk die »Sängerknaben vom Wienerwald«.

< Maria Enzersdorf, Burg Liechtenstein

Mayerling □ A-2534 Alland
Niederösterreich

Einw.: 120 Höhe: 326 m

Das kleine Dörfchen, das seinen Namen wohl nach den ehem. Herren der Gegend, den von Murlingen, erhalten hat, wurde 1889 mit einem Schlag in der ganzen Welt bekannt: Am 30. Januar verstarben hier Kronprinz Rudolf (einziger Sohn von Kaiser Franz Joseph und Elisabeth, genannt Sissy) und seine Geliebte, Baronesse Mary Vetsera. Gab es zunächst noch Meldungen, wonach es sich um einen Jagdunfall gehandelt habe, so verdichteten sich später die Gerüchte, daß Rudolf zunächst seine Geliebte und Stunden später sich selbst erschossen hatte. Der 1858 geborene Kronprinz war zweifellos frustriert gewesen: Er wurde trotz umfassender Bildung von den Regierungsgeschäften ferngehalten, da er in Opposition zu seinem Vater stand; seine Ehe mit Stephanie v. Belgien verlief unglücklich – er hatte zahlreiche Affären, war nervös und übersensibel. Bei Hofe wurde konstatiert, daß der Thronfolger unter geistiger Verwirrung gelitten habe (um so das kirchliche Begräbnis zu ermöglichen, das Selbstmördern versagt ist). Wie der Abend des 30. Januar wirklich verlief, ist nicht mehr feststellbar. Auch die Variante, daß Rudolf, nachdem er die Baronesse erschossen hatte, von einem Dritten ermordet worden sei, ist denkbar. Rudolf wurde in der Kapuzinergruft in Wien bestattet, seine Todesgefährtin Mary Vetsera fand auf dem Friedhof von Heiligenkreuz ihre letzte Ruhestätte. – Kaiser Franz Joseph ließ einen Teil des Jagdschlosses Mayerling abreißen, an der Stelle, wo sein Sohn den Tod fand, erhebt sich heute die Klosterkirche. Er berief 1899 auch Karmeliterinnen hierher, auf daß sie hier durch ihre Gebete und Opfer für Rudolf sühnten. Bei Führungen werden einige Erinnerungsstücke an die beiden Prominenten gezeigt.

A-2340 Mödling
Niederösterreich

Einw.: 22600 Höhe: 215 m

Geschichte: Das Gebiet von Mödling war bereits zur Römerzeit besiedelt – Handelsstraßen zogen entlang des Alpenostrandes

Maria Enzersdorf, Schloß »Von der Weide«

Mayerling, Klosterkirche

von Norden nach Süden. Aber auch Slawen und Awaren schien es über 200 Jahre lang hier gefallen zu haben: Man fand 1967 große Friedhöfe von ihnen. Unter Karl d. Gr. begann die erste Christianisierung; nachdem die Ungarn das bis dahin Aufgebaute zerstört hatten, wurde wieder kolonisiert. Die Hauptaufgabe wurde von bayerischen Klöstern geleistet - es ist daher nicht verwunderlich, daß die 1. Ortsnennung in einer Passauer Schenkungsurkunde (903) auftaucht. Die eigentliche Entwicklung Mödlings vollzog sich parallel mit dem Aufstieg der Babenberger: Heinrich I. von Mödling (1158-1223) hielt auf der Burg Mödling ebenso Hof wie sein Sohn Heinrich II.; er führte ein kultiviertes Leben und förderte die Künstler, u.a. war auch Walther von der Vogelweide auf seiner Burg zu Gast. - Doch auch unter den Habsburgern wußte sich der Markt zu behaupten, 1458 erhielt er das Privileg der Wappenführung. Kein Wunder, denn die Mödlinger zählten aufgrund ihres erfolgreichen Weinbaues zu den besten Steuerzahlern des Landes. Der Blutzoll, den die beiden Wiener Türkenbelagerungen hier forderten, wurde durch steirische Zuwanderer wieder ausgeglichen. Handwerk und Industrie siedelten sich an, die Erzeugnisse waren bis nach Wien hinein gefragt. 1807 erwarb Fürst Liechtenstein die Berge rund um Mödling und ließ die kahlen Hänge mit Schwarzföhren (und Schirmföhren) aufforsten - die anspruchslosen Bäume erwiesen sich als ideal, sie stellen heute ein unbezahlbares Sauerstoffreservoir dar. - Durch den Anschluß an die Südbahnstrecke (1841) rückte die Kaiserstadt nahe an Mödling, für die Wiener war eine neue »Sommerfrische« in Reichweite gekommen. Zahlreiche Künstler rühmten die liebliche Gegend, vorübergehend lebten hier Ludwig van Beethoven, Franz Schubert, Franz Grillparzer und Ferdinand Georg Waldmüller. Zwischen 1885 und 1932 verkehrte von Mödling in die →Hinterbrühl die 1. elektrische Straßenbahn der österreichisch-ungarischen Monarchie. - Einen rapiden Bevölkerungszuwachs gab es um die Jahrhundertwende: Schädlinge im Weinberg (Reblaus) bewogen zahlreiche Winzer, Land zu verkaufen. Es wurde gebaut wie nie zuvor, die Stadt hatte binnen kurzem viermal soviel Einwohner wie zuvor. Dadurch wurde auch eine neue Infrastruktur notwendig: Schulen, Krankenhäuser, Wasser- und Abwasserversorgung, ein größerer Friedhof usw. 1872 erfolgte die Erhebung zur Stadt. Von den beiden Weltkriegen war für Mödling der 2. von einschneidender Wirkung: Zwischen 1938 und 1955 wurde Mödling zum 24. Wiener Gemeindebezirk erklärt.

Aquädukt: Der aus dem Jahre 1873 stammende Aquädukt führt seit damals das Wasser der 1. Wiener Hochquellwasserleitung über das Tal des Mödlingbaches nach Wien.
Der hier überquerte Talabschnitt (Dolomitfelsen) wird »Klausen« genannt.

Doppelhof (Kirchengasse): Die vermutlich älteste Hofanlage Mödlings stammt zum Teil noch aus dem 12. Jh., sie war als Gutshof der Babenberger Stadtherren zugleich deren Stadtburg gewesen. So lassen sich

Mödling, Karner >

auch die wuchtigen Außenmauern (bis zu 125 cm dick) erklären.

Freskohaus (Rathausgasse 6): Die an der Fassade angebrachte Datierung »1563« bezieht sich vermutlich auf eine Renovierung des wesentlich älteren Gebäudes. Der Sgraffitoschmuck der Fassade ist sehr beachtlich. Sgraffiti wurden hergestellt, indem man verschiedene Putzschichten übereinander auftrug und danach in unterschiedlichen Tiefen wieder abtrug.

Hafnerhaus (Hauptstr. 79): Ludwig van Beethoven wohnte zwischen 1818 und 1819 in den Sommermonaten in diesem Haus, er war v. Land und Leuten so angetan, daß er u. a. die »Elf Mödlinger Tänze« schrieb. Im 1. Stock ist eine kleine Gedenkstätte eingerichtet. *Öffnungszeiten:* nach Rücksprache im Stadtmuseum.

Herzoghof (Herzogstr. 4): Das vermutlich älteste Haus Mödlings stammt aus dem 14. Jh. Hier residierte der Herzog v. Troppau, der auch gleichzeitig Pfarrer v. Mödling war, auf Anordnung Kaiser Friedrichs III. Das Wappenband zeigt (v. l nach r) das schlesisch-liegnitzsche Wappen, den kaiserlichen Doppeladler und den österr. Bindenschild.

Mödling, Karner, Portal >

Karner (Kirchenplatz): Der Unterbau stammt aus dem Ende des 12. Jh. und war eine dem hl. Pantaleon geweihte Grabkapelle, in deren Krypta die Gebeine der Verstorbenen beigesetzt wurden. Möglicherweise war Herzog Heinrich d. Ä. Bauherr dieser Kapelle. Um 1250 wurde der Karner aufgestockt und erhielt ein Kegeldach, das v. den Türken zerstört wurde. 1683 setzte man auf den stehengebliebenen Bau einen barocken Glockenturm auf und schloß den Karner mit einem Doppelzwiebelhelm ab. Im Inneren sind noch Freskenreste aus der Mitte des 13. Jh. erhalten. *Öffnungszeiten:* nach Rücksprache mit der Pfarrkanzlei v. St. Othmar.

Rathaus (Schrannenplatz): In den Renaissancebau (nach 1529) wurden die Reste der Schranne (Gebäude des Marktrichters) mit einbezogen. Der Arkadengang stammt aus dem 1. Drittel des 16. Jh., der Turm datiert v. 1548 (Uhr v. 1701, Doppelzwiebelturm v. 1747). Das Stadtwappen am Turm zeigt im oberen Teil den babenbergischen Bindenschild (Rot-Weiß-Rot), im unteren Teil den weißen Panther auf grünem Grund (dieser ist identisch mit dem Wappentier des Bun-

Mödling, Aquädukt

Mödling, Rathaus

Mödling, St. Othmar, Kanzel

deslandes Steiermark: Mödling erhielt das Wappen v. Friedrich III., einem Habsburger der steirischen Linie, verliehen).

Schönberghaus (Bernhardgasse 6): Arnold Schönberg lebte 1918–25 in diesem Haus. Er war der Begründer der Zwölftonmusik. In dem hier eingerichteten *Museum* erinnern Einrichtungsgegenstände an seine Lebensweise, angeschlossen sind Dokumentationen und ein Schönberg-Archiv. *Öffnungszeiten:* nur nach Voranmeldung.

Spitalskirche (Brühlerstr.): Die dem hl. Ägidius geweihte Kirche gehörte früher zu dem in der Brühlerstr. 1 gelegenen Krankenhaus, das gleich daneben lag. Etwa um 1440 war die einschiffige got. Saalkirche errichtet worden, bes. markant sind ihre W-Wand und das kleine achteckige steinerne Glockentürmchen.

St. Othmar, Stadtpfarrkirche (Kirchenplatz): Die 1. Kirche dürfte im 9. Jh. errichtet worden sein, es war vermutlich eine einschiffige Saalkirche. Man weiß v. insgesamt 3 roman. und 2 got. Gotteshäusern. Die 1113 erstmals erwähnte Kirche scheint bereits eine dreischiffige Hallenkirche gewesen zu sein, die Ausrichtung nach O war schon damals gegeben. Reste der frühgot. Kirche befinden sich in der *Unterkirche.* Für die heute bestehende spätgot. Kirche wurde 1454 der Grundstein gelegt. Es entstand eine Wehrkirche mit Verteidigungsmauern und Schießscharten (Teile davon erhalten, sie schließen heute den Kirchenplatz ab). Die dreischiffige Hallenkirche besitzt ein v. 12 Säulen getragenes Kreuztonnengewölbe (12 für die Zahl der Apostel) und ein auffallend hohes Walmdach (1690 nach Türkenzerstörung v. Leonhard Sauer geschaffen). *Inneres:* Hervorzuheben sind ein spätgot. Sakramentshäuschen und ein Holzkruzifix (um 1500). Der barocke Hochaltar ist eine Stiftung Maria Theresias; im Altarblatt ist die Verleumdung des hl. Othmar dargestellt. Die Kreuzwegbilder malte Josef Führich (1858). 2 Zunftfahnen an den s Strebepfeilern zählen zu den historisch interessanten Stücken: die Fahne der Weinhauer (sie waren wichtig für die finan-

Mödling, Schwarzer Turm >

Burg Mödling

zielle Entwicklung der Stadt) und die aus dem Jahre 1731 stammende Fahne der Fleischhauerzunft (die Metzger von Mödling standen der ganzen Zunft des Wiener Beckens, bis nach Fischamend reichend, vor).

Thonetschlößl (Josef-Deutsch-Platz 2): Das 1631 als Kapuzinerkloster errichtete Gebäude (im Festsaal im 1. Stock sieht man noch die alten Kirchengewölbe) hat eine wechselvolle Vergangenheit hinter sich: Im Zuge der Klosteraufhebungen unter Joseph II. wurde es 1785 aufgehoben und kurz darauf in eine Seidenbandfabrik umgewandelt. Im 19. Jh. diente es als Theater, bis die Familie Thonet (Bugholzmöbelfabrikanten aus Wien) das Gebäude erwarb. 1931 wechselte das Haus letztmals seinen Besitzer, eine ortsansässige Sparkasse kaufte es zur Unterbringung des *Mödlinger Bezirksmuseums:* Dokumentiert werden Fauna und Flora der Umgebung, Grabungsfunde aus verschiedenen Epochen, die Kunst- und Kulturgeschichte der Stadt, ferner gibt es ein Beethoven- und ein Schöffel-Gedenkzimmer. (Schöffel war Bürgermeister v. Mödling, bekannt wurde er als der Retter des Wienerwaldes.) *Öffnungszeiten:* März-Sept. Sa, So, feiertags 10.00-18.00 Uhr.

UMGEBUNG

Burg Mödling: Auf der NW-Ecke des Frauensteins errichteten die Babenberger (Heinrich II. Jasomirgott oder dessen älterer Sohn) um 1100 eine Burg. Nach dem Aussterben dieser Babenbergerlinie gelangte die Burg u.a. in den Besitz des Bistums Passau. Den Türkenangriffen 1529 konnte sie nicht standhalten, ein übriges tat ein durch Blitzschlag ausgelöster Großbrand um 1556. Erst Fürst Liechtenstein bemühte sich um die Ruine; sie wurde - zusammen mit den vielen anderen künstlichen Ruinen - um 1812 restauriert.

Husarentempel (auf dem Kleinen Anninger): Johann I. Fürst v. und zu Liechtenstein zeichnete auch hier als Auftraggeber. Er wollte zum Andenken an seine gefallenen Kameraden in der Schlacht bei Aspern (1809) ein Grabmal errichten und die Gebeine der Verstorbenen hier beisetzen lassen. Dieser 1. Tempel litt stark unter den Witterungseinflüssen; bereits 1813 wurde Joseph Kornhäusel mit dem Bau des heutigen Husarentempels beauftragt. Er errichtete dieses Kriegerdenkmal in dorischem Stil, in der Krypta fanden die Krieger v. Aspern ihre letzte Ruhestätte.

Schwarzer Turm, Ruine Augengläser, Pfefferbüchsel (alle auf dem Kobenzl): Alle 3 Ruinen wurden Anfang des 19. Jh. v. Fürst Liechtenstein künstlich errichtet, die romantischen Kunstbauten sind heute teilweise bereits wieder v. der Natur überwuchert worden. Der *Schwarze Turm* steht an der Grenze zwischen Mödling und →Maria Enzersdorf, die *Ruine Augengläser* wurde an die Reste eines alten Wachtturms angebaut (der linke Teil war vorhanden, der rechte Teil dazukomponiert), das *Pfefferbüchsel* war eine 1818 errichtete Pilgerkapelle, die im Jahr 1848 weitgehend zerstört wurde.

Orth, Wasserburg

Naturpark Sandstein-Wienerwald Niederösterreich

Der bei Purkersdorf gelegene Naturpark repräsentiert ein typisches Stück Wienerwald (Buchen). Wanderwege, Naturlehrpfade, ein Wildgehege, eine botanische Freilichtanlage und ein Informationszentrum über den Wienerwald bieten die Möglichkeit, sich umfassend über diesen Teil des Wienerwaldes zu informieren.

A-2304 Orth/Donau Niederösterreich	
Einw.: 1650	Höhe: 145 m

Bedeutsamster Bau dieses bereits 865 urkundlich erwähnten Ortes ist die ma *Wasserburg,* die im 12. Jh. errichtet wurde. Nur Teile des West- und Südwesttraktes blieben nach dem Türkeneinfall 1529 stehen, sie wurden in den Renaissancebau *Schloß Orth* integriert. Der wuchtige kastenförmige Bau mit seinen 4 Türmen wirkt auch heute noch trutzig. Orth war für eine Zeitlang im Besitz der Regensburger Bischöfe, ab dem 15. Jh. zählte es zu den Besitzungen der Habsburger, die es jedoch verpachteten. Unter Graf Auersperg wurde das westlich vorgelagerte Neue Schloß angefügt. Lange Zeit war Schloß Orth bevorzugter Aufenthaltsort von Kronprinz Rudolph während dessen Jagden in den Donauauen.

Heute sind hier 4 Museen untergebracht: *Österreichisches Donaumuseum:* Flora und Fauna entlang der Donau, Nachbildung v. Biotopen, Schiffs- und Brückenmodelle, ein Zinnfigurendiorama, den Übergang Prinz Eugens über die Donau bei Belgrad darstellend. – *Österreichisches Fischereimuseum:* Zu sehen sind ein Exemplar des Quastenflossers (galt lange Zeit als bereits vor 70 Millionen Jahren ausgestorben, wurde 1938 wiederentdeckt), alte Fischereigeräte und zahlreiche aus Fischhaut gefertigte Garderobestücke. – *Museum für Bienenzucht.* – *Heimatmuseum Orth/Donau. Öffnungszeiten* für alle Museen: 15. März bis 15. Nov. Di–Fr 9.00–12.00, 13.00–17.00, Sa, So, feiertags 9.00–17.00 Uhr.

A-2380 Perchtoldsdorf

Niederösterreich

Einw.: 17000 Höhe: 224 m

Die alte, an der Thermenlinie gelegene Marktgemeinde, gut befestigt als Teil der Burgenkette entlang des Alpenostrandes, erfuhr 1683 ihre fast völlige Vernichtung: Die vor Wien liegenden Türkenheere schwärmten in die nahe Umgebung und kamen im Juli 1683 auch nach Perchtoldsdorf. Die durch Großbrände, die die Türken verursacht hatten, entmutigten Bewohner kapitulierten schließlich. Doch bei der Entwaffnung der Bürger kam es zu Fluchtversuchen, die eine Niedermetzelung fast der gesamten Bevölkerung zur Folge hatten. Inklusive Frauen und Kinder fanden etwa 400 Perchtoldsdorfer den Tod. – Von 1938–1945 gehörte Perchtoldsdorf zum

Perchtoldsdorf, Ölbergrelief >

23. Wiener Gemeindebezirk Liesing. – Der Ort besitzt zahlreiche sehenswerte Bürgerhäuser aus der Zeit der Gotik und der Renaissance.

Herzogsburg: Die Herren v. Perchtoldsdorf, verschanzt hinter ihrem trutzigen Anwesen, waren nach dem Aussterben der Babenberger Gefolgsleute des Böhmenkönigs. Sie erhoben sich auch als einige der ersten gegen die Habsburger. Zahlreiche Kämpfe um ihre Burg entbrannten, bis sie schließlich 1481 endgültig zerstört wurde. – 1967 wurden einige Umbauten vorgenommen, um das Kulturzentrum des Marktes hier etablieren zu können.

Hugo-Wolf-Haus: In dem Weinhauerhaus aus dem 16. Jh. lebte der Komponist Hugo Wolf (1860–1903) einige Jahre. Über 100 seiner romantischen Lieder entstanden hier, u. a. die »Mörike-Lieder«, das »Spanische« und das »Italienische Liederbuch«. – Gedächtnisstätte. *Öffnungszeiten:* April bis Anfang Nov. Sa, So, feiertags 10.00 bis 17.00 Uhr.

Knappenhof: Im got. Vorläufergebäude war

Perchtoldsdorf, St. Augustin mit Wehrturm

ein öffentliches Bad untergebracht. Mitte des 18. Jh. wurden das spätbarocke Schlößchen mit doppelarmiger, v. Atlanten gestützter Freitreppe sowie der Park mit zahlreichen mythologischen Figuren angelegt. Ende des 18. Jh. zog hier die 1. Kattundrukkerei Österreichs ein. Heute ist der Knappenhof Sitz der Direktion der Musikschule. Der gepflegte Park ist öffentlich zugänglich.

Martinikapelle: Der spätgot. Karner wurde 1512–20 errichtet und gehörte zur Herzogsburg. Als Teil der Befestigungsanlage war er auch mit St. Augustin verbunden. Der im Inneren mit Netz- und Sternrippengewölben versehene Bau ist heute Kriegergedächtnisstätte. Sonntags geöffnet.

Rathaus: Das Rathaus ist in einem spätgot. Bürgerhaus (Mitte 15. Jh.) untergebracht. Der Sitzungssaal im 1. Stock ist mit einer sehenswerten Stuckdecke ausgestattet. Hier hängt auch das berühmte Wandgemälde, die Ereignisse v. 1683 darstellend, sowie der »Eigentliche Entwurf«, die Chronik dazu. – *Museen:* Osmanenmuseum, Weinbaumuseum, Deutschmeistermuseum. *Öffnungszeiten:* April–Anfang Nov. Sa, So, feiertags 10.00–17.00 Uhr.

St. Augustin: Die ältesten Teile der Pfarrkirche stammen aus dem 13. Jh., Ähnlichkeiten mit dem Albertinischen Chor v. →St. Stephan in Wien sind unverkennbar. Die Kirche war Teil der ma Wehranlage. Im 15. Jh. wurde das Langhaus (Sternrippengewölbe) angefügt. Über den N- und S-Portalen blieben ma Reliefdarstellungen erhalten (da das Gotteshaus urspr. der Gottesmutter geweiht war, Darstellungen v. Krönung und Tod Mariens). Auch das Sakramentshäuschen und das außen angebrachte Ölbergrelief stammen aus dieser Epoche.

Wehrturm: Der ma Wehrturm (1450–1521) ist das Wahrzeichen des Marktes. Auffallend sind sein steiles Walmdach und die 4 kleinen Ecktürmchen mit den barocken Zwiebelhelmen. Im Inneren Nikolauskapelle, im Keller Brunnenstube. In der Türmerstube ist das *Museum zur Ortsgeschichte* untergebracht. *Öffnungszeiten:* April–Anfang Nov. So, feiertags 10.00–12.00 Uhr.

A-2404 Petronell

Niederösterreich

Einw.: 1250 Höhe: 173 m

Der auf dem Gebiet der ehem. Römerstadt →Carnuntum liegende Ort kann ebenfalls zahlreiche Grabungsfunde aufweisen. – Auf einer Anhöhe am westlichen Ortsrand steht eine *Rundkapelle* aus dem 12. Jh. Sie ist dem hl. Johannes geweiht und gehörte früher zu einem Spital. Heute dient sie den Grafen Abensperg-Traun als Gruft. Deren *Schloß Traun,* nach 1660 von den Brüdern Carlone als Nachfolgebau einer Wasserburg errichtet, präsentiert sich als großes vierkantiges Gebäude mit achteckigen Türmchen an jeder Ecke. Man vermutet aufgrund von Grabungen, daß sich auf dem Besitz der Grafen ehemals das Forum der Römerstadt befand. Die prunkvolle Freitreppe im Innenhof führt in die Sala terrena (Illusionsmalerei, Ende 17. Jh.). 2 Museen sind hier eingerichet: Ein *Kunstgewerbemuseum* (Gebrauchs- und Ziergegenstände, Gemälde; *Öffnungszeiten:* März–Nov. Di–So 9.00–17.00 Uhr) und die *Traun'sche Sammlung* (Römerfunde; *Öffnungszeiten:* nur nach Voranmeldung).

A-2471 Rohrau

Niederösterreich

Höhe: 148 m

Der kleine Ort wurde durch *Joseph Haydn,* dessen *Eltern- und Geburtshaus* hier steht, weltberühmt. Haydn bewohnte es in seinen ersten 6 Lebensjahren (1732–38), dann trat er den Chorknaben v. St. Stephan in Wien bei. 1795 kehrte der bereits 63jährige wieder nach Rohrau zurück, dem er zeitlebens eng verbunden war. Das kleine Haus, das nur aus Wohnstube, Küche und Kammer (Geburtsstube v. Joseph) bestand, wurde vom Land Niederösterreich erworben und konnte im Originalzustand erhalten werden. Im Arkadenhof finden alljährlich Konzerte statt.

Schloß Harrach: Das ehem. Wasserschloß, das seit 1524 im Besitz der Grafen Harrach

Petronell, Schloß Traun

ist, erfuhr zahlreiche bauliche Veränderungen. In dem bewohnten Schloß befindet sich die größte österr. Privatgalerie, die *Harrach'sche Familiensammlung*. Begonnen hatte Ferdinand Bonaventura I. Graf v. Harrach, seine Nachkommen erweiterten die Sammlungen. Insbesondere italienische, spanische und französische, aber auch niederländische Meisterwerke können hier besichtigt werden. *Öffnungszeiten:* April–Nov. Di–So 10.00–17.00 Uhr.

A-2320 Schwechat

Niederösterreich

Einw.: 15000 Höhe: 161 m

Das mittelalterliche Straßendorf, entstanden auf altem römischem Siedlungsgebiet, war um die Kirchen Maria am Anger im Westen und St. Jakob im Osten gruppiert; im 13. Jh. wuchs der östliche Dorfteil unter den Herren von Schwechat. Zahlreiche Klöster, u.a. Klosterneuburg und Göttweig, hatten hier Besitzungen. Gerichtsbarkeit und ein Brückenmautprivileg hoben das Ansehen des Ortes; im 16. Jh. war hier die Mautstelle für die gesamte Donauschiffahrt. Aufgrund der geographischen Lage (südöstlich von Wien) wurde Schwechat bei beiden Türkenbelagerungen ein Opfer der Osmanen, die Bevölkerung größtenteils getötet oder verschleppt. Der Zuzug von Bayern, Schwaben, Steirern und Oberösterreichern sowie die Errichtung mehrerer Baumwollmanufakturen legten den Grundstein für die Industrialisierung. 1859 etablierte sich die Brauerei Schwechat, 1888 betrieb die Alpine Montangesellschaft zahlreiche Hochöfen; die Eisenproduktion wurde jedoch kurz nach der Jahrhundertwende eingestellt. 1922 erhielt Schwechat das Stadtrecht, wurde jedoch trotzdem zwischen 1938 und 1954 dem 23. Wiener Gemeindebezirk angegliedert. In den 50er Jahren entstanden die großen Raffinerien der ÖMV (jährliche Kapazität: etwa 15 Millionen Tonnen) sowie der Flughafen Wien-Schwechat, der sich in den letzten Jahren zu einer Drehscheibe für Ost-West-Verbindungen entwickelte. Auch die größte Getreidemühle Österreichs steht in Schwechat.

Sehenswert: Die *Pfarrkirche St. Jakob* auf dem Hauptplatz wurde nach den Zerstörungen des 2. Weltkrieges in den Formen der 1764 erbauten Kirche wiederhergestellt. Der urspr. roman.-got. Bau besaß einen Turm, der vermutlich v. Matthias Gerl erbaut worden war. Im Inneren Reste v. Fresken, die Anton Maulpertsch schuf, ferner wertvolle Gemälde v. Martin Johann Schmidt, sowie eine sehenswerte Rokoko-Einrichtung. – Von *Schloß Freienturm* (Mannswörther Str. 31), einem Barockschloß des Otto v. Zinzendorf, blieben nur der zweigeschossige O-Flügel und 3 kleine Quertrakte erhalten. – In *Schloß Kettenhof* (18. Jh., Barockformen im 20. Jh. geändert), am Ufer der Schwechat gelegen, war bis 1850 eine der Baumwollfabriken eingerichtet (heute Amtsgebäude). – *Schloß Rannersdorf-Wallhof* wurde vermutlich um 1660 erbaut, die heutige Anlage (Wirtschaftshof, Turm) um 1775 errichtet. Sehenswert sind die Laubengänge und die Kapelle, deren Ausstattung aus dem 17./18. Jh. datiert. – In *Schloß Rothmühle* (18. Jh) wurden nach aufwendigen Restaurierungsarbeiten Tagungs- und Ausstellungsräume etabliert. Auch das *Heimatmuseum* (die Exponate betreffen die Geschichte des Ortes, u. a. wurde eine Schwechater Biedermeierstube eingerichtet; *Öffnungszeiten:* April–Sept. Sa 14.30–16.30 Uhr) konnte hier untergebracht werden. – *Schloß Thurnmühle* (Sendnergasse 65) entstand aus einer Burg Kaiser Karls VI., die später in Schloß Parz umgebaut worden war. Der barocke Vierkanthof war lange Zeit Verwaltungsgebäude für verschiedene Firmen, bis schließlich der Brauereibesitzer Anton Dreher (Schwechater Brauerei) das Schloß erwarb.

Stockerau, Rathaus mit Pestsäule >

A-2000 Stockerau

Niederösterreich

Einw.: 14000 Höhe: 175 m

Die nordwestlich von Wien im politischen Bezirk Korneuburg liegende Stadt bestand bereits im 1. Jahrtausend. Damals wohnten hier, an einer Straße nach Böhmen und Mähren, die »Stocker« (Waldrodungsleu-

Schwechat, Schloß Rothmühle

Stockerau, Pfarrkirche St. Stephan

te). Alle zu einer Dorfstruktur gehörenden Handwerker und Händler waren hinzugekommen. 1012 besuchte ein irischer Pilger namens Koloman den Ort, er wurde irrtümlich für einen Spion gehalten und gehängt. Da – der Legende nach – sein Leichnam nicht verweste, ordnete der babenbergische Herzog Heinrich dessen Überführung in das neu gegründete Stift Melk in der Wachau an. Koloman wurde heiliggesprochen. – In der weiteren Entwicklung kam es immer wieder zu Rivalitäten mit Korneuburg: Es ging um die begehrten Handels- und Stapelrechte, die für die Bedeutung der Siedlung und die finanzielle Entwicklung wesentlich waren. Nach einer jahrzehntelangen Pechsträhne (Pest, Naturkatastrophen, Religionskriege und feindliche Überfälle) ging unter Maximilian I. der Stern für Stockerau auf: Die hier abgehaltenen Märkte waren die größten im Lande, der »Stockerauer Metzen« (ein Handelsmaß) wurde bis zum 18. Jh. für das gesamte Reich verbindliche Maßeinheit. Korneuburg hatte das Rennen gegen Stockerau endgültig verloren, daran konnten auch der Dreißigjährige Krieg und die türkischen Übergriffe nichts ändern. Die Ansiedlung von Textilfabriken erhöhte die Bedeutung des Ortes, 1893 erfolgte die Erhebung zur Stadt. In dem inzwischen auch zur Garnisonstadt gewordenen Stockerau wurden auch Maschinenbau und chemische Industrie angesiedelt, außerdem wurden zahlreiche Schulen erbaut. Seit 1962 gibt es eine Schnellbahnverbindung nach Wien, die Sommerfestspiele Stockerau sind seit 1964 zur festen Einrichtung geworden.

Pfarrkirche St. Stephan: Sie wurde vermutlich um 1015 auf Betreiben des Bistums Passau erbaut, ein völlig neuer Bau entstand um 1725. Reste der alten got. Wehrkirche sind noch ersichtlich, auf 1430 wird das Ölbergrelief datiert. Die Koloman-Figur und eine Kreuzigungsgruppe wurden etwa 1740 geschaffen. Der 88 m hohe Kirchturm ist der höchste Turm des Landes und zugleich das Wahrzeichen der Stadt. Auf dem Platz vor der Kirche und den prachtvollen Stiegen finden die Aufführungen der alljährlichen *Sommerfestspiele* statt.

Museen: Für Freunde alter Automobile empfiehlt sich ein Besuch im *Automobilmuseum* (Schießstattgasse 9). Die Sammlung besitzt insbesondere eine stattliche Anzahl alter Sportwagenmodelle. *Öffnungszeiten:* Sa 15.00–18.00, So, feiertags 10.00–12.00, 15.00–18.00 Uhr. – Im *Bezirksmuseum* (Belvederegasse 3), das im sog. Belvedere-Schlössl untergebracht ist, werden ur- und frühgeschichtliche Objekte gezeigt, ferner wurde ein interessantes Münzkabinett eingerichtet sowie eine Lenau-Gedächtnisstätte, die sog. Grafendorfer Bauernstube und ein Bürgerzimmer mit Zunftecke. *Öffnungszeiten:* Sa 15.00–17.00, So, feiertags 9.00 bis 11.00 Uhr.

Außerdem sehenswert: Das *Rathaus* wurde um 1740 in seine heutige Form umgestaltet, urspr. war es ein Wasserschloß der Familie Puchheim und datiert aus dem 16. Jh. Markantes Erkennungszeichen ist das hölzerne Uhrtürmchen, im Inneren besitzt das Anwesen eine mächtige Steintreppe sowie den sehenswerten Sitzungssaal und das Bürgermeisterzimmer. – Historisch v. Bedeutung ist ferner der *Passauerhof* in der Donaustr.: Das neugot. Gebäude stammt aus dem 16. Jh. und beherbergte früher das Passauer Kastenamt, dem die Überfuhren über die Donau oblagen. – Dem »Dichter der Stadt«, *Nikolaus Lenau,* der zwischen 1818 und 1822 oftmals in Stockerau weilte, wurden neben Straßen, Wegen und Gedenksteinen auch ein Denkmal (vor der Mädchen-Hauptschule in der Schießstattgasse) gewidmet, außerdem wurde im Haus Eduard-Rosch-Str. 1 das *Internationale Lenau-Archiv* eingerichtet. *Öffnungszeiten:* Di, Sa 8.30–12.30 Uhr.

Stammtafel der Häuser Ha
ab der Gründung der Kaisergr

Rudolf II. 1552–1612

Ernst 1553–1595

2 **Matthias** 1557–1619
1 Anna v. Tirol
Gründer der Kaisergruft

Maximilian 1558–1618

Alb
1559–1621

---

42 **Joseph II.** 1741–90
50 Maria Isabella v. Parma
49 Maria Josepha v. Bayern

112 Maria Christine 1742–98
111 Albert v. Sachsen-Teschen

Maria Amalia 1746–1804
Ferdinand v. Parma

113 **Leopold II.** 1747–
114 Marie Louise
v. Bourbon-Spani

---

57 **Franz II. (I.)** 1768–1835
60 Maria Theresia v. Neapel
(3 weitere Ehen kinderlos)

Ferdinand v. Toskana 1769–1824
Louise Marie v. Neapel

Linie Toscana

122 Karl 1771–1847
123 Henriette v.
Nassau-Weilburg

Joseph 1776–1847
Palatin v. Ungarn

Ungarische Linie

103 Anton 1779–1835
Hoch- und
Deutschmeister

---

127 Maria Louise 1791–1847
Napoleon I.

Franz Josef Karl
Herzog von Reichstadt 1811–32

62 **Ferdinand I.** 1793–1875

Leopoldine 1797–1826
Pedro I., Kaiser v. Brasilien

135 Franz Karl 1802–7
137 Sophie v. Ba

---

142 **Franz Joseph I.** 1830–1916
143 Elisabeth v. Bayern

126 Maximilian 1832–67
Charlotte v. Belgien

138 Karl-Ludwig 1833–96
139 Maria Annunziata v. Neapel
Maria Theresia v. Braganza

Ludwig Vik
1842–1919

---

144 Rudolf 1858–1889
Stephanie v. Belgien

Elisabeth 1883–1963

Franz Ferdinand 1863–1914
Sophie v. Hohenberg

Herzöge v. Hohenberg

140 Otto 1865–1906
141 Maria Josepha v. Sa

145 **Karl I.** 1887–1922
Zita v. Parma

urg und Habsburg-Lothringen
ihren wichtigsten Verzweigungen

27 Ferdinand III. 1608–57
22 Maria-Anna v. Spanien

115 Leopold Wilhelm 1614–62

Ferdinand Karl v. Tirol 1628–62
Anna v. Medici

29 Ferdinand IV. 1633–54

37 Leopold I. 1640–1705
32 Eleonore v. Pfalz-Neuburg

35 Joseph I. 1678–1711
34 Amalie v. Braunschweig

40 Karl VI. 1685–1740
36 Elisabeth-Christine v. Braunschweig-Wolfenbüttel

55 Maria Theresia 1717–80
56 Franz I. Stephan v. Lothringen 1708–65

107 Maria Karoline 1752–1814
Ferdinand v. Neapel

105 Ferdinand 1754–1806
106 Maria Beatrix d'Este

Linie d'Este

Maria Antoinette 1755–93
Ludwig XVI. v. Frankreich

118 Maximilian Franz
1756–1801

Johann 1782–1859
1848/49 Reichsverweser
Anna Plochl

Grafen v. Meran

Rainer 1783–1853
Maria-Elisabeth v.
Savoyen

110 Rainer 1827–1913

104 Ludwig 1784–1864

119 Rudolf 1788–1831
Erzbischof v. Olmütz

128 Albrecht 1817–95
Feldmarschall

121 Karl Ferdinand 1818–74

Friedrich 1821–47
Admiral

120 Wilhelm 1827–94
Hoch- und Deutschmeister

Friedrich 1856–1936
Feldmarschall

Karl Stephan 1860–1933

Teschener Linie

Eugen 1863–1954
Hoch- und Deutschmeister
Feldmarschall

Ferdinand Karl 1868–1915

Max 1895–1952
Franziska v. Hohenlohe

Schatzkammer, Stephansbura, Aachen, Anfang 9. Jh.

GESCHICHTE UND KULTURGESCHICHTE

Da das Gebiet der Donauauen fruchtbar und das pannonische Klima angenehm war, lebten hier bereits in der Altsteinzeit Jäger und Sammler.

3000 v. Chr.: Die Menschen der »Donauländischen Kultur« bauen auf dem Antonsberg (23. Bezirk) nachweislich Hornstein in einem Bergwerk ab.

2000 v. Chr.: Die Illyrer errichten Dörfer am Leopoldsberg und beim Rennweg.

400 v. Chr.: Die Kelten dringen in den Wiener Raum vor und siedeln sich um den heutigen Hohen Markt an. Der Name »Vindobona« geht entweder auf den Stamm der Viniden zurück oder auf das keltische Wort »Vedunia« (= Waldbach, der heutige Wienfluß).

15 v. Chr.: Die Römer besetzen die Provinz Pannonien, das Militärlager in Carnuntum wird befestigt.

50 n. Chr.: Vindobona wird römisches Lager, um 115 sind bereits 6000 Soldaten hier stationiert. Der Limes (= Grenzwall) wird zur Verteidigung gegen den Osten errichtet. Die Festung um den Hohen Markt wird ausgebaut. Geschützt durch das anwesende Heer, siedeln sich etwa 20 000 Menschen in Wien an. Nach Einfällen und Zerstörungen durch die Markomannen und Quaden überwacht Kaiser Marc Aurel persönlich den Wiederaufbau, er stirbt 180 in Wien. Die Stadt erhält das römische Stadtrecht und wird damit Municipium. Der Handel blüht auf und läßt Wien zu einem wirtschaftlichen Zentrum werden.

400: Die Westgoten zerstören die Stadt.

433: Die Römer ziehen ihre Truppen ab – die Zeit der Völkerwanderung beginnt. Von den folgenden Jahrhunderten weiß man sehr wenig.

799: Karl d. Gr. besiegt die Awaren und gründet die Karolingische Mark (Wien war nicht Hauptsitz des Grafen).

800: Kaiser Karl d. Gr. gründet die Ruprechtskirche.

881: Anläßlich eines Kampfes gegen die Ungarn wird erstmals der mittelalterliche Name Wiens erwähnt: »ad Uueniam«.

976: Der Babenberger Luitpold wird erstmals als Markgraf des »Ostlandes« (ab 996 Österreich) bezeichnet.

1002: Markgraf Heinrich erhält Besitzungen zwischen Liesing- und Triestingbach geschenkt: »Liezniccha« (10. und 23. Bezirk). In der Folgezeit tauchen bereits viele Bezirksbezeichnungen in Schenkungen auf.

1030: Wien wird nach einer verlorenen Schlacht gegen die Ungarn von diesen vorübergehend erobert.

1136: Leopold III. stirbt nach einem Jagdunfall. Ihm verdankt Wien die Entwicklung zur landesfürstlichen Stadt. 1485 wird er heiliggesprochen.

1137: Die Passauer Bischöfe erhalten im Tausch von Leopold IV. St. Peter als Sitz der Pfarrei Wien.

1147: Bischof Reginbert von Passau weiht die neue Wiener Pfarrkirche St. Stephan.

1155: Heinrich II. Jasomirgott verlegt die Residenz der Babenberger von Klosterneuburg nach Wien: Die »Pfalz Am Hof« und die Gründung seines Hausklosters, des

Schatzkammer, Reichsapfel, nach 1175 >

Schottenklosters (das er auch reichlich mit Besitzungen in der Stadt selbst wie auch im Umland ausstattet) bilden Marksteine in der Geschichte Wiens. Allerdings brachten die zahlreichen Besitzungen der Schotten immer wieder Probleme mit sich: Ihre Gebiete waren nämlich dem städtischen Zugriff entzogen. Diese Situation wurde erst 1848 durch die Aufhebung der Grundherrschaften und Einführung der staatlichen Gerichtsbarkeit beendet.

1192: König Richard I. Löwenherz wird in Erdberg (3. Bezirk) gefangengenommen und auf Burg Aggstein in der Wachau (Niederösterreich) gebracht. Das Lösegeld wird für den Bau der Wiener Stadtmauer verwandt.

1200: Nachdem Wien eine eigene Münzstätte erhält, ist der »Wiener Pfennig« bald verbreitetes Zahlungsmittel.

1208: Das außerhalb der Stadtmauern liegende Heiliggeistspital, das älteste Spital Wiens, wird durch eine Urkunde dem Schutz Papst Innozenz III. unterstellt.

1221: Leopold VI. verleiht den Wienern das Stadtrecht. Es enthält Regelungen betreffend die Gerichtsbarkeit sowie die Mitbestimmungsrechte der Bürger: 2 Gremien (24 bzw. 100 Mann) erhalten festgelegte politische Rechte. Ein weiterer wesentlicher Punkt betrifft die Finanzen: Eine neue Abgabenordnung wird festgelegt. Durch allgemeine Stadtmaut, Wagenmaut und Marktzoll sollen der Handel kontrolliert und ausländische Konkurrenzprodukte teurer als die einheimischen werden - zum Vorteil der ortsansässigen Kaufleute. Denn der Handel hat beachtliche Ausmaße angenommen: Zunächst ist die Ost-West-Verbindung von ausschlaggebender Bedeutung (Kontakte zwischen Rußland einerseits und Regensburg, Aachen und Schwaben andererseits laufen über Wien), doch kommt bald auch die Nord-Süd-Route, die hier die andere Handelsstrecke kreuzt, zum Tragen. Besonders mit Venedig wird lebhafter Handel getrieben. Wichtigstes Produkt der Wiener ist der Wein, den man (sowohl Adel als auch Klerus) in der Umgebung der Stadt anbaut. - Auch der Klerus erkennt die Zeichen der Zeit, zahlreiche Klöster errichten innerhalb der Stadtmauern ihre Höfe (erhalten blieb nur der Heiligenkreuzerhof im 1. Bezirk). Unter Leopold VI. wird ferner mit dem Neubau der Stephanskirche begonnen (man hofft, daß Wien Bistum wird).

1227: Bereits zu dieser Zeit werden die Wiener Mäderln von Ulrich von Liechtenstein als hervorragend besungen.

1237: Während seines Wien-Aufenthaltes erhebt Kaiser Friedrich II. die Stadt zur »civitas imperialis«, zur reichsfreien Stadt. Die schwelenden Spannungen zwischen Herzog Friedrich II. dem Streitbaren (Stadtherr) und den Bürgern versucht der Kaiser durch Absetzung des Herzogs beizulegen. In der Folge belagert der Babenberger jedoch seine ehemalige Stadt und erreicht deren Kapitulation, was gleichbedeutend mit dem Verlust der kaiserlichen Privilegien ist. Er bestätigt jedoch das Leopoldinische Stadtrecht von 1221, später macht er sogar weitere Zugeständnisse. Das Verhältnis zwischen Herrscher und Untertanen bessert sich deutlich, wie aus Dichtermund bekannt ist: Neben Walther von der Vogelweide besingen auch Neidhart von Reuenthal und Tannhäuser ihre Zeit.

1246: Herzog Friedrich II., der letzte männliche Babenberger, stirbt in einer Schlacht gegen die Ungarn. Wien ist wieder reichsfreie Stadt - und sofort entbrennt der Streit um die Regentschaft. Auch Kaiser Friedrich II. bemüht sich um die Stadt, er entsendet einen Reichsverweser und erneuert die von ihm gewährten Privilegien. Schließlich kann sich Ottokar Przemysl von Böhmen durchsetzen.

Die Babenberger Landesfürsten

Markgraf Leopold III., der Heilige 1095 bis 1136
Markgraf Leopold IV. 1136-1141
Herzog Heinrich II. Jasomirgott 1141 bis 1177
Herzog Leopold V. 1177-1194
Herzog Friedrich I. 1194-1198
Herzog Leopold VI. 1198-1230
Herzog Friedrich II. 1230-1246
König Ottokar II. Przemysl 1251 bis 1276

1251: Der neue Herzog v. Österreich, Ottokar II., fertigt erstmals eine Urkunde mit seinem Siegel aus. Nach schwierigen ersten

Schatzkammer, >
Krone des Heiligen Römischen Reiches

ꝑ ME REGES
REGNANT

Regierungsjahren, in denen er gegen die Ungarn und gegen Aufständische im Land selbst kämpfen muß, kann er jedoch seine Position festigen.

1255: Das erste Leprosen- und Siechenhaus in Wien wird errichtet. Die bestehenden Krankenhäuser nahmen sich nicht der Aussätzigen an, sie versorgten nur die Kranken und Armen. Daher muß dieser Einrichtung große Bedeutung zugemessen werden. Wie wichtig sie ist, zeigt die Errichtung weiterer Siechenhäuser im darauffolgenden Jahrzehnt.

1257: In diesem Jahr wird die Kärntner Straße erstmals namentlich erwähnt. Dies läßt auf einen verstärkten Nord-Süd-Handel schließen.

1273: Bereits Tannhäuser pries Wien als Stadt des Wohllebens. Ein mitteldeutscher Spielmann berichtet, daß das Leben (bei genügend Kleingeld) hier äußerst wonnevoll sei: Schöne Frauen, guter Wein und erlesene Leckerbissen finden ebenso Anklang wie die Leidenschaft, in Badestuben zu gehen (mehrmals pro Woche!).

1278: Ottokar II. findet bei der Schlacht auf dem Marchfeld (östlich von Wien) gegen seinen Herausforderer Rudolf I. von Habsburg den Tod. Rudolf war 1273 zum deutschen König gewählt worden, Ottokar opponierte gegen ihn und wurde deshalb mit der Reichsacht bestraft. Bereits 1276 hatte Rudolf Wien belagert und eingenommen, nun verleiht er den Bürgern ein Stadtrecht. Ein festlicher Empfang wird ihm bereitet, im Jahr darauf beginnt er mit dem Bau der Hofburg.

1281: Die Bürger huldigen Albrecht I. von Habsburg als ihrem neuen Herrn, in der Folgezeit kommt es jedoch aufgrund von Beschneidungen der Handelsrechte zu Unruhen und Aufständen gegen Albrecht I. Die Niederschlagung kostet Wien den Verlust der Privilegien von 1278.

1282: Erstmals taucht unter einem Dokument die Unterschrift eines Bürgermeisters auf: Konrad Poll zeichnet als »magister civium«.

1295: Ein Katastrophenjahr: Überschwemmungen verwüsten die Stadt, Stürme kommen hinzu, und die Gesundheit des Herrschers (Albrecht I.) ist bedenklich. In dieser Situation steht Wien jedoch – im Gegensatz zu einigen Landesherren – zu dem Habsburger, was auch umgehend belohnt wird:

1296: Die Bürger erhalten das Stadtrecht. Dieses älteste im Original erhaltene Stadtrechtsdokument ist – eine Neuerung – in deutscher Sprache abgefaßt. Wien wird landesfürstliche Stadt und untersteht direkt den Habsburgern. Daß es jedoch immer noch Widerstand gegen die Habsburger gibt, wird mit dem Tod Albrechts I. im Jahre 1308 (er wurde übrigens ermordet) wieder deutlich: Erst im Februar 1310 kann Herzog Friedrich I., der Schöne, die Aufstände niederschlagen.

1312: Friedrich I. fördert in entscheidender Weise die inländischen Kaufleute, auch eine hervorragende Weinernte trägt zur Hebung der allgemeinen Stimmung bei. 1316 schenkt der Herrscher der Stadt das Gebäude des (heute Alten) Rathauses. Dieses überlebt auch den Großbrand von 1326, dem fast ein Drittel der Häuser zum Opfer fallen.

1330: Neidhard Fuchs dichtet am Wiener Hof seine berühmten Lieder. Auf Fresken, die erst im 20. Jh. wiederentdeckt werden (im Haus Tuchlauben 19), ist der Sänger dargestellt.

1331: In die gemeinsame Regierungszeit der Herzöge Albrecht II. und Otto fällt die Gliederung Wiens in 4 Stadtviertel: Nach den Hauptstadttoren benannt, gibt es nun das Schotten-, Stuben-, Widmer- und Kärntner Viertel. Diese Bezeichnungen halten sich bis etwa 1850.

1340: Friedrich der Schöne gestattete 1320 die Anlegung eines Stadtbuchs; nun ist es endlich soweit: Das »Eisenbuch« liegt vor, es wird alle geltenden Rechtssatzungen bis zum Anfang des 19. Jh. beinhalten (im Original erhalten geblieben).

1350: Die Zeit der Pestepidemien beginnt: Von Italien und Südfrankreich her kommend, rafft die Seuche ein Drittel der Wiener Bevölkerung hinweg.

In der 1. Hälfte des 14. Jh. prägt reiche sakrale Bautätigkeit das Stadtbild: Der Albertinische Chor von St. Stephan (in der Folge Langhaus und Südturm), die Deutschordenskirche, der Chor von Maria am Gestade, Teile der Minoritenkirche werden errichtet, um nur einige der Projekte zu nennen.

Überlieferte gemalte Werke findet man vornehmlich in Büchern, auch Wand- und Tafelmalerei blieb erhalten (Altartafeln im Schottenstift; sie zeigen die ältesten Stadtansichten als Hintergrund biblischer Motive).

1356: Erstmals tritt der »Äußere Rat«, 40 unmittelbar gewählte Gemeindevertreter, in Erscheinung. Er wirkt bei wichtigen Geschäften bei der Entscheidungsfindung des bereits bestehenden Stadtrats (der sich aus den ältesten Familien zusammensetzte) mit. Aus einer überlieferten Liste läßt sich ersehen, wie wichtig dieser neue Rat war, denn stattliche 80% der Bürger waren Handwerker, 15% Kaufleute und nur 5% sogenannte Erbbürger.

1358: Herzog Rudolf IV., »der Stifter«, führt eine neue Steuer ein: die Getränkesteuer. – Im Jahr darauf erhält Wien das Recht, Grundbücher anzulegen. Um die profane Bautätigkeit in Schwung zu bringen, werden steuerfreie Jahre und Schulderlässe kundgetan. Denn die Pest und ein Großbrand hatten weite Teile der Stadt verödet.

1365: Rudolf IV. stiftet die Universität, die Stadt sichert ihr Schutz zu, und Papst Urban VI. gestattet die Errichtung einer theologischen Fakultät.

1370: Nun darf auf allerhöchsten Erlaß hin die Stadt eine Taverne betreiben – bei dem belegbaren Weinkonsum eine nicht unbeachtliche Einnahmequelle. Herzog Albrecht III. sieht sich allerdings genötigt, den Ausschank pro Gast festzulegen, ». . . damit kein Schaden für den Bürger entstehen könne«. Besonders wichtig ist dies zu Jahrmarktzeiten, da diese Veranstaltungen unweigerlich große Menschenmassen in die Stadt bringen.

1379: Ein habsburgischer Hausvertrag zwischen den Brüdern Albrecht III. und Leopold III. teilt die Herrschaftsbereiche auf: Wien, Nieder- und Oberösterreich werden Albrecht zugesprochen.

1400: Das mittelalterliche Leben in Wien: Auf der einen Seite strömen die Wiener vor Lebensfreude über, so daß per Erlaß für Zucht und Ordnung in den Weinschenken gesorgt werden muß (Glücksspiele und Freudenmädchen werden in selbigen verboten), auf der anderen Seite plagen Raubritter die Kaufleute im Umland der Stadt. Bei deren Bekämpfung helfen auch die Bürger tatkräftig mit, denn der Handel ist für die Stadt ein wichtiger Wirtschaftsfaktor. Ein auftauchender Komet beunruhigt die Menschen sehr – er wird als mystisches Vorzeichen angesehen, von dem man nicht weiß, ob er Gutes oder Böses verheißt. Die religiösen Unruhen um die Juden, die als Geldverleiher reichlich um ihre Gewinne beneidet werden, erreichen mit Gerüchten über Hostienschändungen ihren Siedepunkt: Es kommt zur großen Judenverbrennung von 1421.

Aber auch die katholische Kirche muß Veränderungen hinnehmen: Die Zustände im Schottenkloster erweisen sich bei einer Revision als unhaltbar, da die Mönche nicht davor zurückschreckten, Kirchengut zu veräußern. Die Schotten werden ausgewiesen, an ihre Stelle kommen deutsche Benediktiner.

1438: Herzog Albrecht V. wird zum römisch-deutschen König gewählt (nunmehr Albrecht II.). Wien wird dadurch zur Residenzstadt erhoben und profitiert kräftig davon. Einer Beschreibung nach leben die Bürger in gepflegten Häusern aus Stein, die beheizbar sind und zumeist über Glasfenster verfügen. Allerdings sind die meisten von ihnen schindelgedeckt, was sich bei Stadtbränden katastrophal auswirkte. Auch die Innenausstattung der Wohnhäuser wird gerühmt, hervorgehoben wird ferner die teilweise Pflasterung der Straßen. Die Kirchen besitzen außerordentliche Reichtümer, selbst die sogenannten Bettelorden sind gut gestellt. Beeindruckend schließlich sei der Warenstrom, der täglich in die Stadt transportiert und konsumiert wird. Seit 1439 führt am Tabor eine Brücke über die Donau, was den Verkehr wesentlich erleichtert. – Und am Stephansdom arbeitet Meister Hans Puchsbaum (Nordturm, Langhaus).

1453: 2 Jahrzehnte später hat sich das Blatt gewendet: Bereits 1439 war Albrecht II. gestorben, sein minderjähriger Sohn Ladislaus Postumus steht unter Vormundschaft Kaiser Friedrichs III., der mit den Wienern im Streit liegt. Für Notzeiten werden große Lebensmittelvorräte in der Stadt angelegt, denn zum einen bedrohen noch immer Räuberbanden die Zufuhr, zum anderen artet der Kampf gegen Friedrich in bürgerkriegsähnliche Zustände aus. Mißernten und Mißtrauen in die herkömmlichen Währungen (nur Gold wird noch akzeptiert) machen das Leben in Wien recht unangenehm. Wer kann, verläßt die Stadt, der Rest streitet sich um die kargen Lebensmittel (es wird sogar Brot aus Baumrinde gebacken).

1460: Nach dem Tod von Ladislaus möchte Friedrich III. die Regentschaft über die Stadt übernehmen, hat aber 3 Jahre lang den Widerstand der Bürger gegen sich, die lieber Albrecht VI. (Bruder Friedrichs) als Stadtherrn gesehen hätten. 1469 erreicht Friedrich die Genehmigung zur Errichtung des Bistums Wien.

1477: Der Ungarnkönig Matthias Corvinus belagert Wien; er kann abgeschlagen werden, doch ist die Sache damit längst nicht ausgestanden. Bis 1482 kommt es immer wieder zu Kämpfen, die an die Substanz der Stadt gehen. Schließlich verläßt Friedrich auch noch Wien und verlegt die Residenz nach Wiener Neustadt. Die Wiener müssen 1485 dem Druck der Ungarn nachgeben, Corvinus wird neuer Stadtherr. Er bemüht sich insbesondere um die vernachlässigte Universität und fördert sie sowohl finanziell als auch durch Berufung ausländischer Gelehrter. 1490 stirbt der Ungarnkönig in Wien, Maximilian I. (Sohn Friedrichs III.) zieht in Wien feierlich ein. Nach dem Tod seines Vaters 1493 übernimmt er sowohl die Stellung des römisch-deutschen Königs als auch die des Erzherzogs von Österreich.

1498: Maximilian I. gründet den Vorläuferchor der Wiener Sängerknaben, die sogenannten Kapellknaben.

1501: Das neue Jahrhundert fängt schlecht an: Die Donau überschwemmt die Stadt. Dabei muß man sich vor Augen halten, daß alle durch Wien führenden Bäche, Flüsse und auch die Donau unreguliert waren, ihren Flußlauf änderten und sich zu Zeiten schwerer Regenfälle oder bei Schneeschmelze von mageren Rinnsalen in reißende Ströme verwandeln konnten. Vom Wienfluß weiß man, daß er bei diesen Anlässen leicht auf das 2000fache (!) anschwoll. – Ein paar Jahre darauf folgt die nächste Not: Wiederum bricht die Pest aus.

1515: Durch die Doppelhochzeit des böhmisch-ungarischen Königs Ludwig (der zuvor von Maximilian I. adoptiert wurde) mit Maria von Habsburg und Anna von Ungarn mit einem Enkel Maximilians wird der Grundstein zur Hausmacht der Habsburger über Böhmen und Ungarn gelegt. Nach dem Tod Maximilians kommt es zur Opposition durch die Stände.

1525: Eine Feuersbrunst vernichtet etwa 40% aller Gebäude der Stadt. Als Problem erweist sich immer wieder, daß die Häuser holzgedeckt sind und zuwenig Wasser zum Löschen vorhanden ist – die Wiener beziehen ihr Wasser allesamt aus Hausbrunnen.

1526: Erzherzog Ferdinand I. greift hart gegen die antihabsburgischen Rebellen durch, ihre Anführer werden hingerichtet. Als Folge der Unruhen werden den Wienern zahlreiche Privilegien und politische Mitspracherechte entzogen. Die Handwerkszünfte werden verstärkt unter städtische Kontrolle gestellt.

Die 1. Türkenbelagerung

Das Osmanische Reich bedrohte immer wieder Ungarn und die südlichen Gebiete Österreichs, konnte aber einigermaßen in Schach gehalten werden. Weissagungen geistern durch die türkischen Lande, wonach »die Stadt mit dem goldenen Apfel« besiegt werden müsse. (Angespielt wird auf die Turmspitze von St. Stephan: eine mit vergoldetem Kupferblech ummantelte Kugel.) 1526 ergibt sich für die Türken eine neue, äußerst günstige Gelegenheit: Nach ihrer Schlacht gegen die Ungarn bei Mohács, in der der ungarische König Ludwig fällt, gibt es Unstimmigkeiten über die Herrschernachfolge. Die Habsburger melden Ansprüche aufgrund der Adoption und der durch Hochzeit geschaffenen Bande, ein Teil des ungarischen Adels wählt jedoch Jan Zápolya zum neuen König. Diesen unsicheren Moment nutzt Sultan Süleyman für sich aus und besetzt ganz Ungarn. Um seinen Erfolg zu sichern und auszubauen, rückt er gegen Wien vor. 150000 Mann stehen vor den Stadtmauern, ihnen kann Niklas Graf Salm lediglich 10000 Mann zur Verteidigung gegenüberstellen. Die Stadtmauern von Wien sind nicht mehr auf dem neuesten Stand der Technik, und nur etwa 1700 gepanzerte Reiter stehen zur Verfügung. Zwar ist Erzherzog Ferdinand unterwegs, um Hilfstruppen nach Wien zu führen, aber bis dahin müssen die Wiener allein mit den Angreifern fertig werden. Würden die Türken Wien erobern, so wäre dies eine Katastrophe für das gesamte Abendland. Doch die Wiener sind zäh: Sie halten allen Generalangriffen stand und schaffen es sogar, Sultan Süleyman vom Beschuß des Stephansturmes abzuhalten. Allerdings verpflichten sie sich, an der Turmspitze Stern und Sichel anzubringen (werden über der »Goldkugel« montiert). Süleyman zieht mit seinen Truppen ab, bevor das Entsatzheer zur Stelle ist.

1531: Mehrere Folgen ergeben sich aus der Türkenbelagerung: Es hat sich gezeigt, wie dringend die Stadtbefestigung einer Generalüberholung bedarf. Die Notwendigkeit einer Feuerordnung ist unübersehbar. Die zerstörten Vororte Wiens müssen unter herrschaftlicher Aufsicht wiedererrichtet werden. Dabei wird jedoch beschlossen, vor dem Stadtgraben ein weites Areal brachliegen zu lassen, um eventuellen Angreifern keine Deckungsmöglichkeiten zu geben: Das Glacis wird angelegt, ein breiter Wiesengürtel, von Spazierwegen durchzogen. Außerdem wird die Kastanienallee durch den Prater zum Lusthaus hin angepflanzt. Kastanien sind eine Neuheit in Wien, ein Gelehrter bringt die ersten Pflanzen aus der Türkei mit.

1541: Die Pest dezimiert erneut die Bevölkerung um etwa ein Drittel. Nun weiß man aber bereits, daß es sich um eine ansteckende Krankheit handelt, und versucht, Vorsichtsmaßnahmen zu ergreifen: Pflege der Kranken in eigenen Häusern vor der Stadt, Quarantäne für die übrigen Familienmitglieder, medizinische Kontrollen der Stadtbesucher. In der Folge verzichten immer mehr Bürger auf Besuche in den öffentlichen Bäderstuben (eigene Bäder gab es in den Wohnhäusern nicht) – und bereiten dadurch den Boden für andere ansteckende Krankheiten vor.

1550: Als Nachwirkung des großen Stadtbrandes von 1525 wird die erste Wasserzuleitung von außerhalb der Stadt in Betrieb genommen. Zwar versorgt sie nur die Hofburg und einige umliegende Häuser, doch der Anfang ist gemacht. 1565 wird die sogenannte Hernalser Wasserleitung, die bis zum Hohen Markt führt und Wasser »für jedermann« bedeutet, in Betrieb genommen.

1551: 2 Ereignisse von religionspolitischer Bedeutung sind zu vermerken: Ferdinand I. beruft die Jesuiten nach Wien – sie werden in der Folge großen Einfluß auf das Schul- und Universitätswesen erlangen und Hauptsäulen der Gegenreformation sein. Die Juden wiederum müssen, soweit sie in der Stadt leben, zur Kennzeichnung ein gelbes Tuch tragen (gelb ist »die Farbe des Bösen«): Wiederum bewirkten ihr Wohlstand und ihre kaufmännische Geschicklichkeit Haß und Mißgunst bei der übrigen Bevölkerung.

1553: Das Schweizertor der Hofburg wird errichtet, erstmals wird der »Stock im Eisen« erwähnt.

1566: Eine erste Zählung des Hausbestandes ergibt: 1065 Häuser insgesamt, davon 41 ebenerdig und 390 einstöckig. Die Häuser werden nun numeriert.

1569: Die Zeit der Auseinandersetzung mit den Protestanten beginnt. Zunächst wird ihnen noch die Michaelerkirche übereignet, bald jedoch setzt die Gegenreformation ein. Zuerst werden durch Kaiser Rudolf II. öffentliche Gottesdienste verboten, in der Folge kommt es zur Ausweisung protestantischer Prediger. Nachdem die letzten Möglichkeiten, einen Gottesdienst innerhalb der Stadtmauern zu besuchen, beseitigt worden sind, beginnt das »Auslaufen« der Lutheraner in die Wiener Vororte, wo evangelische Adelige für religiöse Betreuung sorgen. Die Situation in der Stadt ist angespannt, bei der Fronleichnamsprozession 1578 kommt es prompt zu Zwischenfällen. Als Reaktion von seiten der katholischen Kirche wird 1583 eine Frau als Hexe verbrannt (es ist dies die einzige bekannte Hexenverbrennung in Wien).

1585: Die Rekatholisierung wird vehement betrieben: Per Dekret können nur noch Katholiken das Bürgerrecht erlangen, die öffentliche Religionsausübung in Form von Kirchgang und Beichte wird vorgeschrieben. Bei Mißachtung der neuen Vorschriften droht die Ausweisung aus Wien.

1588: Zwischendurch passieren auch noch erfreuliche Dinge: Die ersten Kartoffeln werden angepflanzt, der erste Flieder (aus der Türkei importiert) blüht in Wien.

1594: Ausgerechnet die Türken sorgen für neue Unruhe zwischen Katholiken und Protestanten: Denn immer wieder kam es in Ungarn zu Querelen mit den osmanischen Nachbarn, 1595 sah der evangelische Verteidiger der Festung Raab keinen anderen Ausweg als deren Übergabe an die Türken. Er wurde als Verräter in Wien öffentlich enthauptet, als jedoch auch (ausschließlich evangelische) Verteidiger anderer Festungen hingerichtet wurden, kommt es zu neuerlichen Unruhen in der Stadt.

1606: Die Ungarn waren die langjährigen Kämpfe gegen die Türken auf ihrem Gebiet leid. Eine Gruppe von Aufständischen zieht mit ihrem Anführer Stephan Bocskay nach Wien und verwüstet die Umgebung der Stadt. Kaiser Rudolf II. zeigt sich unnachgiebig, sein Bruder Matthias jedoch kann vermittelnd eingreifen. Anläßlich der Friedensvertragsunterzeichnung in Wien zwischen den Ungarn und Österreich übergibt Bocskay die berühmte »Bocskay-Krone« (ein Geschenk Sultan Ahmeds I., der Bocskay bei dessen Unternehmungen gegen Wien unterstützt und ihm den ungarischen Thron versprochen hatte). – Aber auch die Wiener atmen erleichtert auf, die Türkengefahr ist wieder einmal gebannt. Kein Wunder, daß sie Erzherzog Matthias einen triumphalen Empfang bereiten: Zahlreiche kunstvolle Triumphpforten (aus Stroh, mit Leinwand umwickelt) werden ihm zu Ehren errichtet.

1609: Matthias gestattet den Protestanten das »Auslaufen« zur Kirche der Familie Jörger im heutigen Hernals.

1612: Nach der Krönung von Matthias zum römisch-deutschen Kaiser setzt eine rege Bautätigkeit in Wien ein: Die Karmeliterkirche wird von der Familie Liechtenstein gestiftet, die Barmherzigen Brüder bauen Kirche und Kloster, die Jesuiten bauen die Alte Universität zum Kolleg um, die Paulander errichten eine Kirche, die Augustiner barockisieren ihr Gotteshaus, das Erzbischöfliche Palais wird errichtet, und auch die Schotten lassen ihre Kirche umgestalten.

Der Kaiser selbst läßt das Lustschloß »Alta Favorita« (das heutige Theresianum) errichten.

1624: Freiherr von Paar eröffnet aufgrund kaiserlichen Privilegs in der Wollzeile das erste Postamt.

1638: Mehrere soziale Einrichtungen werden geschaffen: Der Magistrat hält Sammlungen zugunsten der bitter notwendig gewordenen Armenkasse ab (Unterstützung von verarmten Bewohnern und hinzuziehender Landbevölkerung) – der Dreißigjährige Krieg macht sich bemerkbar. – Ein anderes Problem muß auch gelöst werden: Da die Dienstboten nicht heiraten dürfen, gibt es reichlich uneheliche Kinder, die mangels anderer Möglichkeiten bislang entweder weggegeben oder heimlich geboren und getötet werden. Nun können diese Kinder beim Bürgerspital diskret abgegeben werden.

1645: Der Dreißigjährige Krieg erreicht Wien: Die Schweden unter General Lennart Torstenson können jedoch von Truppen unter Erzherzog Leopold zurückgeschlagen werden (der Kaiser hatte sich übrigens in Sicherheit gebracht und die Stadt verlassen). Aus Dankbarkeit über die Errettung werden die Brigittakirche (im 20. Bezirk) und die Mariensäule Am Hof errichtet.

1651: Von Italien kommt eine wichtige Theaternovität nach Wien: Erstmals lernen die Besucher Kulissen kennen.

1663: Durch kaiserliches Patent wird Markgraf Leopold III. (†1136) zum Landespatron erklärt.

1666: Bombastische Feierlichkeiten für die Dauer von fast einem Jahr finden in Wien anläßlich der Hochzeit von Kaiser Leopold I. und der spanischen Infantin Margareta Theresia statt: Ein Riesenfeuerwerk, ein Pferdeballett (mit Hilfe von aufwendigen Gerüsten war es tatsächlich möglich, Wagen und Reiter durch die Lüfte schweben zu lassen) und als Krönung die Aufführung der Oper »Il Pomo d'Oro« (»Der Goldene Apfel«) sind die herausragendsten Ereignisse. Vor allem die Opernaufführung stellt einen nie dagewesenen Höhepunkt dar, was sowohl die Kosten als auch die barock-prunkvolle Ausstattung betrifft.

1670: Die ersten Fiaker werden zugelassen. Bereits damals benötigte man eine Lizenz und wurde einem bestimmten Standplatz zugeteilt. Die Wagen sind an 3 Seiten mit ihrer Nummer gekennzeichnet (daher auch die Bezeichnung »Numerierter«) und zumeist offen – für Landfahrten wählte man sicherheitshalber die geschlossenen Landauer.

1671: Um die Einfuhr von Luxusgütern so niedrig wie möglich zu halten, wird für die Bürger eine Kleiderordnung erlassen. – Ein

Schatzkammer, >
Krone Kaiser Rudolfs II., 1602

anderer Erlaß verbietet bei Strafe, Unrat oder Tierleichen auf die Straßen zu werfen.
1679: Eine schwere Pestepidemie fordert 20000 Opfer, Kaiser Leopold I. gelobt die Errichtung einer steinernen Pestsäule am Graben. Der Prediger Abraham a Sancta Clara wettert von der Kanzel wider die Moral der Wiener. - Eine weitere bekannte Gestalt stammt aus diesen Jahren: der liebe Augustin (→Wien: Brunnen).

1683: Die 2. Türkenbelagerung

Vorgeschichte: In Europa herrschte ein beständiger Kampf zwischen Frankreich (Ludwig XIV.) und Österreich, das den römisch-deutschen Kaiser stellte. Immer wieder kam es zu Kriegen an der Westfront des Reiches. Frankreich unterstützte die angriffslustigen Türken in ihren Bestrebungen, gegen Wien zu marschieren, um so von 2 Seiten gegen die Österreicher operieren zu können. Ungarische Aufständische (vertriebene Protestanten, die sogenannten Kuruzzen) kämpften bereits gegen die Österreicher. Die Verhandlungen Wiens mit Istanbul, die den Krieg vermeiden sollten, scheiterten. Am 31. März setzte sich das türkische Heer unter Leitung von Kara Mustafa in Bewegung. Er glaubte, daß Polen, der Erzfeind der Türkei, unter französischem Einfluß stehe und demzufolge nichts gegen den Angriff unternehmen werde. Der Polenkönig Jan Sobieski kam jedoch dahinter, daß Ludwig XIV. abschätzig über ihn dachte und schloß am 31. März einen Bündnisvertrag mit Österreich für den Fall eines türkischen Angriffs.
Das türkische Heer: Die Zahlen der Geschichtsschreibung schwanken zwischen 50000 und 700000 türkischen Soldaten. Wie auch immer, auch 200000 Krieger (die vermutlich richtigste Zahl) samt deren Troß, Verpflegung, Munition, Tiere etc. bedeuteten eine Marschkolonne v. 300 km Länge! Die Marschgeschwindigkeit betrug etwa 15-20 km pro Tag. Die Truppen setzten sich aus den verschiedensten Nationen zusammen; die bekanntesten sind die Janitscharen (Elitetruppe, die sich aber recht eigenwillig aufführte und Kara Mustafa nicht besonders schätzte), Tataren (»Renner und Brenner« genannt), Rumänen usw.
Das österreichische Heer: Unter Carolus, Herzog von Lothringen, waren etwa 32000 Mann in Ungarn stationiert. Nach dessen Kriegsführungsdevise »umsichtig manövrieren, an Blut der Truppe sparen und den Feind ermüden und verwirren«, zog sich das österreichische Heer nach einem Gefecht bei Györ kontinuierlich zurück, täglich etwa 30-40 km - war also doppelt so schnell wie die Türken unterwegs. Carolus wünschte vor einem Angriff auf die Türken die Vereinigung mit den in Aussicht gestellten Hilfstruppen.
Der Anmarsch: Die Türken vermeinten die Österreicher auf der Flucht und den Weg nach Wien frei - endlich sollte die Stadt mit dem goldenen Apfel (→1. Türkenbelagerung) in die Hände der Osmanen fallen! Durch Hitze und Staub Ungarns marschierte das türkische Heer gegen Wien, wo es am 14. Juli eintraf.
Die Situation in der Stadt: An die 1200 Häuser zählte die Stadt, alle mehrstöckig. Wien besaß inzwischen eine recht stattliche Befestigung, die jahrzehntelang immer wieder verbessert wurde, allerdings auch noch Schwachstellen aufwies. In letzter Minute begann man, diese zu beheben. - Die herannahenden Türken wurden als gerechte Strafe wegen der in Ungarn brutal betriebenen Gegenreformation angesehen. Aufstände der Wiener trieben die katholischen Mönche sowie den Wiener Bischof aus der Stadt. Auch der Kaiser, Leopold I., verlegte am 7. Juli vorsorglich seinen Amtssitz nach Linz und weiter nach Passau, als gerüchteweise verlautete, Carolus sei geschlagen und die Türken im Anmarsch auf Wien. Mit ihm gingen 20000 Bürger. Am 8. Juli traf der neue Stadtkommandant, Ernst Rüdiger Graf v. Starhemberg, in Wien ein. Er organisierte umsichtig sowohl die militärische Verteidigung als auch die Versorgung der Bevölkerung und versuchte, die vorhandenen Kräfte optimal zu nutzen. Zur Verfügung standen ihm 11000 Mann aus der lothringischen Armee sowie 1150 Stadtguardia-Männer und 5000 Mann Bürgerkompanien. Bischof Kollonitsch von Wiener Neustadt kam als Seelsorger nach Wien: Er löste das dringende Finanzproblem der Stadt (nur 30000 Gulden in der Stadtkasse vorhanden, monatlich 40000 Gulden Sold für die

Soldaten nötig), indem er das in Wien lagernde Vermögen des Erzbischofs von Esztergom verwendete.
Nun wird es ernst: Die Vorstädte werden abgebrannt, deren Bewohner flüchten in die Stadt und beziehen die freigewordenen Häuser. Die Lebensmittelpreise werden amtlich festgelegt. Die Straßen werden aufgerissen, damit die einschlagenden Türkenkugeln im Sand versinken und keinen Schaden anrichten können.
Die Belagerung: Am 14. Juli beginnt die Belagerung. Die Stadt wird durch die türkischen Truppen total abgeschnitten, Laufgräben und unterirdische Gänge für Sprengminen werden angelegt. Es stellt sich jedoch bald heraus, daß man über die Rossau (Donaukanalufer), wo der rumänische (katholische!) Truppenteil der Türken lagert, Kontakt sowohl zu österreichischen Informanten im Türkenlager als auch zum Hauptquartier in Passau halten kann. Die Türken greifen Wien beharrlich an der am besten verteidigten Stelle der Stadt, der Stuben- und Löwelbastei, an und erringen trotz heftiger Attacken zunächst keine nennenswerten Erfolge, im Gegenteil: Bis Mitte August verlieren sie etwa 30000 Mann.
Ende Juli: Eine Darminfektion (Rote Ruhr) kostet zahlreiche Wiener das Leben.
14.8.: Das polnische Heer bricht unter Jan Sobieski in Richtung Wien auf.
27.8.: In Wien wird die Lage ernst.
31.8.: Die Polen sind 45 km vor Wien. Sobieski erhält den Oberbefehl über das Entsatzheer. – Einige türkische Truppenteile ziehen ab.
Ende August: Die Rote Ruhr fordert täglich 30–40 Tote in Wien.
3.9.: Die Truppenführer des Entsatzheeres treffen sich, der Angriff wird vom Wienerwald ausgehend geplant. – Die Wiener müssen eine Schlüsselposition im Bereich der Burgbastei räumen.
4.9.: Eine türkische Mine bringt die Mauer der Burgbastei zum Einsturz, es kommt zu erbitterten Kämpfen. In Wien gibt es nur noch 4000 Berufssoldaten. Die erschöpften Bürger erwägen die Kapitulation.
5.9.: Das Entsatzheer beginnt den gemeinsamen Anmarsch auf Wien.
8.9.: Kara Mustafa hört von den nahenden Truppen. Er läßt 30000 Türken am rechten Donauufer aufmarschieren, da er die Gegner aus Klosterneuburg kommend vermutet. Es gibt keine türkischen Beobachtungsposten im Wienerwald. Die Türken erobern eine strategisch wichtige Vorbastei der Löwelbastei.
9.9.: Minen schlagen große Breschen in die Löwelbastei, die Trümmer versperren den Türken jedoch den Zugang zur Stadt. – Das Entsatzheer beginnt den Aufstieg durch den nördlichen Wienerwald.
10.9.: Neuerliche Minenerfolge der Türken, in der Nacht Sturmangriff auf Wien, der zurückgeschlagen werden kann.
11.9.: Die Türken beziehen Stellung vor den Bergen. – Feuersignale künden den Wienern das Nahen der Rettung.
Der Angriff: Am 12.9. ist es soweit: Kara Mustafa entschließt sich zur Vorwärtsstrategie – jedoch allein der Anblick der sich nähernden Polen (Panther- und Bärenfelle über dem Brustharnisch, am Rücken bewegliche, mit Schwanenfedern beklebte Flügel befestigt, wie Racheengel donnernd einherreitend) ist der Anfang vom Ende. Der Kampf kostet die Verbündeten 1500 Mann, von den Türken sterben allein 10000 Janitscharen in den Laufgräben. Die Reste der türkischen Armee lassen alles stehen und liegen und fliehen nach Ungarn, allen voran ihr Anführer Kara Mustafa. Sobieski vermerkt in seinem Tagebuch: »Schlacht gewonnen.«
Die unmittelbaren Auswirkungen der 2. Türkenbelagerung: 1685 wird mit kaiserlichem Privileg das erste Kaffeehaus eröffnet (von 2 Armeniern: Johannes Diodato und Isaak de Luca). Auch einer der kaiserlichen Kundschafter, Georg Franz Kolschitzky, soll ein derartiges Haus betrieben haben – die Legende machte ihn allerdings zum ersten Kaffeehausbesitzer Wiens. Das Kipferl hält Einzug in den Backstuben.

1686: Die älteste europäische Berufsfeuerwehr wird Am Hof gegründet. Seit 1688 gibt es in Wien eine öffentliche Straßenbeleuchtung (um Diebsgesindel abzuschrekken und den zahlreichen Verbrechen Einhalt zu gebieten).
1690–1720: In diesem Zeitraum wird in Wien an allen Ecken und Enden gebaut: Der italienische Barock wird populär, die Adeligen nutzen die Bauflächen der abgebrannten Vorstädte zur Errichtung weitläufiger Anlagen. Johann Bernhard Fischer von Erlach und Lukas von Hildebrandt be-

treuen gleichzeitig zahlreiche Projekte: Schloß Neuwaldegg, Schloß Schönbrunn, Schloß Hetzendorf, das Stadtpalais des Prinzen Eugen, die Peterskirche, Schloß Augarten, Palais Auersperg, Palais Schwarzenberg, die Böhmische Hofkanzlei, das Untere und das Obere Belvedere und die Hofbibliothek (heute Nationalbibliothek) zählen zu den wichtigsten Bauwerken der beiden Architekten. – 1694 wird auf Befehl Kaiser Leopolds I. ein riesiges Armenhaus in der Alservorstadt errichtet. Die regelmäßige Straßensäuberung wird eingeführt. – 1704 beginnt man mit dem Bau des sogenannten Linienwalls, einer Verteidigungslinie auf der Höhe des heutigen Gürtels, die auch die Vorstädte Wiens mit einbezog, gegen die umherziehenden Kuruzzen (→2. Türkenbelagerung). 4 für Wien wichtige Ereignisse fallen außerdem in diese Zeit: 1703 erscheint erstmals die heute noch existierende »Wiener Zeitung«, 1709 wird das Kärntnertortheater zur Volksbelustigung errichtet (hier schuf J. A. Stranitzky die Figur des Hanswurst, die in ihrer Art bis Nestroy und Raymund fortwirkte), und 1711 erhält der Stephansturm eine neue Glocke, die »Pummerin« (aus Türkengeschützen und -kugeln gegossen, sie wog 17 Tonnen). 1718 wird in der Rossau eine Porzellanmanufaktur gegründet, die später von Kaiserin Maria Theresia aufgekauft und im Augarten etabliert wird (»Augarten-Porzellan«).

1730: Aufgrund der Pragmatischen Sanktion von 1713 konnte die Erbfolge der Habsburger auch auf die erstgeborene Tochter übergehen. Nach dem Tod Kaiser Karls VI. gelangt dessen Tochter Maria Theresia an die Regierung. 1736 heiratet sie Franz Stephan von Lothringen, 1740 huldigen die österreichischen Stände der Erzherzogin.

1740–80: Maria-Theresianische Ära. Zeit des höfischen Absolutismus, der herrschaftlichen Prachtentfaltung, des beginnenden Merkantilismus. Schönbrunn wird unter Nikolaus Pacassi verschönert, ein Schloßtheater eingerichtet, der Tiergarten angelegt. Namhafte Gelehrte werden von Gerhard van Swieten, dem Leibarzt der Kaiserin, nach Wien berufen, die Universität reformiert. Eine Volkszählung ergibt 175000 Einwohner Wiens. Um der Wohnungsnot Herr zu werden, sind Neubauten

Historisches Museum der Stadt Wien, Mozart-Relief von Leonard Posch

von Steuern befreit. Eine Numerierung der Häuser wird eingeführt, ein Grundbuch der Stadt Wien angelegt. Der Staat mischt sich zusehends in die Angelegenheit der Untertanen, Meldezettel werden eingeführt, die sogenannte »Theresianische Keuschheitskommission« überwacht das moralische Leben der Bürger (Spitzel haben Hochkonjunktur). Doch auf dem Bildungssektor geschieht Erfreuliches: Die 1. Volksschule wird eröffnet, ebenso eine Spinn- und Webschule (die Textilproduktion war sehr wichtig). 1771 wird die Wiener Börse gegründet. Friedrich von Knaus konstruiert den 1. Schreibautomaten, allgemein erwecken »Automaten« großes Interesse. 1762 musiziert der sechsjährige Wolfgang Amadeus Mozart vor Maria Theresia. Und 1766 übergibt Joseph II. den Prater der Allgemeinheit, bald werden dort die berühmten Großfeuerwerke der Familie Stuwer abgebrannt werden. Auch das Glacis wird verschönert: Um den Staub/Schlamm (je nach Witterung) zu be-

Schatzkammer, Wiegenbett des Königs von Rom

seitigen, werden Rasen und Bäume gepflanzt, die Wege werden beleuchtet und Stände aufgeschlagen: Ein weiteres Naherholungsgebiet ist geschaffen. 1772 findet der 1. Christkindlmarkt statt. Das Ballhaus (in dem eine Art Tennis gespielt wurde) wird in ein Theater umgewandelt, Joseph II. erhebt dieses »Theater nächst der Burg« zum »Hof- und Nationaltheater«.

1780-90: Josephinische Ära. 1765 war Joseph II. zum Kaiser gekrönt worden, er war bis zum Tod seiner Mutter Maria Theresia jedoch nur Mitregent. Im Gegensatz zu dieser führt er ein spartanisches Hofleben und streicht fast alle Festivitäten. Er reformiert die Wiener Stadtverwaltung, löst Klöster, deren Insassen keine »staatsfördernden Tätigkeiten (Schule, Caritas, Seelsorge)« betreiben, auf und richtet mit deren Vermögen zahlreiche Pfarreien in Wien neu ein. Das Allgemeine Krankenhaus wird in den Räumen des ehemaligen Armenhauses in der Alserstraße etabliert; es wird sowohl baulich als auch organisatorisch zu einem europäischen Vorbild. – Trotz des spartanisch veranlagten Herrschers wird unter seiner Regierung der Grundstein zur heutigen Wiener Theaterwelt gelegt: Das Leopoldstädter Theater, das Theater an der Wien und das Theater in der Josefstadt werden eröffnet.

1804: Die »Albertinische« Wasserleitung kann in Betrieb genommen werden. Dadurch erhält der Südwesten der Stadt reines Wasser (bislang wurde es Bächen und Hausbrunnen entnommen und war nicht immer gefahrlos zu genießen). – Im gleichen Jahr wird Wien zur kaiserlich-königlichen Stadt, da Franz II. den Titel »Kaiser von Österreich« annimmt (ab jetzt Franz I.). Hintergrund dafür war, daß man mit Frankreich und dessen Kaiser Napoleon gleichgestellt sein wollte. – Kulturhistorisch wichtig ist die Fertigstellung der Albertina und deren Bestückung mit wertvollen Kunstgegenständen.

1805/1809: Zweimal wird Wien von französischen Truppen unter Napoleon besetzt, die Bevölkerung leidet unter den Kontributionsleistungen. Mangel an Lebensmitteln und steigende Mieten (für eine Stadtwohnung 2000 Gulden pro Jahr) führen zu mehreren Aufständen. Trotzdem wird ein riesiges Vergnügungsetablissement auf dem Schottenfeld (»Brillantengrund« genannt nach den dort ansässigen reichen Textilfabrikanten, heute 7. Bezirk) eröffnet: Bis zu 8000 Besucher können dort tanzen, Schwanenteiche und Wasserfälle bewundern, tafeln und sich unterhalten.

1811: Die Koalitionskriege wirken sich auf die Finanzlage des Staates verheerend aus: Es kommt zum Staatsbankrott, das Papiergeld wird auf ein Fünftel des Nennwertes herabgesetzt. – Im gleichen Jahr erfindet der Seidenfabrikant Christian Hornbostel einen wasserkraftbetriebenen Webstuhl.

1812: Aus der Statistik der Stadt Wien: 33 Vorstädte gehören zu Wien, 7162 Häuser und etwa 240 000 Einwohner.

1814: Napoleon wird in der Schlacht bei Leipzig geschlagen – in Wien trifft man sich zum Kongreß, auf dem die Neuordnung Europas beschlossen werden soll. Die zahlreichen ausländischen Diplomaten werden wegen Platzmangels in der Hofburg auch privat untergebracht, wobei die Einhaltung der Etikette große Probleme mit sich bringt. Spitzel haben Hochkon-

Schatzkammer, Kaiserin Maria-Louise von Frankreich

Beethoven-Erinnerungsräume, Flügel

junktur: Alle Gäste sollen überwacht werden – so wünscht es der österreichische Staatsminister, Fürst Metternich. Zahllose Feste, Bälle, Theateraufführungen und andere Vergnügungsveranstaltungen werden arrangiert, »der Kongreß tanzt«.

24.12. 1814: Der 1.Christbaum wird in Wien im Hause des Barons von Arnstein angezündet.

Die Jahre nach dem Wiener Kongreß sind für die Wiener hart; mehr und mehr müssen sie ihre Habseligkeiten ins Versatzamt in der Dorotheergasse tragen. Die Lebensmittelpreise steigen, es mangelt den Handwerkern an Aufträgen, die Wohnungsnot wird durch neu vom Land hinzuziehende Arbeitssuchende nur noch drückender. Der Spitzeldienst bleibt als Relikt des Kongresses bestehen; nun gilt das Interesse den Bürgern, die auf Schritt und Tritt kontrolliert werden. – Der Kaiser veranlaßt die Gründung der Österreichischen Nationalbank (auch im Hinblick auf 1811) und die Ausgabe einer neuen Währung, er fördert auch das Sparen durch Ausgabe von Sparbüchern an Schulkinder: Pfarrer Weber von der Leopoldskirche (→Wien: Sakralbauten) gründet die Erste Österreichische Spar-Casse.

Die Bautätigkeit hält sich in Grenzen: Man beginnt mit der Errichtung der Gasbeleuchtung, der Wienfluß wird reguliert, die Franzensbrücke über den Donaukanal wiederhergestellt, Burg- und Volksgarten werden angelegt. 1824 erfindet Hermann Weilhöfer das 1.Zündholz.

1825: Der 1.Omnibuswagen verkehrt auf der Strecke Wien–Hietzing. Im Jahr zuvor war die DDSG (Donau-Dampfschiffahrts-Gesellschaft) gegründet worden.

Biedermeier

Da im öffentlichen Leben dank des Metternichschen Spitzelwesens wenig Entfaltungsmöglichkeiten gegeben waren, begannen die Menschen, sich »in ihre eigenen vier Wände« zurückzuziehen und diese möglichst harmonisch auszugestalten. Gediegenes Mobiliar (man denke an die Erfindung der sogenannten Bugholzmöbel des Michael Thonet), das auch praktisch sein mußte, war gefragt. Man zeigte in Vitrinen auch gern, welch kostbare Stücke man besaß, etwa Porzellanfiguren oder ausgefallene Glasarbeiten. Die Zimmerwände wurden tapeziert, duftige Vorhänge an den Fenstern und Bilder an den Wänden aufgehängt. Da die Hausmusik zu neuen Ehren kam, gab es fast in jedem Salon ein Klavier (die Instrumente des Hauses Bösendorfer erlangten Weltruhm). Auch Franz Schubert pflegte in kleinen Freundeskreisen und vor bürgerlichen Zirkeln zu spielen. – Die Häuser Wiens standen eng beisammen, es kam relativ wenig Licht in die Wohnungen (obwohl man sich mittels möglichst großer Fenster bemühte, die Räume so hell wie möglich zu machen). Von der Natur war nicht viel zu sehen. Man umgab sich daher mit vielen Grünpflanzen oder pflegte seinen Kleingarten hinter dem Haus liebevoll. (Aufgrund dieser neuen Leidenschaft erfreuten sich auch Blumenausstellungen großer Beliebtheit.) Die schlechte Stadtluft verursachte jedoch eine große Anzahl an Tuberkuloseerkrankungen. Wer konnte, begann daher, in den Sommermonaten die heiße, stickige Stadt zu verlassen und auf »Sommerfrische« in die ländliche Umgebung Wiens zu fahren. Der Hang zum Romantischen, Beschaulichen wurde von den Künstlern der Zeit wiedergegeben: Allen voran steht hier der Maler Ferdinand Georg Waldmüller, dessen Wienerwaldbilder typisch für diese Zeit sind. Weitere berühmte Namen sind Moritz von Schwind, Peter Fendi, Moritz Michael Daffinger, die Gebrüder Gauermann und Rudolf von Alt.

1830: Ein plötzlich einsetzendes Tauwetter verursacht im Februar eine Hochwasserkatastrophe, das Wasser überrascht viele Bürger im Schlaf! Im Sommer veranlaßt eine Choleraepidemie den Hof, sich nach Schönbrunn zurückzuziehen. Schrecken und Wehklagen herrschen in der sonst so lebensfrohen Stadt, knapp die Hälfte aller Erkrankten stirbt.

1833: Wie so oft in schlechten Zeiten: Ein Unterhaltungsetablissement wird eröffnet. Das »Elysium« in der Tuchlauben kann sich nicht über einen Mangel an Tanzfreudigen beklagen, Josef Lanner komponiert zur Eröffnung den »Elysium-Walzer«.

1835: Kaiser Franz I. stirbt. Im Volksmund wird er bald mit dem Beinamen »der gute Kaiser Franz« betitelt, wohl auch wegen der langen Friedenszeit unter seiner Regierung. Er selbst soll über sich gesagt haben: »Kaiser, das ist ein großes Wort. Aber ein guter Hofrat wär' ich schon geworden.« Seinen Sohn Ferdinand I. bezeichnen die Wiener als »den Gütigen«.

Im selben Jahr findet erstmals eine Ausstellung des Wiener produzierenden Gewerbes statt, ein Vorläufer der heutigen Frühjahrs- und Herbstmessen.

1838: Erstmals verkehrt auf der Strecke Wien–Deutsch Wagram eine Lokomotive, eine Fahrt mit ihr wird zum begehrten Freizeitvergnügen. Auf der Donau verkehren bereits mehrere Dampfschiffe sowohl nach Linz als auch nach Budapest.

1840: Zu des Wieners liebsten Unterhaltungen zählen nach wie vor Theaterbesuche (Ferdinand Raimund und Johann Nestroy schreiben sich in die Gunst der Besucher) sowie der Walzer (Lanner und die Strauß-Dynastie sorgen für immer neue Melodien).

1845: Die Manufakturen der Stadt werden durch die neuen Bahnlinien nun auch für Landbewohner erreichbar. Bei den bezahlten Niedrigstlöhnen können die Arbeiter jedoch oft nicht einmal ein Zimmer mieten, sondern nur ein Bett (sogenannte »Bettgeher«). Der Rest des Lohns geht für die Grundnahrungsmittel auf – es ist schwierig, eine Familie zu gründen und daher verständlich, daß bereits die Kinder zum Haushaltsbudget beitragen müssen. Die Kinderarbeit unter 12 Jahren war allerdings verboten. Um den größten Hunger zu stillen, werden Hilfsvereine gegründet, die die sogenannte »Rumford-Suppe« austeilen (einen nahrhaften Eintopf).

1847: Das Theater in der Leopoldstadt wird unter dem berühmten Namen »Carl-Theater« wiedereröffnet.

13.3. 1848: Der Unmut der Bevölkerung hat seinen Höhepunkt erreicht: Es kommt zur Revolution. Der Kaiser muß die Zensur aufheben, ein neues Pressegesetz wird erlassen, Fürst Metternich und der Wiener

Polizeipräsident Sedlnitzky werden abgesetzt. In der Folge werden zahlreiche Zeitungen neu gegründet, u.a. auch die »Presse«. Auch im Theater macht sich die Zensurfreiheit am geänderten Repertoire bemerkbar. Eine neue Wahlordnung wird erlassen, sie schließt aber aufgrund des hoch angesetzten Steuerzensus die Arbeiter wieder davon aus. Zweimal zieht es der Kaiser vor, das nach wie vor aufrührerische Wien zu verlassen, im Oktober wird die Stadt jedoch von kaisertreuen Truppen »zurückerobert«: Presse- und Vereinsfreiheit werden wieder gestrichen. Am 2. Dezember dankt Ferdinand I. in Olmütz ab. Nachfolger ist sein Neffe Franz Joseph I., der bis 1916 regiert.

1849: Um eine Wiederholung der Vorfälle von 1848 zu verhindern, werden rund um Wien Kasernen errichtet, u.a. das Arsenal (→Wien: Profanbauten). – Eine Gymnasialreform führt 8 Klassen ein, den Abschluß bildet die Matura (= Abitur). Ziel des Schulbesuches soll die Heranbildung humanitär gebildeter Menschen sein, daher werden die klassischen Sprachen besonders gefördert. Die Lehrer werden vom Ministerium (und nicht mehr von der Kirche) bestellt.

1850: Zu Wien gehören nun die innere Stadt sowie 8 Bezirke innerhalb des Linienwalls. Die Stadt zählt etwa 430000 Einwohner.

1853: Ein auf der Burgbastei versuchtes Attentat auf den Kaiser mißlingt; zum Dank für seine Errettung wird die Votivkirche gebaut. Sie ist das erste Bauwerk, das auf dem bis dahin unverbauten Glacis entsteht. Der Kaiser entschließt sich, die gesamte Befestigungsanlage schleifen zu lassen, um Bauland zu schaffen (die Wiener haben ein neues Gesprächsthema – und Johann Strauß schreibt die »Demolierer-Polka« ...). Das rechte Donaukanalufer wird bei dieser Gelegenheit in eine Promenade umgewandelt. Insgesamt ist durch die Demolierung der Basteien das Ende des mittelalterlichen Wien besiegelt, der Weg frei für die Ringstraße und deren Prachtbauten. Die Zeit bis 1867 wird oftmals auch als *Gründerzeit* apostrophiert: Industrieller Aufschwung und Aufstieg des Bürgertums ermöglichen den Unternehmern, ihre Wohnpaläste entlang der Ringstraße zu erbauen. Dem gegenüber stehen jenseits des Linienwalls das Kleinbürgertum und die Masse der Arbeiter, die mehr als bescheiden dahinleben müssen. Arbeiterviertel entstehen, besonders in den Vororten Fünfhaus, Ottakring und Hernals. Die Unterkünfte sind winzig, oftmals wohnt eine Familie in einem Zimmer. Ein Drittel des Lohns geht für den »Zins« (Miete) auf, ein Drittel für Nahrungsmittel. Die Durchschnittsarbeitszeit beträgt 12 Stunden. Die neu erlassene Gewerbefreiheit bedeutet für viele Kleinbetriebe den Verlust des Schutzes durch die Zunft, das freie Unternehmertum tritt an erste Stelle. Die neue Wirtschaftsordnung wird auch durch die neuen Verkehrsverbindungen (Kaiserin-Elisabeth-Südbahn) gefördert. Das Postwesen wird reorganisiert, die Straßennumerierung letztmalig abgeändert: Nunmehr wird jede Gasse mit Namensschildern gekennzeichnet, die Häuser jeder Gasse werden fortlaufend numeriert.

1865: Kaiser Franz Joseph I. eröffnet den Ringabschnitt zwischen Burgtor und Stubenring. Bei einer Festveranstaltung schenkt er der Stadt Wien den Kaiserbrunnen am Schneeberg (in Niederösterreich), damit von dort eine Trinkwasserleitung nach Wien gelegt werden könne (zusammen mit den Stixensteinerquellen die »1. Wiener Hochquellwasserleitung«; besteht heute noch).

1867: Ein neuer Sport begeistert die Wiener: Eislaufen wird populär.

1868: Die Wiener Tramwaygesellschaft wird gegründet. Seit 1865 fahren die Pferdestraßenbahnen auf Schienen, 1876 wird auf Dampfbetrieb umgestellt. – Man beginnt mit der Regulierung der Donau.

1873: In Wien findet die Weltausstellung auf dem heutigen Messegelände statt. Carl Hasenauer errichtet dafür das Hauptgebäude, die berühmte Rotunde, eine 84 m hohe Eisenkonstruktion mit einem Durchmesser von 180 m. Der Börsenkrach und die Cholera lassen die Veranstaltung nicht ganz zu dem geplanten Ereignis werden, das 19 Millionen Gulden kostet. – Ein neuer Bezirk wird Wien zugeschlagen: Favoriten (10. Bezirk).

1877: Der 1. österreichisch-ungarische Katholikentag findet in Wien statt, im Dezember wird erstmals in der neuen Oper eine Soiree abgehalten (Vorläufer des Opernballes).

1879: Die silberne Hochzeit des Kaiserpaares wird prunkvoll begangen, der »Makart-Festzug« stellt den Höhepunkt dar. – In Wien leben nun 725 000 Menschen. – Die Wiener medizinische Schule wird bekannt (u.a. Billroth, Kundrat). – Auch die fortschreitende Technisierung wird deutlich: Das erste öffentliche Gebäude, das elektrisch beleuchtet wird, ist der Südbahnhof.

1881: Bei einer Brandkatastrophe in dem erst 1874 erbauten Ringtheater (heute steht dort das Hotel de France) sterben 400 Menschen. Gänge und Stiegen waren extrem schmal gebaut worden. Ein Defekt der Gasbeleuchtung löste knapp vor Vorstellungsbeginn eine Explosion aus, das Feuer griff rasend schnell um sich. Als dann auch noch das Licht erlosch, war die Panik nicht mehr zu verhindern. Nur 500 Menschen können sich retten, das Theater wird durch das Feuer vollständig zerstört.

1883: Rathaus und Parlament werden fertiggestellt, es konstituieren sich die großen politischen Parteien. – Otto Wagner erbaut seine erste Villa in Penzing (14. Bezirk).

1890: Die Wiener Vororte werden eingemeindet: Die Stadt besteht nun aus 19 Bezirken. Erstmals feiern die Wiener Arbeiter den 1. Mai mit einer Kundgebung. – Für die Frauen gibt es eine wichtige Neuerung: Sie werden zum Studium an der Universität zugelassen.

1894: Der Linienwall wird zerstört, an seiner Stelle entstehen der »Gürtel« und die Stadtbahn. – Kohlmarkt und Graben werden elektrisch beleuchtet. Die Straßenbahn wird elektrifiziert. Die 1. Filmvorführung versetzt die Wiener in Staunen. – Das 1. Fußballspiel findet in Wien statt, bald gibt es zahlreiche Anhänger.

1897: Das Riesenrad wird eröffnet. – In der Innenstadt kommt es aufgrund einer Sprachenverordnung zu Studentenunruhen.

1898: Kaiserin Elisabeth wird in Genf ermordet.

Die Zeit bis 1914

Politik: Die Sozialdemokraten ziehen in den Gemeinderat ein. Durch Massendemonstrationen wird das allgemeine, gleiche, geheime und direkte Wahlrecht für Männer erreicht. Weitere Proteste gelten den hohen Lebensmittelpreisen, die von den Arbeitern fast nicht mehr bezahlt werden können. An deren trister Wohnungssituation hat sich auch noch nichts geändert. Um wenigstens ein bißchen Abhilfe zu schaffen, werden Arbeitersportvereinigungen gegründet und die »preiswerten« Sportarten wie etwa Schwimmen durch Anlegen des »Gänsehäufels« an der Alten Donau oder den Bau von Hallenbädern gefördert. Auch der Fußball sowie das Turnen gewinnen immer mehr Anhänger. Ein weiteres Plus, das der gesamten Stadtbevölkerung zugute kommt: Der Wiener »Wald- und Wiesengürtel« wird vom Gemeinderat (Bürgermeister: Karl Lueger) beschlossen.

Wissenschaft und Technik: Die Stadtbahn ist auf allen 4 Streckenabschnitten fertiggestellt: Gürtellinie, Vorortelinie, Donaukanal- und Wientallinie. Die Planung stammt von Otto Wagner. Insgesamt umfaßt das Netz 89 km, 138 Millionen Kronen Baukosten waren angefallen. Die Stadtbahn wird reich frequentiert, 1900 zählt man ca. 28 Millionen Fahrgäste. – Automobilausstellungen und »Aeroplan«-Ausstellungen machen die Wiener mit den Verkehrsmitteln der Zukunft bekannt. Graf Zeppelin landet mit seinem Luftschiff in Wien. – Die 2. Hochquellwasserleitung wird in Betrieb genommen. – Bertha von Suttner erhält den Friedensnobelpreis. – Die Psychoanalyse wird durch Sigmund Freud begründet.

Kunst: Erstmals treten mit einer Ausstellung die »Secessionisten« an die Öffentlichkeit. Als Kontrapunkt zur Ringstraßenära versuchen die Künstler, den gesamten Lebensbereich zu durchdringen und nicht »nur« Gemälde, Plastiken oder Gebäude zu gestalten. Sie versuchen sich zugleich als Designer, Architekt, Maler und Handwerker und »stylen« ganze Projekte durch (etwa die Kirche am Steinhof oder die Postsparkasse). Aus diesem Grund werden die »Wiener Werkstätten« gegründet. – Die wichtigsten Vertreter des *Jugendstils* in Wien sind Otto Wagner (Kirche am Steinhof, Postsparkasse, Stadtbahnhaltestellen), Adolf Loos (Loos-Haus), Koloman Moser (Maler und Graphiker), Josef Hoffmann, Gustav Klimt (ornamental-dekorative Malerei), Josef Olbrich (Erbauer des Secessionsgebäudes). Fast gleichzeitig entwickelt sich der Expressionismus, dessen bekanntester Vertreter Egon Schiele ist (er stirbt 1918 mit 28 Jahren).

Literatur: Die technischen als auch medizinischen Erkenntnisse sowie die veränderten Sittlichkeitsgefühle, das spürbare Ende der Monarchie prägen die Literaten dieser Zeit: Hugo von Hofmannsthal, Karl Kraus (Alleinherausgeber der Zeitschrift »Die Fackel«), Felix Salten, Arthur Schnitzler (»Der Weg ins Freie«, »Reigen«, »Fräulein Else«). – Als impressionistischer Schriftsteller ist Peter Altenberg zu nennen: Er wurde als passionierter Kaffeehausbesucher schon zu Lebzeiten eine legendäre Figur.

Musik: Neben den Wiener Philharmonikern entsteht ein 2. großes Orchester, die Wiener Symphoniker (frühere Bezeichnung »Wiener Tonkünstler«). Johann Strauß Sohn und der Operettenkomponist Karl Millöcker sterben, Franz Lehárs »Lustige Witwe« feiert, von Wien ausgehend, Triumphe. Auch Richard Strauss' »Elektra« kommt beim Publikum gut an.

1914–18: Nach dem Attentat am 28.6.1914 in Sarajewo auf den Thronfolger Franz Ferdinand herrscht in Wien Begeisterung für den Krieg. Sie legt sich jedoch rasch, da bereits im August die ersten Verwundetentransporte eintreffen, zahlreiche Gebäude in Notkrankenhäuser umgewandelt werden müssen und die Nahrungsmittelpreise sprunghaft ansteigen. Das Brot wird knapp, ein fleischloser Tag pro Woche wird angeordnet. Am 21.11. 1916 stirbt Kaiser Franz Joseph. Es kommt zu ersten Friedenskundgebungen, auch Kaiser Karl unterstützt diese Bewegungen. 1918 muß er jedoch die Stadt verlassen, am 12. November wird vor dem Parlament die Republik ausgerufen.

Die Habsburger Landesfürsten

König Rudolf I. 1278–1282
Herzog Albrecht I. 1282–1308
Herzog Friedrich III. 1308–1330
Herzog Albrecht II., der Weise 1330 bis 1358
Herzog Rudolf IV., der Stifter 1358 bis 1365
Herzog Albrecht III. 1365–1395
Herzog Albrecht IV. 1395–1404
Herzog Albrecht V. 1404–1439
(als Kaiser Albrecht II.)
Friedrich V. 1440–1493
(als Kaiser Friedrich III.)
König Matthias Corvinus von Ungarn 1485–1490
Kaiser Maximilian I. 1493–1519
Erzherzog Ferdinand 1521–1564
Kaiser Maximilian II. 1564–1576
Kaiser Rudolf II. 1576–1612
Kaiser Matthias 1612–1619
Kaiser Ferdinand II. 1619–1637
Kaiser Ferdinand III. 1637–1657
Kaiser Leopold I. 1658–1705
Kaiser Joseph I. 1705–1711
Kaiser Karl VI. 1711–1740
Maria Theresia 1740–1780
Kaiser Joseph II. 1780–1790
Kaiser Leopold II. 1790–1792
Kaiser Franz II. 1792–1835
(seit 1804 als österreichischer Kaiser Franz I.)
Kaiser Ferdinand I. 1835–1848
Kaiser Franz Joseph I. 1848–1916
Kaiser Karl I. 1916–1918

Zwischenkriegszeit 1918–38

1919 wird der Wiener Gemeinderat erstmals in freier, geheimer und gleicher Wahl gewählt, dieser wählt wiederum Jakob Reumann zum Bürgermeister. Reumann muß die Probleme der Massenarbeitslosigkeit, der Hungersnot (die Versorgungsländer sind abgeschnitten, Österreich muß lernen, sich selbst zu versorgen), der Wohnungsnot und der Inflation lösen. Ein Wohnbauprogramm wird beschlossen, bis 1926 werden 25000 Gemeindebauwohnungen fertiggestellt, bis 1934 sind es fast 64000 Wohnungen (die wichtigsten Großbauten: →Karl-Marx-Hof, →Karl-Seitz-Hof, →Reumannhof, alle unter: Wien, Profanbauten). Die Stadt Wien wird durch den Ankauf der erforderlichen Grundstücke zum größten Grundbesitzer.

1922 wird Wien ein eigenständiges Bundesland.

1924 wird die Währung auf Schillinge umgestellt (10000 Kronen = 1 Schilling). Im gleichen Jahr nimmt die RAVAG (österreichische Radio-Verkehrs-AG) ihren Sendebetrieb auf: »Hallo, hallo – hier Radio Wien!«

1927 kommt es zu schweren Arbeiterunruhen, die vor dem Justizpalast eskalieren: Demonstranten dringen in das Gebäude ein, vernichten Akten und legen Feuer. Da die Löscharbeiten von der Menge absichtlich behindert werden, schießt die Polizei: 89 Tote und zahlreiche Verletzte sind zu beklagen. – Im Dezember machen die Nationalsozialisten erstmals von sich reden:

Sie verreißen in der Presse eine Jazz-Opernaufführung als »jüdisch-negerisch« und rufen zu Demonstrationen auf.
1929 zählt man in Wien knapp 55000 Arbeitslose, die Sozialhilfe beziehen, Anfang 1930 sind es bereits 93000. Die Creditanstalt droht zusammenzubrechen, zwischen Studenten verschiedener politischer Richtungen kommt es zu heftigen Auseinandersetzungen. Jede politische Partei besitzt eine bewaffnete Truppe, die Stimmung ist geladen. Als dann 1933 die 3 Nationalratspräsidenten zurücktreten, soll aufgrund des kriegswirtschaftlichen Ermächtigungsgesetzes regiert werden. Nach Auflösung der sozialistischen Bürgerwehr durch die Regierung kommt es 1934 zu bürgerkriegsähnlichen Zuständen. Die Gemeindebauten werden zu stark umkämpften »Burgen« der Sozialisten, es gibt an die 2000 Tote. Bei einem Putschversuch der NSDAP wird Bundeskanzler Dollfuß erschossen.
1935 findet der 1. Opernball nach dem 1. Weltkrieg statt. - Als Arbeitsbeschaffungsprogramm wird der Bau der Höhenstraße beschlossen.
1936 kann der Wiener Karl Schäfer olympisches Gold im Eiskunstlauf erringen. - Die allgemeine Wehrpflicht wird eingeführt.
1937 dirigiert Herbert von Karajan erstmals an der Wiener Staatsoper. Im gleichen Jahr brennt im Prater die Rotunde (Ausstellungsgebäude) ab. - Die politische Entwicklung geht unaufhaltsam weiter, Kanzler Schuschnigg versucht vergeblich, die Unabhängigkeit Österreichs zu erhalten.
13.3. 1938: Am Tag der Volksbefragung über den Anschluß Österreichs an Deutschland erreichen die deutschen Truppen bereits Wien. Hitler wird am 15.3. frenetisch begrüßt, die Menschen erhoffen sich nun ein Ende der Arbeitslosigkeit. Die Verhaftungswelle beginnt: Am 1.4. erfolgt bereits der 1. Transport in das KZ Dachau. Am 9.11. kommt es auch in Wien zur Reichskristallnacht: Synagogen, Geschäfte und Wohnungen jüdischer Besitzer werden zerstört.
Wissenschaft und Technik: Die Leistungen der Wissenschaftler werden durch die zahlreichen Nobelpreisträger eindrucksvoll unterstrichen: 1925 R. Zsigmondy (Kolloidchemie), 1927 J. Wagner-Jauregg (Bekämpfung der Malaria), 1930 Karl Landsteiner (Entdecker der Blutgruppen), 1933 E. Schrödinger (Grundlagen der Quanten- und Atomtheorie), 1936 V. F. Heß (Entdeckung der kosmischen Strahlen), 1938 R. Kuhn (Erforschung der Vitamine).
Literatur: Die letzten Tage und der Zusammenbruch der Monarchie sind Thema zahlreicher Werke: Joseph Roth (»Radetzkymarsch«), Karl Kraus (»Die letzten Tage der Menschheit«), Robert Musil (»Der Mann ohne Eigenschaften«). Bedeutende Schriftsteller sind ferner Franz Werfel, Heimito von Doderer, Franz Kafka, Anton Wildgans und Joseph Weinheber, einen großen Leserkreis finden auch die Werke von Roda-Roda und Vicki Baum.
Musik: Der herausragendste Musiker ist Arnold Schönberg (Zwölftontechnik), auch seine Schüler Alban Berg und Anton von Webern werden gleichermaßen geliebt wie kritisiert. - Die leichte Muse (Operette) wird v. Franz Lehár und Emmerich Kálmán sowie den Österreichern Leo Fall (»Die Dollarprinzessin«) und Oscar Straus (»Ein Walzertraum«) weitergeführt.
1939-45: In Wien werden die Straßennamen »arisiert«, im 2. Bezirk wird eine Zentralkartenstelle für Juden eingerichtet, das Hotel »Métropole« am Morzinplatz (Franz-Josefs-Kai) wird zum Gestapo-Hauptquartier umfunktioniert. 1940 werden die Zeitungen gleichgeschaltet. Die ersten Widerstandsgruppen formieren sich. Ab 1941 werden alle Tanzveranstaltungen verboten, in der Nacht herrscht totale Verdunkelung. 1942 bekommen auch die Theater den Krieg zu spüren: Wegen Kohlenmangels werden sie einmal wöchentlich geschlossen. Trotzdem feiern die Philharmoniker ihr 100jähriges Bestehen. In diesem Jahr werden auch die 6 Flaktürme (→Wien: Profanbauten) errichtet. 1943 werden die Lebensmittel knapp, die Frauen zu Fabrikarbeiten eingezogen. Trotzdem werden Filme gedreht, Theater- und Opernaufführungen besucht. Erst im folgenden Jahr 1944 schließen die Theater. Die Bombenangriffe auf Wien beginnen, der »Kuckuck« im Radio warnt die Bevölkerung vor Fliegerangriffen. In der Stadt wird das Wasser knapp. Die Reichsführung erklärt, daß Wien bis zum letzten Moment verteidigt werden muß - dies führt zu den schweren Bombardements 1945, bei denen zahlreiche Prunkbauten zerstört werden

(u.a. der Stephansdom und die Oper). Am 13.4. 1945 verläßt der letzte Reichssoldat die Stadt, die Russen besetzen Wien. Noch im selben Monat werden eine provisorische Regierung sowie eine Stadtverwaltung gebildet. Bereits am 27. April treten die Philharmoniker wieder auf, Oper und Burgtheater spielen bis zur Wiederherstellung der zerstörten Gebäude in Notquartieren. Wien wird in 4 Besatzungszonen eingeteilt (»Die Vier im Jeep«).

Der 2. Weltkrieg in Zahlen:
Etwa 30% der Häuser sind zerstört, 136 Brücken zerstört, 35 000 Bürger obdachlos und etwa 11 000 Wiener bei Stadtkämpfen getötet worden.

1946: Zunächst muß wieder Verbindung mit den Menschen jenseits der Donau in den Bezirken 21 und 22 geschaffen werden: Die Floridsdorfer Brücke wird als Fußgängerbrücke über die Donau behelfsmäßig errichtet.
1948: Der Schleichhandel blüht, da die Lebensmittel immer noch knapp sind.
Erst im September gibt es Frischfleisch! Im Dezember sind die Aufräumungsarbeiten im Stephansdom so weit fortgeschritten, daß Gottesdienste abgehalten werden können.
1949: In Wien werden wieder Filme gedreht, der berühmteste ist »Der dritte Mann«.
1952: Die neue »Pummerin«, die berühmteste Glocke des Stephansdomes, wird nach Wien gebracht und feierlich empfangen.
1954: Eine katastrophale Überschwemmung verursacht schwere Schäden in allen entlang der Donau liegenden Bezirken.
15.5. 1955: Im Schloß Belvedere wird der österreichische Staatsvertrag unterzeichnet – Österreich ist wieder frei. Im gleichen Jahr nimmt das österreichische Fernsehen seinen Betrieb mit dem Sender Wien-Kahlenberg auf. Das Burgtheater kann wieder bespielt werden, ebenso die Staatsoper. Unter der Opernkreuzung wird das 1. unterirdische Einkaufszentrum eröffnet, die »Opernpassage«.
1956: Der Opernball findet wieder statt. Franz König wird Erzbischof von Wien, Herbert von Karajan Leiter der Staatsoper. Wien wird Sitz von UNO-Organisationen. Im November strömen Tausende von ungarischen Flüchtlingen nach Wien.
1961: Chruschtschow und John F. Kennedy treffen sich in Wien. – Das »Jonas-Reindl«, die unterirdische Schottenpassage am Ring, wird eröffnet (so bezeichnet wegen der runden Form = Reindl [J. Topf] und dem damaligen Bürgermeister Franz Jonas).
1964: Im Frühjahr wird die WIG, die Wiener Internationale Gartenschau, im Donaupark eröffnet. Im Sommer stirbt der bekannte Schauspieler Hans Moser. Im Herbst erschüttert ein starkes Erdbeben die Stadt.
1966: Ein Sprengstoffanschlag auf das Alitalia-Büro am Ring sorgt für Aufregung. Im Dezember kann man endlich auf der Westautobahn bis Wien-West fahren – das letzte Teilstück wird fertiggestellt.
1968: Die Unterdrückung des »Prager Frühlings« bringt zahlreiche Flüchtlinge aus der ČSSR nach Wien. – Der Gemeinderat beschließt den Bau der U-Bahn.
1974: Wieder findet in Wien eine WIG statt, diesmal in Oberlaa (heute Kurzentrum). – Die Fußgängerzone in der Innenstadt wird eröffnet.
1975: Terroranschlag auf die in Wien tagende OPEC-Konferenz: 3 Tote sind zu beklagen.
1976: Gleich zu Jahresbeginn macht ein schwerer Sturm den Wienern zu schaffen, Böen bis zu 135 km/h werden gemessen. Im Sommer stürzt die Reichsbrücke ein.
1977: 2 Persönlichkeiten aus der Industrie werden entführt, nach Zahlung hoher Lösegelder läßt man sie frei.
1979: Die UNO-City wird ihrer Bestimmung übergeben.
1982: Die neue Wirtschaftsuniversität kann eröffnet werden. – Das 1. Retortenbaby kommt in einer Wiener Klinik zur Welt.
1983: Papst Johannes Paul II. besucht Wien. – Im September wird im Theater an der Wien erstmals »Cats« aufgeführt; das Musical entpuppt sich als Dauerbrenner und ist auf Monate im voraus ausverkauft.
1985: Die Gemüter der Wiener erhitzen sich wegen des Hundertwasserhauses im 3. Bezirk: Begeisterung und Empörung treffen aufeinander.
1987: Die Donauinsel, ein neues Naherholungsgebiet für die Wiener, kann eröffnet werden.

1990: Wiederum streiten sich die Wiener wegen eines Bauwerkes: Das neue Haas-Haus am Stephansplatz war bereits zu Bauzeiten heftig kritisiert worden. Nun ist der von Hans Hollein geplante Büro- und Geschäftsbau fertiggestellt und wird feierlich eröffnet.

Bildende Kunst: Zu den Künstlern der »Wiener Schule«, die von Professor Albert Paris Gütersloh an der Akademie gefördert werden, zählen: Arik Brauer, Ernst Fuchs, Rudolf Hausner, Wolfgang Hutter, Helmut Leherb und Anton Lehmden. Ihr Stil wird als »surrealistisch« oder »phantastischer Realismus« bezeichnet. Auch Friedensreich Hundertwasser malt in dieser Richtung, er setzt sich aber besonders mit Umweltgedanken auseinander (Öko-Haus im 3. Bezirk →Hundertwasserhaus unter: Wien, Profanbauten).

Fritz Wotruba setzte mit seinen blockartig aussehenden Denkmälern und der sog. »Wotruba-Kirche« (→Wien: Profanbauten) Akzente.

Literatur: Herrschte zunächst nach dem Krieg eine begreifliche Resignationsstimmung (Christine Busta), so folgte bald die Zeit der sprachlichen Experimente (Ernst Jandl, H. C. Artmann): die Dialektdichtung entstand. Die bekanntesten Kurzgeschichten und Essays werden von Friedrich Torberg (»Die Tante Jolesch«, Geschichten ums Kaffeehaus und deren Besucher) und Hans Weigel geschrieben. – Fritz Hochwälder (»Das heilige Experiment«) war der wichtigste Dramatiker der Nachkriegszeit.

Register der Fachausdrücke

Ädikula: Wandnische, die zur Aufstellung einer Büste oder Statue dient; meist mit → Giebel, → Pfeilern oder → Säulen verziert.

Akanthus: Schmuckelement, das sich vor allem am → korinthischen → Kapitell findet und aus der stilisierten Darstellung eines scharf gezackten, distelähnlichen Blattes entwickelt wurde.

Altar: Opfertisch bei Griechen und Römern. Tisch des Herrn im christlichen Glauben. In katholischen Kirchen neben dem Hauptaltar oft mehrere Nebenaltäre für verschiedene Heilige, in protestantischen Kirchen meist nur ein Altar.

Altaraufsatz: Schreinartiger Aufbau über dem Altartisch.

Altarauszug: Oberer, abgehobener Teil des → Altaraufsatzes.

Altargerät: Gefäße und Requisiten für die gottesdienstlichen Handlungen am → Altar.

Altarretabel: → Altaraufsatz.

Ambo: Pult an den Chorschranken in altchristlichen und mittelalterlichen Kirchen; Vorläufer der → Kanzel.

Andachtsbilder: Kleinere Kunstwerke mit Einzeldarstellungen, die an Nebenaltären gezeigt werden und der religiösen Erbauung dienen.

Anna selbdritt: Darstellung von Anna, Maria und dem Jesusknaben.

Antependium: Frontverkleidung des Altartisches.

Apsis: Abschluß des → Chors, meist halbkreisförmig. In der Regel Standort des → Altars.

Aquädukt: Wasserleitung, oft als über eine Bogenbrücke geführter Kanal, bei den Römern häufig zu Monumentalbauten entwickelt.

Aquamanile: Gießgefäß oder Schüssel für rituelle Waschungen bei der kath. Liturgie.

Arabeske: Ein stilisiertes Blattwerk, das als Schmuckmotiv verwendet wird.

Architrav: Steinerner Hauptbalken über den → Säulen.

Archivolte: Bogenlauf über romanischen und gotischen Portalen.

Arkade: Bogen, der von → Säulen oder → Pfeilern getragen wird. Mehrere Arkaden werden zu Bogengängen zusammengefaßt. Wenn die Arkaden keine Öffnung haben (und nur aus dekorativen Gründen verwendet werden), spricht man auch von Blendarkaden.

Atrium: Bei den Römern ein zentraler Raum mit einer Öffnung im Dach, durch die das Regenwasser einfallen konnte. In der christlichen Architektur ein Vorhof, der meist von → Säulen umgeben ist, auch Paradies genannt.

Attika: Eine (meist reich verzierte) Wand, die über das → Gesims einer Säulenreihe gemauert wird und das Dach verdecken soll.

Aufgehendes Mauerwerk: Der sichtbare (oberirdische) Teil des Mauerwerks.

Aula: Halle, Fest- oder Versammlungssaal.

Auslucht (niederdeutsch Utlucht): Gebäudeerker auf massivem Sokkel (→ Erker).

Backstein: Ziegel, der im Brand gehärtet worden ist.

Baldachin: Schutzdach über → Altären Grabmalen, Statuen und Portalen.

Baluster: Kleine bauchige oder profilierte Säule.

Balustrade: Aus → Balustern gebildetes Geländer.

Barock: Stilbezeichnung für die Kunst- und Kulturepoche ab etwa 1600 bis etwa 1750. Bestimmend sind kraftvoll bewegte, ineinandergreifende Formen.

Basilika: Griechische Königshalle; im Kirchenbau Bezeichnung für eine mehrschiffige Kirche (→ Schiff), deren Satteldach über dem Hauptschiff höher ist als die Pultdächer über den Seitenschiffen. Siehe auch → Säulenbasilika und → Pfeilerbasilika.

Basis: Fuß einer → Säule oder eines → Pfeilers, meist breit auslaufend und dekorativ gestaltet.

Bauhütte: Die Werkstatt der Handwerker, die an einem Kirchenbau beteiligt waren.

Bergfried: Hauptturm einer Burg, letzte Zufluchtstätte bei Belagerungen.

Bering: Mantelmauer einer Burg.

Beschlagwerk: Schnitzwerk der → Renaissance, das bandeisernen Zierbeschlägen nachgebildet wurde.

Biedermeier: Kunst- und Kulturepoche (vor allem im deutschsprachigen Raum) von etwa 1815 bis etwa 1850.

Blattkapitell: Gotisches → Kapitell (Abb.), bei dem die Grundform von feinen Blattornamenten überzogen ist.

Blendarkade: → Arkade.

Blendmaßwerk: → Maßwerk.

Bogenformen: Der Bogen dient zur Überbrückung größerer Spannweiten im Steinbau.

Bogenfries: Ein → Fries in der Form von Rundbogen (häufig bei romanischen Bauwerken).

Bündelpfeiler: In der Gotik beliebte → Pfeilerform. Um Kernpfeiler gruppieren sich kleinere und größere Dreiviertelpfeiler.

Chor: Der meist erhöhte und in der Regel östlich gelegene Abschluß des Kirchenraumes. Der Chor hat meist nicht die gleiche Breite wie das → Schiff. Er dient zur Aufnahme des → Altars. Im Mittelalter war der Chor oft durch Schranken zum übrigen Kirchenraum abgegrenzt.

Chorgestühl: Sitzreihen für die Geistlichkeit bzw. in Klosterkirchen für die Mönche und Nonnen, zu beiden Seiten des → Chors aufgestellt.

Chorumgang: Ein Gang, der durch die Fortführung der Seitenschiffe entsteht und um den → Chor herumführt.

Ciborium: Steinerner, von → Säulen getragener → Baldachin über dem → Altar. Auch Kelch zur Aufbewahrung konsekrierter Hostien.

Dachreiter: Türmchen über dem Dachstuhl.

Dienste: Dünne Säulen oder Rundstäbe, die einer Wand oder einem Pfeiler vorgelagert sind, meist zur Unterstützung des Gewölbes.

Doppelkapelle: Eine zweigeschossige Kapelle.

Dorische Säulenordnung: → Ordnung, bei der die → Säulen ohne → Basis direkt auf den Boden gesetzt sind und flache, wulstförmige → Kapitelle (Abb.) tragen.

Empore: Zwischengeschoß; in der Kirche meist Galerie für Sänger und Orgel.

Englischer Garten: Im Gegensatz zur (franz.) geometrischen Barockanlage hat der englische Garten Landschaftscharakter.

Englischer Gruß: Verkündigung des Engels an Maria.

Epitaph: Gedenktafel oder Gedenkstein an Wand oder Pfeiler, oft über dem Grab des Verstorbenen.

Erker: In sich geschlossener vorspringender Anbau an die Außenwand eines Gebäudes. Oft ein Dekorationselement.

Eremitage: Pavillon in Park- und Gartenanlagen, einsam gelegenes Schloß.

Eselstreppe: Stufenloser Aufgang eines Turms, vermutlich benutzt, um Esel das Baumaterial hinauftragen zu lassen. Daher sog. Eselstürme an mittelalterlichen Domen.

Fachwerk: Balken, die als tragende Teile benutzt werden, sind mit Lehm oder Ziegeln aufgefüllt.
Fassade: Haupt-oder Schauseite eines Bauwerks.
Fassung: Bemalung.
Fayence: Töpferwaren mit Glasurüberzug, benannt nach der italienischen Stadt Faënza.
Fiale: Ziertürmchen in der → Gotik; oft als Bekrönung eines → Strebepfeilers.
Figurenkapitell: Das → Kapitell einer Säule, das zu einer Figur ausgearbeitet worden ist.
Filigranwerk: Ursprünglich Goldschmiedearbeit, bei der Gold- und Silberdraht ornamentartig auf eine Metallunterlage gelötet werden. Auch auf vielfach durchbrochene Schnitzwerke und Stukkaturen übertragen.
Fischblase: Flammenförmige Ornamentform im gotischen → Maßwerk.
Flügelaltar: Der → Altaraufsatz hat ausklappbare, meist reich geschnitzte oder bemalte Flügel.
Fresko: Auf den noch feuchten Kalkputz werden Wasserfarben ohne Bindemittel aufgetragen. Beim Trocknen des Mörtels verbinden sich die Farben besonders haltbar mit dem Putz.
Fries: Schmuckstreifen zum Abschluß oder als Untergliederung einer Wand. Der Fries kann flächig oder plastisch sein, er kann aus Figuren oder → Ornamenten bestehen.

Gaden: In der Architektur Bezeichnung für Obergeschloß.
Galerie: Ein langgestreckter Raum; oft werden → Emporen und → Arkadengänge auch Galerie genannt.
Gaube: Als Giebelhäuschen ausgebildetes Dachfenster.
Gebälk: Balkensystem eines Holzbauwerks. Im Steinbau der → Renaissance und des → Barock werden → Architrav, → Fries und → Gesims zusammen als Gebälk bezeichnet.
Gebundenes System: Quadratisches Schema eines Grundrisses (vorwiegend in romanischen Kirchen). Ausgehend von der quadratischen 6 Vierung sind jeweils gleichgroße Gewölbequadrate in allen Richtungen angefügt. In den Seitenschiffen entsprechen jeweils zwei kleinere Gewölbequadrate den größeren Quadraten des Mittelschiffes.
Gesims: Ein vorspringender Wandabschluß.
Gesprenge: Abschließende Bekrönung des → Altaraufsatzes.
Gewölbe: Bogen- oder haubenförmiger Abschluß eines Raums. (Die verschiedenen Gewölbeformen vgl. Zeichnung.)
Gobelin: Bildteppich.
Gotik: Epoche der europäischen Kunst und Kultur, die von der Mitte des 12. Jh. bis ins 16. Jh. reicht.
Grisaille: Malerei in verschiedenen Grauabstimmungen.
Gurtbogen: Eine konstruktive und dekorative Unterstützung des Gewölbeabschnitts, die sich rippenartig als Bogen quer zur Längsachse spannt.

Hallenkirche: Im Gegensatz zur → Basilika sind Hauptraum und → Seitenschiffe gleich hoch; ohne → Querhaus.
Hallenchor: Ein → Chor, der aus mehreren, jedoch gleichhohen → Schiffen besteht.
Halsgraben: Künstlich geschaffener Graben, der Burgen vom Landrücken trennt. Zugang über Zugbrücken.
Helm: Der Abschluß eines Turmes.
Hochaltar: Zentraler Hauptaltar einer Kirche.

Immaculata: Die Unbefleckte, Ehrenname Marias.
Intarsia: Einlegearbeit in Holz, Stuck, Stein etc.
Ionische Säulenordnung: → Ordnung, bei der die → Säulen auf einer mehrgliedrigen → Basis stehen und das → Kapitell (Abb.) durch zwei Schneckenbögen charakterisiert ist.

Joch: Grundeinheit des durch → Pfeiler, → Säulen oder → Gurtbogen gegliederten Raumes.
Jugendstil: Nach der Münchner Zeitschrift »Jugend« benannte Stilrichtung, die sich gegen die Übernahme alter Formen wendet und neue, der Natur entnommene Ausdrucksformen schafft. Schwerpunkt von 1895 bis um 1905.

Kalotte: Gewölbte Kuppel in Form eines Kugelabschnitts.
Kamee: Stein oder Edelstein mit erhaben geschnittener Darstellung.
Kämpfer: Steinplatte zwischen → Säule bzw. → Kapitell und Bogen oder Gewölbe.
Kanon: Regelmäßiges, wiederkehrendes Maß.
Kanzel: Erhöhter Platz in der Kirche, von dem aus die Predigt gehalten wird. Oft von einem → Baldachin oder einem → Schalldeckel überdeckt.
Kapitell: Abschließender, kopfartiger Teil einer → Säule. Die Form der Kapitelle ist ausschlaggebend für Stil oder → Ordnung (vgl. Zeichnung).
Kapitelsaal: Versammlungsraum der Klostergemeinde.
Karner (auch: Beinhaus): Kapellenartiges Haus auf Friedhof, in dem die Gebeine aufbewahrt werden, die bei Neubelegung von Gräbern ausgegraben werden; oft zweigeschossig und mit Totenkapelle; vor allem in den Alpenländern.
Kartusche: Zierrahmen, mit dem Wappen, Initiale oder Inschriften eingefaßt sind.
Karyatide: → Gebälk tragende Figur.
Kassettendecke: Diese in rechteckige Felder unterteilte Decke ist durch → Ornamente, Bemalung oder anderen Schmuck ausgeprägt.
Kassettengewölbe: Ein von einer rechteckigen Kassette angeschnittenes → Kloster- oder Haubengewölbe in regelmäßiger Folge (Abb. → Gewölbe).
Klassizismus: Von klassisch-antiken Vorbildern ausgehende Stilrichtung, die zwischen etwa 1770 bis etwa 1830 ihren Höhepunkt erreichte.
Klostergewölbe: (Haubengewölbe): Ein kuppelähnliches, waagrecht gerade abschließendes Gewölbe aus Tonnenabschnitten (siehe Abb.).
Knorpelstil: Die vorbarocke Form des → Ornaments, aus dem → Beschlagwerk entwickelt, mit ohrmuschelartigen Formen.
Knospenkapitell: Abwandlung des → korinthischen Kapitells in frühgotischer Zeit (Abb. → Kapitell).
Konche: Halbrunder, sich in einen Nebenraum öffnender Raum, besonders Halbkuppel der Apsis.
Konsole: Wandvorsprung, Balkenstütze.
Kopfreliquiar: → Reliquiar in Kopf- oder Büstenform.
Korbbogen: Flachgedrückter Rundbogen.
Korinthische Säulenordnung: Reiche Zierformen kennzeichnen bei dieser → Ordnung die → Kapitelle (Abb.). Die → Basis ähnelt der → ionischen Ordnung.
Kragstein: Aus der Mauer herausragender Stein, der als Stütze, als Auflage oder auch nur als Träger für eine Büste dient.
Kreuzgang: Meist gewölbtes, nach innen durch → Arkaden geöffnetes Geviert, das als Umgang im Hof eines Klosters dient und an einer Seite an die Kirche anschließt.
Kreuzgewölbe: Ein → Gewölbe (Abb.), bei dem sich zwei → Ton-

nengewölbe rechtwinklig kreuzen. Man unterscheidet das einfache Kreuzgratgewölbe von dem Kreuzrippengewölbe, bei welchem die Schnittkanten durch Rippen verstärkt sind.
Krypta: Unterkirche, Grabraum, meist unter dem → Chor gelegen. Oft sind Kirchen über einer alten Krypta errichtet worden.

Langhaus: Hauptteil der Kirche, für die Gemeinde bestimmt. → Chor und → Apsis werden nicht mitgemessen.
Laterne: Kleiner Turm zum Abschluß einer Kuppel, meist reich verziert.
Laubengang: Bogengang, der dem Erdgeschoß eines Baus vorgelagert ist.
Laibung: Fläche des Mauereinschnitts bei Fenstern und Türen.
Lettner: Wand oder Brüstung zwischen → Chor und → Mittelschiff, die den klerikalen Bereich vom Laienraum trennt.
Loggia: Nach außen geöffnete Säulenhalle eines Bauwerks, häufig im Obergeschoß.
Louis-Quatorze: Französischer Kunststil, dem deutschen → Barock vergleichbar; benannt nach Ludwig XIV. (1638–1715).
Louis-Quinze: Epoche des Spätbarock in Frankreich, benannt nach Ludwig XV. (1710–74). Entspricht in etwa dem → Rokoko in Deutschland und Österreich.
Louis-Seize: Beginn des → Klassizismus in Frankreich, benannt nach Ludwig XVI. (1754–93); eine gemäßigte Form des → Rokoko.
Lüftlmalerei: Malerei an Hauswänden, vornehmlich im süddeutschen Raum.

Manierismus: Kunststil zwischen → Renaissance und → Barock (ungefähr von 1530–1630). Der Manierismus vernachlässigt natürliche und »klassische« Formen zugunsten gewollter Künstlichkeit der Manier.
Mansarde: Ein abgeknicktes Dach, wobei der untere Teil steiler als der obere ist. Der gewonnene Raum wird ebenfalls Mansarde genannt und läßt sich gut für Wohnzwecke benutzen. (Benannt nach dem Franzosen F. Mansart.)
Maßwerk: Gotische geometrische Zierformen, vor allem für die Ausgestaltung von Fensterbogen oft verwendet. Liegen die Zierbogen direkt auf der Wand, spricht man von Blendmaßwerk.
Mausoleum: Ein prächtiges Grabmal, meist in der Form eines Hauses oder Tempels.
Mensa: Die Deckplatte des Altars.
Mezzanin: Halb- oder Zwischengeschoß.
Miniatur: Kleinformatiges Bild; handgemalte Bilder in alten Handschriften.
Mittelschiff: Mittleres → Schiff der → Basilika oder der mehrschiffigen → Hallenkirche.
Mönchschor: Jener Teil des → Chores, der den Mönchen vorbehalten ist, oft abgeschlossen.
Monstranz: Schmuckgerät, in dem (meist hinter Glas) die geweihte Hostie gezeigt wird.
Mosaik: Wand-, Boden- oder Gewölbeschmuck, zusammengefügt aus kleinen bunten Steinchen, Glasscherben oder anderen Materialien.
Münster: Große Klosterkirche bzw. große Stiftskirche, vor allem in Rheinnähe gebräuchlich.
Muschelwerk: Zierornamente, die dem Muschelmotiv nachempfunden sind; vor allem in der späten → Renaissance und im → Rokoko.

Netzgewölbe: → Gewölbe (Abb.), bei dem sich die Rippen mehrfach kreuzen. Vor allem zur Zeit der → Gotik anzutreffen.
Neubarock: Reaktion auf den kühlen → Klassizismus. Die Wiederverwendung der Formen des → Barock entwickelte sich im letzten Drittel des 19. Jh. als ein historisierender Prunkstil mit übertriebenem plastischem Schmuck und auffälligen Farben.
Neugotik (Neogotik): Historisierender Kunststil, mit dem man im 19. Jh. die Bauformen und Schmuckornamente der → Gotik neu beleben wollte.
Nonnenchor: → Empore, auf der Nonnen dem Gottesdienst beiwohnen.

Obelisk: Freistehender Pfeiler mit quadratischem Grundriß und pyramidenartiger Spitze.
Odeon: Meist rundes Gebäude, in dem musikalische und andere musische Aufführungen stattfinden.
Oktogon: Gebäude mit achteckigem Grundriß.
Olifant: Das Wunderhorn Rolands, ein Signal- und Kriegshorn aus Elfenbein, reich geschnitzt und in Edelmetall gefaßt.
Orangerie: Teil barocker Schloß- und Parkanlagen, ursprünglich für die Überwinterung der während des Sommers im Freien aufgestellten Orangenbäume und anderer südlicher Gewächse gedacht. Oft erhielten die Orangerien jedoch Festräume für große Hofgesellschaften.
Oratorium: Kleine Kapelle, die in der Regel nicht für die Öffentlichkeit zugänglich ist, oft dem → Chorraum angegliedert.
Ordensburg: Burgen des Deutschen Ritterordens, vornehmlich in Preußen und Livland. Die vierflügeligen Anlagen sind um einen Innenhof gruppiert und durch sehr starke Befestigungsanlagen geschützt. Kloster, Garnison und Verwaltung sind in den Ordensburgen gemeinsam untergebracht gewesen.
Ordnung: Architektursystem der Antike, das bestimmte Reihenfolgen vorschreibt, vor allem bei → Säulen (→ dorische, → ionische etc.).
Orgelprospekt: Schauseite einer Orgel.
Ornament: Regelmäßig sich wiederholende Zierformen. Wiederkehrende Ornamente sind oft unter anderen Begriffen zusammengefaßt (z. B. → Fries).
Ottonische Kunst: Kunst aus der Zeit der Könige Otto I., Otto II. und Otto III. (936–1002). Anreger und Finanziers dieser Kunst waren die Könige sowie Würdenträger der Kirche.

Pagode: Süd- und ostasiatischer Reliquienschrein und Tempel.
Palas: Wohnbau einer Burg.
Pallium: Ein mantelähnlicher Umhang der Römer, im Mittelalter Krönungsmantel für Könige und Kaiser, später auch bei Erzbischöfen.
Paneel: Brusthohe Holzvertäfelung.
Panorama: In der Kunst ein Rundgemälde, vor allem zur Darstellung von Schlachten und Städteansichten.
Pantheon: Den Göttern geweihter Tempel. Nach dem Vorbild des Pantheons in Rom (Rundbau).
Paradies: → Atrium.
Patio: Innenhof des Hauses, vor allem in Spanien.
Pavillon: Meist mehreckiger oder runder Bau in Parkanlagen. Bei Barockschlössern verbinden sehr häufig Eckpavillons den Hauptbau mit den davon abzweigenden → Galerien.
Pergola: Offener Laubengang aus einer Holzkonstruktion; an den Balken ranken sich Pflanzen empor.
Pesel: Wohnraum und Zentrum norddeutscher Bauernhäuser.
Pestsäule: Mittelalterliche Schmucksäulen, die an Zeiten erinnern, in denen die Pest im Ort gewütet hat.
Pfalz: Wohnstatt für Könige und Kaiser, die im Mittelalter nicht an einem Ort residierten, sondern

ihren Sitz regelmäßig wechselten.
Pfeiler: Stützglied wie die → Säule, doch von recht- oder mehreckigem Grundriß.
Pfeilerbasilika: Die Bogen des → Schiffes der → Basilika liegen auf → Pfeilern.
Pieta: Darstellung der trauernden Maria mit dem Leichnam des Sohnes auf dem Schoß.
Pilaster: → Pfeiler, der aus einer Wand hervortritt (Halbpfeiler), mit → Basis und → Kapitell.
Polygon: Vieleck.
Portikus: Von → Pfeilern gestützte Vorhalle.
Postament: Sockel eines Standbildes.
Präraffaeliten: Von London ausgehende Kunstrichtung (um 1850), die eine Verbindung religiöser und seelischer Motive forderte und sich an der italienischen Malerei der frühen → Renaissance orientierte. Vorstufe des → Jugendstils.
Predella: Unterbau des → Altars.
Presbyterium: Ursprünglich »Raum der Priester«, heute allgemeine Bezeichnung für den → Chor bzw. die → Apsis einer Kirche.
Profan: Das Gegenteil von → sakral, also Kunst, die nicht mit dem religiösen Bereich in Verbindung steht. Zu den Profanbauten zählt man z. B. Rathäuser, Burgen, Schlösser, Bürgerhäuser etc.
Propyläen: Die Eingangshalle monumentaler Bauten. Vorbild späterer Bauten waren die Propyläen auf der Akropolis in Athen (entstanden 437 bis 432 v. Ch.).
Putten: Nackte engelhafte Kinderfiguren in der → Renaissance, im → Barock und im → Rokoko.

Quader: Behauener Block aus massivem Stein.
Quadriga: Ein vierspänniger Wagen.
Querhaus oder **Querschiff:** Raum in der Kirche, quer zum → Langhaus (→ Basilika).
Querschnitt: Ein gedachter Schnitt quer durch ein Gebäude zur Darstellung der Architektur.

Refektorium: Speiseraum in Klöstern.
Régence: Französische Ausformung des → Rokoko.
Relief: Bildhauerarbeit, bei der die Figuren halbplastisch aus der Fläche herausgeschnitten (Holz) oder gemeißelt (Stein) sind. Je nach der Stärke der Erhebung spricht man von Flach-, Halb- oder Hochrelief.
Reliquiar: Behälter, in dem die Reliquien eines Heiligen aufbewahrt werden.
Remter: Speisesaal einer → Ordensburg (→ Refektorium).
Renaissance: Stilbezeichnung für die bildende Kunst ab etwa 1500 bis etwa 1600. Die Renaissance fällt zusammen mit dem Ende des mittelalterlichen Weltbilds und dem Beginn einer neuen, an der Antike orientierten Lebenshaltung (ital. rinascimento = Wiedergeburt).
Retabel: → Altarretabel.
Risalit: Aus der Fluchtlinie vortretender Teil eines Gebäudes, der dessen volle Höhe erreicht.
Rocaille: Reich gestaltete, muschelähnliche → Kartusche, die namengebend für das → Rokoko wurde.
Rokoko: Stilbezeichnung für die Zeit des ausklingenden → Barock (etwa 1720–70) mit eleganten, leichten, oft verspielten, vor allem ovalen Formen.
Rollwerk: Bandartiges Ornament, dessen sich aufrollende Enden plastisch ausgeformt sind. Motiv vieler Holzarbeiten vor allem im 16. Jh. in Flandern und Holland (→ Beschlagwerk).
Romanik: Die zusammenfassende Bezeichnung für die Kunst vom Jahr 1000 bis ins 13. Jh. In ihren Bauwerken ist die Romanik bestimmt von Rundbogen, ruhigen Ornamenten und einer insgesamt schweren Haltung.
Romantik: Kunstrichtung zu Beginn des 19. Jh., die sich vor allem in der Literatur (Märchen), Malerei und Musik ausbreitete. Sie nimmt Formen und Motive des Mittelalters wieder auf und bedeutet eine Abkehr von den rationalen Normen des → Klassizismus.
Rose: Ein stark gegliedertes Rundfenster über dem Portal mit reichem → Maßwerk, vor allem bei gotischen Kirchen.
Rotunde: Rundbau
Rundling: Dörfer, die sich regelmäßig um den (runden) Marktplatz herum entwickelt haben.
Rustika: Mauern aus → Quadern, deren Schauseite absichtlich unbehauen geblieben ist.

Saalkirche: Stützenfreier Kircheninnenraum, also ohne → Seitenschiff.
Sakral: Kirchlich, geistlich (im Gegensatz zu → profan).
Sakramentshäuschen: Gehäuse zur Aufbewahrung der geweihten Hostien. In der späten → Gotik entstanden zahlreiche große Sakramentshäuschen, die teilweise zu bedeutenden Kunstwerken ausgestaltet sind.
Säkularisation: Umwandlung geistlicher Besitztümer in weltliche, vor allem unter Napoleon (1803).
Sarkophag: Meist reich verzierter steinerner Sarg.
Satteldach: Von zwei schräg gegeneinander gestellten Flächen gebildetes Dach. Die 2 Giebel befinden sich an den Schmalseiten.
Säule: Im → Querschnitt runde, sich nach oben etwas verjüngende Stütze. Die Gliederung der Säulen wird durch die → Ordnung bestimmt (siehe dagegen → Pfeiler).
Säulenbasilika: → Basilika, die von → Säulen gestützt wird (im Gegensatz zur → Pfeilerbasilika).
Schalldeckel: → Kanzel.
Schiff: Der Raumteil einer Kirche; daraus einschiffige oder mehrschiffige Kirchen; letztere durch → Säulen oder → Pfeiler aufgeteilt.
Seitenschiff: Seitlich gelegenes → Schiff, durch → Säulen oder → Pfeiler vom Hauptraum der Kirche getrennt.
Sepultur: Für Begräbnisstätten reservierter Kirchenraum.
Sgraffito: Kratzputz.
Sockel: Vorspringender unterer Teil einer Wand, eines → Pfeilers oder einer Säule.
Spiegelgewölbe: Ein langgestrecktes → Klostergewölbe, das im Scheitel mit einer waagrechten Flächen schließt (Abb. → Gewölbe).
Sprengwerk: → Gesprenge.
Stabwerk: Senkrechte Stäbe zur Gliederung gotischer Fenster und Fassaden (→ Maßwerk).
Staffelgiebel: Giebel mit treppenartiger Stufung, auch Treppen- oder Stufengiebel.
Stichkappengewölbe: Ein von dreieckigen Kugelflächen eingeschnittenes → Tonnengewölbe (Abb. → Gewölbe).
Strebepfeiler: Die in der Gotik ungewöhnlich großen Fensteröffnungen forderten eine Abstützung der Außenmauern durch → Pfeiler und Halbbögen. Dieses Strebewerk fing den Gewölbedruck auf.
Stuck: Ein leicht formbarer Werkstoff aus Gips, Kalk, Sand und Wasser, der vor allem im 17./18. Jh. zur plastischen Ausschmückung von Innenräumen gedient hat.
Synagoge: Jüdisches Gotteshaus.

Tabernakel: Altargehäuse für die Hostie.
Tabor: Befestigtes Lager, Befestigung, besonders in der Steiermark gegen Türkeneinfälle; auch Taborkirche.
Tambour: Unterbau einer Kuppel, in der Regel zylindrisch oder polygonal.

Thermen: Römische Warmbadeanstalten.
Tonnengewölbe: → Gewölbe (Abb.), das einer Tonne gleicht, die in Längsrichtung durchgeschnitten wird.
Triptychon: Dreiteiliges Altarbild.
Triumphbogen: Geschmückter Torbogen.
Tudorstil: Baustil, der Elemente der → Gotik und der → Renaissance verbindet; benannt nach der englischen Familie Tudor (etwa um 1530 bis um 1600).
Tumba: Aufbau über einer Grabstelle.
Tympanon: Das Bogenfeld über dem mittelalterlichen Portal.

Verblendung: Verkleidung von Bauteilen, die nicht sichtbar sein sollen.
Vesperbild: → Pieta.
Vierung: Die Stelle, an der sich → Lang- und → Querhaus kreuzen.
Vollplastik: Allseits plastisch gearbeitetes Bildwerk (dagegen → Relief).
Volute: Spiralenförmiges → Ornament.

Wange: Seitlicher Abschluß des → Chorgestühls.
Weicher Stil: Spezifische Erscheinung in der deutschen Malerei und Plastik der Spätgotik mit fließenden Gewandfalten und zartem Gesichtsausdruck.
Welsche Haube: Geschwungenes Haubendach für Türme, Vorläufer der → Zwiebelhaube.
Westwerk: Monumentaler Westabschluß bei Kirchen aus karolingischer, ottonischer und romanischer Zeit. Als Kirche für den Herrscher vorgesehen und deshalb oft auch mit einem eigenen Altar ausgestattet.
Würfelkapitell: Aus der Durchdringung von Würfel- und Kugelform entwickeltes → Kapitell (Abb.) der romanischen Stilepoche.

Zackenstil (auch: Knitterstil): In der Spätgotik, sogar bereits in der Spätromanik auftretender Stil, Falten an (Schnitz-)Figuren sehr scharf (zackig, knitterig) zu gestalten.
Ziborium (auch: Ciborium): Großer steinerner → Baldachin über dem → Altar.
Zopfstil: Stilrichtung aus der Zeit zwischen → Rokoko und → Klassizismus (etwa um 1760–80); geprägt von strenger Ausdrucksweise.
Zwerchhaus: Dachhäuschen mit einem Giebel, der quer zum Hauptdach steht.
Zwerggalerie: Gang in der Außenmauer unter dem Dachgesims; nach außen geöffnet und meist reich verziert.
Zwiebelhaube: Dach in der Gestalt einer Zwiebel.

Register

der behandelten **Umgebungsorte** (halbfett), der Sehenswürdigkeiten der Stadt Wien und der berücksichtigten Persönlichkeiten

A

Adalbert-Stifter-Museum 196
Akademie der bildenden Künste 76, 180
Akademie der Wissenschaften 76
Akademietheater 173
Albertina 78
Allgemeines Krankenhaus 78
Alpengarten 157
Alt, Rudolf v. 142
Alte Backstube 181
Alte Schmiede 181
Alte Universität 80
Altes Rathaus 80
Altlerchenfelder Kirche 13
Altmannsdorfer Kirche 20
Altsimmeringer Pfarrkirche 20
Am Hof 136
Am Hof, Kirche 20
Amalienbad 84
Amalienburg 99
Amerling, Friedrich v. 168
Andromeda-Brunnen 143
Ankerhaus 84
Ankeruhr 84
Annakirche 21
Anzengruber, Ludwig 143
Arenbergpark 157
Arsenal 85
Aspern-1809-Museum 181
Ateliertheater 173
Athene-Brunnen 143
Auer v. Welsbach, Carl 143
Auferstehungskirche 22
Augarten 157
Augartenporzellan 198
Augustin-Brunnen 143
Augustinerkirche 22
Äußeres Burgtor 102
Austria Center 86
Austria-Brunnen 144

B

Bäckerkreuz 144
Bad Deutsch-Altenburg 204
Bad Vöslau 212
Baden 205
Bankgebäude 86
Barbarakirche 24
Barockmuseum, Österr. 181
Basiliskenhaus 86
Beethoven, Ludwig van 144
Beethoven-Gedenkstätten 181
Befreiung der Quelle 144
Befreiungsdenkmal 144
Belvedere 87
Belvederegarten 157
Bestattungsmuseum 183
Bezirksmuseum 183
Böhmische Hofkanzlei 90
Börse 90
Börse für landwirtschaftliche Produkte 90
Botanischer Garten 157
Bruckner, Anton 168
Bundeskanzleramt 91
Bundessammlung alter Stilmöbel 184
Burg Mödling →Mödling 248
Bürgerliches Zeughaus, ehem. 90
Burggarten 158
Burgkapelle 24
Burgtheater 173
Bürohaus Grothusen 91

C

Canon, Hans 168
Carnuntum 213
Christkindlmarkt 198
Churhaus 91
Clam-Gallas-Palais 115
Clown- und Zirkusmuseum 184
Coch, Georg 145

D

Damenspende 198
Danubiusbrunnen 145
Deutsch Wagram 214
Deutschmeisterdenkmal 145
Deutschordenshaus 24
Deutschordenskirche 25
Döblinger Friedhof 65
Dominikanerkirche 25
Donauinsel 158
Donaupark 158
Donauweibchenbrunnen 145
Donner, Raphael 145
Donner-Brunnen 146
Dornbacher Friedhof 66
Dorotheum 91
Dr.-Karl-Lueger-Gedächtniskirche 71
Dreimäderlhaus, sog. 92

E

Ehrenmal der Roten Armee 146
Eisenbahnmuseum, Österr. 184
Elisabethinenkirche 27
Ephesos-Museum 184
Eroica-Haus 181
Erzbischöfliches Dom- und Diözesanmuseum 184
Erzbischöfliches Palais 27
Erzherzog Albrecht 146
Erzherzog Karl 146
Esperanto-Museum, Internationales 184
Ev. Kirche A. B. 28
Ev.-reformierte Kirche H. B. 28

F

Fasching 198
Favoritner Wasserturm 92
Feuerwehrmuseum, Wiener 184
Fiakermuseum 184
Figarohaus 92
Figl, Leopold 148
Fischer v. Erlach, Johann Bernhard 165
Flaktürme 92
Fleischmarkt 136
Florianikirche 28
Franziskanerkirche 28
Freie Bühne Wieden 174
Freyung 137

Friedhof der Namenlosen 66
Fünfhauser Kirche 29

G

Galerie des XIX. und XX. Jahrhunderts, Österr. 186
Gänsemädchenbrunnen 148
Gänserndorf 215
Gardekirche 29
Gasometer 92
Generalihof 92
Georgskapelle 29
Geymüller-Schlössel 186
Girardi, Alexander 148
Globenmuseum 186
Glockenmuseum 186
Goethe, Johann Wolfgang v. 148
Graben 137
Grabenbrunnen 148
Grabenhof 93
Graphische Sammlung Albertina 186
Griechenbeisel 93
Grillparzer, Franz 171
Grillparzer-Gedenkzimmer 188
Grinzinger Friedhof 66
Gumpendorfer Pfarrkirche 29
Gumpoldskirchen 215
Gustav-Adolf-Kirche 30
Gutenberg, Johannes 148

H

Haas-Haus 93
Hansen, Theophil 149
Haus des Meeres 188
Haydn, Joseph 149
Haydn-Wohnhaus 93, 188
Heeresgeschichtliches Museum 85
Heiligenkreuz 216
Heiligenkreuzerhof 93
Heiligenstädter Testament 181
Heinrich II. Jasomirgott 165
Heldenplatz 137
Hermesvilla 95, 160
Hernalser Friedhof 66
Herzog Leopold VI. 165
Heuriger 198
Hietzinger Friedhof 68
Hill Arches 149
Hinterbrühl 220
Historisches Museum der Stadt Wien 188
Hochhaus 95
Hochstrahlbrunnen 149
Hofbauer, Clemens Maria 149
Hofburg 96, 188
Hoftafel- und Silberkammer 188
Hohe Brücke 142
Hoher Markt 137
Hotel Imperial 102
Hotel Sacher 104
Hundertwasserhaus 104
Husarentempel →Mödling 248
Hütteldorfer Friedhof 68

I

Institut für Geschichte der Medizin der Universität Wien 188
Isisbrunnen 150

J

Jasomirgott-Brunnen 150
Johann-Nepomuk-Kirche 30
Johann-Strauß-Wohnung 196
Josefstadt 174
Josephinum 104
Josephsbrunnen 157
Josephsplatz 138
Jubiläumskirche 30
Justizpalast 104
Juwelier Schullin 106

K

Kabarett Simpl 174
Kaffeehaus 199
Kahlenberger Friedhof 68
Kainz, Josef 169, 170, 171
Kaiser Franz I. 150
Kaiser Joseph II. 150
Kaiser, Karl d. Gr. 151
Kaiser Maximilian v. Mexiko 151
Kaisergruft 35
Kaiserin Elisabeth 171
Kaiserspitalskirche 29
Kálmán, Emmerich 169, 170, 171
Kalvarienbergkirche 30
Kammeroper 175
Kammerspiele 175
Kapuzinergruft 35
Kapuzinerkirche 35
Karl-Marx-Hof 106
Karl-Seitz-Hof 106
Karlskirche 38
Karmeliterkirche 39
Kärntner Str. 138
Kartenspieltische 200
Kinderbrunnen 151
Kinderübernahmsstelle 106
Kirche der Barmherzigen Brüder 39
Kirche zur Heiligsten Dreifaltigkeit 65
Kleine Komödie 175
Klosterneuburg 220
Kohlmarkt 138
Kollonitsch, Leopold Graf 165
Kolschitzky, Franz Georg 151
Kongreßzentrum 100
Konzertcafé 200
Konzerthaus 108
Korneuburg 232
Krematorium der Stadt Wien 76
Kreuzenstein, Burg 233
Kriegsministerium, ehem. 108
Kuffnersche Sternwarte 108
Kunsthistorisches Museum 108, 189
Künstlerhaus 108
Kursalon 110
Kurzentrum Oberlaa 159, 160

L

Laaer Berg, Erholungs- und Kurpark 158
Laaer Wald, Erholungsgebiet 160
Lainzer Tiergarten 160
Landhaus 110
Langenzersdorf 233
Laxenburg 234
Lazaristenkirche 40
Lehár, Franz 168

Lenau, Nikolaus 152
Leopoldinischer Trakt 99
Leopoldsbrunnen 148
Leopoldskirche 40
Lichtentaler Pfarrkirche 41
Liebenberg, Andreas v. 152
Literatencafé 200
Loos-Haus 110
Lueger, Dr. Karl 152

M

Mach, Ernst 165
Majolikahaus 110
Makart, Hans 168
Malteserkirche 41
Marc-Anton-Gruppe 152
Marchegg 236
Marchfeldschlösser 237
Marco d'Aviano 152
Marcus, Siegfried 166
Maria am Gestade 41
Maria Enzersdorf 239
Maria Stiegen 41
Maria Theresia 152
Maria Trost 62
Mariahilfer Kirche 42
Mariahilfer Str. 138
Mariensäule 154
Marinemuseum 86
Maronibrater 200
Matzleinsdorfer Friedhof 69
Mayerling 241
Mechitaristenkirche 44
Medizinhistorisches Museum 192
Messepalast 111
Michaelerkirche 44
Michaelerplatz 139
Michaelertrakt 100
Minoritenkirche 45
Mödling 241
Mölkerbastei 139
Moschee 46
Mosesbrunnen 154
Mozartbrunnen 154
Mozartmuseum 192
Museum des 20. Jahrhunderts 192
Museum für angewandte Kunst 192
Museum mittelalterlicher österr. Kunst 192
Museum moderner Kunst im Palais Liechtenstein 192
Musikvereinsgebäude 111

N

Naschmarkt 139
Nationalbibliothek 100
Nationalbibliothek, Österr. 193
Naturhistorisches Museum 111, 193
Naturpark Sandstein-Wienerwald 249
Neidhart-Fresken 193
Neue Hofburg 102
Neues Rathaus 112
Neugebäude 112
Neuwaldegger Park 160
Niederösterr. Landesmuseum 193
Niederweiden →Marchfeldschlösser 237

O

Ober-Sankt-Veiter Friedhof 70
Oberes Belvedere 88
Opernball 201
Opernbrunnen 154
Orth/Donau 249
Otto-Wagner-Haus 113
Otto-Wagner-Pavillon 113

P

Palais Auersperg 113
Palais Augarten 114
Palais Bartolotti-Partenfeld 114
Palais Batthyány 114
Palais Batthyány-Schönborn 114
Palais Caprara-Geymüller 114
Palais Coburg 115
Palais Collalto 115
Palais des Prinzen Eugen 119
Palais Dumba 115
Palais Equitable 115
Palais Erzherzog Ludwig Viktor 115
Palais Erzherzog Wilhelm 115
Palais Esterházy 116
Palais Ferstel 116
Palais Grassalkovich 116
Palais Harrach 116
Palais Kinsky 117
Palais Liechtenstein 117
Palais Liechtenstein, Bankgasse 117
Palais Lobkowitz 117
Palais Modena 117
Palais Mollard-Clary 118
Palais Montenuovo 118
Palais Neupauer-Breuner 118
Palais Palffy 119
Palais Pallavicini 119
Palais Rasumofsky 119
Palais Rottal, ehem. 120
Palais Schwarzenberg 120
Palais Trautson 120
Palais Wertheim 120
Papyrussammlung 193
Paracelsus, Denkmal für 158
Parlament 120
Pasqualatihaus 121, 183
Perchtoldsdorf 250
Pestsäule 154
Peterskirche 46
Petronell 252
Philharmoniker 201
Philipshaus 121
Piaristenkirche 48
Polonaise 198
Popper-Lynkeus, Josef 165
Post- und Telegraphenmuseum 194
Postsparkasse 121
Prater 160
Prinz Eugen v. Savoyen 155
Providentia-Brunnen 146
Puppen- und Spielzeugmuseum 194

R

Raab, Julius 171
Radetzky, Josef Graf 155
Raimund, Ferdinand 155
Raimundtheater 175
Rathauspark 164
Rauheneck, Ruine →Baden 209
Rauhenstein, Ruine →Baden 209
Reichsbrücke 140
Reichskanzleitrakt 99
Renaissancetheater 175
Renner, Karl 165

Republik (Denkmal zur Erinnerung an die Errichtung der Republik am 12. November 1918) 155
Ressel, Josef 166
Resselpark 165
Reumannhof 122
Ringstr. 140
Ringturm 122
Ritter v. Ghega, Karl 171
Rohrau 252
Röm. Ruinen am Hof 194
Röm. Ruinen unter dem Hohen Markt 194
Ronacher 175
Roßauer Kaserne 122
Rudolf IV. 165
Ruprechtskirche 49

S

Saar, Ferdinand v. 171
Salm, Niklas Graf 165
Salvatorkirche 49
Sammlung alter Musikinstrumente 195
Sammlungen der Gesellschaft der Musikfreunde in Wien 195
Sängerknaben 202
Schanigärten 202
Schatzkammer 195
Schikaneder, Emanuel 171
Schiller, Friedrich v. 155
Schindler, Emil Jakob 168
Schloß Augarten 122
Schloß Eckartsau →Marchfeldschlösser 237
Schloß Hetzendorf 124
Schloß Neuwaldegg 124
Schloß Schönbrunn 125
Schloßhof →Marchfeldschlösser 238
Schmerbernkreuz 158
Schönbrunner Schloßpark 166
Schönbrunner Schloßtheater 176
Schottenkirche 49
Schottenstift 51
Schrammel-Denkmal 155
Schrammeln 202
Schubert, Franz 168
Schubert-Museum 196
Schubertpark 167
Schutzengelbrunnen 156
Schwarzenberg, Fürst Karl Philipp v. 156
Schwarzenbergpark 160
Schwarzer Turm, Ruine Augengläser, Pfefferbüchsel →Mödling 248
Schwechat 253
Schweizergarten 167
Schweizerhof 96
Secession 131
Seitz, Karl 165
Serapionstheater 176
Sigmund-Freud-Museum 184
Sonnenfels, Josef Freiherr v. 165
Spanische Hofreitschule 202
Spinnerin am Kreuz 156
St. Marxer Friedhof 70
Staatsoper 176
Stadtpark 168
Stallburg 96
Starhemberg, Ernst Rüdiger Graf 165
Steinhof, Kirche am 51
Stephansdom 54
Stifter, Adalbert 169, 170, 171
Stock im Eisen 156
Stockerau 254
Stolz, Robert 168
Strauß-Lanner-Denkmal 165
Strauß Sohn, Johann 168
Strudlhofstiege 133
Synagoge 62

T

Tabakmuseum, Österr. 196
Technische Hochschule 133
Technisches Museum 196
Tegetthoff, Wilhelm v. 156
Theater an der Wien 178
Theater Die Tribüne 178
Theatermuseum, Österr. 197
Théâtre Française de Vienne 178
Theresianum 133
Tiefer Graben 142
Tramwaymuseum, Wiener 197
Tritonen- und Najadenbrunnen 157
Tschauner Bühne 178
Türkenschanzpark 168

U

U-Bahn-Station Alte Donau 133
Uhrenmuseum 197
Ulrichskirche 62
Universität 133
Universitätskirche 63
UNO-City 135
Unteres Belvedere 88
Urania 135

V

Vermählungsbrunnen 157
Vienna's English Theatre 180
Virgilkapelle 65
Völkerkundemuseum 197
Volksgarten 171
Volkskundemuseum, Österr. 197
Volksoper 180
Volkstheater 180
Votivkirche 65

W

Wachsamkeitsbrunnen 157
Waffensammlung 198
Währinger Park 171
Waisenhauskirche 65
Waldmüller, Ferdinand Georg 165
Werkbundsiedlung 135
Wertheimsteinpark 171
Wienerwald 171
Winterpalais des Prinzen Eugen 119, 136
Winterreitschule 100
Wotruba-Kirche 65

Z

Zacherlfabrik 136
Zacherlhaus 136
Zeitungscafé 200
Zelinka, Andreas 168
Zentralfriedhof 70
Ziehrer, Denkmal für Carl Michael 162

Abkürzungen

bes.	besonders	kath.	katholisch	S	Süden, Süd-
d. Ä.	der Ältere	km	Kilometer	s	südlich
d. Gr.	der Große	l	links	sog.	sogenannt(e)
d. h.	das heißt	m	Meter	St.	Sankt
d. J.	der Jüngere	MA	Mittelalter	u. a.	und andere, unter anderem
dt.	deutsch	ma	mittelalterlich		
ehem.	ehemalig(e)	N	Norden, Nord-	urspr.	ursprünglich
eigtl.	eigentlich	n	nördlich	usw., etc.	und so weiter
ev.	evangelisch	O	Osten, Ost-	v.	von
gegr.	gegründet	ö	östlich	vgl.	vergleiche
got.	gotisch	österr.	österreichisch	W	Westen, West-
griech.	griechisch	qm	Quadratmeter	w	westlich
Hl., hl.	Heilige(r), heilige(r)	r	rechts	z. B.	zum Beispiel
Jh.	Jahrhundert	röm.	römisch	z. T.	zum Teil
Jtd.	Jahrtausend	roman.	romanisch		

Knaurs
Kulturführer
in Farbe
Griechische Inseln

Knaurs
Kulturführer
in Farbe
Großbritannien und Irland

Knaurs
Kulturführer
in Farbe
London
und Umgebung

Knaurs
Kulturführer
in Farbe
Heiliges Land

Knaurs
Kulturführer
in Farbe
Holland

Knaurs
Kulturführer
in Farbe
Italien

Knaurs
Kulturführer
in Farbe
Florenz und Toskana

Knaurs
Kulturführer
in Farbe
Rom und Latium

Knaurs
Kulturführer
in Farbe
Sizilien

Knaurs
Kulturführer
in Farbe
Südtirol

Knaurs
Kulturführer
in Farbe
Venedig und Venetien

Knaurs
Kulturführer
in Farbe
Japan

Knaurs
Kulturführer
in Farbe
Jugoslawien

Knaurs
Kulturführer
in Farbe
Norwegen

Knaurs
Kulturführer
in Farbe
Österreich

Knaurs
Kulturführer
in Farbe
Kärnten